身着黄马褂的曾国藩像

胡林翼像

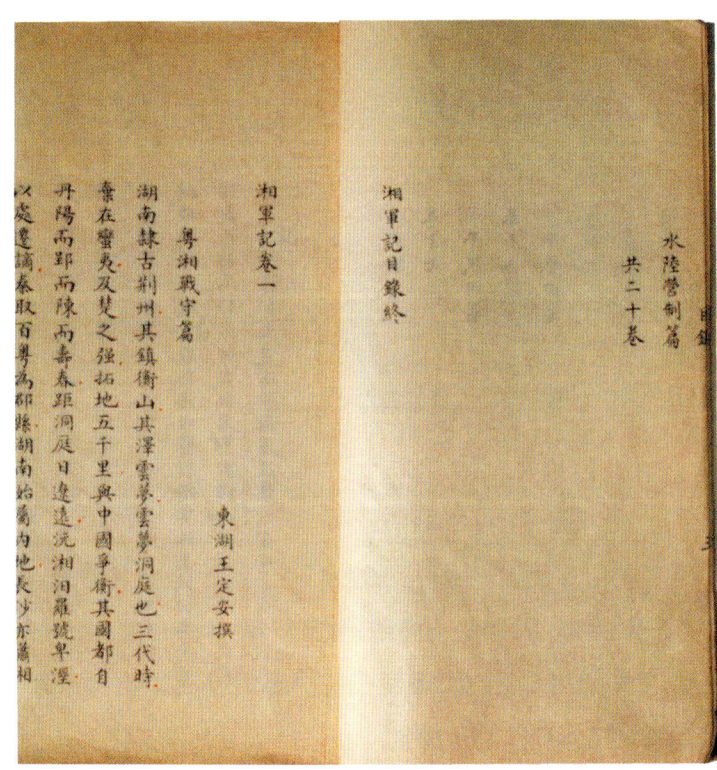

《湘军记》书影,清王安定著

身着黄马褂的曾国荃像

身着黄马褂的彭玉麟像

身着黄马褂的李鸿章像

李鸿章克复苏州战图

身着黄马褂的左宗棠

左宗棠克复杭州战图

《湘军攻破田家镇战图》

《湘军克复武昌城图》

# 曾国藩 胡林翼 治兵语录

## 黄埔军校重要教材

曾国藩 胡林翼／原文
蔡　锷／辑录
苏　晓／点评

中央编译出版社
Central Compilation & Translation Press

图书在版编目（CIP）数据

曾国藩　胡林翼治兵语录/（清）曾国藩，（清）胡林翼著；
蔡锷，蒋介石辑录；苏晓点评．—北京：中央编译出版社，2009.10
　ISBN 978-7-5117-0060-5

　Ⅰ．曾…　Ⅱ．①曾…②胡…③蔡…④蒋…⑤苏…
Ⅲ．①曾国藩（1811~1872）-兵法-语录　②胡林翼（1812~1861）-
兵法-语录　Ⅳ．E892.52

　中国版本图书馆 CIP 数据核字（2009）第 182682 号

## 曾国藩　胡林翼治兵语录

出版发行：中央编译出版社
地　　址：北京市西单西斜街 36 号（100032）
电　　话：(010) 66509360　　　66509246（编辑部）
　　　　　66509364（发行部）　66509618（读者服务部）
h t t p：//www.cctpbook.com
E - mail：edit@cctpbook.com
经　　销：新华书店
印　　刷：北京明月印务有限责任公司
开　　本：787×1092 毫米　1/16
字　　数：385 千字
印　　张：26
版　　次：2009 年 10 月第 1 版第 1 次印刷
定　　价：49.90 元

# 目 录

出版前言 …………………………………………………………… (1)

湘军将臣图 (48位) ………………………………………………… (3)

第一章 将　才 …………………………………………………… (53)

第二章 用　人 …………………………………………………… (76)

第三章 尚　志 …………………………………………………… (97)

第四章 诚　实 …………………………………………………… (118)

第五章 勇　毅 …………………………………………………… (137)

第六章 严　明 …………………………………………………… (154)

第七章 公　正 …………………………………………………… (171)

第八章 仁　爱 …………………………………………………… (190)

第九章 勤　劳 …………………………………………………… (219)

第十章 和　辑 …………………………………………………… (237)

第十一章 兵　机 ………………………………………………… (270)

第十二章 战　守 ………………………………………………… (294)

第十三章 治　心 ………………………………………………… (324)

附　录 《曾胡治兵语录》全文 ………………………………… (359)

# 出版前言

本书原名《曾胡治兵语录》，是中国十大兵书之一，最初编成于1911年。为了方便今天的读者阅读，并同已经出版的各种版本相区别，本书做了以下几项编辑工作：

## 一、原文精选

原文由蔡锷和蒋介石辑录而成，来自曾国藩、胡林翼的多种著作（另有少量左宗棠的著作）。由于原文为文言文，而且篇幅很长，今天读起来不那么通畅易懂，因此本书选出每章中明白晓畅的数条放在正文前面，读者可以很快了解到曾国藩、胡林翼治兵的思想精髓。

## 二、按语

按语概括了各章的主要思想，其中也包含了蔡锷的治兵观点，在每章里发挥着承上启下的作用。

## 三、湘军人物故事

包括曾国藩、胡林翼、左宗棠、李鸿章、曾国荃、江忠源等很多湘军将帅。了解他们，可以帮助读者了解湘军的历史、成功秘诀、人才观念等诸多内容。

## 四、领导与管理

这一部分是依据每章原文思想所做的发挥和引申，便于读者从中学习到对今天有用的知识。当今中国耳熟能详的管理学，其实许多是从中国古代治军思想中发展而来的。从兵书中学管理是西方人的发明，其中不乏中国古代兵学的精髓。本书增加"领导与管理"，也许不合原书本意，但能够给读者一些启发，也是一种有益的尝试。

## 五、湘军战例

本书编写了湘军十一次主要战役，其中最重要的"安庆会战"和"金陵决战"，篇幅最长，分为上下两部分，辑成十三篇，按时间先后分插于全书十三章。

清朝人物画家吴友如绘制的《湘军将臣图》，画有自曾国藩以下四十八位湘军将领，本想作为配图，分插入各章之中。但其中部分人物已不见于史料，本书也未提及。为保持画册全貌，让读者看到当时人对湘军将领的认识，本书将画册全本复制出来排印于"出版前言"之后。

最后附录《曾胡治兵语录》全文。读者若有兴趣，可以深一步研究曾国藩、胡林翼、蔡锷的军事思想。

**关于《曾胡治兵语录》的成书过程**

1911年春天，蔡锷到云南担任新军训练工作。当时的"新军"，纪律废弛，风气败坏，蔡深感痛心，知道无法靠这样的军队救国。正好云南新军第十九镇统制（相当于师长。当时新军在全国编练军队三十六镇，每镇辖二旅。此时蔡锷的职位是协统，相当于旅长）钟麟同委托他编写一份"精神讲话"，蔡锷就从湘军统帅曾国藩、胡林翼的奏章、函牍和日记中，摘取大量有价值的内容，附上他写的按语，编成十二章，取名《曾胡治兵语录》，作为云南新军的"精神讲话"文稿。

1917年，蔡锷去世（终年三十四岁）一年后，上海振武书局首次公开刊印此书，并由梁启超作序。

1924年，时任黄埔军校校长的蒋介石，为该书增补"治心"一章，形成现在的十三章规模，以《增补曾胡治兵语录》名义印发，作为黄埔军校的教材。

1943年，八路军军政杂志社出版《增补曾胡治兵语录白话句解》一书，下发部队。

1945年八路军山东军区重印。

《曾胡治兵语录》前十章说的是治军问题，与军事作战无直接关系，所以对今天的启发尤大。择将，人才，勇毅，尚志，诚实，勤劳……这些品质不止军队需要，任何时候，任何一种组织，不管是营利性组织，还是非营利性组织，都非常需要。

第十一章"兵机"，第十二章"战守"，属于战略战术问题，讲究持重谨慎，主张"以静制动，以逸待劳"。第十三章"治心"，强调个人道德修养的重要性。

我们编写此书，意在阐述曾胡治兵思想中的领导与管理智慧，希望能对今天的读者有所帮助。

# 湘军将臣图（48位）

清·吴友如 绘

吴友如（？～1894），初名嘉猷，别名署猷，清末元和（今江苏吴县）人。

自幼喜欢绘画，勤奋好学，能融合清代名画家钱杜、任熊等人的画法，自成一家。擅长人物肖像画，以卖画为生。曾应召至江宁（今南京），绘《金陵功臣战绩图》。

清光绪十年（1884年）在上海主绘《点石斋画报》，由英国人开办的点石斋书局印行，名噪一时。内容以时事画为主，笔姿细腻，对清廷的腐朽统治、外国资本主义的侵略以及人民的疾苦和反抗，都有所反映。《点石斋画报》每月出三册，每册八页，封面用彩色纸，图画为石印，随《申报》附送，每十二册为一辑。其他作者有张志瀛、田子琳等十八人。

光绪十六年（1890年）独资创办《飞影阁画报》。该刊形式与《点石斋画报》类似，但内容着意于仕女人物，新闻则偏于闾巷传闻。光绪十九年（1893年）春月，《飞影阁画报》出至百期后易主。同年秋改出《飞影阁画册》，每逢朔、望出版，出至第十期时，因病去世。

他主持的这两种画报，均为新闻性画刊，是研究风俗民情的重要参考资料。为适合石印制版，所画均以线条描绘，黑白分明，画风工整，构图繁复。仕女形象消瘦柔弱，面部画法受同时代画家沙馥影响，称为"沙相"；建筑物、舟车的描画吸收了欧洲焦点透视的方法。

吴友如是一位将传统民间艺术与新的石印技术相结合的画家，也是近代著名的新闻、风俗画家。有《吴友如墨宝》传世。

楚国公曾文正大学士议叙军一等一等轻车都尉江西巡抚大学士受武英殿大学士恩侯大赠

胡 林 翼
HU LIN YI

# 曾国藩胡林翼治兵语录

## 曾国藩 ZENG GUO FAN

曾国藩胡林翼治兵语录

曾国藩 ZENG GUO FAN

基公伯咸一總兩頂頭太太
國曾毅等奪江義品保子

曾国藩胡林翼治兵语录

曾国藩 ZENG GUO FAN

胡林翼

HU LIN YI

曾国藩胡林翼治兵语录

曾国藩 ZENG GUO FAN

胡林翼

HU LIN YI

曾国藩胡林翼治兵语录

曾国藩 ZENG GUO FAN

曾国藩胡林翼治兵语录

曾国藩 ZENG GUO FAN

田宝公旧军驻地聚丰泰茶庄卖旗改本名记裹顶品顶

曾国藩胡林翼治兵语录

曾国藩 ZENG GUO FAN

原任兵部侍郎巡抚江西督办军务曾公像

18

曾国藩胡林翼治兵语录

曾国藩 ZENG GUO FAN

巢黄寺督师江南
师公男三提水长发品

胡林翼
HU LIN YI

曾国藩胡林翼

曾国藩 ZENG GUO FAN

治兵语录

航运使即用道台公法航

曾国藩胡林翼治兵语录

曾国藩 ZENG GUO FAN

韩贞公尝教谨慎谋国图巴勇迅府知用楠衡使蔡孩士学阁内赠

原任江西九江镇总兵普承尧

# 曾国藩胡林翼治兵语录

## 曾国藩 ZENG GUO FAN

曾国藩胡林翼治兵语录

曾国藩 ZENG GUO FAN

贈内閣學士銜安徽布政使君

# 曾国藩胡林翼治兵语录

## 曾国藩 ZENG GUO FAN

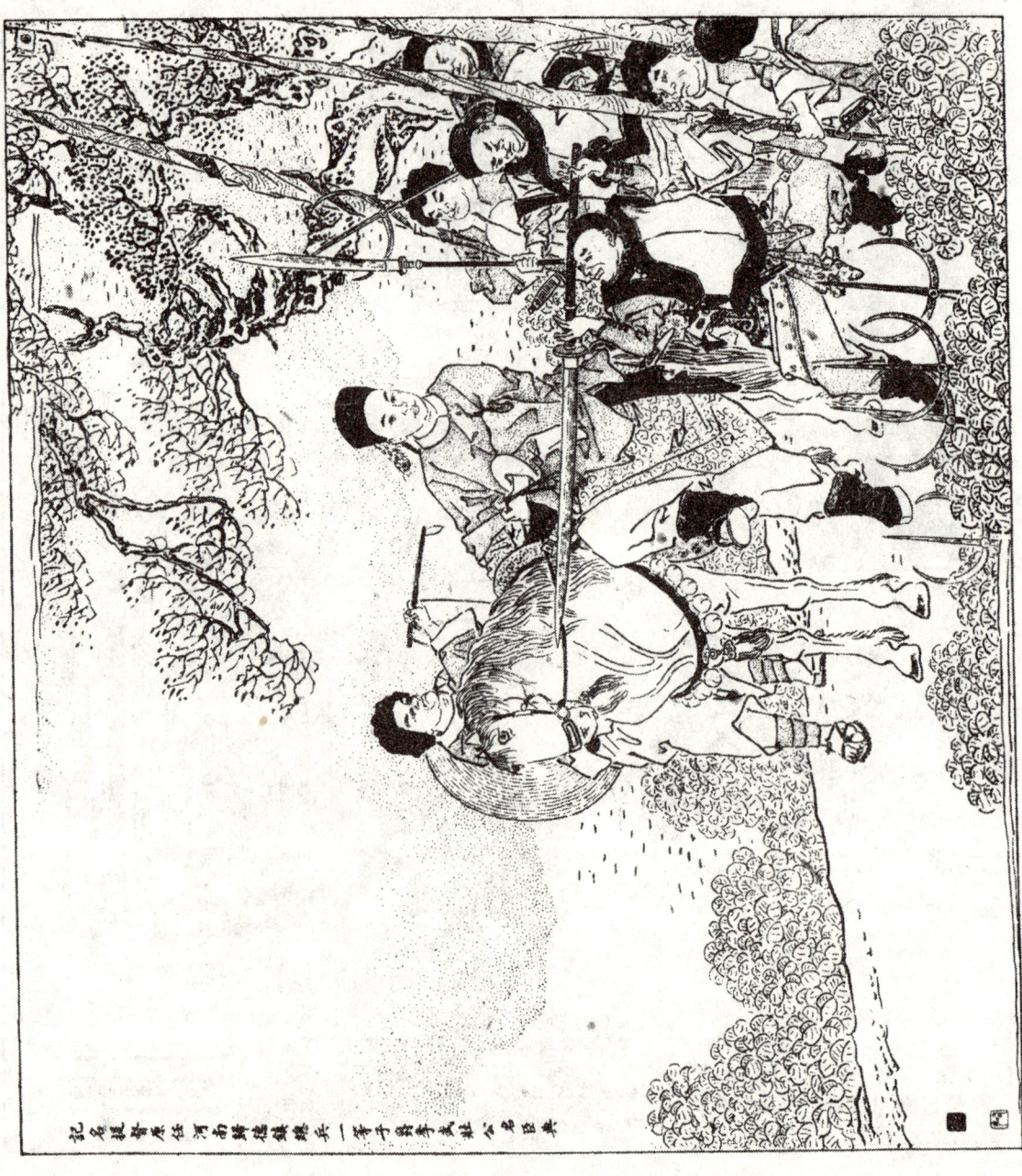

曾国藩胡林翼治兵语录

曾国藩 ZENG GUO FAN

# 胡林翼

HU LIN YI

# 曾国藩胡林翼治兵语录

## 曾国藩 ZENG GUO FAN

山明公王督提路陆建福前

曾国藩胡林翼治兵语录

曾国藩胡林翼治兵语录

曾国藩 ZENG GUO FAN

曾公夏初同选候衔同运

40

良哉公周围乙己西谷射骑毙虎世督提名记

曾国藩胡林翼治兵语录

曾国藩 ZENG GUO FAN

升大公袁将讨用楠先儘江西

曾国藩胡林翼治兵语录

曾国藩 ZENG GUO FAN

胡林翼
HU LIN YI

湘金公李晋圆已勇却兵勘名姓荷掌援

曾国藩胡林翼治兵语录

曾国藩 ZENG GUO FAN

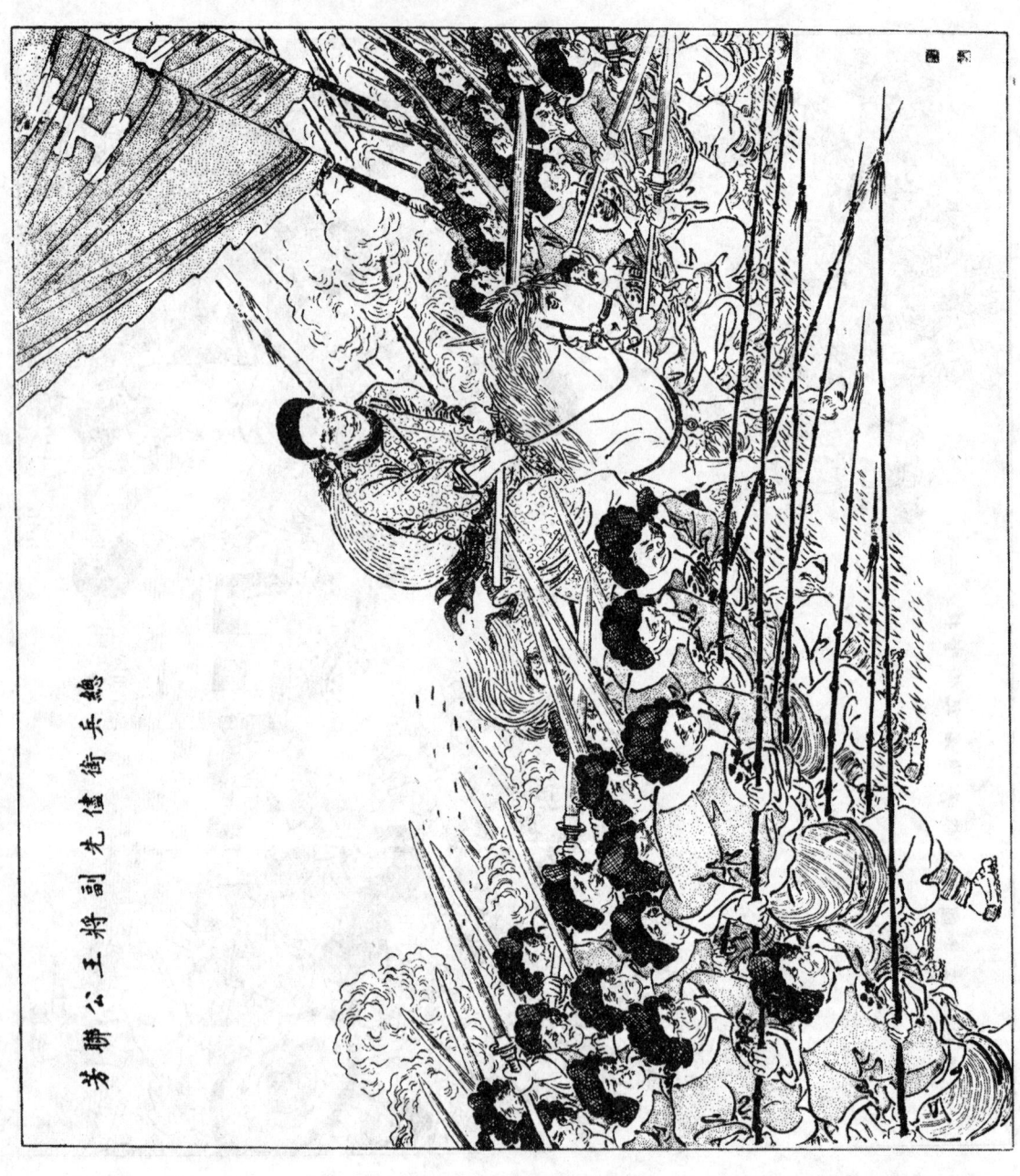

蒋琳公王将副先锋卫兵总

# 第一章 将 才

**原文精选**

带兵之人,第一要才堪治民;第二要不怕死;第三要不急急名利;第四要耐受辛苦。

带兵之道,勤、恕、廉、明,缺一不可。

将以气为主,以志为帅。

古来名将,得士卒之心,盖有在于钱财之外者。

兵事不外"奇"、"正"二字,而将才不外"智"、"勇"二字。

总须智勇两字相兼。有智无勇,能说而不能行;有勇无智,则兵弱而败,兵强亦败。

为小将须立功以争胜,为大将戒贪小功而误大局。

## 按语：用兵首在择将

用兵首在择将。兵熊熊一个，将熊熊一窝。不仅军事如此，政府、学校等非盈利性机构，以及企业、公司等营利性组织，其成败也与领导者有莫大关系。领导者能力差，组织却能运转良好，这样的事，只怕谁都不曾见过。

胡林翼说，天下强兵在将。曾国藩也认为，大将之才必须具备四个条件：

第一要才堪治民，不扰民；

第二要不怕死，带兵不怕死，怕死不带兵；

第三要不急急名利，贪财好利，自然就怕死了；

第四要耐受辛苦，吃不了苦，自然打不了胜仗。

这些条件是天生的，还是后天磨炼出来的？在曾国藩看来，既是天生，也由磨炼，二者并重。胡林翼的看法是，大将之才必须有良心，有血性，有勇气，有智略。话虽不同，道理一致，都在强调"智勇双全"，"忠义血性"。

## 湘军人物故事：江忠源与李鸿章

湘军五大系统的创建人分别是江忠源、曾国藩、胡林翼、左宗棠、李鸿章。前四人同辈分，唯独李鸿章是学生辈。江忠源最能体现曾国藩、胡林翼的将才标准。

江忠源（1812~1854），字常孺，号岷樵，湖南新宁人，举人出身，比曾国藩小一岁，是湘军中最早办团练的人。他一直在家乡读书，早就察觉到当地会众的秘密活动，对他们有所警觉，所以当雷再浩率众起事时，他带着乡团，一役即将其镇压。

1844年，江忠源去北京赶考，经郭嵩焘介绍，第一次拜见了曾国藩。江忠源有侠义之气，不喜欢被条条框框束缚。两个大男人初次见面，尽讲一些市井琐事，似乎不是英雄豪杰所为，却谈了将近两个小时，还时常爆出笑声来。

江忠源告辞出来，曾国藩目送他走，回头对郭嵩焘说："京师没有这等人才啊。"接着又说，"这个人会立名天下，也会悲壮节烈而死。"

大清王朝从乾隆传位给嘉庆，再传至道光，中间虽然经历了白莲教的动荡，但总的说来，太平了好几十年。突然听到曾国藩这么说，身边的人都觉得惊讶，不知道他在说什么。

道光二十五年（1845）九月十七日，曾国藩跟叔父说起江忠源的事。那年八月初五日，湖南湘乡一个叫邓铁松的人，跟江忠源一起回老家，不料六天之后，死在路上。江忠源不辞劳苦，必诚必信，亲自扶灵柩回家。在那之前，湖南新化一个叫邹柳溪的人，不幸病死京城，也是江忠源处理后事，扶送灵柩南归。曾国藩说："此人义侠之士……扶两友之柩，行数千里，亦极难矣！"如此看来，江忠源果然有古侠士之风，而非曾国藩故意夸张。韩愈做诗曰："孟生江海士，古貌又古心。尝读古人书，谓言古犹今。"江忠源的侠义行为，无论古今，都值得推崇。

江忠源的父亲七十大寿，曾国藩贵为二品京官，仍然为他父亲做了一篇寿文。当咸丰皇帝下令求贤时，曾国藩首先推荐了江忠源等五人。曾国藩如此器重他，不是因为他们关系好，而是因为曾国藩爱才，知道他是一个人才。

江忠源曾跟曾国藩说，湖南新宁有青莲会匪，这是动乱的先兆。数年之后，曾国藩戏谑他说："你不是说有青莲会匪吗？现在如何了？这么久没有动静？"这才知道，江忠源回了新宁之后，团结壮丁，修缮兵甲，提前做好准备，等雷再浩一起事，就把他镇压了，因功升为知县。曾国藩很满意，江忠源果然是一个人才，勇于解救国难，没有辜负他的期望。

1851年1月，洪秀全在金田起义。1852年，江忠源带兵进驻广西，隶属广西副都统（正二品）乌兰泰帐下。曾国藩在北京给他写信，坚决反对他"墨绖从戎"，认为他孝道在身，"读书山中"则可，墨绖从戎"则非所宜"。还动员朋友来劝阻他，认为他在家"团练防守"是文人本分，无可厚非，率兵去广西则是"大节已亏"，完全不合适了。

曾国藩反对江忠源"墨绖从军"，主要是因为他当时远在北京，根本不了解太平军的声势，以为他们不过是小股"乱匪"，完全没想到他们差点颠覆大清江山，所以坚持认为，江忠源应该遵守古制，以在家守孝为要。儒家提倡"百善孝为先"，"以孝道治天下"，凡死了父母的，必须回家守孝三年，做官的也不例外，称为"丁忧"，国家会保留他的官职。如果贪图权位，不肯"丁忧"回籍，就会遭到弹劾，说你不孝，罪名就大了。曾国藩以为广西"乱匪"不足惧，天下尚太平，所以把遵守古制放在第一位。有人相信曾国藩是"爱人以德",既不愿意看到江忠源自败名德,也不愿意看到他以文员夺武弁之制,招惹是非。

除此以外,有没有可能还跟他认为江忠源"当会悲壮节烈而死"有关呢?可惜的是,查遍曾国藩的家书、日记、通信,都不见相关记载,所以就没有答案。

太平军从广西转战进入湖南,必须通过湘江。江忠源探得消息,决定在湘江上游一个叫蓑衣渡的地方设伏。蓑衣渡一带水路狭窄,河流湍急,两面都是高山密林,很适合打伏击。太平军疏于防备,结果吃了大亏,不仅损失了大量军械物资和一半战士,南王冯云山也牺牲在这里,这是太平军早期的重大损失。冯云山威望素著,与杨秀清并论,他若活着,杨秀清有了制约,"天京事变"不至于闹得那么厉害。换句话说,他若不死,太平天国未必衰落得那么早。

蓑衣渡一仗打出了江忠源的名气,朝野尽知。第二年升为安徽巡抚(从二品),官阶次于曾国藩(正二品)。咸丰帝对他寄予厚望,可以说对他的信任和期望超过了曾国藩。连曾国藩自己也说,他要练成万人,全部交给江忠源统领,自己甘愿做江忠源的后勤支持。那一段时间,曾国藩以在籍侍郎的身份在长沙练兵,没有实权、没有经费,处处被动,最后被士兵追杀,不得不离开长沙,跑到衡阳去。

曾国藩以创建水师最为得意,有了水师,湘军夺得长江控制权,顺水而下,逐一攻陷武汉、九江、安庆、南京。水师是曾国藩军事成功的重要保证,而建设水师的想法,最先是由江忠源提出来的,可见他是一个有勇有谋的将才,而非那种死谏死战、一味愚忠的狷狂书生。

江忠源当了安徽巡抚,1854年坚守庐州(当时为安徽省会),被太平军包围,缺粮食,缺弹药,诸军相去四十里,望而不救。曾国藩也只派出区区一千人马,还没有到达城下,城就被攻破了。江忠源有病在身,想自刎,被部下抱住,没死成,又一路奋战,身受七创,最后投进一口池塘,溺水而亡,时年四十二岁。攻打庐州的太平军将领,就是翼王石达开。

站在曾国藩和清政府的立场,江忠源可谓一门忠烈。三个弟弟——江忠浚、江忠济、江忠淑,两个族弟,江忠义、江忠信,都参加了湘军。

江忠浚,《清史稿》说有传,查不着,不知何故。曾国藩写的《江忠烈公神道碑》明确载有他的名字。江忠源在庐州被围,他与刘长佑带兵去救,遭太平军阻击,连庐州城墙都没能靠近。历任安徽、四川、广西布政使。

江忠济，战功最伟，咸丰六年（1856）死于岳州。

江忠淑，一直在老家招募军队，赡养母亲。

江忠信，十六岁随江忠源从军，江忠源死后，继续带兵，在攻打桐城的时候，连破十六营，被太平军的大炮炸死。

江忠义，十八岁从军，江忠源死后，多次带兵与石达开战斗，官至贵州提督，同治二年（1863）病死军中。

还有一个族弟，江忠珀，仅见于少数资料，不知可信否，随刘长佑入军，累官至总兵，加提督衔，同治二年（1863）入贵州镇压苗民起义，同治八年（1869）战死在鸡鸣关。

江忠源一门忠烈，如此看来，曾国藩还是蛮有号召力的，那么多人肯追随他出生入死。由此也可以想见，为了赢得那场战争，湘军付出了多少代价。

曾国藩提拔李鸿章，看重李鸿章，同样能体现曾、胡二人对大将之才的一般看法。

李鸿章的父亲跟曾国藩是同科进士，所以一直有交情。1845年，李鸿章二十二岁，以"年家子"的身份跟从曾国藩学习诗文，甚受器重。1847年，李鸿章中进士，曾国藩是阅卷大臣。1853年，李鸿章离开北京，回安徽帮办团练，镇压太平天国。

这年9月，石达开率领太平军西征。李鸿章赶往舒城，与团练大臣吕贤基"议守御"。当太平军准备攻城时，他父亲的老仆拉他到僻静处说："这些人都要死，无可避免，你何必要跟着送命？你没看见老人家正靠着大门在等你吗？"这一席话说得李鸿章心慌意乱，不知如何是好。老仆说："马已经备好。"李鸿章大喜，骑了马，飞驰而去。随后，太平军攻破舒城，吕贤基投水而死。李鸿章临阵而逃，捡了一条性命。

同年10月21日，江忠源升安徽巡抚，驰援庐州。曾国藩给江忠源写信，说李鸿章"大有用之才"，"可携之同往"，颇为看好他的才干。也给李鸿章写信说：

"少荃仁弟足下，我从你哥哥那里得知你在统领练勇，真是又欣慰又仰慕。今日兵事最堪痛哭者，莫大于'败不相救'四字。我打算特开生面，别练新军。江忠源已经驰赴贵乡，此事他最清楚，一定会跟你说起。"

"听说足下所带兵勇，精悍而有纪律，若能用戚继光之法，痛加训练，等明年江忠源到了，合成一军，将士一气，万众一心，纵使不能马上建功，也能变化气象，一泄积愤。"

曾国藩希望李鸿章能像他在湖南编练新军那样，也对手下的兵勇进行严格训练。这是曾国藩第一次教导李鸿章如何带兵，但李鸿章没有认真听。

江忠源进驻庐州两天，就被太平军包围，1854年1月14日，城破身死。李鸿章没有机会跟随江忠源，也因此捡了一条性命。

1855年2月，李鸿章带兵勇攻含山县，杀死太平军千余人，因功赏知府衔（正五品）。但这个头衔是空的，并没有授实缺。随即配合副都统（正二品，相当于总兵）忠泰进攻巢县。是年7月，李鸿章的父亲李文安死于合肥军中，李鸿章暂离军营，奔丧去了。太平军猛扑清军营垒，清兵自忠泰以下，全军覆没。李鸿章因祸得福，又捡了一条性命。

1856年9月发生天京事变，太平军由此走向衰落。1857～1858年，太平军第二代将领李秀成和陈玉成通力合作，在安徽北部大败清军。在这样的混乱中，李鸿章几次逃得性命，引起安徽军方的不满，要他离开安徽，回京述职。李鸿章失去靠山，在兵荒马乱中东奔西逃，大有丧家之犬、不知归路的感觉。

1958年7月（咸丰八年六月），曾国藩从老家复出。同年11月，李秀成与陈玉成取得三河大捷，全歼李续宾以下湘军精锐六千人，包括曾国藩的弟弟曾国华在内的文武官员四百名被杀，曾国藩和胡林翼痛心不已。在这样的背景下，同年12月，曾国藩奉命救援安徽。

1859年1月，在安徽打了五年烂仗的李鸿章，经哥哥李翰章的极力撮合，以"书剑飘零"、"愁绪满怀"的心情，投奔至江西曾国藩帐下。曾、李二人终于再次相会。

李鸿章到了曾国藩幕府，曾国藩先让他掌书记，然后专管批撰奏稿。奏稿是写给皇帝看的，非常重要，除非学问、见识、才气三者皆备，否则根本写不好。曾国藩就曾因为找不到合适的奏稿人，而数次烦恼不已。

李鸿章来了，曾国藩大感方便："李鸿章是天生的奏章好手。他所起草的奏稿公文，大有过人之处，将来建树非凡，青出于蓝而胜于蓝，也未可知。"

李鸿章也说："从前我跟随好几个将帅，都不得要领，而今如获指南，受益匪浅。"一半是奉承，一半也是实情。1853～1858年，他在安徽不得志，首先是因为他的上司庸愦无能，其次才是因为他对兵伍不精没有深刻认识，未能像曾国藩那样编练新军。

李鸿章有天分，所以曾国藩赏识他。不过，还要经过一番培养打磨，李鸿章才能成为令曾国藩万分放心的大将之才。

湘军黎明以前就起来吃早饭操练，所以曾国藩也起得早，幕僚必须跟着早起，好一起吃早饭。李鸿章是"高干子弟"，懒散惯了，现在天天要早起，哪里受得了，因此苦恼不已。有一天，他实在不想起来，就装头痛，不去吃早饭。曾国藩知道他是装的，故意接二连三派人去催："必须幕僚都到齐了，才能吃早饭。"

既然你不想起来，也就莫想睡好觉，可见曾国藩也很倔犟。李鸿章无可奈何，只好爬起来，一边穿衣服，一边"踉跄而往"。

吃饭时，曾国藩一言不发。吃完以后，曾国藩板着脸说："少荃，既然你来了这里，我就实话相告，这里没有别的，只讲究一个'诚'字。"说完就走了。

李鸿章"为之悚然"，此后"每日起居饮食皆有常度"。当面教育比写信直接，也能感知曾国藩的威严，所以效果大不一样。这算是曾国藩教李鸿章做人的第一课。

李鸿章也回忆说："在营中时，老师总要等我辈大家同时吃饭。吃完了，又一起围坐交谈，经史子集，样样都讲，学问经济，所获匪浅。吃一顿饭，胜上一回课。"

"学问"指学术与知识，"经济"指做官、治国、平天下的本领。曾国藩的幕府就是他的人才大学，对包括李鸿章在内的幕僚、宾客、属下进行道德、学问、见识、能力的多方面培养。李鸿章也说，曾国藩时常会讲一些笑话，幕僚都笑破肚皮，他却一丝不苟，端坐着捋胡须。

那时太平军水师大部覆灭，就添了骑兵，在陆路上纵横驰骋，多次打败湘军。湘军第一次见到骑兵，惊慌乱窜，所以有三河之败。在左宗棠的提议下，曾国藩决定建设马队，重任就派给了李鸿章。曾国藩看好李鸿章的才华，才授予重任，那时李鸿章入幕还不到十天。

不过，曾国藩还是抱着谨慎的态度对胡林翼说：李鸿章系丁未年编修，"看他的才华气度，似乎可以独自统领一军，但阅历不多，又不敢轻于任事，现在还没有答应我"。

李鸿章知道此事重大，自己又没经验，怕干不好，又不敢当面拒绝，就专程跑到南昌去找哥哥商量，让哥哥帮他说好话。

曾国藩回信勉励说，你们没有信心，我也同样没有信心，当年办水师就是这样，没想到结果却大获成功，不要因为有困难，就顾虑重重。

李鸿章只好硬着头皮接下来。因为种种困难，这个计划后来流产了。

他是文人，要当骑兵头子，那可是一桩苦差事。拿僧格林沁来说，他是蒙古人，本在马背上长大，擅长骑射。为了追踪捻军，半个月没有下马，累得胳膊都抬不起来了，只好把手挂在胸前，便于握住缰绳。李鸿章一个文人，坐惯了轿子，这等辛苦，哪里受得了！

1859年6月，曾国藩要李鸿章去曾国荃的部队，一面见习军事，一面协助曾国荃行动。李鸿章心高气盛，只想独领一军，更不愿做曾国荃的手下，所以很郁闷，就不想干了，打算回京述职。

曾国藩爱才，不想他走，就向咸丰皇帝上奏说，李鸿章文武兼资，想留下他来襄办军务，恳请皇上批准。咸丰皇帝答应了。这样一来，李鸿章就不敢走了。

曾国藩又给他戴高帽子，劝勉说："阁下宏才远志，是匡济国难的令器，但若无大力者主持，你能干成什么事呢？昨日分别时跟你说的那些话，是我这几年的心得体会，而不是我自以为是啊。"

李鸿章终于听信了老师的话，回信说："我没有什么见识，近来本想安分知命，既然老师如此挽留，我毅然当去。"

1860年5月，李秀成与陈玉成大破清兵江南大营，随即攻占江、浙、苏、常各地，眼看着清政府的财政基地要落入太平军手中。咸丰皇帝环顾四周，却只有湘军可以依赖，不得不在那年8月，把两江总督的实权授给曾国藩，让他节制大江南北水路各军，并命令他赶紧撤去安庆之围，驰援浙江、苏、常。

此时，曾国藩正与胡林翼商量着，想全力攻打安庆，迫使太平军来救。安庆乃南京上游门户，安庆一失，南京就失去屏障，所以太平军必然全力救援。曾国藩与胡林翼的谋略就是，"彼全力救安庆，我亦全力争安庆"，力争在安庆与太平军决战，以围点打援的办法，歼灭太平军主力。

现在咸丰皇帝却要曾国藩撤去安庆之围，全力去救浙江、苏、常，"保全东南大局"。在用兵上，曾国藩可比咸丰皇帝高明多了，他坚持"自古平南之贼，必踞上游之势"的谋略方针，但是又不好违抗圣旨，该怎么办呢？曾国藩与李续宜（李续宾的弟弟）商量了四个钟头，也不得要领——曾国藩复出以后，就不再像咸丰三年那样，一味坚持己见，偏执行事了，他实在不想再次得罪皇帝。

没有想到，李鸿章几句话，就搞定此事。曾国藩在日记中是这么说的："熟论安庆、桐城两军应否撤围,约沉吟二时之久不决。中饭后,得少荃数言而决。"

具体李鸿章怎么说的,现在看不到资料,但从曾国藩的行动当中,可以猜想到一些内容。曾国藩坚决不撤安庆之围,同时为了不违抗圣旨,也给江、浙、苏、常百姓一些希望,决定亲自带兵援救江、浙,就这样来到了祁门绝地。

李鸿章支持曾国藩不撤安庆之围,又坚决反对进驻祁门,"祁门地形如釜底,殆兵家之所谓绝地",但曾国藩不同意,坚持带兵进驻祁门镇。

祁门地处安徽南部山区中心,连接着江、浙、皖、赣四省。守住了它,就可以连通四省,巩固景德镇和湖口防线,即使安庆失败,被太平军追击,大局也不会动摇;如果被敌人夺走了,就会切断四省交通,既能阻挡湘军的进兵之路,又可从背后攻击围困安庆的湘军。战略地位相当重要,可谓是兵家必争之地。但是祁门正当盆地的入口,两面平原,无险可守,也确实是所谓"绝地"。

李鸿章反对进驻祁门,其实是怕死,而曾国藩却从大局考虑,决定进驻祁门。从中也可以看出李鸿章跟曾国藩的不同之处。事实上,曾国藩在祁门也确实是"一夕数惊",几次差点遇险。但最终结果证明了他的远见:太平军五次想越过皖南这块小盆地,都没有成功,从而失去援救安庆的最佳时机。

曾国藩到了祁门绝地,就遇到北上勤王的难题。也是李鸿章建议"按兵请旨,且无稍动",帮曾国藩渡过了难关。

李鸿章两次只用几句话,就解决了曾国藩的困境,曾国藩当然要器重他了。从当初建马队"似乎可以独领一军"的谨慎,到现在两次数语解困,曾国藩越发肯定李鸿章的见识才能。

祁门大营遭到太平军的连续攻击,太平军前锋一度离大营只有八十里。其惊险程度,据说让曾国藩也"自料必死",连遗嘱都写好了。幕僚们更是惊慌失措,纷纷收拾好行李,准备逃命。

在这样的危险环境中,李鸿章和众幕僚多次请求曾国藩移营,曾国藩都不听,甚至气愤起来:"诸君如胆怯,可各散去。"

紧跟着又为李元度的事起了纠纷。

咸丰七年回家奔丧以前,是曾国藩最困难的时期,几次"打落门牙",都是李元度帮他渡过难关,还救过他的命,两人同甘共苦了六七年。但是,李元度更像一个书生,而不适合带兵。这次他不听命令,致使徽州失守,危及祁门大营。结果他兵败以后，并没有回营，反而先在浙江、江西边境晃荡了一个月，然后跑去粮台索要了银饷，奔回湖南去了。

老子在祁门担惊受怕，你却临阵跑了，这像什么话？曾国藩又气又恨，决定参劾李元度，不料却遭到幕僚的集体反对，大家都认为他这么做是忘恩负义。

李鸿章带头出来说话："你真要参劾他，我就不给写奏稿。"

曾国藩说："我自己不会写？"

李鸿章说："那我也不留在这里。"

曾国藩说："随便你。"

李鸿章本来就想离开祁门，只是找不到理由，现在听曾国藩这么一说，正巴不得，所以赶紧溜走了。

他本来打算去南昌找哥哥李翰章，途中经过太湖县，特意去拜访胡林翼，说明离开祁门的原委。胡林翼说："你一定会富贵。但我还是劝你不要离开曾国藩。不依靠他，你凭什么发迹？"

李鸿章借故逃走，曾国藩当时很恼恨，说他"难与共患难"。曾国藩当日的日记手稿原件也显示，他本来写李鸿章"不明大义，不达事理"，后来又把他的名字删去了。他既恼怒李元度临阵逃跑，也怨恨李鸿章不明大义，结果郁闷得"不能做一事"。

后来胡林翼来信说："李鸿章有他自己的见识。不如引着他向前，还可以壮大我们的力量。"曾国藩爱惜李鸿章是个人才，冷静下来一想，决定不打压他，还是写信去，让他守南昌。

李鸿章在南昌晃荡了七八个月，曾给丁未同年沈葆桢写信，打听福建的情况，想去出任福建延建邵道实缺。沈葆桢回信说："福建一片糜烂，你去了，只会枉屈才华。"

郭嵩焘也写信来劝："如今这个世道，若想崛起，必须有所依靠。试想当今天下，除了曾公，还有谁可依靠？虽然闹过矛盾，终究还是要靠他建立功名。你还是回去吧。"说得李鸿章怦然心动。

这期间，两人的通信并没有完全中断。1861年6月25日，曾国藩写信说："接你两次来信，悉知一切。……你久不来营，颇不可解。……请速来相助为妙。"李鸿章遂于当年7月13日赶过来，再次投入曾国藩幕府。

曾国藩不计前嫌，仍予青睐，政治、军务等事项，都悉心栽培之，教育之，"曲尽熏陶之能事"。

1861年12月，上海士绅私募军资，请求曾国藩派兵援救上海。曾国藩本来想派弟弟曾国荃去，曾国荃贪恋南京首功和太平天国的财富，不肯去，曾国藩才决定派李鸿章带兵前往。这就是李鸿章招募淮勇的由来，也是他发家的资本。

办淮勇，办洋务，办外交，是李鸿章生平三大事业，他自己也承认，这三方面曾国藩给了他很多教诲。没有曾国藩，就没有李鸿章，似乎是定论。

在培养李鸿章这个问题上，似乎可以充分看到曾国藩爱才与豁达两个特点。爱才，所以没有抛弃他；豁达，所以原谅他，悉心教导他。其间当然也有曾国藩的个人考虑。李鸿章在上海得势以后，曾、李两家的矛盾也时隐时现。话说回来，若没有曾国藩的胸襟和慧眼，没有他的磨炼和培养，大概也难有曾、李两家的完满结局。

以上就是曾国藩培养李鸿章的大致情况。靠培养可以造就一等大将之才吗？曾国藩是这么认为的："前此所得诸名将，皆邂逅遇之，非求而得之也。近来长千人、长五百人者，容可物色。或无其才，而徐徐操习以几。独统领则必天生是才，非学所能几。"他的意思是，领导一千人以下的将官，可以通过培养得到，独当一面的将才，则必须来自天生。

一等大将之才，湘军人物大概包括了江忠源、曾国藩、胡林翼、左宗棠、李鸿章、罗泽南、杨载福、彭玉麟。他们都是曾国藩说的"邂逅遇之"。在曾国藩看来，李续宾、曾国荃、刘铭传等都很能打仗，堪称勇将，但还够不上大将之才。曾国藩打磨李鸿章，主要是打磨他的做人态度，做人要"诚"，要讲忠义血性，不要临难相弃。

其实，曾国藩的看法，综合成天赋、环境、教育三个元素，更接近现在的思想。没有太平天国这个时代大环境，彭玉麟也许可以开个当铺或者钱庄，罗泽南、左宗棠能当个教书先生，杨载福可以参军入伍，但几乎不可能成为一时名将。李鸿章，不管说他是卖国贼，还是洋务先锋，以他的才华，固然可以当个大官，却无法在旧中国最后的历史舞台上占据一个显赫位置。天生聪明，自强不息，风雨际会，才可能成为大将之才。

而李鸿章自身也确实具有曾国藩无法培养出来的东西。

曾国藩曾作联自勉："养活一团春意思，撑起两根穷骨头。"他认为面对内忧外患的时局，唯有"竖起骨头，竭力撑持"，靠"坚"、"忍"二字渡过难关。"坚"为锐于进取，勇于担当，不软弱退缩；"忍"则为达目的，忍辱负重、能屈能伸。李鸿章在这两个字上的功夫，就远胜常人。他的性格，大约也可以用这两个字概括。

在去上海之前，李鸿章的性格出了名的急躁、傲慢，喜欢骂人，目中无人。他自认个性激切耿直，曾国藩则讥讽他把轻慢待人误认做"风骨"，以后怕是要吃亏。结果去了上海之后，他马上改头换面，变得内敛老成起来。他骄躁的毛病其实并没有改掉，只是变得能克制，轻易不发作，在人前尽力表现得亲切和蔼、"明理克己"。为了收束心性，锻炼"忍"字功夫，他每天都抽空练习书法，临摹过一万多遍《圣教序帖》。后来人们评价李鸿章，说他擅长权谋、城府很深、一般人看不透他，但早期他却是个急躁傲慢、口无遮拦的"血性男子"，这其中的改变足见他的坚忍心性，是常人所不能及的。

到上海之后，李鸿章建立了淮军，有了自己的地盘和势力，跟曾国藩、曾国荃、左宗棠这些湘军将领之间的关系就变得微妙起来。尤其是左宗棠，这头"湖南骡子"脾气暴躁耿直、嫉恶如仇，跟李鸿章素来不和，现在两人又同在浙江追击太平军，利益摩擦相当严重。在处理跟这些人的关系时，李鸿章以忍为主，多说好话，多做让步，尽量避免激化矛盾，闹起内讧。他心里对左宗棠相当不服，给人写信时常挖苦他，但两人通信时，他依旧奉承连篇、好话说尽，没表现出半点不满。淮军越境进入浙江作战，惹恼了左宗棠，李鸿章就打下城池赶紧撤退，俘虏、战利品都让给左宗棠，表明了协助的立场，处理得相当得体。

当时李鸿章在上海、左宗棠在浙江、鲍超在皖南、曾国荃在南京城下，四支军队声气相通，相互策应，才使太平军不能集中兵力攻击一处。李鸿章对左宗棠人前人后两张脸确实虚伪，但若非如此，两人闹起内讧，对清朝的"中兴大业"无疑相当不利。

除了能"忍"之外，李鸿章还有一种奋发向上的拼劲。他是那种定了目标就拼命去实现，等实现了就设定更高的目标、继续追求的人。李鸿章自我评价是"不要钱、不怕死"，"卧薪尝胆自矢"；清史馆臣说他"自壮至老，未尝一日言退"；曾国藩笑称他是在"拼命做官"，承认自己在精力、体力、血性等方面不如他；曾国荃也羡慕他的拼劲，说他"具办事之诚，有任事之量"，自然会取得成功。

李鸿章给当时腐败糜烂的官场注入了新鲜的活力。虹桥之战，他身先士卒，亲临战场指挥调度。开战时，他的部将张遇春被打败，狼狈往回逃，他轻描淡写，叫左右提刀去取张遇春的脑袋，张遇春吓得赶紧往回冲，结果反败为胜。督战时，他冲到太平军阵前大喊:"我就是李大妖头,快来交战!"他还大声开骂,把大小官兵骂了个遍。不过他的部将都知道,挨他骂有好处,挨骂重的有官升,因此他越骂官兵士气越高昂。这一仗打得天昏地暗,李鸿章最终取胜。

李鸿章还爱"带印孤行",时常带上大印,微服出行,实地调查民情、军情,遇到什么事便就地办公。他的幕府每天都要把紧急文件打包,让人给他送去。他当北洋大臣时,听说洋兵厉害,就打扮成叫花子亲自去观摩。他为人精明、精力充沛,属下报给他的账目,他都会一笔笔核算推敲;他送去的文稿,曾国藩审阅后都忍不住大呼"精细"。他写奏章也不像曾国藩那样让幕僚代劳,而是自己起草,让幕僚指陈得失,再自己修正。

李鸿章遇事不退让、勇于担当,到了后来,整个清王朝的内政外交,都靠他一人支撑。甲午海战,是中日两国之间的大决战,但是当时的局势,用清史馆臣的话说,只有李鸿章"以一身当其冲"——跟日本举国对战的,不过是李鸿章和他的北洋军。甲午惨败,李鸿章赴日求和,签订了丧权辱国的《马关条约》,当时举国上下恨不能食其肉、寝其皮,甚至有人写对联直接骂"李二先生是汉奸"。

在对待洋人的态度上,李鸿章确实是以忍为主的。他在上海时就曾反复强调,要淮军官兵"虚心忍辱"。到了后期更是忍到了拼命、全无尊严的程度。然而李鸿章"虚心忍辱"背后的目的,却是"师夷长技以自强"。他的悲剧,很大程度上是时局造成的,所谓"弱国无外交"。他办理洋务,见识了洋人的先进技术,对清朝和列强之间实力的差别了解深刻,才会在外交上退而不进。如果当时清政府国力强盛,他未必就不会成为中国的俾斯麦。为他辩护的人说他"忍辱负重","不辞劳苦,不畏谤言",还是很有道理的。

## 领导与管理:领导与管理不是一回事

一位著名人士说过这样的话:"把梯子正确地靠在墙上是管理的职责,领导的作用在于保证梯子靠在正确的墙上。"由此,我们可以了解到管理与领导二者的差异。事实上,目前人们所说的现代管理,其实是近一百年的产物。因为管理是随着大的复杂的企业组织的出现应运而生的。有人会问:为什么不是军队导致管理出现呢?因为军队虽然庞大,却并不复杂。而近代的铁路、钢铁、石油等大型公司则有研发、生产、营销、筹资等多个部门，交叉错综，难于治理。从军队借鉴来的管理方法已不能适应大型公司的复杂性，于是现代管理便横空出世。可以想象，若无现代管理制度，这些复杂的企业将会陷入一片混乱之中，并因此威胁到自身的生存。

一个世纪以来，成千上万的经理、顾问和管理专家们发展提炼出了现代管理的核心过程和方法，可以概括如下：计划和预算；企业组织和人员配备；控制和解决问题。大家对这些过程和方法应该不会陌生，正是它们带来了特定的企业秩序和经营规律。

与之截然不同，领导不会带来秩序和规律性，它带来的是企业的运动。领导不是维持现状，而是进行变革。领导不会像司马光那样死守前代的成规，而是像王安石那样大胆探索新的途径。千百年来，领袖人物都带来了变革，有的轰轰烈烈，有的渐渐改动；有的获得成功，有的不幸失败。虽然采取的方式不同，但他们的行为总是确定一批人应当前进的方向，并带领人们朝着这个方向前进，使之投身于这一运动，并且激励他们战胜前进道路中不可避免的障碍坎坷。

虽然领导与管理二者定义不同，但显然有诸多相似之处。如两者都涉及对所需做的事情作出决定，要建立一个能完成计划的人际关系网，并尽力保证任务得以完成。

大家必须注意：领导与管理都是完整的体系，而非相互从属。有些人认为管理是领导执行过程中的一部分，这些人忽略了一个事实，即领导行为本身有自己的执行过程，那就是组织群众奔向一个新的方向并激励群众去实现目标。同样，认为领导是管理执行过程的激励部分也不对，因为这忽略了领导过程中确定经营方向的特性。

我们可以从世界最大的汽车公司的总经理身上看到管理者对工作的观念。20世纪20年代初期，美国福特汽车公司主宰着汽车工业。当时的通用汽车和福特公司一样，都采用常规的以水制冷的发动机。通用公司的董事长全力支持一位设计师发明以空气制冷的铜制发动机。如果设计成功，通用汽车将在与福特公司的竞争中取得极大优势。然而，尽管设计师对其作品充满信心，生产部门的主管却反对这项设计，原因是：在技术上它是不可靠的；公司全力投资于这项新产品，导致"将所有的鸡蛋放在一个篮子里，而又不能积极地参与现时的市场竞争"。

1923年夏，在经过一连串的失败尝试以及对经销商和消费者的调查后，通用汽车公司取消了该项计划。设计师得到这个消息后，深受打击。他给通用汽车公司的总经理写信，声称这项计划失败的原因是它遭到有组织的反对。他表示，除非这项计划得以继续，否则他将辞职不干。

总经理完全明白设计师的心情，并且深知，他真的有可能离开通用汽车公司。同时，总经理也了解到，生产部门极力反对这种新型发动机，而董事长则支持设计师，表达了对他的充分信任。总经理当然不愿失去设计师，他不想因此而得罪老板。但是，他又必须鼓励生产部门继续采用常规的水制冷发动机来拓展生产线。

就在这样的矛盾中，总经理的行为显示出了管理者是如何工作的：他极力以一种含混的说辞站在设计师的一边，但又不能强迫其他部门做它们反对的事，所以他将问题描述成人的问题而非产品的问题。

对于这一问题，他主张建立一个新的部门，以全面负责新型发动机的设计、生产和市场销售。这一问题的解决同他对设计师的安慰同样是模棱两可、含糊不清的。

总经理让设计师全权负责新成立的铜制冷轿车分部，由他自己指定该部门的总工和其他工作人员，全面处理生产中的技术问题。这样，他给一位发明家加上了管理的压力。

从根本上讲，总经理所使用的管理方法限制了他人的可选择空间。这种结构性的解决办法使人们的选择范围变小，甚至能够抑制人们的感情用事，使人们除了遵守外别无他法。所以，几年后，铜制冷汽车这一计划就死亡了。总经理提供的解决方案是消极的，但通过这一方法他确实减少了与董事长之间的矛盾。

管理者总是习惯于限制选择，而领导者对待长期性问题则力图拓展新的思路，并启发人们新的选择空间。为了更加富有成效，领导者必须使其计划更富有想象力，从而激励人们去拓展新的空间进而将其计划变为现实。

一般而言，领导者经常追求有风险甚至危险的工作，特别是当机会特别诱人的时候。而对管理者而言，对秩序的看重本能地压倒了其对风险的追求欲望。另一方面，管理者拥有容忍平庸、琐碎工作的能力，而领导者则视平凡的工作为一大苦事。

管理者喜欢和他人一起工作。因为单独的行动常使他们感到紧张。为了证明这一点，美国的专家做了一个游戏，即要求管理者针对一幅只有一个人（面对一把小提琴沉思的男孩）的图画，写一篇关于男孩和小提琴的"富于想象力"的文章。

下面是管理者的文章：

爸爸和妈妈坚持要他们的儿子去上音乐课。因为，他们确信，只有这样，儿子长大后才能成为一名音乐家。而儿子却不这么想，他寻思着去和小伙伴们一起玩橄榄球。他实在无法理解爸妈为什么会逼迫他弹这种老鼠一样吱吱叫的乐器。

硬着头皮苦练了四个月的小提琴后，男孩对此厌倦到了极点。这个时候，爸爸已不抱什么幻想，妈妈也无奈地放弃了希望。小男孩心中暗想：橄榄球赛季现在虽已结束，而精彩的棒球赛马上就要在春天开始。

从上面的文章，我们可以看出管理者是如何对待人际关系的：乐于和他人共事（在这里指橄榄球队）；对待问题较少情绪化（如使用常规的语言，甚至陈词滥调，将潜在的矛盾化解为融洽的最终决定，指男孩、爸爸和妈妈最后都同意放弃小提琴而选择运动）。

由上可知，管理者习惯于求同存异，追求妥协，善于平衡权力。上面的故事也说明管理者缺乏热情，缺乏一种凭直觉感受他人情感或思想的能力。

现在，让我们来看一看我们所说的领导者对同一幅图画的描绘：

这个小男孩拥有一张艺术家的面孔，他被眼前的小提琴深深地打动了，心中涌动着弹奏这件乐器的强烈欲望。

小男孩似乎刚刚完成了正规训练，他好像对自己不能演奏出想象中的悦耳之音而感到有些垂头丧气。

他看来像是在暗暗发誓，一定要花更多的时间和精力来练习，直到能够演奏出令自己满意的东西来，演奏出比现在好四倍的音乐来。

凭着如此的决心和苦练，小男孩终于成为他那个时代伟大的小提琴家。

我们可以看出，领导者使用的语言是富有情感色彩的，如"深深地被打动"、"强烈的欲望"、"垂头丧气"以及"暗暗发誓"等。这种情感使领导者在与人交往时更加从容，更加主动。

在与他人的关系中，管理者与领导者关注的重点不同。管理者关心的是事情应该怎样进行下去，而领导者关心的则是事情以及决策对参加者意味着什么。

管理者对于决策过程的关注既能给企业带来利益，也必将带来成本。管理者所使用的种种管理技巧将导致组织中臃肿的官僚机构、政治阴谋、有失公正、行动困难以及热衷于人际关系等。相应地，管理者的下属常常将管理者描述成为高深莫测的、独立的、善于控制的等。这些表明，管理者的下属已经融于某种程序，即力图保持控制、理性和结构均衡。

相反，有关领导的传言则充满了感情色彩。领导者爱憎分明，极富情感特征。在一个由领导者主导的组织中，人际关系往往是骚动的、紧张的甚至是无组织的。如此的气氛刺激个体，使其变得不安分，并常常会产生意想不到的收获。

可不可以说，领导比管理更重要呢？如果你的意识是指，公司总裁比生产厂长更为重要，这自有道理。但若以为公司的领导工作比管理工作更为重要，则欠考虑。大家可以想一想唐太宗的"创业与守业孰难"的问题。

表面看来，领导与管理截然相反。如领导鼓励冒险，重视人的价值，管理强调专业，要求服从安排；领导注重长远目标，管理看重近期目标；领导重视整体性，侧重于授权、扩张，管理则关注于问题，侧重于抑制、控制。

领导带来变革，管理维持秩序。正是二者功能不同，才相反相成。一方面，变革离不开管理，有效的领导行为只有与管理相结合，才能创造出更有秩序的变革过程。另一方面，秩序离不开领导，高效管理与有效领导相结合，将有助于产生必要的变革，同时使混乱的局面得以控制。

的确，只有强有力的管理和强有力的领导联合起来，才能带来令人满意的效果。没有强有力的管理辅助的领导会变得以救世者自居，形成狂热浪潮，朝不理智的方向发展。也许我们可以把组织比作一辆马车，管理是车轮，而领导是马。缺乏领导，马车可能无法前进，但至少可以维持现状，原地踏步。而缺乏管理或管理不善，组织（马车）根本无法立足，更不要说前进了。从这个角度讲，管理似乎比领导更重要。

事实上，曾国藩、胡林翼所强调的将才观念，其实把领导与管理两种职能混合在一起了，所以感叹："山不能为大匠别生奇木，天亦不能为贤主更出异人。"一人做不完所有事。现代的将才观念，要求把领导与管理这两个职能分由不同的人才来担当，充分注意互补型人才的配合。

## 湘军战例：靖港、湘潭之战

在多次战役取胜之后，洪秀全等在1853年3月正式建立农民革命政权——"太平天国"，定都南京。随后，马上开始北伐和西征。顾名思义，北伐就是北上夺取京、津，直捣黄龙；西征，即往西占领赣、皖、鄂、湘等地，巩固长江上游地带。

西征军在成功占领长江沿岸多个省市之后，终于在武昌碰壁，因其久攻不下，便暂时放弃武昌，继续西进。这时，西进的太平军兵分两路：北路由曾天养率领，西取四川；南路由石祥贞率领，进攻湖南。

靖港、湘潭战役爆发之前，西进的太平军北路已经连续攻克长江沿岸的孝感、德安、随州、安陆、宜昌等城；南军势力同样不可小觑，其迅速攻克岳州、湘阴、靖港、宁乡，前锋距离湖南省城仅有六七十里，搅得长沙城内一片惊慌。

正当太平军势头锐不可当的时候，曾国藩的军队建设也在紧张地进行着。1854年2月，湘军规模已达到水陆兵勇各十营五千人。在曾国藩看来，这支军队训练有素，敢打敢拼，战斗力当然不在话下。

面对太平军的强势直入，曾国藩决定不再等待广西所募水勇的到来，宣布立即出发，进行东征。曾国藩的东征就是从岳州出发，沿江东下，一路收复失地，直到攻克太平天国的老巢——南京，消灭太平天国。从两军的战略路线来看，这次湘军的东征和太平天国的西征刚好针锋相对。两支强悍的部队相碰，恶战难免。

曾国藩率军从衡州出发，顺水而下，经过湘潭到达长沙。养兵千日，用兵一时——这是湘军第一次真正意义上的战争，所以曾国藩的战前准备非常充分而细致。为了防止出省后粮食、物品供应不及时或士卒领到的饷银在当地买不到东西等问题，他曾特地雇了一百多只民船和七千多名随行的夫役水手，并将要用到的东西统统装载上船。这样一来，湘军出发时的人数达到了一万七千人。

当曾国藩驻军长沙，还没有来得及出发东征，太平天国的西征军就已水陆并进，占领岳州、湘阴、宁乡，逼近长沙。不过，那几天刮大风，下大雨，西征军南下受到阻碍，只好驻扎在靖港港外，环列战船，坚筑炮台，以迎接湘军的挑战。

大风天气一过，曾国藩便命水军各营进攻靖港，击毙太平军200多人，击沉贼船3只，还烧了一只火药船。太平军一见湘军来势汹汹，以为必然有大军将至，竟连夜从宁乡、湘阴、岳州等地撤兵，退向湖北去，不过，在撤退的路上恰巧碰到援军，两军会合后军力大增，决定再次杀回湖南。

曾国藩没有料到太平军杀了个回马枪，一看到太平军后退，就马上和部下将领商讨攻打湖北之事。他先派胡林翼、塔齐布等从陆路往攻通城，并约定与湖南巡抚骆秉章派出的王鑫部湘军3000人会攻蒲圻，而自己则率大军由水路向岳州进发。王鑫部队在进军途中遭遇重组后折回湖南的太平军，大败而回，急入岳州驻守，然而却被太平军团团围困。

曾国藩听到前军失利及王鑫被困的消息，便开始对之前的作战计划犹豫起来。一方面，他害怕自己此次前去会陷入重围；另一方面，他又想到自己与王鑫结有私怨。所以，权衡利弊之后，他打算背弃自己"败则死力相救"的誓言，迅速退兵。后来在陈士杰的劝说下，才改了主意，决定采纳陈的建议，派炮船到岳州城外虚张声势，连放数炮，暗示王鑫等900多人闻声趁机缒城逃出。这样，老湘营的一批骨干才得以保留下来。

太平军在取胜后，认真分析了战情。因考虑到省城长沙可能防范甚严，他们不敢派水军贸然前去攻打，而是改由陆军绕越宁乡，进攻湘潭。而首场战役便出师不利的湘军，除了塔齐布部队之外，其余各军都退守长沙。不过，对于湘军来说，虽然首战失利，但太平军也暴露出了很多弱点。比如缺乏对湘军的认识，进攻太锐，分散了自己的兵力等。尤其是占领湘潭的林绍璋一军，由于后续部队尚未跟上，攻势停顿，现已陷入孤立无援、被动挨打的境地。曾国藩在战役失败后，马上分析出了上述原因以及当前军情。所谓知己知彼，方能百战百胜。曾国藩开始谋划着在接下来的湘潭战役中打一场漂亮的翻身仗。

曾国藩紧急派遣湘军800多人，前去重要据点建立坚固的营垒，以防太平军侵入，并准备在猛将塔齐布率军到达营地之后，开始和入侵的太平军作战。不料，太平军这次派出的军队人数甚多，势不可当，湘军伤亡数百，纷纷溃败。

第二天，曾国藩便赶紧派塔齐布带兵1300多名去湘潭救援。此刻，湘潭知县正督带团勇，在城外抵御。不料，太平军早已暗袭了湘潭县城。在这种情况下，塔齐布担心太平军会用以守为战、反客为主的习惯性战略方法。因此，他觉得必须要及时追剿，太平军的军营一旦建立，就更难攻克了。于是，快马加鞭，赶赴湘潭。

当塔齐布赶到湘潭的时候，只见太平军营枪炮如雨，战火纷飞。塔齐布命令自己的士兵听到枪声就卧倒，等大炮停止攻击了再进攻。就这样，数伏数起，直逼敌军军营。

塔齐布的部队堪称骁勇，在战斗中奋不顾身，闯入敌军军营。凭借厉害的火箭火弹，烧死一批，还杀死敌军五百多名，还夺获了很多军事装备，什么马匹、抬枪、鸟枪，什么火药、铅弹、旗帜刀矛，收获颇丰。这样，太平军在湘潭建筑的木城就全部被摧毁了。

曾国藩得知前方战争局面一派大好，为巩固战情，又派几批兵马陆续前去支援。还特意挑选五个营的得力水兵，交给候补知府褚汝航带往湘潭。想要乘太平军的水军还没有虏获到足够的民船改装成战船，水军力量还很薄弱，迅速对其进行追剿。

二十八日夜里，太平军部队仍然在原地修建木城。二十九日清晨，塔齐布、周凤山等湘军将领在对所属军队进行简单整顿之后，分成两路向敌军进攻。而此时，太平军则兵分五路迎战。面对蜂拥而前的敌军，塔齐布迅速将部队分成五路迎战。

这场战斗可以说是一场生死之战。当时，塔齐布在前方手执大旗，指挥各路士兵奋勇向前，而周凤山在后面严厉监督后续部队跟进作战。周凤山的严厉程度足可以用"铁血"二字来形容，只要看到谁临阵退缩，就直接持刀砍杀。在两位将领的配合领导下，湘军呈现出了英勇善战的风貌。而面对湘军的强势攻击，太平军俨然已成亡命之徒，他们拼命猛扑，战斗异常激烈。

后来，湘军杀掉敌军统领先锋六名，元帅三名，普通士兵五百多人，太平军纷纷溃败。而湘军各路兵马对后退的敌军穷追猛打，终于将太平军的木城烧毁了。

湘军获胜后回到营中，正准备美食来犒劳自己刚才的英勇表现，突然发现太平军余部分两路前来扑营。原来，上次成功逃脱的太平军一直想着反扑，看到湘军军营升起的袅袅炊烟，以为湘军此时会因为胜利而放松警惕，于是，赶紧抓住这个大好时机，突袭湘营。这种突发状况早就在塔齐布的预料之中。于是，他果断决定，让湘军假装畏惧而后退，诱敌深入。当敌军逼近时，再从营后绕出，枪炮齐施，打他个措手不及。此所谓兵不厌诈也。

事实证明，塔齐布的这个决策是非常正确的。光是枪炮杀死的敌军人数就达到五百多，而在追击敌军的过程中，湘军又且退且杀至岭下塘边，从四周围逼，逼得太平军无路逃窜，淹死无数。

第二天，湘军的水军战船抵达湘潭。而此时，太平军的水军军船的建设情况也有了新的发展。他们已经成功地虏获到民船一百多只，顺流而下。四月初的凌晨，褚汝航等督率各营水师，分队进攻。当时，只见长龙在前，舢板左右斜出，载炮轰击。而夏銮、彭玉麟等各选派精兵，飞驾战船，向敌军驶去。而太平军也迅速展开反击，炮弹火箭齐发。当时那个战斗场面一团混乱，只见烟焰弥漫，至于是敌军的枪炮还是自己的，已经浑然分不清了。

湘军水军营官见状，立即命令士兵们加速行驶至上风地带，再施放火具。这样，各队分左、右翼，飞驰疾进，炮轰红衣敌军数十名。而火器飞入敌军船只，即刻燃烧，迫使敌军战士情急之下跳上小船逃生。然而，湘军水军早已做好擒拿准备……这情形，颇有一种太平军不管怎样都无法逃出湘军魔掌的感觉。事后，经过统计，湘军水军这次生擒敌军120多人，大小船60多只，还有旗帜、号衣、黄巾、黄马褂、枪炮、刀矛、火药、名册等不计其数。

在水军溃败这一天，陆路方面的太平军又疯狂地在城外高垒了四座木城。看来，上一次战斗湘军方面虽然大获全胜，但太平军的有生力量并没有完全被消灭。于是，塔齐布、周凤山再次督兵，分三路进攻，而李辅朝带兵在后接应。太平军因连续几次失败，这次特地选择善战的长发士兵打前锋，也分三路迎战。塔齐布督率士兵急速向前，并身先士卒，誓不与敌军同生。塔齐布的这一招有很强的号召力，属下士兵受到感染，勇往直前，奋力杀敌。这一战，湘军共杀死长发太平军100多名，黄巾、红巾军狼藉道路，被迫溺死者无数。后面接应的湘军部队趁机抛掷火器，烧毁敌军住所。湘军在将太平军逼退到城根之后，又将三路合成一队，精锐冲杀，杀死敌军数百人，焚烧了敌军刚建好的四座木城，另外，还夺获三尊两百斤重的大炮，旗帜、枪炮等百余件。这下，湘军陆军总算歼灭了敌军陆路部队的有生力量，可以睡个好觉了。

不过，太平军确实很顽强，虽然受到了重创，但仍然坚持战斗。当天夜里，太平军的水军便从上游放了一些火船，顺流而下，意在惊扰湘军水军。湘军水兵乘坐在舢板上，将敌军所放火船撑开，汇集一处，任其自燃。这样，太平军的火船计划落空了。

第二天天一亮，褚汝航督率水师快船，擂鼓督战。这次采用的作战策略还是火攻。湘军水部各营齐施枪炮，紧接着以火箭、火罐焚烧敌军船只。战斗达到高潮，着火的船只继而燃烧了岸上街市房屋，在百里外都能看见火光烛天。经过这次战斗，湘潭的太平军水部人数锐减，船只也仅剩了30多只。到此，湘军的湘潭战役每一场都赢得很精彩。

正当湘潭战役打得如火如荼的时候，曾国藩亲自带兵出战靖港，在靖港之战中，湘军遇到了始料未及的惨败。

本来，按照攻打湘潭的原定作战计划，曾国藩应该在水师进军湘潭之后，率领余部跟上作战的。但是，在他临行前夜，一件始料不及的小事改变了他的计划。准备动身去湘潭那天，忽然有靖港民团前来报告，说那里的太平军人数少，没有防备，还说已经搭好浮桥，愿意助攻，并担当前导。

曾国藩一听，非常高兴，觉得这是一个更好的保证湘军在湘潭战役获胜的机会。

他考虑到，当时湘潭的太平军在湘军的猛攻下已经败得很惨，正盼着靖港的部队前去救援。如果现在趁机攻打靖港，处在两地的太平军就不能首尾相顾了。所以，在这种情况下，曾国藩明知水陆的精锐部队和得力将领都已在湘潭，剩余部队战斗力不强，但还是不想错过这个驱赶太平军的良机，依然决定放弃原定计划，亲自率领剩余水陆各营改攻靖港。

当天，曾国藩率领水军5000多名，士兵800人，紧急赶赴靖港白沙洲。可是，中午突然刮起了强风，水流迅急，战船顺风驶到靖港后竟然不能停留。太平军水军见此状况，启用200只小滑船，顺风驶向湘军水军。这时，湘军开炮轰击，但是炮高船低，命中率奇低。湘军水军一见大事不妙，居然纷纷弃船上岸。

曾国藩在白沙洲听到水军窜逃的消息，赶紧命令陆军分为三路急速赶赴靖港敌军军营，以分散敌军势力。然而，陆军心理素质也不好，一见水军失利了，就心生胆怯。所以，虽然在战斗之初还小胜了一把，可马上就自动往后撤退了。

曾国藩一见士兵反奔，急得亲自执剑督阵，并在岸边竖立一面旗子，用大字写上"过旗者斩"。但是，湘军兵败如山倒，不管主帅怎么挽救，士兵还是绕旗狂奔。曾国藩见全军战士都没了底气，无意再战，只好传令撤队回营。

这一次，曾国藩的湘军败得一塌糊涂。他以前总是讥笑绿营兵望风溃逃，没想到自己精心训练的湘军也是如此。我的部队到底怎么了？以后的仗还有信心打下去吗？曾国藩思前想后，怎么都觉得羞愧难当。于是，他神情恍惚地支开随从，独自走出去。走了一段之后，突然"噗通"一声，跳下河去了。还好属下及时赶到，才把他救上了岸。

兵败靖港的曾国藩回到长沙后，不停地受到当地地方官员的诟病。有的官员本来就憎恨他多事，轻视湘军无用，这下又看到曾国藩吃了败仗，便幸灾乐祸，趁机煽动，肆意攻击，甚至还要求参劾曾国藩，解散湘军。一时间，长沙城内满城风雨。

曾国藩本来就悲伤至极，在靖港就已经自杀过一次了，回长沙后又听到这么多冷言冷语，心情更为沉重了。他整天不更衣，不梳头，不饮不食，怎么都觉得无脸见人。终于有一天，他写好遗书，暗示胞弟曾国葆去买回棺材，准备次日再次自杀，以谢丧师败北之罪。

第二天黎明时分，忽然传来湘潭彻底取胜的消息。对曾国藩来说，这是他的一棵救命稻草，也是湘军持续发展的一个关键点。果然，曾国藩一听马上豁然开朗了。虽然他没有带兵去湘潭打仗，但他是湘潭战役的总指挥，大获全胜的湘军也是他亲自操练的军队。他完全有理由为湘军在湘潭的突出表现鼓掌和雀跃，也完全有理由为自己感到骄傲。湘潭战役的最终取胜让曾国藩重新对湘军充满信心，燃起继续东征的热情。

而正当清军被太平军打得无处藏身时，湘军在湘潭战役中大胜，这让清朝政府看到了镇压太平天国运动的希望，也让之前怀疑湘军实力的地方政府官员从此对他们刮目相看了。

# 第二章 用 人

**原文精选**

人才以陶冶而成，不可眼孔太高，动谓无人可用。

大抵人才约有两种：一种官气较多，一种乡气较多。官气较多者，好讲资格，好问样子，办事无惊世骇俗之象，言语无此妨彼碍之弊。乡气较多者，好逞才能，好出新样，行事则知己不知人，言语则顾前不顾后。

软熟者不可用，诡谀者不可用，胸无实际、大言欺人者不可用。营官不得人，一营皆成废物；哨官不得人，一哨皆成废物；什长不得人，十人皆成废物。滥取充数，有兵如无兵也。

人才因求才者之智识而生，亦由用才者之分量而出。

无兵不足深忧，无饷不足痛哭，独举目斯世，求一攘利不先，赴义恐后，忠愤耿耿者，不可亟得，此其可为浩叹也。

专从危难之际，默察朴拙之人，则几矣。

## 按语：用其所长，还要培养

用人是成就大事的关键。曾国藩、胡林翼都强调，用人其实包含两个内容：一是用，二是育。首先任用人才应使其优劣得所，用其所长，发挥他的优势；要"衡才不拘一格，论事不求苛细"，苛求完美就会无人可用，不能因为小缺点而忽视大才能。其次还要育人，曾国藩认为"人才以陶冶而成"，胡林翼也说"人才因求才者之智识而成"。曾国藩在培养人才方面用尽了力气，所以毛泽东转引老师杨昌济的话，说曾国藩是"办事兼传教之人"。

## 湘军人物故事：曾国藩如何用人育人

曾国藩用人极为谨慎，坚持"不轻进、不轻出"，"慎之又慎"的原则。人才来了，他会亲自接见，一一观察；来不及接见的，先让他安顿下来，发给少量工资，待亲自观察之后，再根据各自情况，分派到各个单位去，或者军营，或者幕府。去军营的，当然就在打仗中磨炼、升迁。留在幕府的，接触较多，在工作中来判断他的才能心性，并适当培养，有了比较深入的了解，再保举官职，委派重任。

这就类似今天的一种用人办法。人才来了之后，先给他打五十分，这里做得好，加十分，那里做得好，再加十分，逐渐奖励他的才能，提高他的才能。如果相反，来了就给一百分，这里做错了减十分，那里做错了减十分，人才慢慢变成了蠢材，就无人可用了，这对人才和单位都是损失。

曾国藩在用人上基本没出大的差错，因为他有一个明确的标准。如同心中一杆秤，标准越明确，思路越清晰，越容易量才适用。关于用人标准，他自己讲得很清楚：一是德才并重，二是文武有别。

德才并重，说起来容易，做起来难，结果往往是德重于才。左宗棠就批评他选的人德有余、才不足。他用人没有出大的差错，大概跟德重于才有很大关系。曾国藩引前人的话说："才德全尽，谓之圣人。才德兼亡，谓之愚人。德胜才，谓之君子。才胜德，谓之小人。"又马上说自己的看法："余谓德与才，不可偏重。德无才辅，近于愚人。才无德主，近于小人。"

要注意的是，首先他们都是人才，且为当时精英，其次才以德为主，才为辅。无才之人，曾国藩会表示尊重，却断不肯用。才干是成就大事的关键，也是成就大事的基础。有才无德，有德无才，都不足用。曾国藩那么牛，也常感叹："每见仁厚正大者，即苦无才识气力。"胡林翼也说："兵事以人才为根本，人才以志气为根本。兵可挫而气不可挫，气可挫而志不可挫。"

如果最终才德都不具备，那还是德胜才比较好，至少不添乱。好在一般说来，有德必定会有才，不过才大才小而已，所以可用。

拿湘军与淮军比较，可知曾国藩德重于才的特点。

曾国藩是湘军的表率，李鸿章为淮军之表率。曾国藩可谓道德笃诚，学问纯粹，器识宏深。李鸿章却是智术机警，识时善变，勇于任事，不畏艰险，血性比曾国藩强。曾国藩说他"才大心细，劲气内敛"，是指他长于事功，而不著于学术，还说他在拼命做官，贪位之心过重。李鸿章虽是曾国藩最得意的学生，却没有学到曾国藩在道德学术方面的本事。梁启超都说，李鸿章是不学无术。

淮军不如湘军，从大将出身亦可看出。淮军将领程学启、刘铭传、张树声兄弟、周盛波兄弟、潘鼎新、刘秉璋等，程学启是陈玉成部将、叛徒，刘铭传是私盐贩子，张树声兄弟、周盛波兄弟都是团练头子出身，其余或出自武官，唯潘鼎新是举人，此外全无学术根基。没有江忠源、塔齐布、罗泽南、李续宾兄弟之类的人才，更没有像彭玉麟那样的人才。淮军的私人色彩也比湘军更重，如"铭"、"鼎"、"庆"、"树"、"盛"、"程"诸营，皆为大将名字。即使刘铭传经过曾国藩悉心栽培，立下无数功勋，人们还是记得他盐枭出身、逞强斗狠。甚至有人认为，李鸿章才是私人军队、军阀头子的先驱，曾国藩裁撤了湘军，他却把军队建设成私人势力，曾国藩都难以指挥（曾国藩剿捻无功，多少与此有关），袁世凯也是他一手提拔上来的。

曾国藩德重于才，其实是他的优点，他所识拔的人，并非德有余、才不足，恰恰相反，是本有才，德更足。至于像鲍超那样的勇将，军纪败坏，最后还发生哗变，客观地说，不全是曾国藩的责任。即如曾国荃，都说他贪功贪财，号曰饕餮，然而他对清政府一方，其实却有益无害，曾国藩死后，他还接任了两江总督。即使有个别败类，也无伤曾国藩的知人用人之明。

不过后来他也强调，只要人才有一长可取，就不因小瑕疵而抛弃不用。但是，道德品质败坏的，贪污公款的，心眼太多、过于狡诈的，他坚决不用。大概在他死前一年，又撰文说："我生平喜欢用忠实人，现在老了，才知道良药虽多，未必管用。"并引用了陈平跟刘邦说的话："尾生是一个大孝子，对战争胜负却没有帮助，陛下还用他吗？"不患世上无才，只患不能恰当使用。

文武有别，简单说起来，就是文官不爱财，武官不怕死。

曾国藩出任团练大臣，首先就要选拔武将。他对武将的要求有四点："不难于勇，而难于带勇之人。带勇之人，第一要才堪治民，第二要不怕死，第三要不急急名利，第四要耐受辛苦。"类似的话举不胜举。从实际情况来看，归结起来无非两点，一是要有忠义血性，二是要勇悍敢战。

忠义到家了，就能尽心，生出智慧来。血性到家了，就不怕死，生出勇气来。所以湘军的著名将领，如江忠源、罗泽南、彭玉麟、杨载福等，都是典型的忠义血性之人，不仅有治兵安民之才，也热爱荣誉，决不怕死。

罗泽南本来是个儒生，跟曾国藩编练湘军，出湖南作战。攻打武汉的时候，他带两千湘勇，自请当其难者，攻花园一路。攻下武昌之后，湘军顺长江进入江西。塔齐布带兵攻打九江，久攻不下，又气又急，激发心脏病，竟然呕血而死，当时才39岁。接着罗泽南又回救武汉，亲自到城下指挥，中了枪子，五天之后死去。曾国藩坐困江西，两员骨干大将过早死去，大概是一个原因，至少增加了他的困难。而一等悍将鲍超（塔齐布也属此类），虽不懂什么战略战术，军纪也最差，却是典型的打仗不怕死的人，对曾国藩忠心耿耿，所以备受重用，有时倚为长城。

文吏的标准大概有十二个字，有操守，无官气，有条理，少大言。

有操守，自然就把贪财的人排除了。有条理，做事就有章法、有着落、有规矩，文牍工作必须有条不紊才做得好。少大言就是不吹牛，不说空话，多办实事。

这里重点讲讲他所谓的官气。人才大致有两种，一种官气多，另一种乡气多。官气多的人，喜欢讲资格，讲排场，讲样子好看，圆滑世故，吃不得苦，不敢承担责任。乡气多的人，喜欢逞能，喜欢新花样，说话没遮拦，事情还没开始，就招来非议。曾国藩用"劳苦忍辱"四字来教导他们，喜欢用乡气多的人，喜欢用新人，因为他们没有沾染官场习气。结论就是，新人官气少，士人有操守。

有了标准，就好量才适用。

曾国藩专门为一个人成立了一个部门，名叫采编所。那个人叫张德坚，原在湖北当巡捕官，为湖北巡抚的随从官，管宣传一类事务，属下级官吏。

他对太平军的情报有天生的兴趣。咸丰三年，太平军经武汉，顺江直流，奔袭南京，长江两岸到处流传他们的故事。大概因为工作关系，张德坚与逃难者接触较多，从他们嘴里听到很多关于太平军的消息，就开始收集，统统记录下来，竟到了痴迷的程度，还特意化装成难民去侦察。

收集的资料渐渐多了，有厚厚一大本，他编成《贼情集要》，向各地方长官投递。大概因为他级别太低，无人赏识，张德坚颇为气馁。

一年之后，湘军打下武昌。经一个朋友介绍，曾国藩看到了他的《贼情集要》，非常喜欢，也很赞赏，就把他调到帐下，特设采编所，让他当所长，专门收集整理关于太平天国的文件资料。这些资料有的是战斗中缴获来的，有的是征集所得。

咸丰五年，太平军回攻武昌，采编所被打散，除张德坚和两个助手坚持来了长沙，其余成员都不知哪里去了。最后终于编成《贼情汇纂》一书，是关于太平天国的重要情报资料。

张德坚能够坚持逃到长沙，坚持把书编完，可见他的忠诚。仅此一人，可知曾国藩在识人用人方面，确实比当时一般地方大员高明，这跟他的胸襟抱负大有关系吧。

曾国藩说，用恩不如用仁，用威不如用礼。张德坚对曾国藩也许有一份感激之心，所谓知恩图报，曾国藩却强调仁比恩更合适。仁，就是自立立人，自达达人。曾国藩不把自己当做他的恩人，而是一种互相帮助的心态，成就别人的时候，也成就了自己，成就自己的时候，也成就了别人。用威不如礼，对塔齐布、鲍超这样的粗人，最具效果。威就是权力，迫使对方服从。礼既是尊重，也是制度，对士人要尊重，对武将、粗人则用制度约束，比用权势、威风压人，效果更好。用威可能口服心不服，用礼则可做到心服口服。

曾国藩爱才如痴，美名播于天下，来的人多了，如何任用、安置，也成了一大问题；招之即来，来而不用，就凉了天下人的心。他设置了很多单位来安置他们，反正刚开始工资不高，仅够糊口，不是负担，就可以留下。遇到确实不宜留用的，也发给路费。人感其德，名声就传开了。

关于曾国藩培养人才，举三个人来说明。一个是他的亲弟弟、直系部下，另一个是淮军将领、李鸿章的直系部下，还有一个是从太平天国投降过来，隶属僧格林沁，僧格林沁死后,归曾国藩节制。

## 一、对曾国荃的培养

曾国荃是他的亲弟弟,所花工夫最多、最大,从十几岁训导至四十岁,多在通信中来完成。这里只举一例。

祁门大营历险之后,还没有拔营,曾国藩接到曾国荃、曾国葆的来信,是从安庆前线写来的。曾国荃多次劝曾国藩离开祁门,把大营移到东流去。东流在长江边上,遇到紧急情况,可以立马开船,不会被包围——那时太平军已经丧失水上优势。

曾国藩回复道:"大凡人之自诩智识,多由阅历太少。"我若在东流,如果建德失陷,听任敌人窜入江西景德镇各地,我亦无力屏蔽,面子上太过不去,这是一难也。我居高位,浪得虚名,敌人必定加倍欺凌,这是二难也。沅弟(曾国荃)只知其利,不知其害,这就是自诩智识,阅历太少的缘故。沅弟佩服陈玉成善于寻找机会,乘虚而入,却不知道他是蓄谋已久,这也是阅历太少的缘故。

曾国藩又跟曾国葆说,季弟(曾国葆)前日预料徽州必克,左宗棠必败,不靠眼见,只凭臆断,这也是自诩智识,阅历太少的缘故(事实是,曾国藩打徽州失败了,左宗棠却攻下景德镇,解了祁门大营之围)。又急于出壕搦战,只看到敌人不是真的勇悍,却不知道我军也不可依恃,都是因为阅历太少了。不要自诩,不要骄傲,谦虚做人,谨慎谋事,不要把什么都看简单了。

攻克南京之后,清政府要打压曾氏兄弟,曾国荃想不通,闹情绪,曾国藩也给了很多劝导。遍观曾国藩写的家书,教导诸弟子侄做人做事的话,几乎每一篇都有,用心良苦如此。

## 二、对刘铭传的培养

刘铭传为淮军第一勇将,本为李鸿章部下。僧格林沁被捻军打死后,曾国藩奉命北上剿捻,湘军已经裁撤,只能依靠淮军。他很清楚,淮军将领在素质、学养方面皆不及湘军,没有像塔齐布、罗泽南、彭玉麟、杨载福、李续宾那样的人才,不得不在行军之际,对淮军将领多加训导,尤其对刘铭传的培养最多,成效最大。

他对刘铭传的培养,有奖励,有劝诫,多期望,少批评。刘铭传本来是一员猛将、悍将,曾国藩则希图强者更强。

剿捻之初，湘淮各营都不是捻军的对手，唯刘铭传敢临阵变化，主动出击，还多次夺得军马，足以组建一营骑兵。但李鸿章先有信来，说现在粮饷筹集困难，各军概不得增添步兵，若要增添骑兵，必须裁减步兵，好腾出口粮来。鲍超的部队就是因为粮饷不足而闹了哗变。曾国藩却同意刘铭传新建一营骑兵，并拨给军饷口粮。他夸赞刘铭传说："惟贵军门好养绝技之人、敢死之士，古来名将亦往往精选帐下健儿，以备缓急。"他要刘铭传裁撤三哨亲兵，把壮士留下来，几十人就够了，少而精，经常跟随身边。本来军饷口粮紧缺，曾国藩仍坚持加银三百两每月，加夫三十名，要刘铭传照实领取。

二十三天之后，曾国藩又给刘铭传做了一番训导，要他以坚忍成事。大概除了家人，再没对第三人怀抱如此殷切的期望。全文抄备如下：

《批铭字营刘军门铭传禀防河事宜俟抵周口与潘张二军通力合作等情》

来牍具悉。

防守沙河之策，从前无以此议相告者，贵军门创建之，本部堂主持之。凡发一谋，举一事，必有风波磨折，必有浮议摇撼。从前水师之设，创议于江忠烈公；安庆之围，创议于胡文忠公。其后本部堂办水师，一败于靖港，再败于湖口，将弁皆愿去水而就陆，坚忍维持而后再振；安庆未合围之际，祁门危急，黄德糜烂，群议撤安庆之围，援彼二处，坚忍之力争而后有济。至金陵百里之城，孤军合围，群议皆恐蹈和、张之覆辙，即本部堂亦不以为然，厥后坚忍支撑，竟以地道成功。可见天下事，果能坚忍不懈，总可有志竟成。

办捻之法，马队既不得力，防河即属善策，但须以坚忍持之。假如初次不能办成，或办成之后，一处疏防，贼仍窜过沙河以北，开、归、陈、徐之民必怨其不能屏蔽，中外必讥其既不能战，又不能防。无论何等风波，何等浮议，本部堂当一力承担，不与建议者相干；即有咎豫兵不应株守一隅者，亦当一力承担，不与豫抚部院相干，此本部堂之贵乎坚忍也。

游击虽劳而易见功效，易收名誉，防河虽劳而功不甚显，名亦稍减，统劲旅者不屑为之。且汛地太长，其中必有极难之处。贵军门当为其无名者，为其极难者，又况僚属之中，未必人人谅此苦衷，识此远谋，难保不有一二违言，贵军门当勤勤恳恳，譬如自家私事一般。求人相助，央人竭力，久之人人皆将鉴其诚而服其智。迨至防务办成,则又让他军接防,而自带铭军游击,人必更钦其量矣,此贵军门之贵乎坚忍也。若甫受磨折,或闻浮言,即意沮而思变计,则掘井不及泉而止者,改掘数井亦不见泉矣。愿与贵军门共勉之。

此复。

曾国藩先说,凡发一谋,举一事,必有风波磨折,唯有坚忍可以成功。首先,江忠源创议建设水师,水师建成之后,先败于靖港,再败于湖口,大家对水师充满绝望,水师官兵也都不想干了,要去当陆军,靠坚忍维持,才振作起来。其次,围攻安庆的时候,祁门大营危急,大局糜烂,群议都要撤安庆之围,去支援祁门和黄德,也靠坚忍力争,才没撤兵,最终打下了安庆。最后,南京城高墙厚,曾国荃孤军冒进,大家都担心他遭到覆亡,连我本人也觉不妥,仍靠坚忍支持,用地道爆破的办法攻下来。天下事只要能坚忍不懈,总能成功。

他又大力表扬刘铭传的防河之策。捻军依靠马队,行动迅猛,防河是笨人笨办法,不易见成效,却很管用。曾国藩要刘铭传"为其极难者",勤勤恳恳,以"坚忍持之"来取得成功。勇猛顽强的捻军,正是败在防河之策下。

这篇文章可谓曾国藩坚忍精神的最佳写照,概括力比写给家人的信都强。

刘铭传没有辜负曾国藩的栽培。曾国藩剿捻无功,李鸿章接任。他看不上刘铭传的笨办法,刘铭传说:"若不防河,我就回家,不打这烂仗了。"李鸿章才接受防河之策。

任柱是捻军猛将,赖文光倚为长城。刘铭传买通捻军降卒潘贵升,要他找机会刺杀任柱。在山东日照,刘铭传与任柱率队开仗。淮军放排枪,掀起黄色大雾。叛徒潘贵升乘机冲到任柱面前,刺中任柱腰部。任柱的死,是东捻军的重大损失。两个月后,东捻军失败。

东捻军失败之后,清政府论功行赏,刘铭传劳苦功高,嫌封赏小,对李鸿章很有意见,就请了病假,回家休息去了。

西捻军为了报仇,从西边打来,威胁北京。刘铭传装大爷,说自己有病,不能带兵,将了李鸿章的军。刘铭传有勇有谋,为淮军栋梁,连西捻军也畏惧三分,他不肯来,李鸿章就少了一支胳臂。西捻军来势凶猛,李鸿章追堵不力,朝廷就把他降了职。这下把李鸿章急的,只好请曾老师帮忙,劝刘铭传出山。

曾国藩超过李鸿章的地方，此处也可以见到。他接连给刘铭传写了三封信，又劝又导，要他应命出山。曾国藩过去的幕僚吴坤修还亲自上门劝说，刘铭传才答应出来。

刘铭传本是盐枭，行为性情都比较粗暴，匪气颇重，经曾国藩培养训导，不仅有勇，而且有谋，终成淮军第一名将。后来他也积极主张开发台湾，在台湾修建铁路。再后来，法国在两个方向上与我无理开仗，广西方面有老将冯子材，台湾方面则为刘铭传，两人积极抗战，取得对列强作战少有的胜利。

### 三、对陈国瑞的培养

陈国瑞本在太平军中，还是个少年，不小心当了俘虏，被清兵将领收为义子。这个年少无知的叛徒，投靠清兵之后，很能打仗，官至总兵（正二品）。后改属僧格林沁。同治四年（1865），僧格林沁被捻军击毙，部队几乎全军覆没，陈国瑞带伤逃脱。曾国藩北上剿捻，收拾僧格林沁残部，陈国瑞也被审查。因为他作战勇悍，且负重伤，是唯一没被处罚的人。事后曾国藩有点后悔，因为陈国瑞不力救僧格林沁，还假装受伤，却不受惩罚，知情者大为不满。

陈国瑞是个粗人，骄纵蛮横，劣迹多端，颇有一点军中恶棍的味道，一生波折也多。南京陷落之后，他在湖北追剿太平军残部，却被人诬陷，说他又叛变了。直到他亲自面呈，才洗清冤屈。在查明真相之前，曾国藩推断说，现在我方军威大振，陈国瑞所带不过千人，断不会在这个时候叛变，如有疏失，我愿意承担责任。

同治四年五月，在追击捻军的时候，他率部闯入刘铭传营中，抢夺洋枪。刘铭传本为盐枭，也不是善主，一场争斗，把陈国瑞活捉了，还杀了他几千部众。曾国藩晓得陈国瑞品行不佳，又由他构成事端，因而只命刘铭传放人，都没惩罚。陈国瑞被关押了几天，又挨打又挨饿，受尽凌辱，却无可奈何，只好再去招兵。

不过，在天津教案中，从今天来看，陈国瑞却表现了一些勇气和骨气。他站在桥头，为中国人民助威呐喊，法国人指名道姓要处死他。曾国藩认为陈国瑞罪不至死，就把他调到扬州去了。

到了扬州，英国人又出来指控他，说他要带领群众攻击教堂，恐吓洋人，驱逐他们。一查，原来是英国人诬告陈国瑞，大概是有点畏忌他。曾国藩就不放心起来，正想着怎么让他闭门谢客，不惹事端，结果才半个月，就发生了另一起恶性武斗事件。

扬州还有一个武官，名叫李世忠，也是太平军降将，突然把陈国瑞抓起来，绑到船上，藏在江边。竟有几千人赶去追索，在江边大闹一场。李世忠逃掉了，他的家眷却被抓住，还弄死了一人。

原来李世忠跟陈国瑞都在长江边上带兵。陈国瑞抢了李世忠的粮饷、皮衣等物资，李世忠怀恨在心，一直隐忍不发，想找机会报仇。不巧二人在扬州相遇，李世忠假装跟陈国瑞和好，相从过往。陈国瑞是个大老粗，仍然拿一些小事来欺凌李世忠。李世忠就在一个清晨下手，闯入陈宅，捆绑了他。

曾国藩的意见是，二人都是提督（从一品官）了，仍然桀骜成性，不循法理，在扬州危害百姓，又被洋人猜忌，现在还搞出人命来，干脆都遣回原籍，不准在扬州逗留，免得再起风波。陈国瑞没有回去，而还在扬、淮一带徘徊，不知如何保其末路。

陈国瑞就是这样一个人，曾国藩也屡次说他"气矜太甚"、"狡谲暴戾"、"桀骜之气未化"、"性好私斗，劣迹多端"、"粗气未除，性喜多事，或大言欺人"……

尽管如此，借公文往来之便，他还是给陈国瑞写了大段批语，是所有批牍中最长的一篇。这一番苦口婆心的训导，就是希望陈国瑞能有所觉悟，成为名将。那篇文章很长，收在《曾国藩全集·批牍》中，是分册最长的一封信，电脑统计有2606字，真是够长的了，却能体现曾国藩好为人师的毛病——办事兼传教之人（毛泽东转引老师杨昌济语）。其中心意思，就是想帮陈国瑞除去恶习，培养名将气质。曾国藩自认为，"玉成一名将"，是他的一大功德。

该文第一段先谈了公事，然后说："心中有千言万语想跟你说，又怕忠言逆耳，你不肯听，所以迟迟没回信。"陈国瑞是这么一个人，有三个人说他好，就有七个人说他坏。曾国藩数落了他的十大劣迹，什么忘恩负义、虐待官差、吸食鸦片等，又列举了他的三大优点，什么勇敢善战、颇有孝心之类。跟着劝诫说，你本有名将之质，如不好好反省，恐怕将来身败名裂，自己都还不知道。

然后跟他约法三章：一不扰民，二不私斗，三不违令。顺便就提起他跟刘铭传的恩怨，希望他发奋图强，立大功，成大名，以洗雪耻辱，如韩信忍胯下之辱，郭子仪隐掘坟之痛（郭子仪的祖坟被太监鱼朝恩刨了，别人以为他会大发虎威，找鱼朝恩算账，搅起一场风波。郭子仪流着泪说，我在外带兵打仗，士兵也刨了别人的祖坟，现在我的祖坟被刨，那是我的报应，怪不得别人），永不与人私斗。

最后希望他服从号令，挽回恶名，逐渐养成名将气量，大丈夫光明磊落，不用遮掩什么!

但曾国藩不敢抱太大期望,在跟朋友说起陈国瑞时,表达了这样的感慨:"然美而不骄,骄而能降,从来就很少。"

在谈陈国瑞的优缺点时,曾国藩故意先提缺点,后提优点,而且缺点十项,优点三项,可知曾国藩对他的爱憎态度。

当朝廷向曾国藩咨询,陈国瑞能不能独当一面时,他用密奏的方式,坚决予以否定。曾国藩很清醒,不因为想栽培他,而不辨公私,滥用感情。

准确说来,在心灵深处,他对陈国瑞是否定的。他给刘铭传写过不少信,也给潘鼎新写过,就是没给陈国瑞写过,这似乎表明了他对陈国瑞的态度。

他对陈国瑞的培养训导似乎没起作用。陈国瑞的命运也不幸被曾国藩言中,"恐怕身败名裂"。曾国藩死后数年,因为另一个案子,陈国瑞又被牵连,发配黑龙江,在那片广袤、肥沃、荒凉的黑土地上,默默死去。

## 领导与管理:充分发挥每一个人的力量

世界上根本就没有十全十美的"通才",一个人的才能往往只能表现在某一个或者少数几个方面。通常一个人某方面能力越强,其他方面的缺点也就越明显,这就好比光和影,好比山峰和山谷——人的精力是有限的,想要在某方面突出,自然会牺牲其他方面的修养;而全面发展、过度分散精力的结果,往往是全面平庸、一无所长。因此在选聘或者提拔人才时,优秀的管理者不该盯住人的短处不放,而应该关注这个人的才能是否能胜任相关职位。

陈平刚刚投奔刘邦时,有人造谣,对刘邦说:"这个人大王您千万不能用。他虽然长得漂亮,但是人品不行。他在家时跟他嫂子私通,出去当官又收受贿赂。而且他反复无常,一开始是魏咎手下,然后跳槽到项羽那儿,现在又来投奔大王您,谁知道什么时候他又叛逃了呢?"

刘邦用人不拘一格,他手下贵族、游士、平民、小吏、杀狗的、卖布的、车夫、强盗什么人都有,当然也知道有大才能的人常常也有不小的瑕疵。而且当时的世道,良禽择木、谋士择主,留不住人才是当君主的气量不够。这些都不成问题。于是就问他手下一个叫魏无知的,陈平这个人到底有没有本事。魏无知跟他说:"陈平是个奇才,您用他一定对国家有好处。他确实有些私人的小毛病,但对国家大事绝对没妨碍。"刘邦跟陈平深谈,觉得这个人的才智超群,正是自己需要的人才,就任命陈平为护军。

后来陈平为刘邦"六出奇计",夺取天下,成为汉初安邦定国的重臣;刘邦死后的诸吕之乱,也是陈平与周勃密谋铲除,才保全了刘姓江山。

楚汉相争时,刘邦个人的能力、魅力,集团的战力、财力,各方面都不如项羽,他能胜出,是因为他善于用人。前面说过,刘邦手下的人才,什么出身都有,个性也很鲜明。韩信、彭越、英布都智勇过人,但忠诚度低、不够听话;樊哙、灌婴忠诚勇猛,却为人粗鲁、缺少智谋;张良擅长谋略运筹、萧何擅长守土安民,但张良体弱多病、萧何清静无为,都不是带兵打仗的料……这些人都有缺点和不足,有的还相当严重,但事实上他们的缺点和不足都没有影响大局。至于刘邦自己,谋略不及张良、陈平,带兵打仗不及韩信、彭越,治国安民不及萧何,看起来像是这群人中最没用的一个,但是他能把手下的人才都安置在最合适的位子上,知道怎么能最大限度地发挥各人的长处——他有"将将"之才,这是他能统率张良、韩信、萧何这些杰出人才的原因,也是他胜过项羽的地方。

一个优秀的管理者,其实只要有一项才能比他的下属强就可以了,就是所谓"将将"之才——用钢铁大亨卡内基的话来说,他只要"懂得如何使能力比自己强的人在他的手下充分发挥作用",就很称职了。而要做到这一点,他必须更多地关注各人的长处,并且安排合适的位子,使他们有用武之地——这样做当然不能帮助每个成员克服缺点,但是能让他们的缺点变得无关紧要——这也是充分发挥一个组织优势的关键所在。

想要发现一个人的长处,就应该摒除个人的好恶,客观地去观察一个人;而要公正地安排职位,让人才充分发挥自己的长处,也不能让个人的好恶左右——优秀的管理者必须知道,员工之所以能得到职位、拿到工资,是因为他胜任并完成他的工作,而不是因为他能讨上司的欢心。在选用人才的问题上,中国古来就有"内举不避亲,外举不避仇"的说法,要唯才是举,以是否适合职位、能否完成任务为标准选用人才,而不能根据个人的好恶或者亲疏远近。这已经是现代的选聘制度最重要的原则之一。

官渡之战前,陈琳曾帮袁绍写檄文征讨曹操。这篇檄文先骂了曹操一家三代,然后连夸张带编造地一一细举曹操的罪过，把他写成古今第一暴虐贪婪无道之人。据说当时曹操偏头痛正发作，别人拿这篇檄文给他看，他读了只觉毛骨悚然，惊出一身冷汗，从床上一跃而起，头顿时就不痛了。可见这文章写得多么犀利痛快。后来曹操打败袁绍，陈琳成了俘虏，所有人都觉得他必死无疑，但出乎意料的是，曹操不但没杀他，反而把他留在身边，让他做自己的私人秘书。

陈琳笔杆子确实够硬，他后来被曹丕列入"建安七子"，排在第二位，仅次于孔融。曹丕评价他说"孔璋（陈琳的字）章表殊健"，陈琳文风豪放，酣畅淋漓、振聋发聩，正是做宣传、写檄文公文的一把好手。曹操能摒除个人情感，任用他的长才，足见这个三国第一枭雄的胸襟气量，也从侧面反映了曹魏强于蜀汉、孙吴一个原因。

相比之下，诸葛亮素以严明、公正著称，但他任用人才时却也会被个人喜好左右。最典型的例子就是他错用马谡，致使街亭失守。

马谡兄弟五人，个个才华出众，"马氏五常，白眉最良"说的就是他的大哥马良。马谡年纪最小，却也很有才华，诸葛亮平定西南时，就是他建议"攻心为上"，之后才有诸葛亮七擒七纵孟获、最终收服西南各族民心的佳话。大概是因为这两人战略目光相近的缘故，诸葛亮很喜欢这个年轻人，把他当自己儿子一样对待、培养。过于喜爱一个人，常常会看不清他的缺点，刘备注意到这点，所以在死前劝说诸葛亮："马谡这个人，言过其实、纸上谈兵，做幕僚可以，却不能担当重任。"但是诸葛亮不以为然。出征魏国时，马谡主动请战，要求执行最关键的任务——守街亭，诸葛亮明知他缺乏实战经验，却还是过于相信他的才能，让他立下军令状带兵前去。结果马谡得到自己带兵的机会，意气风发、不听人言，死板地套用兵法战阵，被司马懿父子杀得大败而归。街亭失手，攻守的形势逆转，诸葛亮挥泪斩马谡，这次出征也不得不无功而返。

从今天的角度来看，马谡是那种理论能力强、操作能力差的人，最适合他的位子是战略参谋，但诸葛亮却把马谡放到了一军统帅——这个他不能胜任的位子上。以诸葛亮的识人之明，却犯下这种错误，其根源就是私心太重，以致干扰了判断力。

真正优秀的管理者，在任用一个人时，不会去想"他跟我的关系好不好"，他们关注的是"什么事他能做得特别出色"。他们在选拔员工时，寻找是在某一方面尤其出色的人，而不是各方面都过得去的人，也不是自己的朋友、亲信、知己。

从一个组织的角度考虑，它需要的是各种类型的人才，而不是每个方面都很出色的人才。组织有一种职能，它可以通过合理的职位安排、有效的协调管理，使组织里的成员各司其职，从而充分发挥他们的长处，并将他们的缺点造成的影响减小到最低程度。一个精通业务的税务会计师，如果他不擅长与人交往，那么他要开办私人事务所一定会遇到很多麻烦。但对一个大企业而言，他却是可以招揽的优秀人才——只要管理者安排给他的职位，可以让他在办公室里专心地处理财务会计业务，而不必为公关交际的事务伤神。在这里，这个人的业务能力是企业迫切需要的，而他不擅交际的缺点，却不会影响到企业的效益。

组织的绩效考核和人事决策必须体现公平、公正的原则，不能带有个人感情色彩，否则就可能失去优秀的人才，或者打击他们的工作积极性。因此管理者要避免出现对某些人特别关照和偏爱的情况。

据说能筹建起一流管理队伍的管理者，通常都不会与同事和下属保持过分亲密的关系。林肯和罗斯福总统在他们的内阁中都有自己的朋友，但是在公事上，他们一直保持着一定的疏远，这么做是为了能客观看待这些人的工作和才能。虽然有人认为：是否喜欢一个人和是否赞同一个人的观点之间没有必然联系，但是人的本性让他更容易偏向自己喜欢的人，从而影响判断的客观性。

这些都是很简单的道理，但是在实际操作的时候却常常被人忽视。一个企业往往是有职位空缺了，然后才招聘人才，有的管理者因此认为当务之急是填补空缺，而不是安置人才。因此在选人时，他们更容易看中缺点最少、不容易犯错的人。而那些想避免这种毛病的管理者，则容易走进另一个误区：根据人才的情况来设置职位，这样必然会出现顺从和偏爱的情况。

那么应该怎样避免这两种情况，选拔出优秀的人才，并合理地任用他们呢？

一位著名的管理学家提出了以下几条原则：

第一，管理者设置的职位必须是合情合理的，它不能只适合天才，而让普通人无法胜任。如果连续两三个人都无法胜任一个职位，而这些人在其他职位上都有良好的表现，那么管理者就要考虑重新设计这个职位。

第二，管理者必须确保每个职位既有很高的要求，又有很高的灵活度，不能将一个职位的工作内容设置得太狭窄。有挑战性的职位能让人充分发挥自己的优势和长处，让员工对工作充满热情，并且做出成就。而狭窄的工作范围，让员工没有机会面临挑战，无法发挥自己的优势；而且一旦发生突如其来的变化，员工也很可能因此而无法适应新的需求。

第三，在任用人才时，不能只看到职位的要求，而应该首先考虑这个人到底有哪些长处。

第四，管理者必须懂得，想要利用一个人的长处，就必须同时容忍他的短处。

上司和下属之间的关系，和医生与病人不一样。与前来寻求帮助的病人讨论他们的毛病，那是医生的职责；而一个管理者的着眼点如果也是下属的缺点的话，就会毁掉上下级关系中较为真诚的那部分感觉。现在我们从西方学来的那套考核评估系统，早先是临床心理学家或者变态心理学家给病人做诊断用的，它所关心的是一个人的缺陷，常常让员工觉得尴尬。国外大企业的管理者也对它阳奉阴违，很少把它当做人事安排的依据。真正考核一个人的能力，看的应该是他的工作成效。这也是必须将职位设置得面较宽而且有挑战性的原因之一——一个职位要求员工做出什么成绩，而员工实际上做出什么成绩，两相比较就可以看出这个人的能力优劣。

管理者在考核一个员工能力的时候，应该有一种责任感，因为他们掌握着下属的前途。确保能充分发挥他们的优势，不仅仅是工作的需要，也是道义上的要求。管理者需要知道一个人的长处在哪里；哪种工作可以充分发挥这个人的优势；这个人要有更好的发展，还需要学习哪些知识、获得哪些锻炼；应该如何引导他去学习这些知识、获得这些锻炼……当然他也不是完全不考虑这个人的缺陷——如果一个人品行败坏，他可能会成为组织的蛀虫、破坏大局，这个缺点完全可以成为一个人失去资格的原因；至于其他的缺点，有位管理者曾经说过："你雇用的是员工整个人，而不只是他的'手'。"一个人必然有长处也有短处，要利用一个人的长处，就必须容忍他的短处。

通过检验员工的工作成绩，找出他们的长处，从而选拔出最适合某项工作的人才。同时，如果确定一个人不适合他目前的工作，管理者也有责任将他调离。

马歇尔将军是美国陆军五星上将，二战时期他担任美国陆军参谋长。他在任期间选拔培养了大批年轻军官，这些人后来都成为美国历史上一流的将领。他创造了美国军事史上最伟大的教育奇迹。

马歇尔的用人原则就是：委派最适合的人担任某项职位，然后放手让他做。如果他做得出色，就表示赞许；如果他不称职，就让他走人。有人反对他撤换某些将军，说："我们找不出人来接替他。"马歇尔反驳说："最关键的问题是他无法胜任他的工作。至于如何去找可以接替他的人，那是下一个问题。"马歇尔认为一个职务不适合这个人，并不意味着他也做不好其他事。身为陆军参谋长，他有责任给这个人安排合适的职位。

乔治·巴顿将军作战勇猛顽强、指挥果断、富于进攻精神，善于发挥装甲兵优势实施快速机动和远距离奔袭，被部下称为"血胆老将"；但他性格粗鲁、野蛮，过于热情和急躁，也有人称他为"美军中的匪徒"。马歇尔将军对他的评价是："乔治带兵所向无敌、无往不胜，但要紧紧勒住他的笼头。"——马歇尔把他看做美军克制德军取得胜利必不可少的人物，同时也明白他的缺陷：过于旺盛的热情和精力会让他追求冒险的高速。于是在诺曼底登陆最初的地面部队的部署上，马歇尔做出这样的决定："布雷德利将领导这次登陆，但他是个只着眼于有限目标的将领。一旦行动起来，巴顿才是那种有魄力、有创造性、迅速果断、敢于迎着危险上的人。"——他以巴顿为主力，而以性情沉稳的布雷德利为指挥官，用来约束巴顿。这个组合让巴顿的缺点变得无关紧要，而让他的优势充分地表现出来。

当然这个组合成立的前提是：巴顿将军是个顾全大局、服从指挥，不计较个人得失的优秀军人。而在其他任何人都没有发现这一点，连艾森豪威尔也只觉得巴顿粗暴、难以相处时，马歇尔就已经充分了解到他可贵的品格，这也是能人与伟人之间的一个差别。

艾森豪威尔也是马歇尔一手提拔起来的优秀将领，他后来成为诺曼底登陆的总指挥、美国陆军五星上将、美国第34任总统。

1941年，艾森豪威尔还只是一个上校，他在路易斯安那州的模拟战中担任第3军参谋长，在作战中表现出出色的战术策划才能。马歇尔观看了这场演习，对他印象深刻，回华盛顿后就将他提升为准将，不久之后又把他调到陆军战争计划处（后为陆军作战部）任副处长。马歇尔对他说："陆军作战部并不真正是一个参谋部。你应该把自己当做一个指挥官，你未来要做的工作是调兵遣将。"

马歇尔认为艾森豪威尔是个将才，他的才能足够胜任一军总指挥，但是此时的艾森豪威尔还缺乏足够的战略意识。马歇尔刻意将他调到作战部，让他接触作战计划的统筹工作，就是为了帮助他获得系统的战略知识。艾森豪威尔后来虽然没有成为一位战略家，但是他因此认识到战略的重要性，克服了自己的局限，有了全局的眼光。

太平洋战争爆发之后，美国军政两界多数人都认为应该把太平洋作为美军的主战场,而马歇尔从全局战略的角度考虑,坚持"先欧后亚",主张把主要的作战力量放在欧洲。罗斯福总统支持他的意见,促成美英签署了联合作战的议案。当时艾森豪威尔军衔是少将,包括他在内,美国一共有367名少将以上军衔的人。但是在马歇尔看来,欧洲战区的美军统帅非他莫属,他在给罗斯福总统的提名报告中说:"艾森豪威尔不仅具有军事方面的学识和组织方面的才能,而且还善于使别人接受他的观点,善于调解不同意见,使人感到心情舒畅,并真心地信赖他。而这些品德和长处,又恰恰是我们驻欧洲部队统帅所必须具备的素质。"

为了让艾森豪威尔更加了解未来的工作,马歇尔让他飞往英国进行实地考察,并对在英国设立美军指挥机构、处理日后征兵等事务提出具体建议。艾森豪威尔飞赴伦敦,考察10天之后,完成了一份报告,就美军赴欧洲作战各军兵种统一指挥等问题提出了建议。后来他成为这份报告的实际执行者,担任了欧洲战区的美军统帅。诺曼底登陆前夕,马歇尔又让他担任了盟军欧洲战区的最高统帅。

马歇尔喜欢提拔最有才干的人。这些人往往也是原单位的支柱,在他们上司眼中是"不可缺少"的人才。而马歇尔总是回答,他这么做,是出于"工作的需要,此人发展的需要,也是军队建设的需要"。而选拔出这些人才,马歇尔根据以上三种需要,给他们正确的引导和帮助。在如何用人所长、充分发挥每个人的优势方面,马歇尔是一个楷模。

### 湘军战例:岳州与武昌之战

湘潭、靖港战役结束后,曾国藩就认真地总结了这两次战役的经验和教训,并马上对湘军进行了大力整顿。

首先,他根据各营在这几次战争中的表现,按照"兵贵精而不贵多"和"首在敢战"的原则,对湘军进行了大力裁撤。精简之后,湘军水陆部队仅保存了英勇善战的五千人,那些溃散之营和营哨兵勇,统统裁去不用了。这次湘军裁军是很严格的,曾国藩的胞弟曾国葆也在被裁之列。

曾国藩一方面忙着裁军,一方面又让这次在湘潭战争中屡屡立功的塔齐布、罗泽南等将领,大量增募英勇善战的新兵。另外,还新添了两支水军船队。这样,湘军总人数很快就超过了一万几千人。还同时立下规矩,规定"凡是想要追随曾国藩升官发财的人，都必须为他卖命"。经过这次调整，湘军正式蜕变成了一支勇猛善战的部队，战斗力大大加强了。

而太平军在湘潭战败之后，也重新调整了军事部署。林绍璋部从靖港、岳州一带迅速撤至常德一带，向正在西进的曾天养部靠拢。曾天养听到太平军于湘潭战役失利的消息，也从宜昌南下。咸丰四年四月，两军会合，并一起回到岳州，筑垒浚濠，准备迎击湘军的进攻。

初五那天，湘军发现下游的擂鼓台一带摆列着一百多只敌船，担心太平军水军会乘风上窜，于是彻夜戒严。当时北风非常强劲，褚汝航等水军将领认为与其等待敌军来攻，不如主动出战。于是，曾国藩便派了左营彭玉麟、右营杨载福等营策应，而褚汝航亲自率领本营督阵。没过多久，湘军水军便行驶到了道林矶。这时，远远地看见敌军船队蜂拥而来……

这一战，交战双方都伤亡惨重，以至于鏖战几个小时，仍然分不出胜负。那天傍晚，北风大作，下游的太平军船队仍然鱼贯而上。眼看着敌军列队停泊的船只数量在不断增加，很快就突破了五百只。而此时，湘军船只总共还没有八十只，还不足敌船数量的六分之一，其劣势不言而喻。加上这里（道林矶）与南津港老营又相隔甚远，士兵伙食供应不上，要打的话，也只能饿着肚子打仗。可是，这个时候又不能即行收队。如果收队，敌军肯定会趁势压迫，后果将不堪设想。

在进退两难之时，杨载福亲自驾驶三板艇，穿入敌军军营，且战且下三四里后，绕到敌营背后，堵截继续跟进的敌船。他先命令士兵轰沉了几只湖北筏子，迫使船上敌军纷纷堕水。随即，又扔火罐、火球，因风纵火，自上而下，连续烧毁了十多只敌船……

可以说，杨载福的这一战术打的更多的是心理战。果然，敌军一见此情形，军心便有点动摇了，那些从下游续来的船只也疯狂退窜去了。而上游的敌军看到自己的军营，已经延烧已遍，烈焰冲天，不禁仓皇失措，船阵大乱。

其间，彭玉麟看见一只五彩华龙三桅船，立即断定它是太平军主要将领的战船，便冒险冲入。而敌船也反应迅速，马上攒炮轰击、火箭攻击。在敌军的炮轰之下，彭玉麟左手、右膝及颈后都受伤了。在简单包扎处理之后，他抱着视死如归的心情，再次勇猛地投入战斗。几个回合之后，他居然奇迹般地夺获了这只击中他的敌船。事后发现这艘船果然是太平天国重要将领——北王韦昌辉兄长的座船。

同一时刻，褚汝航也正在麾旗督战。正当他忙着对敌船进行拦腰截击的时候，一艘画龙巨舰出现在了他的视野中。他当即决定"擒贼先擒王"，马上奋起直追，枪炮还击。而这只画龙巨舰显然不能应付其强大攻势，还没对战多久，船上的士兵就落水的落水，逃窜上岸的上岸……后来经过查证，褚汝航夺获的这只战船正是太平天国西征军的另一个主帅——林绍璋的座船。

这场仗，湘军就是凭着一股蛮劲，勇猛冲杀，打得太平军落花流水。不过，太平军虽然在这次战斗中失败了，但这次失败对他们来说，损失并不是很大。

十四日，太平军在城陵矶下游埋伏了两百多只小筏。罗山对岸的夹洲一带，也隐匿着一千多只船，好像沿岸还筑有炮台。城陵矶以上，十多只战船一字排列，想要以小艇诱惑湘军深入，然后伏舟齐起，迎头抄尾。

这个时侯，塔齐布的陆营正驻扎在岳州北门外五里远处，准备和褚汝航的水部合作，对敌军来一个水陆夹击。褚汝航率领水军各营鱼贯而行，埋伏着的太平军看到湘军船只无所顾虑地穿过城陵矶，以为湘军已经中计了，马上上船，准备抄袭。

不料，树林里一声炮响，塔齐布率领的陆军伏兵四起。太平军这才明白，原来"螳螂捕蝉，黄雀在后"，只好分途迎击。然而，伏船水兵还是乱了，被乱挤落水的落水，而好不容易逃生上岸的又被湘军陆军截杀。

太平军的伏船计被识破后，其他的伏兵也都心乱了。这时，湘军再接再厉，趁势烧了一只敌船。这把火一烧，罗山一带的一千五六百只敌船都纷纷折回。

在这几次水战中，湘军虽然连打胜仗，但是太平军的有生力量并没有被消灭，他们仍然盘踞在城陵矶下游一带，出没无常。在这种情形下，陈辉龙、沙振邦、褚汝航、夏銮等似乎被胜利冲昏了头脑，居然不顾水军大忌，乘风顺水飞舟直闯城陵矶下游的太平军水师军营，不料却正好冲入太平军早已设好的伏击圈。结果片帆未返，四位将领统统落水，无一生还。十六日的这场水战对湘军来说，实乃损失惨重。

褚汝航等牺牲后，曾国藩将杨载福、彭玉麟提为水师统领。从此，湘军水师除李梦群统帅的一千名广西水兵之外，其他部队的组成人员都和陆军一样，成为了清一色的湘人。

湘军水师失利没几天，湘军陆军便在塔齐布的亲自率领下，打了一场漂亮的胜仗。这次战役之后，一直为风雨交加的天气，湘军和太平军都没有出队，在各自的军营里休整。

三天后，天气稍微有所好转，塔齐布就亲自督战，并将陆军分成几路进剿。湘军行至城陵矶时，远远地看见太平军已经筑好的土城，于是，中路的士兵奋力前往抛掷火罐，延烧敌营帐篷，搅得敌军纷纷逃窜。

湘军正追赶乱窜的敌军，突然，前方杀出来两千多名太平军。原来，太平军早已在湖汊偷偷搭好浮桥，一看到前面军营起火，潜伏的敌军马上顺势而出。在这个突发状况面前，中路的主将诸殿元、刘士宜毅然选择了向前迎击。然而，所带士兵大都已经慢慢败退，以致二人势单力薄，最后战死沙场。

塔齐布听到两位将领危急的消息，立刻麾军前往救援。在塔齐布的率领下，湘军几次突出重围。而湘军中路之前败退的士兵见状，也士气大增，又回戈向前，投入到紧张的战斗中。

这一仗，因为是短兵相接，所以打得非常艰难。而正当两支部队打得不可开交时，太平军主帅曾天养发现了塔齐布。他大喝一声，急速骑马冲进敌营，直刺塔齐布。在千钧一发之际，塔齐布机智地避开长矛，反而刺中了曾天养的坐骑。只见曾天养马蹶人倒，壮烈牺牲了。主帅的牺牲对太平军的打击很大，一时间军心涣散，无心再与湘军决战，只好向武昌退去。

城陵矶大战之后，湘军又接连打了几场胜仗。这下，终于把太平军赶出岳州，退到长江以北去了。

紧接着，湘军水陆东下。其气焰嚣张，简直不可一世，尤其是水军。在杨载福等的带领下，水师官兵几乎都直接以血肉之躯露立船头，不披甲胄，不避枪弹，顺流直抵武昌城下。颇有亡命之徒的特点，其凶悍好战远远胜过绿营。这种状态可以说是曾国藩梦寐以求的，从他建立湘军的那一刻起，他就想要训练一支这样的军队，但是一直差强人意。这下终于达成心愿了，他自然非常得意。

接下来，湘军开始向武汉进军。武汉向来都是兵家必争之地，占据着重要的军事战略地位，因此，曾国藩对此次进攻武昌非常慎重。

湘军陆师从岳州出发后，经蒲圻、咸宁、山坡、纸坊一路直达洪山、花园一带，这两个地带的攻克对夺取武汉非常关键，所以，曾国藩马上召集湘军将领商谈此次进攻策略。商议之后，采用了罗泽南的建议，即将湘军陆师分成两路：一路攻洪山，一路攻花园。洪山固然重要，但如果全军进攻洪山，花园太平军很有可能抄其后路。

据当时前方侦探回报的信息显示，花园外濒大江，内枕青林湖，战略地位显著。

因此，太平军在花园一带布有上万人的精锐部队，并设立三座大营，建好木城和砖城内壕。层层防守，可以说是固若金汤。不过，越难打的战役才越有挑战性，所以罗泽南勇敢地自报花园一路。另一个重要地段——洪山则由塔齐布领队进攻。

罗泽南率军进攻花园之前，还特意给士兵鼓气，没想到取胜如此轻松。当时，罗泽南部分成三路同时进攻。太平军从木城疯狂开炮，子如雨下。经历多场战役的湘军现在自然很有经验了，他们看到敌军炮弹即将发出，马上伏地躲避，等炮弹落下来之后，再匍匐前进。就这样，几起几伏，直逼敌营。湘军果然勇猛，在砖城阻拦下，湘军或攀越高墙，或直接穿炮眼而入，太平军都被湘军的气势吓坏了，纷纷溃退，军营也被纵火焚烧了。随后，罗泽南部又乘胜连攻附近的几片敌营。

塔齐布进攻洪山也颇为顺畅。考虑到洪山一带是敌军陆部士兵窜逃的必由之地，塔齐布便派兵四路埋伏。在湘军的严密埋伏下，这里的太平军处于一个前临大敌，后逼险城，左近梁子湖，右隔阳孙湖的的危险境地，几乎无处逃生。

此时，在还没有完全清楚状况的情况下，太平军分为三路拼死抗争。湘军见状，也分成三路迎击。在湘军的强烈攻势之下，三路太平军都慢慢败下阵去，转而向洪山狂奔。然而，湘军抢先登上山脊，乘势追北，歼灭敌军约五六百人。其他太平军也被围逼到湖边，纷纷跳水，只见湖面红巾浮波，瞬间又沉没了，湖水较浅处更是塞满了敌军尸体。湘军的喊杀声那叫一个大，简直就是声震林谷，耳不忍闻。

其间有数百名童子军也先后投水，让人不忍目睹。勇猛的塔齐布看到这个悲惨场景，也不禁落泪。他大呼湘军手下留情，不许孩童投水，二百多个小孩因此而获救。

湘军很快就打到了武昌城下。当时，负责守卫武昌的太平军将领黄再兴、石凤魁等人，要么是文官，要么是国宗，普遍对战事了解甚少。他们一看到湘军气势汹汹地攻到城下，便丧失了信心，于是，连夜带领精壮士兵弃城逃往田家镇去。而汉阳守将看到武昌失守，也弃城逃走了。

太平军将领的这次逃走非常狼狈。他们光顾着自己逃命了，竟然没有预先通知停泊在汉水里的大批水军。汉阳失守后，这些船队被完全封死在里面，遭到了湘军的彻底毁灭。而陆军士兵也有一大批没有来得及撤离，大部分被湘军残忍地杀害或者赶到湖里溺死。

就这样，湘军轻而易举地攻克了武昌、汉阳。

# 第三章 尚 志

**原文精选**

凡人才高下,时其志趣。

做好人,做好官,做名将,俱要好师,好友,好榜样。

君子欲有所树立,必自不妄求人知始。

人才由磨炼而成,总须志气胜,乃有长进。

兵事以人才为根本,人才以志气为根本;兵可挫而志不可挫,气可偶挫而志不可挫。

方今天下之乱,不再强敌,而在人心。

士人第一要有志,第二要有识,第三要有恒。有志则不甘为下流;有识则知学问无尽,不敢以一得自足;有恒则断无不成之事。三者缺一不可。

### 按语：尚志与救国

曾国藩不是行伍出身，而是一介书生，却能镇压太平天国，首先在于他高远的志趣。蔡锷、蒋介石看重这一点，所以要求将士尚志，为国家尽一份力。有了志气，天下何事不可为？！在天下大局皆坏的背景下，曾国藩肯"立志自拔于流俗"，是他尚志的最好说明。

立志不难，难在立大志，难在如何实现它。前一个难有三点，难在敢不敢立大志，难在能不能与时变化，难在能不能战胜惰性。后一个难也有三点：一是为实现大志，有没有牺牲一切的勇气（胆量）；二是能不能看清形势，选择正确的方向（见识）；三是有没有贯彻执行的办法（手段）。

### 湘军人物故事：曾国藩的志向变迁

"不为圣贤，便为禽兽；莫问收获，只问耕耘。"看看这志向，做不了圣贤，连人都不是了；如此志向，如此功名羞耻之心，有多少人说得出来？即使说出来了，又有几人做得到？那是曾国藩的座右铭，也是他的大志，是进入翰林院深造之后，思想发生巨大转变时，写下的立志箴言。

他的大志就是要做圣贤豪杰，"做第一等人物"。什么是圣贤豪杰，什么是第一等人物？数一数就知道，古往今来，有多少人可以称做"第一等人物"？中国五千年历史，能称"第一等人物"的，也不过两三百位，一二百年才出一位。他的大志可不是一般人的志向。

曾国藩在湘乡涟滨书院读书的时候，才21岁，他改了自己的号，号为涤生，立志要涤旧更生，从前种种譬如昨日死，从后种种譬如今日生。这是大志的最初表现，方向却不明确。

他原来的名字叫曾子城，字居武，乳名宽一。考中进士以后，某师以为卑俗，才改成曾国藩。

曾国藩自己说，他立志学问，始于第一次北京之行，他早年"急于科举"，那就是开端。北京之行开阔了他的眼界，放大了他的胸襟。回来之后，发愤苦读，一年没有出门。

过了两年，又值大考，他决心再去北京碰碰运气。那一次，他前后经历了四次大考，先是会试，然后是圆明园正大光明殿的复试、殿试，最后是朝考。殿试结束，曾国藩名列三等第四十二名，赐同进士出身。考中进士的人都欢喜连连，他却羞愧不已，恨不得当天就买车回家。

原来，元、明、清以来，殿试成绩分为三甲，一甲三名，就是我们说的状元、榜眼、探花，赐进士及第，二甲赐进士出身，三甲赐同进士出身。名列三甲，都是进士。在清朝，一般只有一甲二甲能进翰林院深造。曾国藩名列三甲，一般是进不了翰林院的，所以他羞愤不已，想买车南归。

翰林院从唐朝开始设置，把社会上有一技之长的人，比如作家、学者、医生、方技等，召集到宫中，备皇帝召见，不授正式官职。李白就是这样到了长安，为唐明皇和杨贵妃写诗。宋、元、明、清都设翰林院，由国家统一安排官职，其长官为翰林学士，官阶当在三五品之间。

到了清朝，翰林院变成国家培养高级干部的地方，清朝历代宰辅几乎都是翰林出身。皇帝的老师一般也非翰林出身不可。满族人因为有世袭爵位，宰辅不一定非要出自翰林，和珅就是这样，汉人则多半要翰林出身了。

进入翰林院的人，尽管不能都做大官，但像大学士（正一品）、六部尚书（正二品）、侍郎（从一品），总督（正二品）、巡抚（从二品）这些内外高官，多出自翰林。翰林院成为士人最羡慕的地方，因此民间有"点了翰林"这个荣誉说法。

虽然考中进士，却点不了翰林，所以曾国藩羞愧异常，想买车南回。入不了翰林院，就要回家，可见曾国藩的功名心有多盛，也可以看出他对自己的期许和信心，类似今天的"非清华北大不读"。

在好友郭嵩焘的劝说下，湖南老乡劳崇光也答应帮忙，曾国藩才留下来，参加后面的朝考。劳崇光当时已在北京做官，官阶虽然不高，后来却做到两广总督、云贵总督，从一品。他的帮忙可能起了作用（无法确定），朝考曾国藩得一等第三名，进翰林院深造。

进入翰林院之后，他一边读书，一边与各界交游。

就在这期间，两个重要人物出现了，一是唐鉴，一是倭仁，两个都是大官，都是大学者，也是他思想的引路人。正是在他们的启发下，曾国藩才立下真正的大志向。在认识倭仁之后，他发誓要立志自新，成为一个圣贤，所以那段时间的家书、日记，到处是关于立志与功名心的话。

向倭仁请教的当天，曾国藩就开始静坐修身工夫，包括十二条日课。他把自己的欲念、坏想法都记录在日记中，拿给倭仁批阅，甚至连想跟女人搞那个都写在日记里："午初，人欲横炽，不复能制，真禽兽矣。"

现在保存下来的道光二十二年（1842）的日记中，十月、十一月两个月，九次提到好名之心：

1. 又酒时忽动名心，为人戒之。（十月初四日）

2. 无奈我做诗之时，只是要压倒他人，要取名誉，此岂复有为己之志？（十月初八日）

3. 同人射覆，有求胜心。（十月十三日）

4. 又每日游思，多半是要人说好。为人好名，可耻。而好名之意，又自谓比他人高一层，此名心之症结于隐微者深也。何时能拔此根株？（十月廿日。旁边还有一句批语，此心断不可有，可能是倭仁写的。）

5. 看来只是好名。好做诗，名心也。写此册而不日日改过，则此册直盗名之具也。（十月廿五日。又有批语，既知名心为累，当如大敌克之。）

6. 一时掩著之情，自文固陋之情，巧言令色，种种丛集，皆从好名心发出，盖此中根株深矣。（十一月初八日）

7. 今早，名心大动，忽思构一巨篇，以震炫举世之耳目，盗贼心术，可丑。（十一月初十日）

8. 写折时，同人中有赞好者，初以字丑为愧，绝不动毁誉心，后颇以谀言为可信，此时不知其为自满也。（十一月十一日）

9. 无礼之应酬，勉强从人，盖一半仍从毁誉心起，怕人说我不好也。（十一月廿七日）

他的功名心不是一般的强，也非一般人可比。王夫之说过，志不大则所成者小。正是这种强烈的功名心成就了曾国藩。功名心是件好事，越强越好。理学家教导什么戒除好名之心，都是瞎话，自欺欺人，不是尘世间的样子。

曾国藩听从倭仁的教导，努力用一个理学家的标准来要求自己，反复跟好名之心作斗争，结果还是好名心胜过了克己修身功夫。

曾国藩在道光二十二年十月初一日认识倭仁，稍后的家书即说道："余自十月初一立志自新以来，虽懒惰如故，而每日楷书写日记，每日读史十页，每日记茶余偶谈一则，此三事未尝一日间断。"（《曾国藩家书·道光二十二年十二月二十日与诸弟书》）

也是在那时，他写下著名的十二条日课，什么主敬、静坐、早起、写日记……还抄录在家书中，给几个弟弟看。

那个月他还立志戒烟，滋味可不好受。戒了八天烟，心神彷徨，几若无主，总想去抽，就用破釜沉舟的气势来要求自己。两个月后，习惯成自然，终于戒掉水烟。

讲了立志戒烟后，曾国藩又说："盖士人读书，第一要有志，第二要有识，第三要有恒。有志，断不甘为下流。有识，则知学问无尽，不敢以一得自足。有恒，则断无不成之事。此三者缺一不可。你们都还年轻，有识无法一天做到，有志、有恒却可勉力而为。"（《曾国藩家书·道光二十二年十二月二十日与诸弟书》）

那时，他的九弟曾国荃才十几岁，受到他的影响，也立志发奋，要去外面找个学馆，耳根清净，好读书。曾国藩不以为然："苟能发奋自立，则家塾可读书，即旷野之地、热闹之场，亦可读书，背柴放猪，皆可读书。苟不能发奋自立，则家塾不宜读书，即清净之乡、神仙之境，皆不能读书。何必择地，何必择时，但自问立志之真不真耳。"（《曾国藩家书·道光二十二年十月廿六日与诸弟书》）

曾国藩的意思是，只要肯立志，哪里都可以读书，闹市可以读，旷野可以读，跟时间、地点没有关系，只跟立志真不真有关系。

毛泽东在长沙读书的时候，专门在赶集的那天，到城门洞去读书，以磨炼心志，不知是否受到这段文字启发，因为他在《讲堂录》中多次提到读《曾国藩家书》的感受，还摘抄了一些文句，或做了批注。

那时六弟曾国华正好科场失意，曾国藩劝诫他说："你小试不爽，就发牢骚，我笑你的志向太小。君子之立志也，有民胞物与之量，有内圣外王之业，而后不愧为父母所生，不愧为天地完人。"（《曾国藩家书·道光二十二年十月廿六日与诸弟书》）

曾国藩的意思是，只忧虑自己，不能为国为民，这不是君子所为，朝廷用这种人做官，跟用猪狗做官没有区别，而要用君子，代圣贤立言，明圣贤之理，行圣贤之行。

他还跟他的几个弟弟写信说：

"你们总说太忙。六弟去年说，城南寄信困难，每次都要去衙门打听信差日期，何其蠢也。静坐书院，一年三百六十日，天天可以写信，何必要问到日期才写？你们都说忙，我比你们忙十倍，岂不是一年到头一封信也写不了？"

你们在乡下读私塾，我也知道不是你们所愿。省城罗泽南可谓名师，六弟、九弟跟他读了两年，却不见长进。不如就待在乡里，安分耐烦，挺然特立，做第一等人物，这就是我对你们的期望。

安徽婺源那位陈双池先生，家贫如洗，三十岁之前在窑厂打工，给碗画画，三十岁之后开始读书，终身不应科举，而著书百余卷，为本朝名儒。他何尝有老师朋友呢，又何尝离开乡里？我期望你们的，总不外乎"立志有恒"四个字（《曾国藩家书·道光二十五年二月初一日与诸弟书》）。

他也不赞同追求虚名："无徒浮慕虚名，人苟能自立志，则圣贤豪杰，何事不可为，何必借助于人！"

这些文字都表明，他不但立志做大官、成大名、享大福，而且要做圣贤，做豪杰，做第一等人物，做百年不遇的人才。"不为圣贤，便为禽兽；莫问收获，只问耕耘。"看看这志向，做不了圣贤，连人都不是了；如此志向，如此功名羞耻之心，有多少人说得出来？即使说出来了，又有几人做得到？

尽管有如此大志，有如此觉悟，有如此灵性，曾国藩仍然是一个人，仍然有人的那些毛病，有人的天生惰性，所以他要立志自新。但事与愿违，仿佛今日的"天天立志，天天不改"，甚至想改掉睡懒觉的毛病也很困难。

下面是他道光二十二年认识倭仁之后，与自己的惰性作斗争的记录：

1. 不专一，当力求主一之法，诚能主一，……故一日之间，情志屡迁耳。（十月十二日）

2. 吾齿长矣，而诗书六艺一无所识，志不立，过不改，欲求无忝所生，难矣。（十月十七日）

3. 细思不能主一之咎，由于习之不熟，由于志之不立，而实由于知之不真。（十月廿四日）

4. 自立志自新以来，至今五十余日，未曾改得一过。（十一月廿三日）

5. 自十月朔立志自新以来，两月余渐渐疏散，不严肃，不谨言，不改过，仍故我

矣。新换为人，毋为禽兽。（十二月初七日）

6. 一事未做，志不立，过不改，精神易乏，如五十岁人，良可恨也，何以为人，何以为子？

拿睡懒觉来说，道光二十二年十二月，三十天里他有十三天睡了懒觉，所以反复骂自己"真不成人"，"贪睡晏起，一无所为，可耻"，还说什么外人不知道，下人却清清楚楚，仿佛自己已成为一个虚伪的人。

同样有一个故事，说有一个老师给他的学生布置了一道课目，要学生每天早晨甩手一百次。第一天，所有同学都做到了。第十天，九成同学做到了。一个月后，一半同学做到了。一个学期之后，只有一个学生还在做。那个学生，我们叫他亚里士多德。他的老师，就是柏拉图。

是人就有惰性。曾国藩是一个人，所以为了大志，要不断地与惰性作斗争。天天想着立志，跟朋友在一起聊天会谈到立志，跟家人写信也会反复说起立志，这就形成一种心理暗示，反复刺激他的大脑神经，达到一种激发潜能的心理作用。

经过这样的不懈努力，曾国藩确实在士人中间获得一种声誉，"昔在京颇著清望"。不过他最终没有成为一个学问家，而靠军功、道德、文章名满天下，是因为天下形势变化了，洪秀全起来造反了。

关于他的大志，被反复论及的还有什么"澄清天下之志"、"内圣外王之业"，都是天下一等一的大志。立志要做圣贤，要做豪杰，要做大学问家，这志向很高，其难度也大，只有做出不朽贡献，才算实现，他却基本上都做到了，他创造了一个奇迹。唯有学问一端，由于"学未成而官已达"，由于全国形势变化，最终没有留下成名著作。所以在他死了之后，有人请求让曾国藩从祀文庙。这种事归礼部管，朝廷就让礼部讨论。讨论的结果是，曾国藩没有任何著述，也没有任何经学发明，就不了了之。

不过清政府还是给了他荣誉，说他"学问纯粹，器识宏深"，谥为"文正"，也算是对他的一种肯定。

曾国藩的成就跟他的立志是一种因果关系。立志考进士，立志成为理学家，立志做大官，立志澄清天下，立志镇压粤匪，立志洗雪耻辱，立志办洋务，这些成就了他的大功大名。不论怎么评论他，说他是理学家也好，儒学家也好，杂家也好，或者说军事家、政治家、洋务派领袖，都跟他不断立志、不断自我革新有关。

在和平时期，曾国藩要做圣贤，要做名臣，要做学问家。遇到乱世，就要澄清天下，戡定宇内。他都做到了，所以他不是一般的人，也不是一般的志。但他是人，不是神，所以能成为一般人的榜样。而且，据他自己讲，早先他想当一个教书先生；他自己没想到，很快就中举人，后来又考中进士。

曾国藩的名气如此响亮，首先就是因为他镇压了太平天国。否则，即使他能成为大学问家，成为一代名臣，也不可能让毛泽东都说，"吾于近人，独服曾文正"。

大概在咸丰帝下令征言、曾国藩连上十四封奏章的时候，他就有了"澄清天下之志"，想革除弊政、整顿吏治，但太平天国运动发起已两年了，他都没有站出来受命，反而还想在家终制，因为最初他没有想要亲自带兵镇压，是随着形势不断发展，逐渐生出"灭此巨贼"的想法，并最终实现它，才传下来如此响亮的名声。

曾国藩本来要去江西当考官，路上接到消息，说他母亲死了，就调转方向，回家奔丧去了。与此同时，洪秀全的部队已从广西打到长沙，打到武昌，声势非常浩大。曾国藩在乡下，消息闭塞，一点不知道，所以他还批评江忠源，说他"大节已亏"。

清朝早就在办团练，曾国藩的父亲就参与过地方团练事务。曾国藩是从京城回去的，又是国家二品大员，县衙当然会来巴结，邀请他办团练（咸丰帝命令他做团练大臣是后来的事）。他因为有孝在身，就没有答应，当然也有别的顾虑。团练不过训练武艺、催收捐项两事。他是文臣，对军事本来不熟，所以在训练方面，远不如正在办团练的人。至于催收捐项，他的少年故交，都不富裕，有家产的人，也只闻名，而未见面，当然不好办。所以他说，等守孝百日之后，再去县衙，与他们同舟共济，合力保护桑梓。

但他似乎没有去，刘蓉接连写信来劝，他都不听。

那年岁末，他到家快四个月了，突然接到咸丰帝的命令，要他以在籍侍郎的身份，去长沙当团练大臣，负责训练乡民，搜查土匪。

他仍然不想去。不去的理由，除了在家守孝，不宜担任官差之外，还有更深的考虑。团练大臣名不正，权不实，如果认真督办，必须走遍各县，号召乡绅捐钱出粮，不知从何下手，也容易落得骂名；不认真督办，就成了安坐省城，尸位素餐，军需多一项开支，官场多一处应酬，这样的事他可不干。

后来的事实也证明，他办团练费力不讨好，还差点被士兵杀掉。那些名门望族，因为有权有势，不大理睬他，也不愿意出钱。湖南安化的陶家，是两江总督陶澍的后人，那时陶澍已经死去十五年。陶家仗着权势，不肯出钱，后来又装穷，说要变卖家产，才能捐出五千两银子，最后只捐了两千两银子。曾国藩大为不满，他的情报显示，陶家一年的田赋也有五千两银子，捐一年田赋，伤不了元气。另一个豪族姓杨，名望资历不及陶家，也不肯捐钱，曾国藩就抓人，结果乖乖捐了两万两银子。这些做法当然会惹来仇家，整个湖南怨声载道。

他也顾虑过自己的身份。毕竟是二品京官，比湖南巡抚（从二品）还高一级，美其名曰团练大臣，其实没什么权力，事事都要依靠地方，就比巡抚矮了一截。他在京城做官，虽然没有发财，也不执掌生杀大权，却清贵惯了，地方上那些污七八糟的事，很难融洽。如果巡抚不待见他，下面的官吏再一仿效，他就没法办事，弄不好会死得很难看。

他也不是不想出山。居住乡间时，写了《保守太平歌》，第一莫逃走，第二要齐心，第三操武艺，正是团练大臣要做的事情。思前想后，他还是决定不出山。他把问题看得且深且远，吏治已经腐败，他个人无力整治大局，与其将来受过，不如现在不出。

所以他写好辞谢函，请求在家终制，只等第二天发出。还把复件寄到京城，要内兄欧阳牧云传给京城的各位朋友看，让他们体谅他的难处，避免陷他于不忠不孝。他的老婆孩子都在京城，因为兵乱，没有回湖南。

他知道大局已经糜烂，却没有带兵打仗的想法，顶多是想想要不要出来保护乡里，所以也就无从谈起他的大志——镇压太平天国，澄清天下。

两天之后，也就是咸丰二年（1852）十二月十五日，他家来了两封信、一个人，才使事情有了转机。

那天晚上，他先接到湖南巡抚的两封信，知道武昌已经失守，湖北巡抚也战死了，不胜叹息。那个人他也认识，回老家经过武昌时，还招待过他。更为揪心的是，湖北不保，湖南也难自全。虽说住在乡下，但他是二品大官，总无法安身，这不能不使他动心、担心、操心。

他家来的一个人，就是他的好友郭嵩焘。郭嵩焘为中国第一个外交使节，出任清朝的驻英、驻法钦差大臣，也算一个人才。他与曾国藩、刘蓉，当时有湘乡三剑客的味道。他见到曾国藩，就鼓励他，激将他，说什么你本有"澄清天下之志"，不乘时而出，更待何时？总是要曾国藩应命出山。大概还说到一些小人的非议，比如你要是不出山，人家会笑你贪生怕死。加上父亲点头同意，曾国藩当夜就改变主意，决定收回辞谢函，立即出山。

不过四天，曾国藩就由坚决要求在家终制变成立即出山，根本原因是外部形势的急剧变化。郭嵩焘的劝说是催化剂，加速了他的决定。

他们俩十二月十七日从老家出发，二十一日到达长沙。二十二日，曾国藩就给咸丰帝写了报告，《敬陈团练查匪大概规模折》，准备搜查土匪、捐集资费、训练乡勇。不过他还附加了一片，请求皇帝答应他，一旦团练有了头绪，贼匪稍有减轻，就允许他回家守制。

这个时候，他的大志仍然不是带兵打仗、镇压太平天国，而是以查办土匪为第一要务，"刻下所志，惟在练兵、除暴二事"，保证湖南安全。奏章中也分析了清兵腐败不能战的情况，说清兵都怕死，只远远尾随，却不敢近身搏战，他要改弦更张，重新练一支军队。这表明他对清兵有深刻了解，知道其不可用，而想另起炉灶，别练新军，却不代表他就有了镇压太平天国的明确大志。

但他对自己的要求很高："我奉命以来，日夜悚惕，自度才能浅薄，不足谋事，惟有'不要钱、不怕死'六字，时时自矢，以质鬼神，以对君父，并以此号召我乡豪杰。"剿办土匪也很得力，训练乡勇也很有办法。正是因为这个，咸丰帝才叫他带兵出征，作为朝廷正规军的一种补充力量。咸丰帝看不起他，他自己却要看得起自己，所以能三次拒绝皇命。

咸丰三年正月间，江忠源、左宗棠、胡林翼都在长沙，他们几个天天在一起研究天下形势，讨论当前任务，"欲负山驰河，拯吾乡枯瘠于万一"。如此看来，他们的大志仍然在保护家乡，还没有上升到澄清宇内、镇压粤匪的全局性高度。

江忠源一直在湖南镇压小股农民起义队伍。咸丰三年二月，突然接到命令，要他带勇去江南大营。因为洪秀全已经打下南京，并把南京定为都城，清政府让向荣组建江南大营，紧紧盯住南京。

江忠源一走，曾国藩如失臂膀。湖南的剿匪任务，当时主要靠江忠源，江忠源也因此成名，被上头重视。所以曾国藩说："你带勇东去，我就气馁了。为君王筹大局，我也不敢多顾私情。但你这一走，我哪里去找你这样的人才。现在多事之秋，得你一人则重于山岳，少你一人则弱于婴儿。你能体谅我的心情吧。"

江忠源这一去，却让曾国藩的大志发生了变化。江忠源离开湖南之后，曾国藩给他写信说："国藩在此，日练兵卒，万一烽烟达于河北，则或提一旅之师，与阁下会于齐梁之间……遂尔横行中原，苍苍者不一醒悟……若果有提兵渡江之日……"

这是目前能看得到的关于曾国藩考虑省外用兵的最早的文字记录，时间是咸丰三年三月二十七日。他开始把目光从湖南省提高到全国用兵大局上来，考虑如何派兵进入中原、河北，打过长江去。这些想法都还模糊，没有构成清楚的线索，却是大志变化的开始。

全国形势发展很快。洪秀全定都南京之后，在咸丰三年四月和五月，分别派出两支部队，开始北伐和西征。曾国藩的大志也开始清晰起来，他跟湖北巡抚张亮基说："我想再练三千乡勇，编成一军，意将誓灭此贼，澄清南服。"

太平军西征部队沿着长江而上，计划夺取安庆、九江、武昌等沿岸重镇，很快就攻占安庆，继续沿江西进，准备攻打九江。曾国藩得到消息，很为湖北湖南着急，两省唇齿相依，他想"昌明大义，出堵湖口，与逆贼决一死战"，怀揣"击楫渡江之志"，不令敌人"横行中原"。

在这里，曾国藩镇压太平天国运动的大志开始萌芽。

咸丰三年五月、六月、七月，他冒着酷暑，在长沙抓紧练兵。他被士兵追杀的事情就发生了，时间是咸丰三年八月初四日夜里。怎么说他也是堂堂的朝廷命官，竟然被士兵追杀，还差点丢了性命，一墙之隔的湖南巡抚骆秉章还假装不知道。曾国藩的脸可丢大了。他也知道自己在长沙待不下去了，又羞愤，又恼恨，才决定搬到衡阳去。

这一次前所未有的羞辱，大大刺激了曾国藩的志气。好汉打脱牙齿和血吞，他硬生生咽下了这场耻辱，也不去告御状，而发愤练兵，决心靠镇压太平天国、靠建立功勋来挣回面子、讨回公道。那是他唯一正确的选择，也是一个有大志、胸襟广阔的男人的选择，真正的大英雄大豪杰的选择。所以他跟赵烈文说："起兵亦有激而成。"

此后的书信、奏稿、家书，凡关于练兵、灭贼的话题，都已经超出湖南一省。

八月二十日的一封信就说道："我的愚见，以为今日将欲灭贼，必先诸将一心，万众一气，而后可以言战。……或可驰驱中原，渐望澄清。……誓不与此贼俱食息于天地之间耳。"

九月初六日的信又说："至于粤匪猖獗，神人共愤。国藩虽愚昧闲散，亦未尝须臾忘灭贼之事。……足以察微志之所在。"他说的微志之所在，就是指他把长沙的事隐忍下来，而要靠镇压太平天国来报仇雪耻。

正是因为把视野放到全局上来，以镇压太平天国为其大志，所以他加紧赶制炮船,好与太平军争夺长江控制权。他已懂得水师的重要性,只有控制长江水路,才能与太平军争胜负,顺水直流,从上游打到下游去。

当然他也在反思,为什么自己会遭遇那样的羞辱,结论是越权过重,干预兵事,才引起嫉恨。出山以来,他一直认为,只要是利国利民,就不怕嫌疑,所以贸然为之。现在他来到衡阳,避开省城那些烦心事,立志再练劲旅,制造炮船,为国家大局效力。

曾国藩镇压太平天国、澄清天下的大志,经过数月的变迁,终于在咸丰三年八月,完全成型。

开始不想出山办团练,是因为孝道在身,不便出官任事。后来决心出山,是因为形势巨变,躲在老家,无法自全,还不如出来,可以找到办法,既保全桑梓,也保全自己。随着战势发展,他的眼光逐渐从湖南一省转到全国,开始考虑大局。在这个过程中,志向也就跟着产生变化。

直到被士兵追杀,脸上蒙羞,遂下定决心,不以告御状来了结此事,而以镇压太平天国报仇雪耻,澄清天下的大志遂完全成型。大志成型的标志,一是长沙羞辱的刺激,使他下定了决心,二是找到实现大志的工具:不仅要训练一支陆军,还要编练一支水师,船要坚固,炮要西洋大炮,非船坚炮利不可。

不过,那时他还没有亲自带兵出征的想法,也不想当什么兵马大元帅,而是想把训练出来的部队交给江忠源指挥。一是因为他孝服在身,不适合带兵,也易引来嘲笑,二是他以文人自居,以儒缓为病,担心自己不能带兵打仗,觉得自己在后方练兵,规划大局,做好江忠源的后勤支持,也就差不多了。这使人联想起萧何对刘邦的贡献来。

很快江忠源就死了,死在了庐州战场。这样一来,就非曾国藩带兵出征不可了,水陆一万人,都是他亲自训练的,除了他,没有人指挥得动。

在三次拒绝皇命之后,在船炮基本齐备之后,在出任团练大臣一年一个月之后,他于咸丰四年正月二十八日,带着一万七千人的队伍,浩浩荡荡出发了,开始实践他澄清天下、镇压太平天国的大志。

啰唆这么多,无非想让大家看清楚,曾国藩镇压太平天国的大志不是一开始就有的,而是逐渐发展起来的。有人说曾国藩资质平庸,固然是一大笑话,但要说他天资卓异,也未必尽是事实。

若说他资质平庸，27岁已考中进士，还得到穆彰阿和道光皇帝赏识，得到肃顺的大力推荐，他们三位什么人才没有见过？还有他的岳父，正是因为看重他的文章有"金华殿中人的语气"，才把闺女嫁给他。衡阳的老师说他没有出息，那是他缺乏眼光。

若说他天资卓异，却又自己带兵，三战三败，以致不敢亲临前线。也经常说自己是"儒缓"，做什么都慢吞吞的，耽误事情。小时候，父亲带他们出去对对联，他经常答不上来，回家才想起，可知他并不是才思敏捷的人。穆彰阿提拔他的那个故事，也可以看到他的"儒缓"毛病。

这就是曾国藩可以为常人学习的一个原因。他的大志是环境变迁的结果，是后天努力的花朵。

古人说，人有三不朽，太上有立德，其次有立功，其次有立言。所谓做第一等人物，就是在立德、立功、立言上做出卓越贡献。做些事情让人写，写些东西给人读，固然值得赞许，却未必是第一等人物。

曾国藩说第一要有志，第二要有识，第三要有恒。无识无恒，就无法实现大志，结果等于空立志。

在镇压太平天国这件事情上，他不仅有志，也有识——坚持自己的大局观，坚持要从上游打向下游，并建成当时最先进的内河水师——更有恒：出来办团练，不爱钱，不怕死，一心为公，却被士兵追杀；靖港之败、岳州之败、湖口之败，三次自杀；坐困江西的时候，满眼苍凉，一度不想带兵了，想回家休息；委军奔丧之后，抱着你不给我权，我就不出山的想法，结果在家待了一年四个月；最终没能耐住寂寞，于咸丰八年（1858）复出；跟着就来到祁门绝地，差点丧命，遗嘱都写好了，告诫儿子不要当官，不要带兵——经历这么多波折，反反复复十一年，中间自杀未遂过，灰心失望过，痛心疾首过，还差点死掉，却始终没有放弃大志，而屡败屡战，而渐趋渐强，直至攻陷南京。

## 领导与管理：为组织做出贡献，而不是享受权力

作为一个组织的领导者与管理者，其志向应该是考虑为组织做出什么样的贡献，而不是如何挥霍手上的权力。

现实工作中，我们常常发现，那些把为组织作贡献作为工作准则的管理人员，工作一段时间之后往往能脱颖而出。而且，不管他管理风格如何，都能获得组织上下的认可，就算他为人相当严厉，在组织里也能有很好的人缘。而一个只关心自己手中权力的领导者或者管理人员，往往连他的本职工作也很难做好，也很容易引起上司的猜疑和属下的不满，无法获得组织上下人员的真诚对待。

大多数人工作时，思维容易被自己的专业、技能和所属部门限制住。比如一个策划部的主管关心的通常只是策划部内部的事务，但是要做好一项策划，却要考虑到企业内部生产、销售等其他部门的状况，还要综合考虑市场趋势、客户需求各种外部情况。如果他不考虑企业总体状况，也不关心外部趋势，只知道埋头苦干，就很难做出成果。

而一个重视贡献的人，关注的却是整个组织的效益。他知道整个组织的目标，知道应该从哪些方面实现组织的效益。因此他会考虑自己的部门和机构目标之间的关系，合理地调整自己的工作。他会更关注外部的事务——因为任何一个组织，不管他是企业、政府部门还是事业单位，他们最终的服务目标都在机构外面，是社会大众，所以要实现组织的效益，都必须要重视社会趋势、大众需求。

这两种人看待问题的视角不一样，重视贡献的领导者和管理者，能从组织的全局角度和外部角度来考虑问题。所谓登高望远、居高临下，立足点和着眼点不同，他们做出的决策和工作成效，自然也大不一样。

贵州有一家冰箱厂，技术力量十分雄厚，雄厚到什么程度呢？它的200多名研究员，以前大都是搞高精尖的国防产品的。这批人转而搞民用产品，自然觉得十分简单。他们在看了进口的冰箱生产线，觉得很容易，可以自己设计。他们向上级提议后，冰箱厂的管理者决定厂里自己动手建造生产设备。但是当他们亲自设计建造的设备连成生产线后，却发现质量完全比不上进口设备。这家冰箱厂的产品完全跟不上市场，最后经营不下去，只好请海尔去收购。海尔集团的CEO张瑞敏对该厂的高层说："你们的优势是技术力量强，劣势是你们的技术力量太强，强大到不知市场在哪里。"

这家冰箱厂的管理层被自己在技术方面的优势限制了眼光。本来技术应该为企业的总体目标服务，可是管理人员在做决策之前却没有考虑：他们的技术，应该或者能为该厂的整体目标做些什么？结果导致决策失误，反而让技术连累了企业。

美国有一家商业银行，银行下设有代理部，专门负责各大公司的股票债券的登记和交易业务。代理部保存着这些公司的股东名册，定期给他们发放红利，也做其他类似的事情。代理部工作虽然单调乏味,却已经是个赢利部门。所有人都觉得代理部的工作已经很出色了。

但是代理部的新经理上任后,提出这样的问题:"代理部到底可以做什么贡献?"然后他发现:代理部在工作中,时常接触各大公司的高层财务主管,这些人往往掌握着所属公司的贷款、存款、投资等金融事务的决定权——而这些恰恰是商业银行经营的主要业务。就是说,除了自己的本职工作,代理部在为银行招揽客户方面,还有极大的潜力可以发挥。在新经理的领导下,原本只擅长搞登记的代理部,一下子变成了银行最成功的推销部门。

一个领导者或者管理者,如果能扪心自问,"我能做什么贡献",那么他就可以开拓自己的视野,充分地发挥自己的优势,并且发现工作中其他的可能性,挖掘出未曾开发的潜力。

"贡献"一词在不同的场合有不同的含义。一位著名的管理学家,将一个管理者对组织做出的贡献,分为以下三个方面:

* 直接成果;
* 价值观的重新树立或者确认;
* 培养和发现人才。

这三者根据组织的具体情况不同,有轻重之分;但是对一个组织而言,这三个方面任何一个做得不好,都可能导致组织的衰败乃至垮台。

大部分管理者都不会忽视"直接成果"这一方面,他们往往把"给组织带来直接成果"作为做贡献的主要衡量标准。这样没什么不对,但是过分强调直接成果的重要性,往往会使组织急功近利,可能会为了短期结果影响了长远的利益。

战国时期,在齐威王、邹忌实施政治改革,田忌、孙膑两次率军打败魏国之后,齐国一直保持着很强的国力。齐湣王即位后,齐国先后打败魏国、楚国等大国,一时间国势更加强盛。齐湣王急着称霸,苏秦就劝他攻打宋国,说:"宋国国君荒淫奸诈,天下人都恨他,如果我们挥师西进攻打宋国,大王您必然贤名远播。而且宋国土地肥沃,交通便利,战略位置好。齐国得到了宋国的国土,一定会实力大增,从此雄踞东方,成为中原诸侯之长。"

苏秦是战国时有名的纵横家,一人兼职六国宰相,但他却只忠于燕昭王,一直在给燕国当间谍。齐国曾经灭掉燕国,苏秦劝齐湣王攻宋,目的是要削弱齐国,好让燕昭王报仇。宋国正好位于韩赵魏楚齐之间，是一块儿肥肉，也是一个缓冲地带，谁先动手破坏了平衡，谁就是众矢之的。而且宋国是仅次于七雄的大国，不是那么容易灭的。齐国想要称霸，迟早要灭宋，但是在没有独抗五国的实力之前，不应该轻举妄动。可惜齐湣王被苏秦描绘的前景冲昏了头脑，急于把好处拿到手里，根本想不到那么远。

齐国为了灭掉宋国，连打了三场硬仗，弄得兵疲民乏。燕昭王趁机联络秦、赵、魏、韩四国，相约攻打齐国。能消灭竞争对手秦国求之不得，赵魏韩见齐国打到自家门口了，自然也不会客气。五国同时出兵讨伐齐国，以乐毅为统帅，攻下齐国七十多座城池。齐国经济遭到极大破坏，齐湣王自己也客死他乡。虽然后来齐国收复了失地，却强盛不再。齐湣王急于求成，结果因小失大。

美国麦卡锡等知名管理咨询公司的调查结果显示：那些发展迅速、长盛不衰的企业，都有良好的企业文化。而价值观是企业文化的核心。重新确立价值观的重要性，不止针对企业，对其他组织而言，也是如此。在确立价值观的过程中，领导者和管理者是最主要的示范者和推动者。而价值观一旦形成，就会在组织每个成员的言行举止中都体现出来，为组织带来长久的生命力。

战国初期，秦国贫弱，而且地处偏僻、远离中原，被中原各国称为蛮夷。秦孝公励志发愤图强，颁布了求贤令，商鞅因此来到秦国，在孝公的支持下展开变法。

当时秦国国风，百姓"勇于私斗、怯于公战"，军队战斗力低下。商鞅通过立木建信，让百姓明白，秦国从此政令严明、赏罚必行。商鞅颁布了一系列政令：废除了世袭爵位和贵族特权，改为按照军功赏赐爵位、田宅、权力的制度，并且颁布了严峻的法令，惩治私斗和犯罪行为。太子犯法，他的老师也因此被惩罚。秦国民风和军风为此一变，从此百姓勇于公战、怯于私斗，上了战场奋勇杀敌、绝不退缩，秦国军队也成为六国闻之色变的"虎狼之师"。从此秦国军队几乎战无不胜。

而孝公在求贤令上说的"谁能出谋划策让秦国强大起来，我就给他权力和地位，跟他分享秦国"也兑现了，他把"商"这块土地赐给商鞅，让商鞅主持秦国国政。商鞅制定的法律连太子也不能触犯。秦国国君"尚贤"之风因此开启，从此之后，诸侯各国的人才都想到秦国一展所长。秦国历任相国，如商鞅、张仪、甘茂、范雎、蔡泽、吕不韦，大都是来自其他诸侯国的杰出人才，这些人在其他诸侯国屈居下位，都没有作出什么大事。但是到了秦国之后，个个都为秦国的强大作出重要贡献，并因此青史留名。秦国能终战国一世保持无可匹敌的强大，这些人的作用不可忽视。

一位著名的管理学家曾经说过:"任何竞争归根到底都是人才的竞争。"——不发掘、培养人才,组织的发展将后继无力。人才的重要性自古以来都被领导者所重视。在现在社会,如果一个领导者和管理者能强调为组织发展作出贡献,将会成为人才开发的强大动力。古人说:"君子之德风,小人之德草,草上之风必偃"(领导者就像是风,而普通成员就像是草,草一定会向着风吹的方向倒,就如普通成员会按照领导者倡导的那样做),胡林翼也曾经说过:"人才因求才者之智识而生,亦由用才者之分量而出。"——领导者和管理者是榜样,组织的成员总是会设法达到他们的要求。立志做贡献的管理者,将会带领着他手下的人才放宽视野,更出色地完成工作。

在这三方面做贡献时,管理者常会犯这样的错误:外界的形势,或者他们的职责已经改变了,可是他们却不知道应该调整自己的工作重点。一个企业发展初期,可能要利润、价值观、人才三方面并重;而企业继续发展下去,企业价值观的树立、人才的发掘和培养,这两方面的重要性往往会日益增大。一个人担任销售主管时,他能作出的主要贡献自然是营销业绩,但如果他升职为企业的销售总监,那么他的主要职责可能就会变成提拔和培养销售人才。如果这时领导者和管理者还按照老一套办法做,便可能会遭到惨痛的失败。

领导者与管理者往往要为整个组织负责。为组织做出贡献就是他们的工作。不重视为组织做贡献,便是对自己的工作不负责任,对整个组织和组织上下人员不负责任。因此一个优秀的领导者和管理者,他们所考虑的必然是如何为组织做出贡献,而不是如何挥霍手中的权力。

## 湘军战例:半壁山、田家镇战役

湘军轻松拿下武汉之后,又一鼓作气,接连攻克黄州、荆州,直逼田家镇、半壁山南北要塞。

而武汉战役的失败也给太平军很大打击,杨秀清听到武昌失守的消息,气不打一处出。他立刻命令燕王秦日纲前往田家镇布置战守,顺便将武昌战役中狼狈出逃的两位主将押回南京处置。而秦日纲一到田家镇,就马不停蹄地加强布防,截击湘军。

田家镇、半壁山为什么这么重要呢?在这里把军事地理位置简单叙述一下,大家自然就明白了。

田家镇，地处武昌与黄石下游的长江北岸，向西与荆州、广济分别相隔四十里左右，三地形成品字形，而下游距九江水程仅百里。

半壁山与田家镇隔江相对，其三面陡峭，孤峰峻峙，俯瞰大江，与田家镇诸山相较雄长。江水一般流到田家镇便开始南走，绕山之后往东流去。到这里的船只都紧贴田家镇一侧航行，以避开湍急的水流，形成了半壁山下的富池口。最重要的是，此处水面极窄，直压中洪，自古就是水战必争之地。从之前与太平军的战役分析，要夺田家镇，必须先占半壁山、富池口。

这样的南北要塞，湘军势在必得，而太平军也不可能坐以待毙啊。事实上，秦日纲非常重视这一要塞的布防。他要士兵在半壁山层层筑垒，并沿江安置多个炮台、竖立木栅，江面更是用六道铁索进行横拦，以阻截湘军进攻的船只。

对于江面铁索的安装，太平军是费了一番心思的。他们将铁索一端连着田家镇，一端连接半壁山。铁索之下又用小船节节托起，并在船上安放枪炮。船中间又用木簰三架承载，而船与簰的两端均用大锚钩于江底。

其实，用铁索拦截江面，古代战争布置战守时就经常使用。不过，太平军的铁索比古人要先进得多。古人一般直接在两岸凿石，以铁链穿孔固定，而江中不会再设立承重用的物体。这样做，虽然布防程序简单，容易操作，但是弊病也是致命的——敌军只要熔断一处，铁索就滑落水中，自然失去阻挡力量了——这样的拦截手段，敌军是很容易攻破的。而太平军节节设立承重物的做法，就聪明地避开了古人铁索的弊端。可以说，太平军改良之后的阻拦铁索，更加牢固，阻截力量大大提升了。

一个铁了心地想要攻占，一个费尽心思地严密设防。所以，这场战役一开始便注定不轻松。

湘军将领在仔细研究地形和敌军防守之后，决定先攻半壁山，再拿田家镇。而针对太平军在江岸的严密布防，湘军将领也谨慎地商讨了详细的作战计划——还是罗泽南带队打前锋，李续宾部跟进。

罗泽南带领部队到了半壁山下，正准备扎营，突然发现太平军在半壁山的上千名守军下山迎击，还有千余人从田家镇过江助战，而藏匿在民房里的太平军也纷纷现身。总共加起来，参加此次战役的太平军人数竟超过了一万，而罗泽南的部队当时还不到一千人，相比之下，湘军的军队力量逊色得多。

还有个不得不提的问题，那就是这一地段湖汊纷错，只有岸上两土堤可以供人通行，这种地形对进攻军队非常不利。罗泽南在初步研究了一下之后，决定让自带的队伍快速列阵，然后，等李续宾的部队到达后再开始战斗。

战争开始了。面对太平军强大的攻势压力，湘军迎战后果然不敌，一开始便阵脚微乱。这个时候，罗泽南最怕的就是士兵一溃千里，造成不堪设想之后果。便身先士卒，毅然带领一个十人的"敢死队"，怒马冲入敌军阵营，奋力砍杀。在这位猛将的蛮攻之下，太平军开始退归土堤北侧。不一会儿，罗泽南又从右堤冲出，回马冲入左堤，一路左驰右突……然而，虽然湘军猛将驰骋战场，但毕竟双方军队人数悬殊，以至于两军对战了几个小时，仍然分不出胜负。

等到李续宾率队赶来救应，湘军的军势才稍微强盛了点。后来，中路的李杏春也从左堤冲进。置太平军于三面受敌的境地，在这个境况下，太平军才开始败退。而湘军趁机跟踪，进入敌军土垒后，又是一阵纵火焚烧，烈焰腾空之下，太平军被逼到江边，争先恐后地跳上了原来过江时使用的舢板。

湘军从不放弃追杀溃逃敌军。这次，他们也一路紧跟，闯入敌船中继续厮杀。这样，又有一千多名太平军被杀死。得以逃生的太平军也知道湘军有穷追不舍的癖好，生怕会被跟踪渡江，干脆将浮桥截断，这才得以将战斗控制在南岸的半壁山。

半壁山首场战争结束后，湘军先后沿南北岸进行搜索，在搜索的过程中，又纵火烧毁了太平军一百多只战船、民船，扫清了攻打田家镇的障碍。

初一那天夜里，北风凛冽而强劲，太平军乘夜驶出十艘小筏，突然向湘军水师发起攻击。他们不断抛掷火球，并从北岸施放火箭。湘军快速反应，当即接招，迅速扑火，将损失降到最低。

太平军这次突袭之后，没隔几天，又开始了新一轮的突击。那天，塔齐布军正在军山嘴扎营，就有一千多名太平军突然发起进攻，企图阻止湘军搭建浮桥。而不远处，江中有数千人正从北岸赶来，半壁山的太平军旧营也出队接应。看这阵势，太平军似乎又要发起一场大战。

当时，塔齐布军在小河西边，正在等待浮桥搭好过河。而罗泽南军人数不到三千，又是众寡悬殊。有几个士兵一看到敌军的强大阵容，就心生胆怯，转身逃跑，被李续宾抓个正着。为了镇定军心，他当即就把这几个逃兵杀死了。亲手杀死逃兵是湘军将领用来稳定军心的常用手段，虽然残忍却每每奏效，这次也是一样。

湘军结阵于高阜附近，并留有救援用的预备队。而太平军多次猛扑，湘军都用枪炮轰击，直到下午才突起反击。在接连杀死几个太平军头目之后，敌军终于开始后退了。

湘军一如既往地乘胜追杀。太平军在返山途中，因为人数众多、人行山路甚少，而在途中出现拥堵。这时，湘军派出部分队伍改抄间道，飞速登上山顶，并将留守辎重的数百人驱散，再截杀被迫返营的太平军残军。当时，不少太平军坠落悬崖，径直落入岩后水流湍急的江水里，死伤千人，只有命大的少数人能回到船上。

湘军继续追逼冲击。太平军船少人挤，沉溺过半，赶来救援的船只刚驶出江岸，又被湘军火弹火药烧燃帆棚，很是狼狈。这时，湘军又派遣百余名凶悍的士兵，缘岸而下，将四条横江铁索、七条竹缆统统砍掉。随后，塔齐布军又从富池口沿岸而上，将准备抄罗军后背的一千多名太平军截获击散。

又过了几天，大约有三千名太平军从田家镇过江，进攻塔齐布的军营。这时，罗泽南军左右抄击，并与塔齐布军合击，硬是将太平军逼至江边，歼敌上百人。

湘军将这几次战役打下来之后，基本上就已经占领了半壁山。有了"靠山"之后，湘军水师开始频频进攻。初八那天，湘军水师用大炮猛轰蕲州的太平军船只，而北岸太平军也从土城石垒中以火炮还击，两军皆有伤亡。第二天，湘军用小筏诱攻，大部队围击，又烧毁敌军八只船。

初十那天，北岸太平军大约用了五六十艘船，趁着清晨湘军水陆都停止炮击江面的间隙，迅速将之前被湘军砍断的南岸铁索和竹缆一一修好，又重新补钩，将其链接于半壁山的悬崖峭壁上。又在江中木筏上重新安上炮位，船上也再次补放枪支，以防湘军水师逼近。为防止船只因湘军的火弹攻击而燃烧，又特地在木筏上铺上沙子，在船中储水。

过了几天，湘军水师已进至峰嘴，距离田家镇只有九里的样子，看来，攻打田家镇的时机已经成熟。为谨慎起见，水师主将杨载福和彭玉麟当天晚上就划船至南岸，和陆军主将塔齐布、罗泽南会晤，共同商讨第二天的水陆两军合攻田家镇、破江防铁索的军事策略。

军事战略的商谈结果是，水军战船分成四队：一队专门负责斩断铁索，为大部队开路；二队专管攻打太平军大炮船，掩护一队；三队是主力战队，等铁索一打开便立即冲关；四队为后防部队，坚守老营以防太平军乘虚回攻上游。

十三日早上，湘军如期进攻田家镇。太平军早就预料到湘军会攻打江防，便在江边各处置放炮台。等湘军一接近，就千炮齐轰，子如雨落。不过，这时候的湘军已是铜墙铁壁，任何枪炮都吓不倒视死如归的心。湘军还是按原计划进军，至于前方打不打枪，放不放炮，一切都置之度外了。

在第一队顶着炮轰的危险，将铁索截断之后，第三队水师便以舢板为主，立即冲关，顺流飞驰东下。这时，太平军主帅秦日纲破关而出，急命士兵炮轰湘军炮船，尽一切力量进行阻截。但是，精心布置的坚固的江防已经被攻破了，形势对太平军越来越不利。只见太平军的炮声渐渐零乱，而江岸边太平军破船、民船都在仓促中向下游驶去了。湘军水师冲入太平军的下游船阵，利用哨船穿梭于千百只太平军战船之中，从下而上，施放火箭火球，并瞄准船只屯集的地方开炮。一时间，江面烟焰笼罩。

那时，恰巧东南风大作，太平军船无法驶向下游。只见火势越来越大，太平军水兵只好跳水逃生。不料，在紧急逃生时，一些人竟误投湘军水师战船，遭到湘军的乱刀砍杀。已经驶向下游的太平军船只也被劲风推送回来，船上的火药一嗅到大火，立刻爆炸。只见船只被冲入高空，碎片乱飞，很是惨烈。

当水军冲过铁索之时，塔齐布也指挥陆军从半壁山飞驰下山，只听见陆军呼声震天，与水军的战船炮声两相呼应。而富池口太平军竟不战而溃。放眼望去，从半壁山至富池口，沿途沙滩上残骸枕籍，残肢漂流，惨不忍睹。这个时候，湘军水师已经将武穴以上的太平军船只焚烧干净，又对武穴以下的溃逃敌军穷追了一段。这一追，又摧毁了四千多只敌船，直到半夜，还火光烛天。这时，杨载福才想起水师一整天都没有吃饭，这才宣布马上收队回营。到此，湘军终于可以自豪地宣布大获全胜了。

战后，太平军看到险要之地尽失，士气大丧，逐渐撤出田家镇，退向黄梅。接着，蕲州太平军也弃城而逃，撤向广济。两路太平军会合后，在黄梅、广济的中间地带布下阵势，同从后面追来的湘军再次进行激战。太平军又一次遭受失败，只好放弃黄梅，继续向九江方面撤退。

田家镇之战，湘军虽然取胜了，但伤亡也很惨重，尤其是水军。毕竟敌军人数几倍于湘军，而且江岸布防又是那么严密。不过，湘军在局势不利的情况下，战术安排得当，水陆两军通力合作——他们互相支持，互相救援，再加上那种不怕死、不畏惧的敢战敢拼的精神，才最终赢得了这场战役。

不过，这场战役也可以看成是湘军战役的转折点，这场战争之后，湘军就进入了低迷状态，很难再打胜仗了。

# 第四章  诚  实

**原文精选**

不欺者,心无私著也;无私著者,至虚者也。是故天下之至诚,天下之至虚者也。当读书则读书,心无着于见客也;当见客则见客,心无着于读书也。一有着,则私也。

今日所说之话,明日勿因小利害而变。

驭将之道,最贵推诚,不贵权术。

吾辈不必世故太深,天下惟世故深误国事耳。

人贵专一。精神所至,金石为开。

以权术凌人,可驭不肖之将。本性忠良之人,则并不烦督责而自奋也。

君子之道,莫大乎以忠诚为天下倡。

## 按语：以诚驭将，不玩权术

诚实二字，其实是用于对内的练兵治兵，而非对外作战。在古代中国的将领当中，曾国藩是第一个向士兵做政治思想教育工作的人。教导的主要内容是以忠君爱国为核心的儒家思想。曾国藩认为，以诚为本，以勤、慎为用，才能免于大败；以诚驭将，不玩权术，才能为人信服。蔡锷在评论的时候，认为"吾国人心，断送于一伪字"。可知他编订"诚实"一章，目的是想挽救中国人心。所以他也说，"惟诚可以破天下之伪，惟实可以破天下之虚"。

## 湘军人物故事：那些为大清"竭尽血诚"的人

曾国藩有一句话，似乎可以准确表达"诚实"一章的本意：为大清朝廷竭尽"书生之血诚"。

曾国藩读圣贤书长大，从小受儒家文化的熏陶，忠君爱国的思想在他心里根深蒂固。清政府对他也相当礼遇，他1838年中进士，1849年已经官至礼部右侍郎，是朝廷的二品大员。十年七次升迁，连升十级，在当时是很罕见的。因此曾国藩对清政府充满了感激之情，他给家人写信说："自是以后，余益当尽忠报国，不得顾身家之私。"曾国藩拥护清政府，他忠于这个政权。

但是他对清政府的现状也有很多不满。清政府吏治相当腐败，曾国藩对此有很清醒的认识，他曾感慨忠义之士抑郁不得志，而那些贪婪怯懦的却富贵逼人。他认为当时全国各地农民造反，大都是当官的贪婪、残暴造成的。他给朋友写信，谈到广西的农民起义时，说："归根结底，这也跟当官的虐待百姓有关，他们鱼肉乡里这么多年，百姓活不下去了，才会不顾后路起兵造反。"他痛恨这种官逼民反的状况，不过出于对清政府统治的忠诚，他对农民起义却并不宽容。他在湖南办团练时，设立了审案局，创"就地正法"之制，不经任何法律程序，百姓稍有造反的苗头就加以逮捕、杀戮。他的残暴屠杀，让当时湖南上下一片哗然，曾国藩"曾剃头"、"曾屠户"的诨号也由此得来。但是这种非常时期的非常办法,对维护当地封建秩序却非常有效。在湖南,拜上帝会会党没能发动大规模的起义,而且后来湖南还成为曾国藩镇压太平天国运动的首要基地。

曾国藩忧心时局,希望能通过改革,对清政府的弊政加以纠正,以"澄清"天下乱局,实现"中兴"大业。

咸丰皇帝即位后,为了笼络人心,渡过内外交困的难关,采取了一系列措施。他罢免处罚了一些名声很糟的官员,如穆彰阿、耆英等,又下令让大臣们推荐人才,提出自己的行政意见,并"封章密奏"。曾国藩以为革除时弊的时机已经到了,就连续上了几道奏折,希望咸丰皇帝能发愤图强,全面整顿官场和军队。他推荐江忠源等人的奏折也是这个时期写的。可惜这些奏折递上去,咸丰皇帝表态很积极,却没有采取什么实际的措施。

而这个时候,国内的局势发生了重要的转变:太平天国运动爆发了。

清政府官吏的无能不是一天两天了,洪秀全在广西花了七年时间发展拜上帝会,他们却直到金田起义前不久,清兵跟拜上帝会打了一仗,才知道广西还有这么一股势力。金田起义后,清军跟太平军作战,屡战屡败,清政府意识到局势不妙,这才调拨主要兵力来镇压太平军。

然而星星之火一经燃起,就迅速发展成燎原之势,全国各地纷纷爆发农民运动。

清政府官吏残暴贪婪,鱼肉百姓,会造成这种局面,曾国藩并不感到意外,他担忧的是:清政府国库空虚,八旗军衰败糜烂,根本没能力平定局势。而对这种"进不能以自效,退不能以自存"的状况,咸丰皇帝却一无所知。曾国藩的忠诚驱使他不能袖手旁观,而是赶紧提醒清政府注意,好及时采取措施改变现状。

咸丰元年三月,也就是咸丰皇帝即位的第二年春天,曾国藩再次上疏,告诉咸丰皇帝:"当前天下大患有两个,一是国用不足,二是兵伍不精。"他提出裁兵、节饷、加强训练三个建议。他一一列举绿营军的腐败现状,说:"医生想要治疗疮痈,就必须剜去烂掉的肉,让新肉生长出来。现在精简军队,淘汰那些劣兵弱卒,就跟剜掉腐肉一个道理。然后再痛加训练,这样才能得到全新的、勇猛强悍的军队。"他建议咸丰皇帝裁掉五万绿营兵,这样每年就能节省120万两饷银。国库有钱了,就可以减免一些捐税,也可以拿来赈灾;农民负担减轻、灾民有饭吃,对改善社会情况大有好处。

但是咸丰皇帝并没有采纳他的建议。咸丰皇帝下令征言不过是做做样子、挽回人心，并不是真有励精图治的决心。所以他即位一年多都没有什么作为，社会局势也越来越糟糕。咸丰皇帝四处调兵去广西镇压太平军，但是这些将领之间矛盾重重，各执己见，不但不彼此配合，反而相互掣肘，结果被太平军打得大败。形势越来越紧迫，咸丰皇帝赶紧派自己舅舅、首席军机大臣、大学士赛尚阿到前线去，让他统一指挥各路军队。

曾国藩认为，朝中大臣向咸丰皇帝进言，是因为他们对清政府有一片"血诚"。现在局势这么危急，咸丰皇帝却还不认真采纳这些建议，曾国藩觉得很愤懑。但是因为他的"书生之血诚"，他觉得不能就这么退缩了，于是鼓起勇气，在咸丰元年四月再次上疏，直接对咸丰皇帝提出批评。曾国藩在这份奏折里，指出了咸丰上台之后三个毛病：琐碎、文饰、骄矜。批评他只关注无关紧要的小事，镇压广西太平军这种国家大计却不用心部署；下旨求言只是为了博一个好名声，却不关心谏言到底说了什么；自恃聪明，什么事都自己一个人拿主意，一点不听别人的意见。他希望咸丰皇帝能"防琐碎之风"、"杜文饰之风"、"去骄矜之气"，改掉这些毛病，做一个真正的明君，扭转清政府腐败衰落、内外交困的局势。

曾国藩自知他这次上疏，言辞"颇过激切"，可能会惹恼咸丰皇帝，后果不堪设想；但是当时他已经"将得失祸福置之度外"。他觉得清政府对他恩情深重，他不能不报答。而他报答的方式是"尽忠直言"：在朝臣都只对咸丰皇帝说好话、逢迎奉承的时候，勇敢地说实话，帮助咸丰皇帝扭转风气、革除流弊。

曾国藩这次上疏，也跟朋友的激励有关。刘蓉写信给他说："向皇帝上疏，说的事情往往关系到国家大计，肯定要说到别人不能说也不敢说的事。但是说了之后没效果，这也算尽到职责了吗？你说这些话，自己的声望提高了，国家大事却没有改善，我猜你心里一定觉得很惭愧……'不爱钱，不惜死'固然足以明志，但是天下豪杰对你的期望却不止如此，你真要忠心报国，也绝不能止步于此。"罗泽南也说："心里害怕，该说的事不敢说，这是贪恋权位；只说些细枝末节的小事，不肯讨论关键问题，这是敷衍了事。"后来湘军的重要将领，像刘蓉、罗泽南、江忠源都在这件事上表明了自己的态度，他们跟曾国藩一样，都认为身为人臣就应该为国尽"书生之血诚"，关键时刻要挺身而出。曾国藩这次给咸丰皇帝上书，尽管也没有取得什么实际成效，却是他和他背后的那些知识分子，第一次以"书生之血诚"，尝试着为儒家理想而奋斗。

曾国藩这份奏折果真惹恼了咸丰皇帝，他看到一半就把折子狠摔到地上，当即就要召军机大臣给曾国藩定罪。当时首席军机大臣祁隽藻赶紧跪地为曾国藩求情，说："主圣臣直。"——曾国藩敢说这种话是因为皇上您是明君，咸丰皇帝这才消气，下旨褒奖曾国藩。

曾国藩知道了这个细节，明白当时咸丰皇帝是真的动了杀心。这之后曾国藩再没在奏折中批评皇帝，跟皇帝打交道也变得小心谨慎起来，他知道从咸丰皇帝入手改变时局是不可能的了。但是他对清政府的"血诚"、忠心却并没有因此降低。

曾国藩一生都以"不要钱，不怕死"自我勉励，他认为人能做到这六个字，就无愧于天地、祖宗、国家、皇帝。这六个字说其实就是两件事：廉洁为公和誓死效忠，这也就是曾国藩"血诚"的主要表现了。他在湖南招兵创办湘军时，曾经写信给朋友，请他帮忙物色将领，他对人选提出四点要求：才堪治民、不怕死、不汲汲名利、能耐受辛苦，他认为一个人只要有"忠义血性"，往往这四点也就同时具备了。

可以说，曾国藩的湘军将领集团，就是在"血诚"的号召下走到一起的。胡林翼、江忠源、刘蓉、罗泽南、左宗棠等人是凭着书生的一片血诚，加入到镇压太平天国的事业中来，为保卫他们的"伟大理想"而奋斗。血诚是他们这个集团的精神标志。这个集团中有很多人死在战场，比如江忠源、罗泽南、吴文镕；有的是兄弟几个都死了，比如李续宾、李续宜。曾国藩也死了两个弟弟，六弟曾国华死在三河之役，最小的弟弟曾国葆死在安庆军营。

在湘军跟太平军打仗的过程中，太平军出了不少叛徒，比如程学启、韦志俊、李世忠、陈国瑞，他们都在清朝那边混得不错。而湘军当中，投降的将领却很少，更没有谁在太平军那边当了大官。这固然跟太平军最终失败有关，却也从一个侧面反映了湘军将领的"书生之血诚"——他们"不成功，宁成仁"，血战到底、绝不背叛，"血诚"二字在曾国藩湘军集团中确实有极大的影响力和凝聚力。

在镇压太平军的过程中，还有很多人不属于湘军集团，也都为清政府尽了血诚。曾国藩认为，"君子之道，莫大乎以忠诚为天下倡"，不但要自己"竭尽血诚"，还要号召全天下的人向忠诚死节的人学习。他对那些拥护太平军的人，采用血洗手段、制造白色恐怖，大肆屠杀，绝不留情；但是对那些肯为清政府死忠死节的人，他特地奏报，请求设立忠义局，专门负责给他们树碑立传、建立祠堂。

周天受是四川人，本授湖南提督，后被革除。咸丰十年九月，带兵守安徽宁国府城。太平军大举围攻宁国府，周天受坚守七十几天，援兵一个没来，粮食也吃光了，最后只好突围。周天受命令将士冲杀出去，还亲自送到南门，他自己却不肯走，要与城池共存亡。文武官员跪着请他出城，留得青山在，不怕没柴烧，徐图恢复。周天受不听，而要以身殉难，绝不偷生。那天黄昏，太平军打进城来，割下了他的脑袋。周天受就这样为大清朝廷尽了愚忠，竭了血诚。

他的弟弟周天培，咸丰九年死于长江北岸。另一个弟弟周天浮，则在周天受死前两个月，也因坚守孤城，力竭而死。

曾国藩奏报朝廷，说他们一门忠勋，贞烈可嘉，请求在宁国府和四川老家，为他们三兄弟建立专祠，以褒奖忠义，劝激天良。

在《行营设立忠义局采访忠义第一案片》中，曾国藩还讲到一个74岁的老人。

安徽宁国县有一个老人叫程枚，他早年在贵州当官，退休回来，原本住在老家安徽舒城，后为躲避太平军，临时寄住在宁国县。太平军打到宁国府来，他一看，反正也逃不掉了，就拿把椅子，端坐在堂屋中间，厉声辱骂，结果被太平军一把火烧死了。一起被烧死的，还有他的女儿、女婿、儿媳、侄子七人。他的儿子从外面回来，"奋身杀贼"，伤重而死。他的二儿媳妇，带着他的一个孙子，在老家舒城反对太平军，辱骂太平军，也被杀死。曾国藩奏称，程枚一家十几口，忠孝节烈，满门殉难，应该给予褒奖。

这样的事情还不只一例。

咸丰十年（1860）四月，常州武进县有一个举人，在城破之日，自到而死。他的老婆、儿子、媳妇、孙子，连同丫鬟、佣人三十一口，都自投园池而死。曾国藩称他们是"深明大义，视死如归"，请求朝廷给他们建立专祠，以垂永久。

说他们是守着一片血诚也好，说他们是为大清朝廷尽了愚忠也好，这些事都表明这样一个事实：满清朝廷用儒家纲常教育天下士民，确实培养了一批誓死效忠的人。这些人大都跟大清朝廷一个利益立场，因此能竭尽血诚，死而后已。遍观曾国藩的奏章，他没有为别的哪个贫苦百姓建立专祠——他们不属同一个利益集团，因此贫苦百姓不为他们竭尽血诚。湖南农民踊跃参加湘军，一开始基本都是为了能填饱肚子。他们来到军中，受到诱惑，就想升官发财，逐渐跟清朝走到同一个利益立场上，进而为它奋勇战斗。可以想象，如果他们参加的是太平军，同样也能舍生忘死。

但血诚不等于愚忠，绝不撒谎。攻陷南京，曾国藩跟朝廷报告说，南京城里太平军有十几万,其实他在撒谎,军民总共不过三万。他的目的是给湘军邀功,说明战斗有多么艰难,所以围困了两年四个月才打下来,省得言官在旁边说湘军的坏话。如果以此来指责他不诚恳,装出一片血诚,那是迂夫子的所为,不值得议论。

血诚是他对清政府的一种态度,为了事情达到理想的效果,他可以把皇帝的命令放在次要位置上,所以英法联军侵入北京时,他不想派兵勤王,与岳飞的愚忠颇有区别。正是因为他不像岳飞那么愚忠,也不像江忠源那么听话,才有机会成就大事。否则可能也会像江忠源那样早早死掉。

当时为清政府效力的,还有另外一种不贪财,不怕死的人。

田兴恕(1836~1877),湖南凤凰人。16岁当绿营兵,20岁成为湘军水师的一个营官,随萧启江作战。22岁带兵去贵州,奉命堵截石达开,因功升为贵州提督,是一省绿营兵最高长官,从一品,官阶跟总督一样,不过仍受总督(从一品)或巡抚(从二品)节制。咸丰十年,他被授为钦差大臣。咸丰十一年,兼署贵州巡抚,总揽贵州一省军政大权,那时他才27岁。

他招募了一百亲兵,作战勇敢,不要命,号称死勇。应募的人到了,先叫来问话:"你怕不怕死?家里还有什么人?敢不敢舍弃?"来人正在回答,田兴恕猛然抽出大刀,一顿乱砍。如果来人不为所动,就让他留下来,说他是条汉子,发给五十两白银,作为安家费。稍微有一点畏缩,就一顿乱骂,轰出去。田兴恕带兵,大都类似这种强盗作风。

田兴恕年轻得志,独揽一省大权。但他本为一介武夫,没有受过多少儒家教育,难免任意妄为,藐视法纪。他曾上书谈论洋务,把功劳推到肃顺身上,惹得慈禧太后大不高兴。贵州地处偏僻,他就独断专行,要么不跟朝廷报告,或者事后才报告,又蒙骗朝廷,虚报战功,最后被人参了一本,罢职回京。后来因为杀了洋人,发配新疆,最终死在那里。

像田兴恕这样的人,人们大都以为他会是一名贪官,一个凶恶的、滥用权力、滥杀无辜的粗人。其实不然,史书说他"美风仪,眉目英武",是一个英气勃勃的大帅哥。而且他绝对不贪财,罢职以后,他要离开贵州,竟然连路费都凑不齐。

田兴恕也"不爱财,不怕死",由于非常时期,他的官比曾国藩升得快。但是,在立德、立功、立言这"三不朽"方面,就没有什么可说的了。他的所作所为,跟曾国藩的"血诚"也有所不同。——曾国藩有没有蒙骗朝廷,有没有虚报战功?有。擅杀李秀成就是一个典型。不过他做得并不露骨，也不过分，何况大功摆在那里，所以朝廷也不深究。曾国藩的修身功夫，还有道德、文章方面的能耐，更是田兴恕所不能及。这就是书生之血诚与武夫之鲁莽的差别。

当初曾国藩给皇帝上书，固然有邀名誉之嫌，但其中为伟大理想而奋斗的血诚，也是事实。带兵以后，已成骑虎之势，也就只有一条道跑到黑，要么战死，要么彻底胜利，想中途抽身，当逃兵，既为形势不允许，也非他的做人性格。长沙被追杀时，靖港吃了败仗时，坐困江西时，遇险祁门时，因天津教案而被全国唾骂时，他就是靠着一片"血诚"，硬生生挺了过来。这种信念一直支撑他走到生命的最后。

血诚不是天生就有，也不见得能始终不变：年轻人都有一腔热血，愿意贡献生命；年纪大了，爱国血诚逐渐被贪婪取代，昔日的爱国青年就变成了贪官，只肯"鸟为食亡，人为财死"了。但曾国藩始终用"不要钱、不怕死"自勉，一生基本节俭度日，不讲排场。他无法限制弟弟曾国荃的贪婪，却对儿子、老婆有绝对的权威。所以他能自豪地说，他这一生没有被妻子儿女拖累，也是一大幸福。

"撑起两根穷骨头，养活一段春意思"，就是他血诚精神的最好写照。曾国藩的血诚，是在受到皇帝限制、大臣排挤、无权无饷的情况下实现的，是在种种辱骂、批评、责难中做到的。是他的血诚，他的坚忍，支撑他从艰难中走过来，从而成就大事。

## 领导与管理：真诚地表扬下属，而不是批评责骂

在领导和管理员工时，应当记住他们不是机器，是充满感情的人，是一群协助你完成工作使命的人，是一群善良的，但同时也会有偏见、骄傲和虚荣心的人。所以，记住下面一些忠告，对你的工作一定有好处。

### 一、真诚地表扬和鼓励下属

世界著名的心理学实验证明，在学习方面，一做对就能得到奖励的动物，要比一做错就被处罚的动物学得快得多，而且更能够记住它所学的。进一步研究显示，人类也有着同样的情形。我们用批评的方式，并不能使别人产生永久的改变，反而常常会引起愤恨。

一位伟大的心理学家说过:"我们极希望获得别人的赞扬,同样的,我们也极为害怕别人的指责。"批评所引起的愤恨,常常会降低员工的士气,而所指责的状况也未必获得改善。

　　江先生是一家建筑工程公司的安全督察员。他的职责之一是监督在工地工作的人员戴上安全帽。他说他一碰到没有戴安全帽的人,就官腔官调地告诉他们,要他们必须遵守公司的规定。员工虽然接受了他的纠正,却满肚子不高兴,常常在他离开以后,又把安全帽拿下来。

　　后来他决定采取另一种方式。他发现有人不戴安全帽的时候,他就问他们是不是安全帽戴起来不舒服,或者有什么不合适的地方。然后他以令人愉快的声调提醒他们,戴安全帽的目的是为了保护他们不受伤害,建议他们工作的时候一定要戴安全帽。结果遵守规定戴安全帽的人越来越多,而且完全没有愤恨或者不满。

　　美国南北战争时期,在最初几年里,林肯总统几次更换联邦军的统帅,但他们指挥不力,在与南方军的战斗中接连失败。当时全国有一半的人都在痛骂那些差劲的将军,而林肯虽然失望至极,却从未对他们恶言相向。他一向都"不对别人指责,只对大家祝福"。他最喜欢引用的句子之一是"不要评议别人,别人才不会评议你"。

　　当林肯太太和其他的人对南方人士有所非议的时候,林肯会对他们说:"不要批评他们,如果我处在同样情况之下,也会跟他们一样。"

　　盖茨堡之役是美国内战的转折点,它发生在1863年7月的最初三天。经过激烈的战斗,7月4日晚上,南方统帅李将军开始向南撤退。这时黑云密布,大雨倾盆,当李将军带着挫败之师,退到波多梅克时,发现前方河水暴涨、无法通过,而身后又是林肯总统的北方军。李将军被困住了,他无法逃脱。林肯看出这点——这是一个天赐良机,一个消灭李将军的军队、立即结束战争的机会。因此,林肯满怀希望地命令格兰特不要召开军事会议,立即攻击李将军。林肯以电话下令,又派出一名特使去见格兰特,要他立即采取行动。

　　而格兰特将军是怎么做的?他采取的行动,恰好跟所接到的命令相反。他违反林肯的命令,召开了一次军事会议。他迟疑不决,一再拖延。林肯打电话来时,格兰特举出各种借口,拒绝攻击李将军。最后,河水退去,李将军带着他的军队从波多梅克逃脱了。

　　林肯总统勃然大怒。

"这是什么意思？"林肯对他的儿子罗勃大叫起来，"老天爷！这是什么意思？他们在我们的掌握中，我们只要伸出手来，他们就是我们的了。但我无论说什么或做什么，都无法使我们的军队移动一步。在那种情况之下，几乎任何一个将领都可以击败李将军。如果我在那儿的话，我自己就可以把他歼灭。"

在痛苦、失望之余，林肯坐下来，给格兰特写了一封信。别忘了，林肯这段时期用字是非常保守和克制的。因此，他在1863年所写的这封信，算是最严厉不过了。

我亲爱的将军：

我不相信你能体会李逃脱所引起的严重不幸。他本来在我们的掌握之中，如果当时一拥而上消灭他的话，再加上我们最近的一些其他胜利，就可以结束这场战争了。结果现在呢，战事可能会无限期地延长下去。如果你上周一不能安全地攻打李的话，那么你又怎么能在渡河之后，在你只剩下少部分的兵士——不到你当时手中兵力的三分之一——时，击败他呢？我无法期望你能改变情势，就算期望你能，那也是一种不合理的期待。你的良机已失去了，为此我感到无限的悲痛。

你猜，格兰特读到这封信的时候有什么反应？

——格兰特一直没有看到这封信。林肯没有把它发出去。这封信是在林肯死后，在他的文件中找到的。

也许，写完这封信之后，林肯看看窗外，对他自己说："等一下，也许我不应该如此匆忙。我坐在这静静的白宫里，命令格兰特出击，是举手之劳的事。但假如我当时是在盖茨堡；假如我是在上星期，跟格兰特一样，见到遍地血腥；假如我听到伤兵的悲号哀吟——也许我也不会如此急着去进攻了。也许我的性格跟格兰特一样柔弱，我的做法可能就会跟他的相同了。无论如何，现在木已成舟。如果我发出这封信，固然可以发泄我的不快，但是却会使格兰特为自己辩护，将会使他责备我。这将会造成恶感，破坏他身为指挥官的威严，甚至也许会迫使他辞职不干。"

因此，林肯把这封信放在一旁，因为他从痛苦的经验中学到，尖刻的批评和斥责，几乎总是无济于事的。

西奥多·罗斯福总统说，他当总统时，若碰到棘手的问题，他常往后一靠，抬头望望挂在他白宫办公室墙上那张林肯的巨幅画像，问他自己："如果林肯在我这种情况下，他将怎么做？他将如何解决这个问题？"

一位著名作家常常会大发脾气，写的信火气之大足可以把信纸烧焦。有一次他写信给把他激怒了的人:"给你的东西应该是死亡埋葬许可书。你只要开口,我一定会协助你弄到这份许可书。"又有一次,他写信给一位编辑,谈到一名校对企图"改进我的拼字和标点"。他以命令的口气写道:"此后这方面的情形必须遵照我的底稿去做,并且要教那个校对把他的建议留在他那已经腐朽了的脑子里面。"

写这些刺痛别人的信,作家当然会感到痛快,他的气也出了。但是,这些信并没有引起任何不好的反应,因为这些信根本就没有寄出去,而是被他太太精心藏起来。

你是否想劝某人改掉一些坏习惯呢?为何不从你自己开始呢?如果你不用批评、指责的方法,而用赞赏的态度去纠正员工的错误,效果一定更好。

在管理员工时,我们应当记住,他们不是机器,是充满感情的人,是一群帮助你完成工作使命的人,是一群善良的、但同样也会有偏见、骄傲和虚荣的人。

本杰明·富兰克林年轻的时候不大懂处世之道,后来跟人相处变得圆滑干练,被任命为美国驻法大使。他成功的秘密是什么?"我不说任何人的坏话,"他说,"……我只说我所知道的每个人的一切长处。"

要了解和谅解别人,就需要个性和自制。

一位哲人曾经说:"从一个人对待小人物的方式上,就能看出他是不是个伟人。"

美国有一位著名的试飞员,常常在航空展览中表演飞行。一天他在圣地亚哥航空展览中表演完毕后飞回洛杉矶,在空中三百米的高度,两个引擎突然熄火。凭借熟练的技术,他操纵着飞机着了陆,但是飞机严重损坏,所幸没有人受伤。

在迫降之后,他第一个行动是检查飞机的燃料。正如他所料到的,他驾驶的第二次世界大战时期的螺旋桨飞机,装的居然是喷气机燃料而不是汽油。

回到机场以后,他要求见见为他保养飞机的机械师。那位年轻的机械师非常难过,因为他的失误,一架昂贵的飞机被损坏,还有三个人差点丢了性命。当这位试飞员走向他的时候,他正泪流满面。

你大概会以为,这位试飞员必然非常愤怒,他这么有荣誉心、又事事要求精确,因此一定会痛责机械师的疏忽。但是事实上他没有,他甚至没有批评他。相反的,他用手臂抱住那位机械师的肩膀,对他说:"我相信你不会再犯错误,你以后继续为我保养飞机吧。"

下面这篇文章被广泛转载过。

听着,我儿,在你睡着的时候我要说一些话。你躺在床上,小手掌枕在你面颊之下,金黄色的卷发湿湿地粘在你微汗的前额。我刚刚悄悄地一个人走进你的房间。几分钟之前我在书房里看报纸的时候,一阵懊悔的浪潮淹没了我,使我喘不过气来。带着愧疚的心,我来到你的床边。

我想到了太多的事情。我儿,我对你太凶暴了。在你穿衣服去上学的时候我责骂你,因为你只用毛巾在脸上抹了一下。你没有擦干净你的鞋子,我又对你大发脾气。你把你的东西丢在地板上我又对你大声吼叫。

吃早饭的时候,我又找到了你的错处。你把东西泼在桌上,你吃东西狼吞虎咽,你把手肘放在桌子上,你在面包上涂的牛油太厚。在你出去玩而我去赶火车的时候,你转过身来向我挥手,大声地说:"再见,爸爸!"而我则蹙起眉头对你说:"挺起胸来!"

晚上,一切又重新开始。我在路上就看到你跪在地上玩弹珠。你的长袜子上破了好几个洞,我在你朋友面前押着你回家,使你受到羞辱。袜子要花钱买的——如果你自己花钱买,你就会多注意一点了!你想,我儿,做父亲的居然说这种话!

你还记得吗?过了一会儿,我在书房里看报,你怯怯地走了进来,眼睛里带着委屈的样子。我从报纸上面看到了你,对你的打扰颇感不耐。你在房门口犹豫着。"你要干什么?"我凶凶地说。

你没有说话,但是突然跑过来,抱住我的脖子亲吻我,带着上帝使之充沛于你的心,而我的忽视也不能使之萎缩的爱,用你的小手臂又紧抱了我一下。然后你走开了,脚步快速地轻踏楼梯上楼去了。

我儿,你离开以后不久,报纸从我手中滑到了地板上,一阵强烈的恐惧涌上了我的心头,让我难过不已。习惯真是害我不浅。吹毛求疵和申斥——这是我对你一个小男孩的态度,不是我不爱你,而是我对年轻人的期望太高了。我以我自己年龄的尺度来衡量你。

而你的本性中却有着那么多真、善、美。你的小小的心犹如照亮群山的晨曦——你跑进来并亲吻我祝我晚安,这种自发的冲动显示这一切。今天晚上其他一切都显得不重要了。我儿,我在黑暗中来到你的床边,跪在这儿,心里充满了愧疚。

这只是个没有太大效用的赎罪,我知道如果在你醒着的时候告诉你这一切,你也不会明白。但是从明天起,我要做一名真正的爸爸。我要做你的好朋友,你难过的时候我也难过,你欢笑的时候我也欢笑。我会把不耐烦的话忍住。我会像在典礼中一样，不停地庄严地告诉自己："他只是个孩子——一个小孩子！"

我想我以前是把你当作一名大人来看的。但是我儿，我现在看你，蜷缩着疲倦地睡在小床上，我看到你仍然是一名婴孩。你在你母亲怀里，头靠在双肩上，还只是昨天的事。

我以前要求得太多，太多了。

读了文章，你有什么感受？身为主管，员工有时就像孩子，不要动不动就责怪他们，而要试着了解他们。要试着明白他们为什么会那样做。这比批评更有益处，也更有意义。"全然了解，就是全然宽恕。"

领导者和管理者，可能在无意中养成了批评、指责的坏习惯，一定要想办法改过来。企业以追求利润为目标，却是做人做事的典型组织。做事要严格，做人却要宽容，两者并不矛盾。

赢得部下信任的第一法则是，首先你值得信任

要做好管理工作，必须使部下信任你，这比使用职权有效一千倍。

但是，世界上真正懂得如何获得他人信任的人真是少之又少。大多数的人都无意中在自己前进的大道上设置了一些障碍，比如有的态度不好，有的缺乏机智，有的不善待人接物，有的不善与员工交流，这些毛病常常让一些简单的问题恶化。

最有希望获得成功的人倒不是那些才华横溢的人，而是那些最能以亲切和蔼的态度对待他人的人。

通常，教师认为最有前途的学生，往往都是那些最能博得他欢心的孩子；老板认为最称心的店员，也就是那些最能投合自己心意的人。

人类似乎有一种共同的心理，如果有人能使我们感到高兴、喜悦，即使事情与我们的心愿稍有违背，也不太要紧。

如果一个书报推销人员很懂得与人交往的方法，一言一语都能迎合你的心理，讨你的欢心，那么你自然不介意他常常跑来纠缠你，向你推销书报。即使你觉得自己并不需要，有时竟然也不好意思不买。

我们生活中的许多例子都可以说明这一点，能博得他人的欢心、获得他人的信任，是为人处世必不可少的。而要想博得人们的欢心、获得人们的信任，第一条就是要养成一种令人愉悦的态度，要时时带着笑容，行动要轻松活泼。如果人们从你那里看到的是一张哭丧脸，那么谁也不会对你产生好感。

企业虽说跟生活不同,有更严格的规定和生产要求,但在管人这个问题上,适当遵循人的心理规律,还是大有好处的。

与人交流,最好少说自己的身世、遭遇和好恶,你应该学会做一个倾听者,表现得对别人说的话题感兴趣,能专心听对方说话。这样做对你自己丝毫无损,而你所表现出的对别人的同情却是他们最心爱、最重要的礼物。

成就任何事业都需要持之以恒,同样,要获得别人的信任也是如此。良好的态度要一以贯之,千万不要今天扮了一天笑脸,明天就难以自制而故态复萌,显出粗俗急躁的本性。一个志向高远、决心坚定的人,做任何事情都会有始有终,不会半途而废,否则,绝难获得人们的信任。

有些人以为一个人的信用是建立在金钱基础上的。一个有钱、有雄厚资本的人就有信用,其实这种想法是不对的。与百万财富比起来,高尚的品格、精明的才干、吃苦耐劳的精神要高贵得多。

任何人都应该努力培植自己良好的名誉,使人们愿意与你深交,都愿意竭力来帮助你。一个明智的商人一定要把自己训练得十分出色,不仅要有经商的本领,为人也要诚实、讲信用和坦率,在决策方面要培养起坚定而迅速的决断力。

有很多银行家非常有眼光,他们对那些资本雄厚,但品行不好、不值得人信任的人,绝不会放贷一分钱。他们反而愿意把钱借给那些资本不多,但肯吃苦、能耐劳、小心谨慎、时时注意商机的人。

银行信贷部的职员们在每次贷款之前,一定会对申请人的信用状况研究一番:对方生意是否稳当?能否成功?只有等到觉得对方实在很可靠,并且没有问题时,他们才肯贷款。

罗赛尔·赛奇说:"坚守信用是成功的最大关键。"企业主管与部下之间,也有一个信任与信用的问题。要想让部下服从你,信任是必不可少的条件,心服口服是协调完成工作的最佳基础。

关于领导与主管如何获得部下信任,不妨参考以下几点:

第一,必须注意自我修养,善于自我克制,做事恳切认真,建立良好的声誉;应该随时设法纠正自己的缺点;行动要踏实可靠,做到言而有信,与部下交往时做到诚实无欺——这是获得他们信任的最重要条件。

第二,业务能力一定要扎实。现在是一个高度专业化的时代,一个样样都懂、却样样不精的人，与那些在某一领域有所专长的人相比，总是竞争力不够。所以，主管应该是在某一领域有所专长的人，那么无论你走到哪里，都将受到重视。也许你不精通业务，却精通如何用人，那就是做最高主管的料。

第三，主管最好还要养成良好的工作习惯和思考习惯。良好习惯能使人觉得你有修养，懂得自制，这对建立信任有帮助。不论部下，还是上司，大概都愿意与有良好工作习惯的人共事。一个人的品格大都是经过他的习惯来培植的。

一个精明强干的企业主管做起事来总是很迅速、敏捷，从不会显露出拖拖拉拉、行动迟缓的样子，这就是他们走向成功的有效手段。他们订立合同后从不违约，也决不会开出空头支票。他们知道，无论是树立信用，还是生意成功都需要小心谨慎，否则，一旦信用丧失，他的工作就难做了。

## 湘军战例：湖口之败

田家镇战败的消息传到太平天国的首都——南京，着实让杨秀清紧张不已。湘军在太平军那么严密的布防下，还能以少胜多，其实力实在不可小觑。而现在，这个强大的敌人正步步逼近，如不能及时阻止，南京难免有一天会陷入困境。对此，杨秀清深感不安，立刻派太平军著名将领石达开、罗大纲火速赶赴西线指挥。

当他们兼程赶到九江时，黄梅已经失守，大批的太平军正在后撤。罗大纲见状，赶紧亲赴前线，指挥从黄梅败逃的一万多名太平军和新带来的一万援军，在孔垄驿一带布防，阻击湘军。十一月十二日，湘军进攻孔垄驿，太平军再度败北，只好南渡长江，全力据守九江、湖口两城。

湘军乘胜追击，在占领了小池口后，也南渡长江，陆军在九江大门外四里坡扎营，水师船队停泊在九江附近江面，对九江的太平军形成水陆夹攻态势。此时，曾国藩也已经从田家镇抵达九江城外的湘军军营。

曾国藩为了攻打九江，特派塔齐布部从长江北渡至琵琶亭，驻军在九江南门外，又把罗泽南部调到白水港去。而清朝地方政府，也对湘军的攻势给予了积极配合。比如，湖广总督杨霈就亲自率兵，进驻广济。他还指派副将王国才带兵四千人，驻扎黄梅，按察使胡林翼带兵二千，东出瑞昌，扶攻九江之背。当然，这次战役的最高领导还是曾国藩，所以湖北方面各军也都必须听曾国藩的统一指挥。这样，参与围攻九江的水陆总兵力就达到了两万六七千人。

可以说，这次攻打九江的战前准备，无论是参战的军队人数，还是从湘军的战略布局，都让曾国藩很满意。而湘军前几次战役的接连取胜，也给了他很大信心。在他看来，这一次应该可以轻取九江。

九江，其地理位置相当重要。它北枕长江，东北有老鹳塘、白水湖，西南有甘棠湖，西有龙开河。俯瞰之下，湖汊纵横，只有东南方向山脉较多。当时，太平军在九江城四周严密布防，东南方向的防护尤其坚固。

1855年1月14日，塔齐布、胡林翼督军进攻九江西门，结果三战三败。湘军在分析总结了这次进攻失败的经验教训之后，再次向九江发起全面进攻。塔齐布军进攻西门，胡林翼部攻打南门，罗泽南部进军东门，王国才部攻逼九华门。湘军四面出击，以为可以分散太平军的防守兵力。然而，四路军队却无一例外地遭到了太平军的顽强抵抗，结果一门未破，败兴而归。

这里需要提一下的是，这次太平军驻守九江的功臣——著名将领林启荣。他以能攻善守著称，是典型的全能将才。这次太平军能成功防守，他是当之无愧的头号功臣。

听到攻城不下的军情汇报，曾国藩着急了，没想到九江城防如此坚固，这样连日攻城都毫无效果，那继续硬攻也只是徒劳而已。他当即就赶往九江城外，与爱将塔齐布、罗泽南会晤，商讨接下来的进军策略。根据会议决定，湘军陆师将分为两支，一支由塔齐布率领继续攻城，一支由罗泽南率领进驻湖口城外的盔山（今灰山），与胡林翼合力进攻梅家洲。这样，既扫除了九江的外围要点，又牵制住了湖口的太平军，有利于割断九江和湖口的联系。

石达开和罗大纲之前本来都坐镇九江调度指挥，一看到湘军分兵进攻湖口和梅家洲，也马上改变应战策略，两人分别前往战争现场，指挥防守。

1月23日，湘军分三路向梅家洲发起进攻，但被太平军坚固的布防挡在了城外。第二天，太平军就向围攻的湘军发起反击，不料，反遭到湘军炮火的猛烈阻击，只好收队回营。虽然这两场小仗，湘军和太平军都只是打了个平手，没有谁胜谁负，但是湘军的锐气还是很明显地受挫了。

湘军围攻梅家洲失败后，曾国藩又决定依靠水师力量，改攻湖口。以此搜剿内河太平军的水营，切断九江外援。毕竟，条条道路通罗马。

而太平军的将领也不傻，石达开早就料到湘军可能会用水军进攻湖口，对此早有防范。在他看来，这支有着横冲直撞，猖狂无忌的狂野性格的水师，在湘军战史上屡立战功，是曾国藩手上的一张"王牌"，所以，水师的出战应当是情理当中的。而且，湘军想要在这次战役中取胜，在很大程度上都得依仗水上优势。所以，这次要战胜湘军，必须先攻破其水师。

也正是出于这种考虑，太平军在湘军水师进入湖口没多久，就不断地以小船进行袭击。罗大纲曾组织一百多只小船，堆积柴草，内装硝药，灌上膏油，顺着风从上游纵火而下。同时还在岸上派兵呼喊助威，施放火箭火球，对湘军水师实行火攻。还好湘军早有准备，损失不大。

不过，在一次湘军水师进攻湖口城边的太平军船只被击退后，太平军就每夜派一千人的陆师部队，持火箭火球，袭扰敌军，搞得湘军非常烦躁，只好彻夜戒严，无法入睡。

23日，湘军水师乘陆军进攻梅家洲之机，击毁了太平军设于湖口的木筏。太平军将计就计，连夜将载满沙石的数只大船，凿沉于江心，堵塞航道，只在西岸处留一个隘口，用篾缆拦截，封锁湖口。

一个星期之后，湘军水师在陆师的配合下，向敌军发起进攻。

其实，在这一个星期内，太平军也在绞尽脑汁地思考制敌策略。在前几次水战失败之后，太平军水师大部分船只已被摧毁，只剩下少数水军，其作战实力已经大大削弱了。这时，想要以弱克强，强攻无异于以卵击石，智取才是最佳方案。经过全面分析，他们发现了敌军的致命弱点：湘军水师主要分为大船和小船两部分，其中大船笨重，小船灵活。从以前的战役分析，二者都是靠互相配合、取长补短而取胜。若能将其分开，定能大大减弱敌军的战斗力。

这次，太平军看到分解湘军水师的机会已到，并不急于阻截，而是先将湘军的一百多只舢板等轻便战船诱入鄱阳湖内。

等小船驶回湖口时，发现太平军已经用船搭建好两道浮桥，并修筑工事，安装大炮。就这样，湘军水师的小船被死死地封锁在了鄱阳湖内，而留在长江的船只都是运转不灵活的长龙、快蟹之类的大船，再也不能像以前那样互相配合，取长补短，战斗力大大减弱了。

当天晚上，太平军就派出几十只小船，围攻停泊在长江内的湘军大船。又与岸上的太平军互相配合，不断向湘军战船投掷火球、火罐。而之前已被搅得骄躁的湘军水师，遭到敌军的突然袭击，都纷纷上岸，不听主帅彭玉麟的指挥。这次，湘军水师共有九只大船、三十多只中等船只被烧毁，损失不小。

曾国藩知道后，急忙调回正在武穴养病的杨载福，让他继续统率他自己的那支部队。并对陆军重新做了调整。鉴于长江北岸小池口已经被天平军重新占领，前去守垒的周凤山部队又大败而归，他决定放弃对湖口的进攻。又将驻扎盔山的胡林翼、罗泽南调回九江，以集中兵力，攻打九江。

就在罗泽南回到九江的那天晚上，太平军又对湘军水师发起了更大规模的袭击。这天晚上，风高月黑，能见度极低，太平军出动上百只小船冲向湘军。小船携带各种火器，迅速钻入湘军船队，放肆延烧，大船小船焚毁无数。湘军水师顿时大乱，纷纷向上游逃去。

在仓皇逃跑当中，曾国藩的座船也被敌军缴获了。他逃入罗泽南的陆营后，越想越觉得惭愧……实在无法释怀，便再次投水自杀。还好被幕僚救起，用小船送回罗营中。

次日醒来后，他又骑着马，心情沉重地来到岸边——遥望当时浩浩荡荡的江内水师，如今只剩下了少数船只，落寞地停泊在岸边，情景十分凄惨。没想到自己花费了这么多年心血，惨淡经营起来的水师竟然遭此下场。曾国藩深感大势已去，羞愤难当，又要寻死。考虑到前几次跳水自杀都没有成功，这次他干脆换个方式——模仿先人策马赴敌而死，这种壮烈的死法可比跳水自杀强多了。

不过，这次他还是没有死成，身边的罗泽南见状，马上紧紧抓住马缰，幕僚们更是寸步不离。经过部下一番拉扯、劝解，他还是放弃了寻死的念头。

湘军湖口之战的惨败，使得曾国藩夺取九江、直逼南京的狂妄梦想破灭。

究其失败原因，除了敌军的战略得当之外，还有湘军自身的原因。比如，湘军由于之前一路胜仗，将领、士兵普遍滋生了骄傲轻敌的情绪；战线过长、后方供应不上也是个重要原因——由于胜利进军，离湖南这个后方供应基地越来越远，运输补给日益困难。当然，咸丰皇帝在湘军攻占武汉后，不给湘军以休整巩固的时间，命令曾国藩迅速东下的这一决定，也是导致湘军湖口大败的原因。

太平军在湖口、九江袭击湘军水师成功之后，便分成三路，向湘军发动战略性反攻。东部由小池口向北进发，连下黄梅、广济，将湖广总督杨霈一直追到汉口；中路由九江逆水而上，沿途攻占蕲州、黄州，追至武汉；西路由富池口渡江，经兴国抄攻武昌之背。

1855年2月，太平军重新占领汉阳，并对武昌发起攻击。曾国藩让原属湖北方面的陆军胡林翼、王国才两部回援武汉。又让彭玉麟等率水师同去，顺便去湖北金口修复船只。这样，留守九江的水师就只剩了杨载福部。有一天，突然风浪袭击，有四十只船被完全毁掉了。剩下的七十多只也都破烂不堪，不能使用，也只好退回金口一带修理。从此，湖北武穴以下江面，又重新成为太平军水师的天下。

不久，太平军三克武昌，重新夺回了湖北的大片地区。

然而，在这种情形下，曾国藩也在考虑要不要回争武汉，但是，咸丰皇帝再次做出错误的决定，命他迅速攻克九江，合军东下，攻取南京。对于咸丰的这种瞎指挥，曾国藩只能无奈地付之一笑。其实，将在外，军令可以有所不受，但是，他又害怕此时退兵会引起士气低落，人心动摇。倘若如此，那以后的战事就更加艰难。

所以，他宁可屯兵坚城，被动挨打，也不愿撤出江西，回争武汉。这种坚持，也造成了日后坐困江西的局面。

# 第五章 勇　　毅

**原文精选**

遇棘手之际，须从耐烦二字痛下工夫。

"不怕死"三字，言之易，行之实难，非真有胆有良心者不可。

兵事怕不得许多，算到五六分，便须放胆放手，本无万全之策也。

不苦撑，不咬牙，终无安枕之日。

强毅之气，决不可无，然强毅与刚愎有别。

务须咬牙励志，蓄其气而长其智。

### 按语：小勇与大勇之别

勇有小勇与大勇的区别。孟子说，小勇是匹夫之勇，只能力敌一人；而大勇却可以安定天下、拯救万民。苏东坡也说：拔剑而起，挺身而斗，此不足谓大勇。那些敢死于国难的人，才是大智大勇的人。

主持正义、勇赴国难的大勇当然必不可少，而小勇也不是完全不可取：遭遇不公、奋起反抗，小勇强于怯懦；而打架斗殴时争狠斗胜，这种小勇则应该杜绝——勇于私斗、怯于公战，这是曾国藩带兵之初最痛恨的事情。

曾国藩用"不要钱，不怕死"来激励自己，他能打败太平军，成就大事，是因为他面对危机不临阵恐慌、自乱阵脚。他是有大勇的人。而蔡锷的时代，中国大局艰难，很多掌权者却贪生怕死，苟且偷安，只顾私利，他为此痛恨不已，所以借曾国藩、胡林翼来表达了他自己的志趣，激励国民要有为国牺牲的勇气。

### 湘军人物故事：曾国藩冒死进驻祁门绝地

困守祁门一事发生在曾国荃围攻安庆之时。曾国藩复出之后，与胡林翼定下战略决策，打算把安庆作为主战场，围点打援，迫使太平军决战，歼灭其有生力量。安庆一破，顺江直下，就到南京城了。

祁门镇在安徽省南部山区。那里是一个东西狭长的盆地，形似簸箕，三面环山，北抵黄山、九华山，东至天目山，南至白际山、齐云山，唯独西面没有大山隔断，是盆地出口。祁门镇正坐落在出口上。今天我们所熟知的名胜风景区，如黄山、九华山、江西婺源、流坑明清古建筑群落，都在那一片山区腹地或其周边。

李鸿章认为，祁门地形如在釜底，是兵家所谓的绝地。盆地内的要冲出来，盆地外的要冲进去，大家都来争，而且无险可守，当然凶危。曾国藩却认为，安徽南部这一片山区，连接安徽、江西、浙江、江苏四省，我守之，可以通四省之气，巩固景德镇和湖口防线，即使围攻安庆失败，被太平军追击，也不会动摇大局，因为长江上游和江西仍然稳固；敌得之，就隔断三面之气，阻我进兵之路，利害非常。所以他要冒险进驻祁门，与太平军争夺皖南。

李鸿章怕死不愿意涉险，曾国藩却不怕，从中似乎可以看出曾国藩成就大事的性格特点。难怪说曾国藩有开创之功，而李鸿章为跟随之人。

安庆是南京上游门户，现在被湘军包围，太平军方面自然要全力解救（似乎正中了敌人下怀）。曾国藩所看重的皖南山区，正是太平军南路各部必经之地，其领兵将领，李秀成、李世贤、杨辅清、黄文金等人，均为太平军骁将。

曾国藩先走长江水路，又改陆路，从而进驻祁门镇。随行部队三千人，相当于一个加强团。原计划是一万三千人到祁门会集。但张运兰一部四千人，由于宁国府危急，赶着去救援，到祁门不过四天，就匆匆走了。另有鲍超六千人，因为鲍超回四川探亲，正赶上三峡涨水，船只不能行走，所以迟迟没有来。驻扎祁门大营的，实际上只有跟随曾国藩的三千护兵。

曾国藩进驻祁门半月之后，杨辅清攻克宁国府，击毙其守将、湖南提督周天受。三天之后，李世贤又攻取徽州府（今属黄山市）。宁国府在徽州府东北一百二十公里，祁门在徽州府正西六十公里。第二天，曾国藩接到报告，知道徽州府失守，焦灼万分。太平军离他只有一百二十里，朝发夕至，如何保全性命，成为他突然要面对的问题。

大敌当前是一个困难，东面的粮道断了，又是一大困难。偏在此时，又飞来一件紧急而要命的事。就在那天，他接到朝廷的命令，要他派部队北上勤王。原来是英法联军打到北京去，烧了圆明园，咸丰帝仓皇出逃，要各部派兵保护。

连自己的性命都危险，曾国藩哪里还能分兵北顾？敌人就在眼前，皇帝的命令却也不能违抗，更不能担上卖国贼的骂名，如何是好呢？曾国藩紧急召集幕僚开会，讨论如何应对眼前的困难。一般幕僚也不多想，都积极主张分兵北上，唯独李鸿章建议"按兵请旨，且勿稍动"。那时他还在曾国藩幕府，跟随来到祁门。他认为英法联军不过是为了钱财，不是要推翻大清王朝，派兵等于白派，还不如按兵不动，坐观其变，先决了眼前的困难再说。

曾国藩大喜，立刻派人上奏，问咸丰帝："统兵北上，保护京畿，这是臣等分内职责，万死不辞。大兵北上，是由曾国藩统带，还是由胡林翼统带，还请皇上定夺。"这个问题分明是多此一举，却能达到拖延时间的目的。曾国藩计算过，这一问一答，按当时的交通条件,最快也得一个月。一个月之后,形势可能就大不一样了。果然,一个月之后,曾国藩得到廷寄,清朝已与英、法讲和,签订《北京条约》,曾国藩不用派兵北援了。

皇帝的事情是了了,眼前的兵势却更加凶险,李秀成率主力部队闯到小盆地来了。他从羊栈岭南下,攻占黟县,距曾国藩祁门老营仅六十里,朝发夕至,毫无遮阻,人心大震,形势比徽州府失守还要危急。曾国藩身边还是只有那三千护兵。

可惜李秀成的情报工作不大好。据说他被俘之后,得知曾国藩那时在祁门,只有三千护兵,非常遗憾。如果他知道曾剃头就在眼前,就是拼了血本,也要攻破祁门大营,打死那个老家伙。可惜那时他与鲍超在卢村、柏庄岭一带接仗,伤亡了数百人,就改道徽州府,经屯溪、婺源,转入江西去了,让曾国藩白捡了一条性命。

这场险难给曾国藩造成很大的精神压力。据说他自料必死,连遗嘱都写好了。幕僚们惊慌失措,有的人收拾好行李,随时准备逃命。曾国藩看人心如此,就说:"谁想走,我给路费。等危险过了,还欢迎你们回来。"结果幕僚们反而不好意思走了。此间,曾国藩还打了两卦,一问咸丰帝是否会要他派兵北上,一问鲍超能否在休宁得手(即与李秀成打仗)。

为稳定军心,曾国藩摆出大帅风度,镇定自若,保持往日气象。并专心守垒,等待援兵。他给咸丰帝写信说:"我这里兵力虽然单薄,营垒却很坚固,暂或可以无虑。"给曾国荃写信说:"现在专门研究守垒之法。如果还有什么闪失,那就坚持定志,绝不临难逃生。回首生年五十,除学问未成,尚有缺憾外,其余都可慰心。"似乎下定了必死的决心,也依稀看到了末日。

尽管如此,面对死亡人总是有恐惧的。鲍超打退李秀成之后,带了一队亲兵来看曾国藩。鲍超也算他们的救命恩人,所以大伙都到门口迎接,曾国藩也从容出来。鲍超远远看到曾大帅,赶紧下马,一路跑到跟前,两腿一弯,就要跪下行礼。曾国藩前趋两步,一把扶住,嘴里说道:"想不到还能与老弟见面!"音未落,泪已下,几乎不能自持。

不过在那一段时间的日记里,却丝毫不见他焦灼万分的样子,反而每天下围棋,读古文,颇为闲暇镇定。

皖南四府一州,大都被太平军占领。他们驻扎在徽州,随时可以攻击祁门大营。曾国藩让鲍超守渔亭,张运兰驻黟县,从正面护卫祁门大营。太平军背靠大山,打击盆地之敌，可攻可守，形势很主动。湘军背朝平原，仰攻靠山之敌，地形非常不利，人数又比太平军少，曾国藩的处境仍然十分危险。

又半个月，天寒地冻之时，太平军骁将黄文金率领二万人进攻江西景德镇。那是曾国藩的江西粮道，也是祁门与外界联络的主要通道，更是祁门向西退却的唯一理想路线，如果被太平军占领，皖南湘军就会陷入绝境。曾国藩赶紧派兵驰赴景德镇。

当时在景德镇与黄文金对战的，一是湘军名将鲍超，一是大名鼎鼎的左宗棠。太平军战败，黄文金也在战斗中负伤，不得不撤退。曾国藩恢复了粮道。

这次攻击对曾国藩的直接威胁不大，却越发加重了他的精神负担。

从日记中可以看出，曾国藩当时最担心的就是江西粮道断绝。景德镇一线吃紧，他日夜焦灼，几乎不能入睡，心绪恶劣至极，与往日气象大不相同："是日阴雨竟日，余心绪恶劣，不能办一事。盖因景德镇一路闭塞，文报不通，恐左军疏失，不胜焦灼也。"那些天的日记，满是这种文字，总担心祁门大营的后路被太平军阻断。

第二年正月，春节还没过完，太平军就再次进逼祁门大营。他们从大赤岭进军，攻破湘军防线，进入历口。历口在祁门西四十里，是祁门的交通孔道，也是祁门大营的后翼护卫。曾国藩急调鲍超救援。当天夜里，曾国藩"竟夕不能成寐，苦雨达旦，风声亦恶，起看天色二次，黑暗愁惨，向所罕见"。此路太平军一度攻击到离祁门大营仅十八里。听说太平军马上就要打过来了，祁门满城人人惊慌，几欲逃窜。

太平军打到石门桥时，与湘军交战，接连被打败。湘军乘胜追击三十余里，终于解除了祁门大营的危机。太平军撤出历口之后，湘军清点阵亡将士，得太平军尸首一百八十六具。

这次威胁对曾国藩可谓惊而不险，但精神压力颇大。先是听说胡林翼病势沉重，大为忧灼。两天后，他自己也呕吐不止，连续吐了两天，外厅、内房吐得满地都是，却没有什么病兆，完全是精神压力所致。

一个月后，太平军又从榉根岭攻击至历口，搞得曾国藩"寸心忧灼"。三天之后，太平军这支部队又被湘军打败，不得不退出历口。曾国藩在日记中说，他的亲兵中有一个下级军官，即所谓的戈什哈，也被派去历口支援（连他的贴身军官都去打仗了，可见当时形势该如何紧急），亲手杀敌十余人，还说敌人"怯懦无能，不禁打也"。如此看来，与湘军相比，太平军的战斗力并不如何强悍。

祁门大营接连被太平军从各个方向攻击，搞得曾国藩极度缺乏安全感。

景德镇是祁门后路，一遭攻击，曾国藩就担心后路被切断。他原定要把大营迁到长江边上去，因为景德镇不稳固，没来得及开拔。

　　随后曾国藩又把目标放在东边，攻打徽州府，希望能打通浙江的粮道。一旦打下来，祁门绝地就可以东通浙江、西连江西，两边相通，湘军在皖南的态势就非常主动，不必担心被包围。然而就在他决定攻打徽州府的前一天，景德镇被太平军占领，通往江西的后路终于被切断了。

　　东面有太平军驻扎在徽州，西路景德镇又被攻陷，三面是高山，东西有敌人，曾国藩设想过的最糟糕的局面终于出现。粮道断了，消息递不出，连援兵都搬不来，曾国藩在小盆地陷入绝境。

　　曾国藩把唯一的希望寄托在攻打东边的徽州上，他把大营从祁门移到休宁，就近指挥，希望能打通与浙江的联系。但是，太平军在攻占徽州府之后，已派重兵驻防，就是要截断他的希望。

　　部下劝曾国藩停止攻打徽州府，回头重新经营祁门，曾国藩心绪混乱，"几不能自主"。想了一个晚上，又与部下商量，还是觉得攻打徽州府为上策。

　　那次战斗关系身家性命，所以曾国藩非常看重。咸丰十一年（1861）三月初五他在日记中写道："盖此举关系最大，能克徽州，则祁、黟、休三县军民有米粮可通济。不能克徽州，则三县亦不能保。是以忧灼特甚。夜，竟夕不成寐，口枯舌燥，心如火炙，殆不知生之可乐，死之可悲矣。"

　　为了安全起见，他特意出外查城，从休宁东门的城墙上面，骑马走到南门，估计该城周长至少十五六里。曾国藩查看后似乎还比较满意。

　　曾国藩率领的湘军素有战斗力，多次打败太平军，这次攻击徽州府，却接连三次都打不下来。第三次进攻时，在晚上遭到太平军袭击，大军全部溃败，统统逃回休宁。凌晨两点前后，曾国藩听到消息，赶紧穿衣起来，一直坐到天亮，多次派人四处打听，竟问不到准确消息。大概在早晨八点钟，才知道只有十四营完整归建，另八营溃散大半。等到中午十二点，溃散的湘军才逐渐回来，伤亡百人，军械遗失颇多，锅碗瓢盆与被子等则全部丢掉了。

　　打不通徽州府，就断绝了希望，曾国藩只能"浩然长叹，不知天意如何"，做好了不测的准备。

　　当天他给两个儿子写信，据曾国藩自己讲，他仿佛是在写遗嘱。这是唯一一件由曾国藩自己所写且绝望透顶的遗训，在此将全文录于此，以感受他当日的绝望气象与沮丧心情。

字谕纪泽、纪鸿儿：

接二月廿三日信，知家中五宅平安，甚慰甚慰。

余以初三日至休宁县，即闻景德镇失守之信。初四日写家书，托九叔处寄湘，即言此间局势危急，恐难支持，然犹意力攻徽州，或可得手，即是一条生路。

初五日进攻，强中、湘前等营在西门挫败一次。十二日再行进攻，未能诱贼出仗。是夜二更，贼匪偷营劫村，强中、湘前等营大溃。凡去廿二营，其挫败者八营（强中三营、老湘三营、湘前一、震字一），其幸而完全无恙者十四营（老湘六、霆三、礼二、亲兵一、峰二），与咸丰四年十二月十二夜，贼偷湖口水营情形相仿。

此次未挫之营较多，以寻常兵事言之，此尚为小挫，不甚伤元气。目下值局势万紧之际，四面梗塞，接济已断，加此一挫，军心尤大震动。所盼望者，左军能破景德镇、乐平之贼，鲍军能从湖口迅速来援，事或略有转机，否则不堪设想矣。

余自从军以来，即怀见危授命之志。丁戊年在家抱病，常恐溘逝牖下，渝我初志，失信于世。起复再出，意尤坚定。此次若遂不测，毫无牵恋。自念贫窭无知，官至一品，寿逾五十，薄有浮名，兼秉兵权，忝窃万分，夫复何憾！

唯古文与诗，二者用力颇深，探索颇苦，而未能介然用之，独辟康庄。古文尤确有依据，若遽先朝露，则寸心所得，遂成广陵之散。作字用功最浅，而近年亦略有入处。三者一无所成，不无耿耿。至行军本非余所长，兵贵奇而余太平，兵贵诈而余太直，岂能办此滔天之贼？即前此屡有克捷，已为侥幸，出于非望矣。

尔等长大之后，切不可涉历兵间，此事难于见功，易于造孽，尤易于贻万世口实。余久处行间，日日如坐针毡，所差不负吾心，不负所学者，未尝须臾忘爱民之意耳。近来阅历愈多，深谙督师之苦。尔曹唯当一意读书，不可从军，亦不必做官。

吾教子弟不离八本、三致祥。八者曰：读古书以训诂为本，作诗文以声调为本，养亲以得欢心为本，养生以少恼怒为本，立身以不妄语为本，治家以不晏起为本，居官以不要钱为本，行军以不扰民为本。三者曰：孝致祥，勤致祥，恕致祥。吾父竹亭公之教人，则专重孝字。其少壮敬亲，暮年爱亲，出于至诚，故吾纂墓志，仅叙一事。

吾祖星冈公之教人，则有八字，三不信。八者，曰：考、宝、早、扫、书、蔬、鱼、猪。三者，曰：僧巫，曰：地仙，曰：医药，皆不信也。

处兹乱世，银钱愈少，则愈可免祸；用度愈省，则愈可养福。尔兄弟奉母，除劳字俭字之外，别无安身之法。吾当军事极危，辄将此二字叮嘱一遍，此外亦别无遗训之语，尔可禀告诸叔及尔母无忘。

这封信有三层意思。先讲徽州府是唯一生路，失败之后，形势万分紧张，四面堵塞，接济已断，唯一的希望就是期待外援：或者左宗棠收复景德镇，或者鲍超从湖口来援，否则大局不堪设想。其次感叹自己除了官做得大，已至一品外，对古文、诗歌、书法三者，皆一无所成。最后训诫儿子，一是不从军不做官只读书，说用兵非自己所长，"兵贵奇而余太平，兵贵诈而余太直"；二是牢记八本、三祥、三不信，此为乱世安身之法。

四天之后，左宗棠在景德镇打了两个胜仗，曾国藩悬着的一颗心总算落实下来，决定重回祁门。路过齐云山时，他还专门上去游览一番，所写日记约二百字，仿佛一篇游记，可见其心情是如何愉快。

自祁门涉险以来，曾国藩一夕数惊，终夜不寐，寸心焦灼，几乎没过几天安稳日子，他本人也承认"近日胆极怯"。徽州府失败八天之后，曾国荃来信，要他赶紧拔营，迁到长江边上去。曾国藩认为"情词恳恻，令人不忍卒读"，并回信说："昔人云：读出师表而不动心者，其人必不忠；读陈情表而不动心者，其人必不孝。吾谓读弟此信而不动心者，其人必不友。"可惜曾国荃的信现在已看不到了。

曾国藩赶紧就坡下驴，不再充英雄好汉，趁景德镇一线军情好转之机，六天之后，就离开了祁门这个形如釜底的绝地。四天之后，他到达长江边，把大营设在船上，由水师护卫，再不用担心身陷绝地，遭太平军围歼了。

以上就是曾国藩困守祁门的全过程，咸丰十年六月十一日进驻祁门，到咸丰十一年三月二十七日撤离，共计九个半月，可谓是他一生中最心惊胆战的日子，完全是靠着必死的信念挺过来的。从那以后，他也再没亲临过战场第一线。

太平军对此却一无所知，错过了绝佳的机会，没能打死曾国藩。究其原因，首先是情报工作做得不好，对曾国藩在祁门的事一无所知，也不知道他只有三千护卫。其次是太平军的行动缺乏统一领导，尽管主要目标都是援救安庆，从长江南岸去攻打江西，部队却各自行动，没有完整、系统的进兵方略和进兵路线。曾国藩所遭受的压力，一半是太平军误打误撞，一半是他自己过于紧张。太平军五次攻击祁门，表面看危险万分，其实都是一阵乱打，路过而已，走到哪里打哪里，没有坚定一贯的攻击方向，更没把曾国藩作为打击目标，搞得曾国藩白白担心了一场。

但是曾国藩虽然紧张、自认为必死，然而在军前却一直表现得镇定沉稳，也始终没有因为怕死而退缩、避让。这体现了他成就大事的性格特征：宁可死，也不临事恐慌，自乱阵脚。

## 领导与管理：勇气不是天生的，而是自我发展出来的

勇气让人敢于涉足新的领域、面对未知的敌人，因此成就了很多领导者与管理者。对于一些开创者的成功，不少人归功于"他胆子大"。但是这些人真的就只是一群傻大胆吗？他们真不怕失败、不怕死吗？他们的胆气从哪里来的？

毛泽东把队伍拉上井冈山之后，先打了一个胜仗，跟着就吃了两个败仗，一时不知如何是好，心情苍凉起来。后来一想，待在屋里干着急也不是办法，就出去转转。他一个山头一个山头走下来就发现，这个山沟可打埋伏，那个山头可做退路，游击战的十六字诀就逐渐诞生了，"敌进我退，敌退我追，敌驻我扰，敌疲我打"。那是一次无意中做出的调查行动。从那以后，毛泽东的军队一直坚持指挥员必须亲自勘察地形的作风，以保证在战斗中能充分利用地形优势，达到以弱胜强的目的。林彪指挥的平型关战役、彭德怀指挥的青化砭战役，都是充分利用地形优势打伏击的成功战例。地形勘察使他们掌握了地形优势，因此有了打胜仗的信心和决心，有了信心就有了勇气。胆量就是从这中间锻炼出来的。

无论战争年代还是和平时期，恐惧心理都广泛存在。领导或者经营当中遇到的精神压力，身处逆境时的心理负担，对身患绝症的恐惧，还有其他像担忧、顾虑、矛盾、举棋不定、犹豫不决、拖延迟疑等，都是恐惧心理的表现，是面对危险和困难、害怕出现不利结果的心理反应。恐惧或担忧并不是胆小鬼那样的贬义词，它没有褒贬色彩。它只是人们面对风险的一种心理表现，是很正常的反应，就像寒风袭来会起鸡皮疙瘩一样。担心夜长梦多，担心不可预知的事情突然发生，这些都是正常的心理反应，也都可以被正面想法抵制掉。

积极发展这种对恐惧的抵制心理，并成为固定一贯的心理模式，表现在我们身上，就成了勇气。

勇气，胆量，其实是同义词。《韦氏美语学习词典》对"courage（胆量/勇气）"一词的解释是，能使人面对困难和危险的心理力量。《现代汉语词典》的解释是，不怕危险的精神。两种解释都陈述了一个事实，胆量是一种心理力量、精神力量。

既然是一种心理的和精神的要素，那就一定能人为控制。当你不断地鼓励自己去面对风险，面对困难，不惜付出代价，你就会变得比别人更有胆量。胆量是与恐惧相对应的，恐惧从心而生，胆量也从心而生。这是一种心理转换游戏，用一种心理力量去代替另一种心理力量，用正面的心理力量去抵制、消除、战胜负面的心理力量。

遇到危险时，人们产生了恐惧心理，又发展出抵制恐惧的心理，这种心理力量就叫勇气。勇气是在人类与外界做斗争的过程中有意识地发展起来的心理力量，而非天生或继承。对很多人来说，他们可能要用一生的时间来培养这种勇气。培养勇气的办法有很多，比如坚持锻炼让自己变强，就是提高勇气的比较常见的一种方法。当然不断地自我心理暗示也是提高勇气的有效方法。

勇气和胆量会不会来自遗传呢？如果是，仿佛就可以推断，身体结构好的人在面对危险时更容易坦然、镇定、意志坚强。照这么说，那些伟大的成功者就都是些体格强健的人。这显然不是事实。也许你会认为，心理素质方面的遗传与身体结构的遗传并不相同，那么他们的父母或祖父母也应该表现出与众不同的胆量来。很遗憾，你找不到那样的普遍性，因为他们的出身没有规律。

如果一定有某种规律的话，从历代战争中似乎可以发现，正是那些出自社会底层的人，他们更能成就大事，因为他们最不怕死。所谓无产者无畏——他们没什么可以失去的，又有改变自己处境的强烈愿望，因此也就无所畏惧。他们被环境逼迫，走投无路了，只好做了亡命之徒，逼上梁山，之后他们经受了接二连三、持续不断的考验，胆量也越来越大。

杨载福担任湘军水师统帅，跟太平军作战时，每每自己带头露在船头，不用防护强行进攻，太平军的枪子炮弹飞过来，完全听之任之。这是他们在战争中发展起来的一种胆量。开始他们也怕枪子炮弹，就在船上张挂鱼网、牛皮、沾水的棉絮等，都不管用。后来干脆什么都不用了，直接站在船头，生死由命。他们是亡命之徒，在现实斗争中磨炼出了的胆量，也非天生。如果有了欲望，就容易贪生怕死了。

人们做事往往有两种状态。

一种是非常清楚当前的处境，既看得到希望，又为潜伏的危机而担心，因看得明白而战战兢兢，但他们并不知难而退，恰恰相反，他们常常是胜算在握。在外人看来仿佛是他们运气好，实际是因为他们事先对各种可能性做出了合理思考，力争在危险发生之前就排除或避开。所谓"知己知彼，百战不殆"。说他们有某种先知先觉也并不为过，但这是因为他们搜集了足够的情报、进行了精确的分析，而不是他们天生就神机妙算、未卜先知。

诸葛亮还没出山就已经知道未来天下三分的局势，可以说是神机妙算。但这不是他掐指算出来的，他在隆中除了种地读书，也时刻关注着外界的变化。所以刘备一来，他就能分析全天下的局势：从曹操战胜袁绍、挟天子以令诸侯起，对孙权、刘表、刘璋……这些大军阀的人品才能，还有中原、江东、荆州、益州等的战略情况都如数家珍。正是基于对这些情报的分析，他得出刘备应该连孙抗曹，先从四川入手、三分天下取其一，进而统一全国的战略规划。

也正是因为他对天下局势了如指掌，所以曹操携八十万大军汹涌而来时，孙权手下众谋士都吓破了胆、极力主张投降，诸葛亮却敢只身奔赴江东，劝说孙权跟刘备联合，共同抵抗曹军。孙刘联军敢以弱对强，这份勇气背后，是强大的自信，而自信则来自于对局势的全面了解和把握。

另一种状态可以说成是无知者无畏，他们看事情远不如前一种人透彻，也因为这种"无知"而大胆行动。有时候胡乱尝试，也能闯出路来。譬如徒步悬崖，旁边是万丈深渊，白天看得明白，不害怕吗？如果是漆黑夜中、无意间闯到那里去了，因为看不到，就大胆放步走过去了，待天亮，回头望，惊出一身冷汗。所以历史上，英明的君主选择将军，不止欢迎韩信、周瑜这样的智将，也知道张飞、程咬金这种猛将同样必不可少。

二战时，德军的闪电战一度主导欧洲战场的局势。装备精良的德军突然出现、展开袭击，是盟军将领共同的噩梦。无法克制德军的速度，就很难赢得欧洲战场的胜利。当时欧洲盟军阵营名将多如繁星，但打破这种局面的却是公认粗鲁暴躁的巴顿将军，他装甲部队的速度和勇猛让德军也望而生畏。他用的不是什么高明的谋略：把挡在前面的障碍碾碎，全速前进。艾森豪威尔称他有"非凡而又残酷的推动力"；他手下士兵说："凭着他的咒骂就可使陷入泥泞中的坦克和不知所措的坦克手爬出困境，重新赶上队伍"，他的装甲部队遇到雷区，停滞不前时，他就亲自到雷区上走一圈，告诉士兵没什么可怕的，继续前进。他有句名言："在战争中不能让恐惧左右自己。"

要培养胆量和勇气，其实有一个很简单的办法：

1. 问自己："可能发生的最坏情况是什么？"

平型关战役，林彪预计我军伤亡当在一二百人，这增强了他的信心，决定打。但这个数据是基于与国民党军作战的经验，而现在是打日本鬼子，所以他也没有盲目乐观，而是设计了三种方案：一是国民党军变卦、不来配合，就不包围日军，而在一翼侧击；二是如果围歼敌人不成，就放敌一条生路，避免日军顽抗到底；三是万一形势对我不利，就迅速撤出战斗，不损害我军实力。

事实上，战斗结束后，我军伤亡一千五百人，远超过最初的估计。但是尽管出现大的偏差，当初的信心却没有白费：我军取得了平型关大捷。如果最初估计的伤亡是一千五百人，我军因此而胆怯退缩了，那么引以为傲的平型关大捷可能就没有了。

人们做事，除非是赌博，赔个精光的时候很少。所以你不必担心天会塌下来。就算赔个精光，那又怎么样？看成败人生豪迈，只不过是从头再来。

2. 如果必须接受，那就接受。

预见到结果以后，你将知道该如何选择。如果真的失败了，该来的结果总是会来，逃不掉也不能拒绝。既然如此，那就全部接受好了——犹豫，担心，烦恼，忧愁，彷徨，苦闷，惊慌，恐惧……都改变不了事实，那就坦然接受好了。如果大海注定要决堤，你拿胸口挡得住吗？接受事实，然后才能集中精力去考虑如何改变事实。愁苦，心疼，痛哭……凡此种种，都于事无补。一旦你接受，你将发现，你获得了意外的平静，可以睡个好觉。很多大人物镇定如山，正是靠这般功夫。

淝水之战时，苻坚率领百万大军气势汹汹直奔长江，自称"投鞭断流"，要灭掉东晋易如反掌。而当时东晋情况如何呢？能用来对敌的北府兵，不过十万。当时东晋举国震惊、慌乱不已，但是宰相谢安部署好军队后，却还有闲情逸致跟侄子下棋。驻守荆州的桓冲派了三千人来支援建康，他却说："朝廷已经部署好了，这里不缺军队。荆州是战略要地，你要严加防守。"又把兵退了回去。

谢安是真的就这么乐观，看不到危险吗？当然不是，后来捷报传来，他依旧安之若素地下棋，结果出门碰掉了鞋跟都没注意到——可见他实际上也是很紧张的。

但是他知道临事慌乱根本于事无补。侄子谢玄、儿子谢琰都是他亲自教导出来的，他们的军事才能他心知肚明；北府军也是他下令组建的，所向披靡，绝对是东晋战斗力最强悍的军队；他们又占着地利，军队部署上也达到最佳效果。能做到都做了，如果这样还打不赢，慌乱、恐惧又有什么用？何况他是宰相，他一紧张别人就更害怕了，能做好的事也要搞糟。所以他坦然以对，镇定自若。

3. 镇定下来，想办法改善。

接受事实以后，情绪就平静下来了。那时你会干什么呢？自然是考虑如何改善。经过努力，可以把损失减到最小，甚至可能起死回生。即使注定要失败，你可以失败得很光彩，失败得井然有序，就像高明的军事撤退一样。在这样的心境里，往往能找到出路。失败之后的发现充分证明了这一点。

这三个步骤其实是在帮助你保持镇定。唯有冷静，才能克制恐惧、想出良策。佛家云，由静入定，定能生慧，一个道理。

## 湘军战例：围歼石达开的战斗

湖口战役之后，湘军与太平军的战略地位再次戏剧性地转换过来。一个反攻为守，一个反守为攻。其情形刚好和湘潭战役相仿，只是军事主体互换了位置而已。真是"三十年河东，三十年河西"啊！

湘军在江西继续作战，主要依靠的是塔齐布、罗泽南两部。然而，就在曾国藩坐困江西的这段时间，两位骁将相继离去。先是湘军的骨干将领塔齐布突然暴病而死，接着，就是罗泽南要离开江西，回援武汉。

面对"罗走塔灭"，曾国藩就像失去了左右臂膀一样，悲痛不已。而此时，天平军在江西的军事形势发展到了最高峰，控制了三分之二个江西。曾国藩困守的地区，文报不通，联系中断，连送家书都不得不用隐语。他在江西的局面也日益窘迫。

正当曾国藩在南昌岌岌可危的时候，太平天国将石达开调回南京，参加攻破江南大营的战斗，曾国藩才得以死里逃生。

江西战情缓和下来之后，曾国藩马上开始招兵买马，恢复江西的军事力量，但是成效不大，他只能寄希望于罗泽南的回援上。不幸的是，罗泽南在武昌战役中壮烈牺牲了。

好在湘军水师在金口休整和招募后，已经恢复到了原来的规模。陆军方面，也等来了援军。1856年9月，曾国藩的胞弟曾国荃募勇赶赴江西，同周凤山新勇会合，谋划攻打吉安之事。几个月后，湖北湘军再次攻占武昌、汉阳，水陆东下，增援江西。

而太平军在西征战场转败为胜之后,又先后攻破了逼近南京多年的清军江北、江南大营。太平天国的革命形势一片大好。但是,南京形势一有缓和的趋势,太平天国领导集团内部矛盾就爆发了。杨秀清、韦昌辉、秦日纲等重要领导人相继在内讧中死去,革命将士牺牲数万人,精锐几尽,元气大伤。在这场互不信任的权力争夺战中,洪秀全将一起革命、歃血为盟的兄弟都以各种方式杀害了,石达开是天王以外首义五王中的唯一幸存者。

不久,石达开也被迫出走。据说,他出走时带走的太平军将士达十万,导致太平天国在内讧之后,又一次遭受严重的损伤。

而围歼石达开的战争就发生在他从南京出走后。

当然,这次战争并不是一次或者一组战役这么简单,而是一系列的多次战役。从江西、浙江,过湖南、广西、云南,再到四川,随着石达开的"出走"路线,湘军的围歼战斗一路展开。这场战争情况复杂,持续时间长达6年。

石达开出走后,并没有按照太平军的行军路线配合行军,而是径直向他的根据地——江西——进军,他的部队大多数都驻扎在这一带,所以,他进军江西的目的很明确,就是想招集各个老部下,为单干做准备。

1856年冬天,湘军拿下吉水,紧接着,曾国荃部围困吉安。当时,石达开从江西景德镇开始,经乐平、东乡等地,到达抚州。针对湘军的攻势,石达开派出援军,西援临江、吉安。

从地形图上看,吉安位于赣江西岸,与吉水隔江相望。此时,如果要解吉安之围,必须要先攻下吉水。于是,石达开部向吉水攻击,但是三次进攻都被湘军击败了。

这时,石达开听信属下的建议,轻率地放弃了西援吉安的计划,转而东进浙江、福建。他从江西的撤军再次给了困在江西的湘军以蓄势发展的机会。

石达开统率大军,连续攻克了浙江的多个县市之后,进入福建、江西边境。其实,石达开在浙江一路凯歌之时,清军江南大营正在围困南京,而石达开在浙江四处开战,在很大程度上危及浙江粮赋,威胁江南大营后路。

在这种紧急关头,咸丰急切地盼望曾国藩出山,力挽狂澜。于是,在家守制的曾国藩再次受命统兵援浙。他于1858年8月抵达江西南昌,紧接着,又去东铅山的河口镇大营,指挥浙江的军事。随着石达开的进军路线向南推进,他的驻地也步步南移。

1859年2月，石达开部进入湖南境内，连占桂阳（今汝城）、郴州、嘉禾等县市，准备经永州、宝庆（今邵阳市），取道湘西，进攻四川。

湖南是湘军的后方，石达开部从江西大举入湘，不仅震动了湖南，也影响了各地湘军的军心。湖南巡抚骆秉章急忙从本省各地征调士兵，而湖北方面，湖广总督官文、湖北巡抚胡林翼也紧急从湖北调过来水陆军队，想要依托湘江，凭险阻击。

石达开的部队在进攻永州受挫后，兵分两路，北军向邵阳进攻。邵阳位于资江东岸，是湘南重镇。所以，太平军抵达时，湘军已经做好了布防。

当时，石达开统率军队，从东、西、南三面包围邵阳，只有北路驻兵比较少，成为城内与外界相通的通道。6月初，太平军开始进攻外围要点，不过，都基本上被湘军击退了。17日，太平军分别从马鞍山、佘湖山、五里牌等地发起攻击，战线绵延十余里，切断了邵阳北面的通道，完成对邵阳的合围。

6月下旬，清军各路援军开始抵达邵阳外围，分别从东北方向节节推进。同时，湖北方面鉴于邵阳形势紧张，各路湘军又没有大将率领，便派李续宜（李续宾弟）率湘军五千多人，增援邵阳。这样，邵阳地区的清军总数便达到了四万人，战斗力大大加强了。

李续宜抵达后，立即和其他将领讨论解围之策。当时，东路太平军人数众多，不好惹，而且岩壑幽邃，典型的宜守不宜攻之地。所以，湘军决定从北路进攻。

湘军还没开始进攻，石达开就督率各军，从东路对湘军发起猛攻，连日激战，遭到清军的顽强抵抗。第二天，李续宜趁东路鏖战之际，率军从高家冲西渡资江，并在水师配合下，摧毁了太平军在田家渡一带的军营和哨卡。

紧接着，湘军又击败了城西的太平军。

十天后，湘军开始对东路太平军发起攻击。石达开见湘军兵力大增，料想攻占邵阳没有希望了，便在交战几天后，率军撤离邵阳外围，向广西进发。至此，湘军的总后方——湖南也暂时安全了。

有人评价宝庆之战是石达开出走以来所进行的规模最大、历时最久的一次作战，只可惜最后劳师费时，毫无结果。

石达开部退入广西后，一路到达庆远（今宜山），并在此驻留了半年。这一带是地广人稀的贫瘠山区，加之连年战乱，使石达开沿途扩充的几十万人马的军需给养发生了困难，士气低落，军心离散。广大将士看不到前途，因此分化投敌事件层出不穷，甚至发展到众叛亲离的地步。

1860年夏天，部将鹏大顺等又率领20万人的队伍，重新回到洪秀全的旗帜下，史称"万里回朝"。这样，跟随石达开的部队只剩了一万人左右。

可见，石达开的单干之路是艰辛的。虽然他远征四川，用的还是太平天国的旗号和标语，但是实质上早已脱离组织。换句话说，虽然我们仍然把这时的石达开部称为太平军，但它已经不那么正宗了。失去强大后盾的石达开在进军中，越发感到艰难。幸好这时广西清军正集中力量进攻一支天地会的起义军。这只起义军的领袖遇害后，其余部分三四万人投归石达开。队伍得到扩大后，石达开重新打起远征四川的旗号。

第二年10月，石达开率部又从广西进入湖南。不过，这次他不敢再恋战，没有再攻打湖南，只是把它当做一条进军四川的踏板。就这样，他沿着湘黔边境北进，顺利过湖北，在1862年2月进入四川境内，从此开始了又一段道路曲折的革命之路。

清朝当然不允许石达开进入富饶的四川境内，除了要求四川方面的清军严密堵截外，还责令湖南、湖北和贵州方面军进行围剿，兵力夹击，将其歼灭于湘鄂川黔边界，但是清军并没能阻止石达开部进入四川。

不过，清军在四川境内也是处处设防，以至于石达开进入四川境内后，便处处碰壁。几个月下来，换攻了三处，没有一处能攻下。只好又绕道贵州仁怀，再折入四川。不久，各地清军赶到，截断了石达开的北进之路。

在这种情况下，石达开只好再入贵州仁怀，旋绕遵义。后来，石达开将部队分成南北两路，他自带北路，准备北渡金沙江。这时，湘军著名大帅——骆秉章已经升迁为四川总督，他调集各路湘军/清军前来堵剿。1863年1月，清军开始合攻太平军营地。由于叛徒内应，太平军连连失利，损失惨重，最后分东西两路撤离。当然，这次撤离只是权宜之计，为的是再次蓄势进军。石达开历尽艰辛才进入他梦想的终点站——四川，怎么可能轻易放弃？

1863年1月，石达开由四川叙州进入云南境内。与此同时，派部将先行入川，吸引清军北趋，为自己渡江北上打开通道。5月，石达开率军从云南昭通米粮坝强渡金沙江，再次进入四川境内。

骆秉章为防堵太平军进入四川腹地，早已依托大渡河布防。不仅派兵驻军大渡河北面的安庆坝、万工汛，还买通了松林地的土司扼守松林河，以防太平军取道进攻泸定桥。同时，买通了邛部土司，带领士兵截断敌军北上的各大路口，迫使石达开进入山间小道。另外，骆秉章还在化林坪、泸定桥、康定一线部署了机动兵力。

当石达开进入四川境内后，得知北上的大路有大批湘军堵截，便改由小路行军至大渡河的紫打地，正中湘军下怀。5月21日，太平军出动四五千人抢渡大渡河，遭到对岸湘军的炮火猛攻，船筏全部被毁掉，人员伤亡惨重。

太平军渡河受阻后，只好放弃北上，转而西进，企图越过松林河，取道泸定桥，再过大渡河。可惜，这一带，骆秉章也早已买通土司加强布防了。所以，太平军仍然过不了大渡河。

几天后，邛部土司率兵从后路抄袭。太平军的后路被切断，于是，石达开跟土司谈判，可以用重金换其退兵让道，但还是被拒绝。这时，太平军的粮食已经差不多吃完了，只好杀了战马吃，或者吃些桑叶、草根等充饥。处境窘迫之极，甚至绝望。

6月3日，太平军分作两队，再次抢渡大渡河和松林河，但由于河水湍急和清军炮火的阻击，都没有成功。

几天后，湘军会同土司，从几路进攻紫打地，用火弹火炮齐发，延烧太平军的军营，太平军四散逃奔。逃窜的太平军又遭到山顶清军的木石滚击，死伤惨重。当时，石达开携家属及数千人部队东奔，被清军阻截。

在进退无路之时，石达开"舍命以安三军"，想要牺牲个人来换取部下的生命。在和清方约定后，便带领幼子、宰辅等四人去清军营垒英勇"献死"。但是，石达开等刚进入清军军营，就被绑起来了。他的几千部众，也都被清军集体处死。随后，石达开等被押至成都，于8月6日从容就义。

至此，长达6年的围剿石达开的战斗终于结束……

# 第六章 严 明

**原文精选**

古人用兵,先明功罪赏罚。

立法不难,行法为难。凡立一法,总须实实行之,且常常行之。

吕蒙诛取铠之人,魏绛戮乱行之仆。古人处此,岂以为名,非是无以警众耳。

自来带兵之将,未有不专杀立威者。

居今日而为政,非用霹雳手段,不能显菩萨心肠。

立法宜严,用法宜宽,显以示之纪律,隐以激其忠良。

## 按语：治军必须号令严明

慈不掌兵。曾国藩说："驭军驭吏，皆莫先于严。"而要"严"，首先要"法立令行"。他指出："立法不难，行法为难。凡立一法，总须实实行之，且常常行之。"凡事预则立，预先设立法令，使人人有法令可依循，这只是好的开始，更重要的是要严格地执行法令。而要做到这点，领导者必须以"诚信"为本，建立起良好的信誉，仿"商鞅立木之法，孙子斩美人之意"，力图做到有令必行、有禁必止，这样才能使人们"循循于规矩之中"。领导者还必须首先守法，不可乱了规矩。如曾国藩所说："自立准绳，自为守之，并约同志者共守之，无使吾心之贼破吾心之墙子。"

## 湘军人物故事：曾国藩定营规

曾国藩说将领带兵就像"父兄带子弟一般"。父兄严厉管束，子弟就知书达理、有出息，家族自然就兴旺；父兄溺爱纵容，子弟就骄纵跋扈、要惹是生非，这个家自然就要败亡——所谓"严父出孝子，慈母多败儿"，管理军队更是这个道理。要把军队打造成能征善战的劲旅，一是要有严格的军规、军纪，二是要切实地执行。

曾国藩在长沙办团练时，曾见识过绿营军的种种弊端：机构重叠、体制混乱，指挥权不明确，临战时指挥不灵，士兵不知道该听谁的；将官腐败贪婪、目光短浅，对友军"胜则相忌，败不相救"；士兵骄纵懒惰、奸淫掳掠、酗酒吸大烟，无恶不作。这支军队作风恶劣、欺软怕硬，平日里争权夺利、扰民私斗，姿态比谁都凶狠；一遇到太平军，就"近营则避匿不出，临阵则狂奔不止"了。对比太平军军纪严明，所过之处对百姓秋毫无犯，绿营军哪里还是一支军队，分明是败类聚会、流氓结营，也无怪百姓认为"兵勇不如贼匪"。

曾国藩在创立湘军时，竭力避免出现绿营军的弊端。他从招兵买马时，就制定了严格的选拔标准。选拔将军要才堪治民、不怕死、不急急名利、能耐受辛苦的"忠义血性之人"。为了保证士兵的团结，他规定一营的士兵都要从一省一乡招募，要选朴实、健壮的山乡农民。他坚决不收油头滑面的绿营兵，也不用"丧尽天良"的"镇将"。为了加强军官的权威、保证指挥权，他规定：统领由大帅挑选，营官由统领挑选，哨官由营官挑选，什长由哨官挑选，士兵由什长挑选。这样就形成了从大帅到什长的垂直指挥系统，士兵知道自己该听谁的，上了战场就不会乱。而且上下级之间有选拔之"恩"，打仗时就能患难与共；平级的各个将领又有同乡、同门之"谊"，遇到困难也会相互救助。

曾国藩在为了避免手下兵将染上绿营军的恶习，还制定了不少规章和纪律。他在咸丰八年制订的《初定营规二十二条》，包括扎营六条、开仗五条、行路三条、守夜三条、军器五条。第二年，又进行了增订，包括招募之规二条、日夜常课之规七条、扎营之规八条、行路之规三条、禁扰民之规若干条、禁洋烟等事之规七条、稽查之规五条等。

曾国藩告诉手下的将领，带兵不能和和气气的，最紧要的是树立法令的权威，让全军上下整齐严肃，必要的时候也得下狠心，杀一儆百。他举过两个例子，第一个是"吕蒙诛取铠之人"。吕蒙打败了关羽之后，进驻荆州，定下军法：谁都不准随便闯到百姓家里，不准拿百姓一针一线，否则就"杀无赦"。吕蒙手下有个武士，跟他是同乡、朋友，这个人从百姓家里随手拿了一个斗笠，用来盖铠甲。斗笠虽小，但这个人确实触犯了军法，吕蒙没有因为同乡情谊就废弃军法，"挥泪斩之"。于是军中人人震惊，严格守法，从此道不拾遗。第二个例子是"魏绛戮乱行之仆"。春秋时，晋悼公任命魏绛为司马，让他掌管军法。有一次悼公为了夸耀国力，邀请各国诸侯去访问，结果他的弟弟杨干扰乱了侍卫军队的行列。当时规矩"刑不上大夫"，但魏绛为了严肃军纪，没有顾虑晋悼公和杨干的面子，杀了杨干的仆人以示惩罚。

曾国藩讲这两个例子，是要手下将领严格执法。湘军内部大都是同乡、好友，不能因此就徇私枉法；也不能因为犯法的人背后有靠山，就不予惩罚。据说曾国藩手下有个叫金松玲的将领，他是曾国藩父母的救命恩人。金松玲跟罗泽南一起去江西打太平军，罗泽南一意孤行，不听他劝告偷袭太平军营，结果战败。金松玲见状，不但没有去救援，反而自己先带兵撤走了。曾国藩为了严肃军法，更为了杜绝"败不相救"的恶习，忍痛杀了金松玲。

但是曾国藩的严明，跟那些一味用严刑酷法恐吓人的做法还有不同。儒家讲究德育，孔子说："道之以政，齐之以刑，民免而无耻；道之以德，齐之以礼，有耻且格。"孟子也说过：不让百姓吃饱饭，也不用礼和法教导他们，等他们犯罪了却要动用刑法，这种做法叫"罔民"，也就是陷害百姓。曾国藩治军似乎也有同样的思想。

为建立一支有战斗力的军队，曾国藩为军队制定了许多"规矩"，前已述及。而他制定这些规矩最终目的，就是要把孔孟"仁"、"礼"思想贯穿于士兵的头脑之中。他把封建伦理观念和尊卑等级观念融合在一块，把军法、军规与家法、家规结合起来，用父子、兄弟、师生、朋友等亲谊关系强化、调剂上下尊卑之间的关系，让士兵从心底里尊敬官长、服从官长、维护官长，为官长出生入死、卖命捐躯，在所不惜。

曾国藩把"规矩"分成两种，"一曰营规，二曰家规"。营规就是"点名、演操、巡更、放哨"；家规就是"禁嫖赌、戒游惰、慎语言、敬尊长"，可见所谓的"家规"其实就是纪律，而曾国藩把它称作"父兄教子弟之家规也"。这些规矩以三纲五常为基本内容，而忠君事长则是其核心。"第一教之以忠君，忠君必先敬畏官长，这样规矩所在即使统帅不在，官兵也知道如何作战行事。"

曾国藩在训练士兵时，除了训练军事技能，还特别注意"训家规"，也就是"训做人之道"，跟现在的思想政治教育和纪律教育类似。他每个月逢三、逢八就把士兵召集起来亲自训话，他反反复复跟士兵讲解规章和纪律，告诫他们不要扰民。他每次要说接近三个小时，苦口婆心，他自称"虽不敢云说法点顽石之头，亦诚欲以苦口滴杜鹃之血"。为了让士兵有廉耻观，能够自觉遵守纪律，他还教士兵读《孝经》和《四书》。每天晚上关闭营门之后，曾国藩大营中就书声琅琅，一直传到壕沟之外去。不知道这是湘军大营的人，还以为这里是村塾。曾国藩教育士兵的方法多种多样，考虑到湘军士兵大都是没什么文化知识的乡土农民，他特地创造了一种通俗易懂的宣传形式——歌谣，他亲自编写了《水师得胜歌》、《陆军得胜歌》、《解散歌》和《爱民歌》等。用浅近歌谣的形式教育官兵，传授军事知识，灌输纪律教育，这应该说是曾国藩的一个发明。

曾国藩创立了湘军之后，跟太平军打过两仗，吃了不少亏，就写信请教他的父亲，得到一些指点。曾国藩因此下决心整顿营规，在里面专门针对太平军，添加了一些内容。

第一条是更改作息时间。

太平军常常早晨三四点钟起来吃饭，五点钟行军，黎明时分发起攻击。湘军起得晚，一开始吃了不少苦头。整顿之后，湘军就在黎明之前起床，黎明时分开始操练。

曾国藩怕士兵一下子改不过来，早饭时间暂时没变，操练之后吃早饭。适应了一段时间，才改成黎明之前吃早饭。后来成为定制，在早晨五点之前起床吃饭，黎明时分操演，这样可以有效地防备偷袭，也能磨炼军队的战斗意志。军人平时养成早起、勤劳的习惯，有利于在紧张、艰苦的条件下作战。

第二条是制定扎营标准。

如何扎营也是向太平军学习的结果，岳州之败就是因为营盘不牢固，被太平军一冲，湘军就溃败了。

最初的营盘，地址不对，也不牢固，常常被天平军冲袭。曾国藩在战斗中逐渐总结出扎营经验：地址要选在高冈上，近水源，不可在低湿处，不可在四面平地没有遮护处。营外必须挖壕沟，筑石墙。最初，墙要八尺高，三尺厚，壕沟要八尺宽，六尺深。后来发展为，墙体分正墙和子墙，正墙高七尺，墙脚宽六尺（含子墙在内），墙顶宽一尺五寸，子墙高三尺五寸，顶宽两尺。正墙上筑枪眼炮眼，子墙用来站人。壕沟分内外壕，外壕宽六尺，深八尺，内壕宽三尺，深三尺。有时外壕还要增加一道或几道，视情况而定。

第三条是增加"站墙子"制度。

全营起床之后，以及傍晚掌灯时分，都派三成队伍站墙子一次，即站在子墙上瞭望、守卫。夜里派一成队伍站墙子。如果在前线，离敌人近，就派两成队伍站墙子。

有了上面三条措施，再遇到偷袭，湘军就有三成队伍可以立刻战斗，以坚固的壕墙为依托，足可以抵挡一阵子。由于时间充分，其余部队不再仓促应战，而是做好准备之后，才投入战斗。再加上枪炮精良，深沟高垒，以逸待劳，以静制动，就可以立于不败之地。

这套办法看起来简单，不过是行军打仗的基本功，要严格执行，却也不容易。尤其是那些机敏灵动、善于临阵变化的人，他们往往不喜欢这种笨办法，让他们遵守就更不容易。

李鸿章就是这样。他是个机警明敏的人，咸丰八年投靠曾国藩，咸丰九年奉命去见习军事。当时他兴冲冲跑到吉字营去——就是当时曾国荃的部队，结果那里天天都在搞站墙子、操练、点名、巡更、查夜，看得他很不以为然，跟身边的人说："原来我以为湘军有什么异术，今天才知道，也没有什么特别的。无非是听到敌人来了，就赶紧站墙子。"

但是曾国藩以身作则,严格执行,为此还教育过李鸿章(详见第一章)。湘军各个将领在他的带领下,在峻法的约束之下,就算后来离曾国藩远去,也还是都"遵守约束不变"。

要严格执行曾国藩的扎营命令,湘军每天只能行走三十里,慢得跟蜗牛一样,挖壕沟、筑墙子就要花去一半时间。即使临时驻扎一天,曾国藩也要求部队必须挖壕沟、筑墙子。这样做的好处就是,全体将士"神暇形壮,可以待敌"。

太平军来去如风,打得清兵不敢靠近,曾国藩这一套笨办法,正好成了他们的克星。

这套办法见了功效之后,又逐渐演变成进攻的武器。湘军与太平军的战斗,不以野战为主,而是"深挖墙、稳阵脚",以攻城略地为目标,打持久战。从长江上游开始,一个城市一个城市地争夺,谁打下南京,谁就成为胜者。

太平军也善于防守,湘军每攻克一个城,都要付出惨重代价。罗泽南就是在攻打武昌的时候,中了枪子死的。曾国藩的笨办法被用来攻城,效果非常好,通过壕沟和墙子,把城池团团包围,断了外界的联系,经过长时间围困,敌人弹尽粮绝,不攻自破。

墙壕就有了两种功用,向内围困城池,向外阻敌援兵。为此就要多筑几道墙壕。敌人攻破第一道,湘军就退守第二道。攻破一道,补筑一道,前壕未破,新壕已成,一层一层阻遏敌人。凭据这墙壕,湘军以逸待劳,以静制动,把敌人的攻势一一瓦解。武昌、瑞州、吉安、九江、安庆、南京这些战略要地,都是被壕墙围困而最后攻破的。一般来说,守城是主,攻城是客,但湘军固守壕沟墙子,围困城池,而达到反客为主的效果。

后来曾国荃也正是靠着这墙壕之法,还有顽强的战斗意志,把南京城包围了两年又两月,最终把它攻陷。

这一套行军驻军的办法,还是曾国藩从太平军那里学习来的。它后来能演化成攻城略地的办法,其中的关键就是严格的规矩和严明地执行。

镇压了太平天国运动之后,曾国藩裁撤湘军,但是他一手经营起来的长江水师和李鸿章的淮军却依旧保留。这两支军队基本继承了湘军的规矩和战术,后来曾国藩和李鸿章镇压捻军,也还用过墙壕战术。

曾国藩晚年掌握地方实权后,依旧不改严明的作风,曾对吏治大加整饬。同时他仍然关注着部下的军纪。同治十年，曾国藩已是一位衰病交加的老者。当他听到长江水师士卒敲诈勒索的传闻时，高度警惕，正月里他给住在老家的弟弟写信说："长江水师，外间啧有烦言。或谓遇民间有骨牌、字牌者，则以拿赌讹索，得数千或千余文，乃肯释放。或以查拿私盐、查拿小钱，搜索民舟及附近人家，讹钱释放。夜索打更之灯油钱。民船拉纤，不许在炮船桅上盖过。干预词讼，至有哨官棍责举人者。甚且包庇私盐、袒护劫盗种种弊端。余设立水师，不能为长江除害，乃反为长江生害。两弟在省时，亦常闻此等闲话否？如有所闻，望详细告我。"从这里可以看出曾国藩驭下之严，济济百官，天下能有多少？

　　曾国藩对左右近习之人约束也很严。他做两江总督时，官署中有一个很高的亭子，凭栏远望，可看见官署内外。一天，他在亭中徘徊，看见一个头戴耀眼花翎的人拿着手版，向守门的仆人在苦苦请求着什么。仆人举止傲慢，摆手让他离去了。第二天登亭，又看见那个人，情景和前一天一样。第三天，他看见那人拿出一包东西献给仆人，仆人马上就往里走。一会儿，仆人来到签押房，说有新补的某位监司求见。曾国藩立即请他进来，原来就是这几天被仆人所阻的那人，曾国藩问他何日来的，答说已来三日。又问何不早些来见，则支吾不能答。曾国藩对监司说："我推荐一个人给你如何？"监司答说，衙署中虽已人满为患，但您推荐的人，也不敢不从命。曾国藩说："那好，我派这守门的仆人到你那里，只让他得一口饭吃就足够了。"又召来那位仆人说："特推荐你到某大人处，望你尽心尽力，不得怠慢。"仆人只得弯一条腿以示谢意，哑巴吃黄莲，有苦说不出。

　　在曾国藩的影响下，其下属中也不乏严于治军之人。彭玉麟就是这样的将领。一次，安庆候补副将胡开泰召娼女饮酒作乐，而叫他的妻子敬酒，他妻子不答应，胡开泰就拔刀砍妻子的肚子。这事闹得很大，当地官员正在商议该如何处置。彭玉麟赶到后说"这很容易"，派人把胡开泰召来，问清姓名住址，验明正身后，马上命令左右把他推出去斩首。此事大快人心，民众为之欢呼。

　　水师忠义营营官、副将谭祖纶，诱劫了朋友张清胜的妻子。张清胜告到州县地方官那儿，谭祖纶就派人把张清胜从轮船上挤到长江里淹死，然后买通了张清胜的妻子父母，让他们翻供。谭祖纶官大，地方官不敢管这件事，他的直属上司、统领方昌言也说诱奸罪不至死，谋杀又证据不足，案子似乎就到此为止了。彭玉麟得知后，立即把谭祖纶叫到武昌行辕，亲自审讯。忠义营官兵全营去旁观。谭祖纶见了彭玉麟，装得若无其事。彭玉麟一件件公开他的罪行：杀友夺妻、买凶串供，剖析得清清楚楚，谭祖纶无从狡辩，终于认罪。彭玉麟当即下令将他就地正法。谭祖纶这么高的级别犯了罪也一样被处置，全军为之震动。

彭玉麟性格刚直，铁面无私，当官的犯了事，他从不偏袒，该参就参该杀就杀，老百姓都称他为"彭打铁"。当官的一听说他要来，个个战战兢兢，再不能无所顾忌地贪污受贿、徇私枉法。就是民间有人路上打劫，只要喊一声"彭宫保来了！"强盗也吓得撒腿就逃。

清朝后期各部队大都腐败不堪、毫无战斗力，唯有曾国藩的湘军能一定程度上保持清正、战斗力强悍，靠的就是严格的纪律和执法严明的将领。

## 领导与管理：依法不依人的制度根本

任何一个机构，必须有严明的制度和纪律，否则就无法有效地开展工作。关于制度的重要性，管理学家讲过这么一个故事。

有七个人住在一起，他们每天的食物就是一桶粥，大家分着吃，但粥总是不够。一开始，他们抓阄决定谁来分粥，每天轮一个。于是每周下来，他们只有一个人是饱的，就是那天轮到分粥的那个人。后来他们开始推选出一个道德高尚的人出来分粥。分粥者有了权力，其他人就纷纷拉拢贿赂他，结果还是分不平均。然后他们又组成三人分粥委员会和四人评议委员会，但他们常常相互攻讦，扯皮不止，粥吃到嘴里都凉了。最后想出一个办法来，轮流分粥，但分粥的人要等其他人都挑完，拿剩下的最后一碗。为了不让自己拿到最少的，每人都尽量分得平均。大家从此快快乐乐，和和气气，日子越过越好。

同样是这七个人，制度不同，结果、士气、风气也大不相同。一项集体行为要想取得预期结果，必须有合适的制度，制度是组织存在和发展的保障。制定和推行一个公平、公开、公正的制度是管理者必须思考的问题。组织的制度建设是一个长期的系统工程。那么，应该如何健全管理制度呢？

首先，制度要公正无私。制度一经公布，就对组织内部任何人都具有约束力，高级管理人员也不能例外。

我们都记得小学课本里讲的列宁与卫兵的故事。列宁作为苏维埃政权最高领导人和全世界敬仰的革命导师、十月革命领袖,具有无比崇高的声望和地位。列宁有一天上班时忘记佩带证件,卫兵拦住他,不让他进去,任凭列宁和旁边的人怎么说,犟脾气的卫兵死活不让列宁走。列宁心平气和地执行了制度的规定,事后也没有怪罪或报复这位恪尽职责的卫兵,这就体现了制度的公正无私的品质要求。前述七人分粥的故事其实也体现了这一点。

其次,制定的制度要客观可行。要针对组织或企业的实际情况,制定出切实可行的制度,如果脱离实际,只图好看,无法贯彻落实,到头来就会落个"画虎不成反类犬"的结局。

联想集团有个规定,凡开会迟到者都要罚站。在媒体的一次采访中,柳传志表示,他也被罚过三次。他说:公司规定,如果不请假而迟到就一定要罚站。但是这三次,都是我在无法请假的情况下发生的,比如有一次被关在电梯里边。罚站的时候是挺严肃,而且是很尴尬的一件事,因为这不是随便站着就可以敷衍了事的。在20个人开会的时候,迟到的人进来以后会议要停一下,静默看他站一分钟,有点儿像默哀,真是挺难受的一件事,尤其是在大的会议,会采用通报的方式。第一个被罚站的人是我的一个老领导。他罚站的时候,站了一身汗,我坐了一身汗。后来我跟他说:"今天晚上我到你家去,给你站一分钟。"不好做,但也就这么硬坚持下来了。

在不计其数的人被罚站之后,出了问题就要受罚的观念就深入人心了。并且不管谁犯了错误都会受罚,公平感才会产生,团队才会精神百倍。

再次,制定了制度就要严格执行。制度制定出来就必须严格遵守,并且要做到在法律和制度面前一律平等,所有人和所有事件都要严格依照制度的规定来执行。有法有制度而不遵守和依据,其危害甚至比没有制度更恶劣。

春兰的成功靠的就是它行之有效的"三铁"法则。第一,铁的条例。春兰公司强调从人的基本行为开始,进行严格管理,以法治厂。为此制定了一系列的规章制度,以严著称,比如迟到一分钟就罚款50元。第二,铁的纪律。从上到下,都有严格的目标责任制,违反了就必须受罚,铁面无私,一视同仁。第三,铁的管理。春兰追求铁的管理,尤其是铁的质量管理,这些要求甚至外延到协作厂家,现场监督配套零部件产品的质量。

然后制度还应与时俱进。任何奖惩制度都应讲求时效,特别是对违规行为的处罚。违规行为一经发现,就应立即处理,时间一长就会模糊正确与错误的界限,随之出现接二连三的效仿者，以致法不责众，骑虎难下。

中国古代成功的军事家，无不以严明治军。曾国藩曾经提到许多相关故事，例如：孙武斩美人、周亚夫驻军细柳营、田穰苴斩庄贾以立军威，用他们来说明严明军纪的重要性。

### 一、孙武斩美人的故事

孙武从齐国来到吴国后，便在吴都（今苏州市）郊外结识了从楚国而来的伍子胥。孙武结识伍子胥后，两人十分投机，结为密友。吴王阖闾即位三年，即公元前512年，吴国国内稳定，仓廪充足，军队精悍，向西进兵征伐楚国的准备工作已经基本就绪。伍子胥向阖闾提出，这样的长途远征，一定要有一位深通韬略的军事家筹划指挥，方能取胜。他向吴王阖闾推荐了正在隐居的孙武，称赞孙武是个文能安邦、武能定国的盖世奇才。吴王终于答应接见孙武。

孙武带着他刚写好的兵法觐见吴王。吴王把兵法一篇一篇看完，啧啧称好，但他还想试试孙武的本事，就要求孙武用宫女来演练队伍。

孙武把一百八十名宫女分为左右两队，指定吴王最宠爱的两位美姬为左右队长，让他们带领宫女进行操练，同时指派自己的驾车人和陪乘担任军吏，负责执行军法。但宫女们不听号令，捧腹大笑，结果队形大乱。

孙武便召集军吏，根据军法，处斩两位队长。

吴王见孙武要杀掉自己的爱姬，马上派人传命说："寡人已经知道将军能用兵了。没有这两个美人侍候，寡人吃饭都没有味道。请将军赦免她们。"

孙武毫不留情地说："臣既然受命为将，将在军中，君命有所不受。"执意杀掉了两位队长，然后任命两队的排头充当队长，继续练兵。

当孙武再次击鼓发令时，众宫女前后左右，进退回旋，跪爬滚起，全都合乎规矩，阵形十分齐整。

孙武传人请阖闾检阅，阖闾因为失去爱姬，心中不快，便托辞不来，孙武便亲见阖闾。他说："令行禁止，赏罚分明，这是兵家的常法，为将治军的通则。对士卒一定要威严，只有这样，他们才会听从号令，打仗才能克敌制胜。"听了孙武的一番解释，吴王阖闾怒气消散，便拜孙武为将军。

在孙武的严格训练下，吴军的军事素质有了明显的提高，才有后来大败楚国、越国，称霸中原的成绩。

## 二、周亚夫细柳营驻军

汉文帝时期，匈奴大规模侵入汉朝边境。于是，朝廷委派宗正官刘礼为将军，驻军在霸上；祝兹侯徐厉为将军，驻军在棘门；委派河内郡太守周亚夫为将军，驻军细柳，以防备匈奴侵扰。

为了鼓舞士气，汉文帝亲自去慰劳三军。他到了霸上和棘门，守营的士兵见是皇帝的车马，都不经通报主动放行，两个将军率领全军将士迎接送行。

汉文帝到了细柳军营，待遇却大不一样。细柳营守营的官兵都身披盔甲，手执兵器，戒备森严。汉文帝的先行卫队到了营前，侍卫拦住他们，不准通行。先行的卫队告诉他们天子马上就到，军门的守卫都尉却回答："将军有令：'军中只听从将军的命令，不听从天子的诏令。'"

过不多久，汉文帝的车驾到了，守卫仍旧不肯放行。于是汉文帝就派使者拿着自己的符节去告诉周亚夫："我要进营慰劳军队。"

周亚夫这才传令打开军营大门。守卫又提醒汉文帝的随从："将军规定，军营中不准车马急驰。"车夫只好放松缰绳，让马慢慢行走。

到了军中大帐前，周亚夫一身戎装出来迎接，手持兵器，向汉文帝行礼说："我穿着盔甲，不能跪拜，请皇上允许我以军礼参见。"

汉文帝为之动容，马上神情严肃地向将士们行军礼，派人向周亚夫致意说："皇帝敬重地慰劳将军。"

劳军礼仪完毕后，汉文帝出了细柳军营的大门，许多大臣都深感惊诧。文帝说："这才是真正的将军！刚才霸上、棘门的军营，简直就像儿戏。如果敌人来偷袭，他们的将军恐怕就要被俘虏了。可是周亚夫的军队，什么人能偷袭呢？"

汉文帝对周亚夫治兵十分欣赏。匈奴退兵之后，三路军队都撤防了，汉文帝就把周亚夫升为中尉，让他掌管京城的兵权，负责长安城的警卫。汉文帝临死前，向自己的儿子汉景帝推荐周亚夫，说："关键时刻可以重用周亚夫，他治兵绝对让人放心。"

后来吴楚等七个诸侯国发动叛乱，叛军号称有五十万，向长安进逼而来。汉景帝命令周亚夫率军平叛，周亚夫只用了三个月的时间，就攻破了七国联军，平定了东方的叛乱。

### 三、田穰苴斩庄贾以立军威

齐景公时,晋国燕国攻打齐国,齐军节节败退,丢了很多地盘。齐景公忧心忡忡,贤相晏子就向他推荐了田穰苴,说:"田穰苴是田氏子孙,而且文能附众,武能威敌,任命他为将军,一定可以改变战况。"齐景公赶紧召见田穰苴,深谈之后,很佩服他的军事才能,就拜他为大将军,命他治军练兵、打退强敌。

田穰苴自己知道,他虽出身于田氏望族,但属于旁支,又是庶出,根本不是什么达官显贵。而且,他从来没有带兵的经历,如今一跃成为三军统帅,肯定难以服众。所以他对齐景公说:"我身份一向卑贱。您把我从乡里提拔起来,让我身居高位,但是目前士兵还不拥护我,百姓也不信任我,我依旧人微言轻。这样我也不好带兵。您能不能选个亲近的大臣,最好地位尊贵一点,让他来做我的监军?"

对齐景公来说,派个宠臣做监军,正中其下怀:一来可以作为国君的耳目,随时向他报告军队的情况;二来田穰苴出身寒微,有个有身份的人从旁协助,才能压得住阵脚。所以,齐景公不假思索便答应了,任命自己的近臣庄贾给田穰苴做监军。

田穰苴辞别齐景公时,对庄贾说:"明天就要点兵出发,请监军中午时分准时到军营大门会合。"

第二天上午,田穰苴先到军中,集合部队,"立表下漏",等待监军庄贾——那时没有钟表,计时有两个方法,一是在室外的空地处立下标杆,根据日影来计时;一是用漏壶,根据漏水的量度来计时。

庄贾一向骄傲自大,觉得是率领自己国家的军队,自己又是监军,所以一点不着急。同僚、亲友给他设宴饯行,他就只顾饮酒作乐,把集合报到的命令抛到九霄云外去了。中午过去了,庄贾还没到,田穰苴就下令,放倒木表,撤掉漏壶。然后他来到大营,调度部署军队,跟士兵申明军法军纪。

直到黄昏,庄贾才醉醺醺地到了军营。田穰苴问他为什么迟到,庄贾回答说:"我的亲戚朋友们设宴为我送行,所以我就留下喝酒了。"

田穰苴大怒,说:"将帅接受国家的任命时,就该忘记自己的小家庭;到了军队约束士兵,就该忘记自己亲人;击鼓指挥作战时,就应该忘记自身的安危。如今敌军深入国境,举国骚乱。士兵在边境拼死作战,国君也寝食不安,百姓的命运都握在你的手里,你竟然还有时间喝酒送行?"说完就召来负责军法的军正,问道:"按照军法，迟到了该怎么处置？"

军正回答道："当斩！"

庄贾见田穰苴要来真格的，顿时酒也醒了，冷汗也出来了，赶紧派人快马去向齐景公求救。可惜他派去的人还没回来，田穰苴已经命令把他斩了，砍下头来在军中示众。不一会儿，齐景公的使者也到了大营，拿着景公的符节来救人。因为事出紧急，使者直接驱车闯进来，田穰苴就问军正："在军营里驾车横冲直撞，应该怎么处置？"

军正回答："当斩！"

使者一听，生怕自己成了庄贾第二，顿时吓得面无人色，连声求饶。田穰苴又说："国君的使者不能杀。"就让人把车拆了，把马砍了，代替对使者的处罚。

齐军上下见田穰苴执法严明，再不敢轻视他，疲敝之风一扫而空，从此军威大震。

经过田穰苴的整顿，齐军面貌大变，成了纪律严明，军容整肃，令行禁止，悉听约束的能战之师。因为田穰苴能跟士兵同甘共苦，军中人人争先恐后。田穰苴率领这支军队抵抗晋军和燕军，两国军队望风而逃。田穰苴趁胜追击，收复了全部失地。

曾国藩曾经说过："自来带兵之将，未有不专杀立威者。"但是这些将领"专杀立威"，并不是为了自己的名声，而是为了申明军法。从古至今，能征善战的军队、兴盛强大的国家，无一不法纪严明。任何一个组织想要发展壮大，都必须要有严格的制度，并且要严明地执行。领导者和管理者身为组织的表率，更应该做到公正严明、依法办事。

### 湘军战例：九江攻坚之战

在曾国藩坐困江西的后半期，太平天国内部正发生着巨大变化。当时，一场亲痛仇快的领导集团内讧，严重削弱了太平天国的政治影响力和军事实力。这一点在围歼石达开的战斗中已经提到。

在这种好形式下，回援武汉的胡林翼、李续宾趁机攻陷武汉，并水陆东下，攻向江西。1857年1月，杨载福、李续宾分别率领湘军水陆军，相继进抵九江城外。

九江有着不能取代的战略地位。在湘军上次湖口大败时，已经附带介绍了一下，不过，那只是局部描述，而它的全局性的战略地位，还需要在这里做个更详细的说明。

这么说吧。太平军占据九江，可以深入湘军或清军腹地。往南，可以扫荡江西；往西，可以攻击湖南；渡江北上，又可以威胁湖北。而湘军如果攻下九江，当然也不只是收复了一块重要地皮这么简单。不仅可以达到限制太平军攻势的效果，对于湘军的往东行军，这也是一个很好的保障。还能防止太平军从浙江、江苏那一带过来，对江西和湖南进行侵犯。所以，九江非攻不可。

湘军攻到九江城外的时候，九江的西北面已经修建高高的木城，并且在四周挖濠围起来，沿途还安放了多处炮台。前文只提到东北方向有白水湖，但没有说清楚其战略地位，这里再详细说一下。白水湖又被称为小东门，洲路可通往梅家洲、湖口县，而大东门连通南昌、南康、临瑞。江对岸是小池口，与九江隔江相望。太平军在这里修建了石城，并沿河在城外筑垒、挖濠，排列炮位。看来，九江布防的严密程度和上次九江战役相比，绝对是有过之而无不及。

再战九江，敌军将领还是能攻善守的林启荣。然而，湘军主将却不得不换人了，塔齐布因上次九江久攻不下，呕血而死，罗泽南也已经在武昌战役中壮烈牺牲了。现在，湘军的陆军主将由罗泽南的爱将李续宾担任。

此时的李续宾，已是久经沙场的老将。据说，他在智勇方面，都比两位前辈更胜一等。有人是这么评价的，跟李续宾比较起来，塔齐布逊其智，罗泽南逊其勇。当然，水军方面没有大的变化，主将还是杨载福、彭玉麟。

李续宾攻下武汉之后，意气风发，一路猛攻到九江。此时，江西的瑞金、临江、吉安等地也处于湘军的围攻之中，军事形势再次倒转回两年前。对湘军来说，这个形式甚至比两年前还要好。

因为想要一鼓作气拿下九江，所以刚到那几天，李续宾就急不可待地吩咐手下日以继夜地轮番攻城。可惜，太平军守将林启荣早已严阵以待。湘军久攻不下，伤亡惨重。

对湘军来说，九江之战仍然是一场攻坚战。

九江、小池口城防坚固，绝对不是一蹴而就的事儿。李续宾和部下在反复论证后，决定这次攻城唯一有效的办法就是长堑围困，即环城开挖又长又深的壕沟，围困九江。于是，湘军开始挖长濠。堑濠预计长约30多里，深6米，宽12米，跨越4座山脊，从九江管牌夹迤南向东，一直挖到白水湖尾。同时，将东门大路预留出来，作为诱敌追袭的地方。又考虑到下游的梅家洲、湖口县、大姑塘都是乱山层叠，路曲峰迥，敌军很容易在此处潜伏，怕敌军会越过琵琶亭进行截杀，于是，细心筹划在上游的陆家嘴转运，并在要隘处安置大炮，日夜穿梭巡探。

3月初，大约有四千敌军从东门涌出，向湘军挑战，而西面新坝也出来二千人，企图阻止湘军掘濠。李续宾见状，命令挖濠人立即撤退，其他军营也都不许出兵，必须在马宿岭设伏。当时，只见敌军一逼近，湘军伏兵乍起，追杀了数百人。

几天后，两军再战，太平军也设伏诱袭湘军。李续宾绕过谭家畈、梅树嘴，想要攻击茶庵地带的伏军，可惜失败了。不过，太平军不清楚敌军埋伏的地方，居然诱敌进入了敌军的埋伏圈。可想而知，太平军大败，拼命逃跑，死伤上千人。

3月中旬，安徽太平军派了八千人去支援九江。九江城里的太平军也出动二万人，试图背城借一，突破湘军封锁，湘军奋起迎击，太平军战败，被斩杀两千多人。从此，太平军闭伏不出。

在这个时期，湘军的南岸长濠迅速挖凿完成。不过，此时李续宾部还只有一万人，仍然不足以合围九江，最多可以包围西南北三面，东路白水湖等一带仍然有空隙。

后来，安徽太平军袭扰湖北，牵制了九江军事，使得对战九江的两军进入相持阶段。

这一状态一直持续到10月。

10月初，湘军攻克小池口，湖北全境都重新回归清朝统治。胡林翼随即渡江，亲自去九江指挥战争。他到达后，和将领紧急集会，最后决定先扫清外围，孤立九江太平军。而小池口攻下来后，九江外围的重点攻破点就只剩湖口了。

所以，下一战就是攻打湖口。

不过，湖口更不好对付。当年的湖口之战，湘军的水师就是在湖口被太平军活生生地截成两半，一截在内湖，一截在外江，导致大败。湖口控制着长江与鄱阳湖接口的地方，攻击湖口，绝对是只能智取，不能硬攻。

一天，湖口太平军战船云集，企图增援九江。这时，杨载福、李续宾立即搜剿宿松、太湖的太平军败兵，并策划几天后发起攻击。到时候，陆军从下游攻湖口之背，水军从江中攻其正面，内湖的彭玉麟部水军也同时发起进攻。

等各路湘军准备就绪，这场战役就开始了。这次李续宾来了个声东击西，所谓兵不厌诈。湖口边上有一座石钟山，有居高临下之势，李续宾预先在这里埋下伏兵。不过，埋好伏兵之后，他用了点小计。他带了一千人的部队，佯装要去攻打宿松。但是过了江之后，又偷偷地沿江往下游走了几十里，等从武昌过来的杨载福的水师一到，他又领着这几千人，再次渡回到了南岸。

当李续宾和杨载福出现在江面的时候，太平军的注意力几乎都在水面了，按照原计划，石钟山等地的湘军发动了总攻，炮弹从天而降，湖口的守军根本没料到这一招，原以为湘军要从水面来发动炮攻，没想到湘军真正的进攻是从陆上发动的。当时，太平军的卡垒都被攻破，其士兵只好爬上云梯，缘城射火箭，不料中了湘军的火药局。一阵响彻山谷的炮轰声下来，满城皆是火。

就这样，湘军攻下来了湖口。

攻占小池口和湖口，为九江战争的取胜奠定了基础。首先，小池口拿下后，切断了太平军从长江得到接济的通路；而湖口被拿下后，太平军从鄱阳湖得到接济的这条路也断了，更重要的是，湘军的内湖、外江水师又可以再次联合作战。这样，九江外围就基本上被扫清了，而九江的太平军只能孤军作战了。至此，湘军终于可以完美地完成对九江的合围了。

那段时间，九江围城内每夜都有饥饿难民缒城出逃乞食，太平军为减少粮食重压，开始批准老弱妇孺爬墙出城觅食。其中，间或有个别太平军逃兵。

随着湘军合围越来越紧，九江太平军的形势越来越严峻，最主要就是得不到外援，急缺食粮。这时，林启荣命令九江城内的士兵和民众，在城里空闲的土地上种麦子，用草和麦子做的饼来充饥。每天定量分配饼子，大多数士兵已又黄又瘦了。

这个消息传到城外，李续宾对林启荣的坚忍赞叹不已，这个敌军将领突然让他有了惺惺相惜的感觉。所以，他马上派手下作书招降，射入城内。

林启荣看了这封招降信后，也很礼貌地亲自到城头作答，先客套地说你的好意我心领了，但是，"自知不赦"，将坚守到底。

战争照样继续。

1858年3月，李续宾开始在九江开挖地道，并在5天后，实施爆破强攻。

那天清晨四时，李续宾就会同水师杨载福、彭玉麟同时点火，四面攻剿。当时，山岳摧陷，轰塌东面和东南面城达几百米，湘军将士呼声震天。然而，太平军守城士兵都屹立不动，并且冒死点燃大桶的火药在城墙缺口处反扑，用木板瓦石堵塞缺口。

这时，湘军将士余云龙率领敢死队冒死冲击。当时，恰巧风雨大作，伤亡惨重。

李续宾见状，马上下令停止冒险，改派中后营从冈右重新挖地道，又命诸将日夜轮番攻城，使得太平军防御不得休息。几天后，太平军守军疲惫，斗志渐渐松懈。湘军趁机铲平城外残存的5座卡垒。5月18日，九江地道终于凿成。

　　第二天，李续宾再次对九江实施爆破强攻。湘军用地雷点火，只见城墙崩塌达几百十米远，砧石飞空几十米高，城墙缺口守军数百人都被轰死。这时，湘军分别从各门涌入，水师舢板沿大小北门间飞驰而来……

　　他命士兵15000斤火药，药线缚布，准备冲击。

　　战斗一直从早上五时持续到午后一时，湘军一共斩获敌军一万七千人。

　　在这场战役打下来，九江城内外的敌军，几乎没有一个能成功逃脱。而林启荣、李兴隆等天平军头目的尸体，更是被湘军寸磔枭示。通俗一点说，就是将其身体肢解，头颅割下来悬挂在木上。如此，湘军的残忍嗜杀可见一斑。

　　至此，九江在太平天国的全能将才林启荣坚守了四年之后，终于陷落。这也意味着，太平天国在长江中游最坚固的据点终于被攻破。

# 第七章 公 正

**原文精选**

大抵莅事以"明"字为第一要义。明有二：曰高明，曰精明。

凡利之所在，当与人共分之；名之所在，当与人共享之。

居高位，以知人、晓事二者为职。今日能知人、能晓事，则为君子；明日不知人、不晓事，则为小人。

举人不能不破格，破格则须循名核实。

是非不明，节义不讲，此天下所以乱也。

## 按语：赏罚分明以服众

"公正"一章紧承"严明"。"严明"强调严肃军纪法令，"公正"强调赏罚分明，两章内容各有侧重。曾国藩认为，管理一支军队，不能只凭严刑峻法，还应做到有功则赏、有过则罚，公平公正；能知人、能晓事，高明精明。胡林翼也认为，举荐人才应秉持公心、仔细核实，为人处世应明辨是非、讲求节义。一个组织所公布的纪律条令，都要尽可能的体现公正、公平、公开的原则；组织的领导者与管理者则要知人晓事，在提拔人才、处理事务时，力求做到循名核实、公正无私。只有这样才能服众。

## 湘军人物故事：曾国藩赏罚部下

曾国藩一生不爱钱财，还要求将领不汲汲于名利。他认为追名逐利之人干不得大事，但他同时也知道，"勇于事情者皆有大欲存焉"，因此还必须满足他们的"大欲"，以达到"养廉"的目的。他的措施归纳起来有八个字：武人给钱，文人给名。

曾国藩最好的赏罚工具就是保举和参劾。有功的，忠心耿耿的，就大力保举；怕死的，不听话的，不忠诚的，就无情参劾。公报私仇、打击报复，这样的事情他一般不做，因此赢得门生幕僚的衷心佩服。

赏罚分明说起来很简单——奖赏无非发财、升官两事，惩罚无非弃用、参劾两事——做起来却极困难，因为中间总会牵扯到感情。"忠义血性"本身就包含感情，加上他手下一半人才都是熟人荐举的，感情因素就更复杂，不论保举、参劾，都在其中。

他第一次保举左宗棠的时候，没有事先通知，左师爷大发雷霆，说什么不想沾他曾大人的光，搞得曾国藩很狼狈。再要保举人的时候，他就先去征求本人的意见。结果又有人说话了，你要保举就直接保，何必先来问一声，假惺惺的。除了叹息，曾国藩无话可说。加上他上面还有一个主子，总会给他若干限制，他那碗水就更不容易端平了。

曾国藩手下有些人，没什么本事，却是熟人推荐来的。怎么安置这些人就成了问题：任用他们，他们又办不成事；赶他们走，又碍着熟人的面子。曾国藩就特地设置了忠义局，专门负责给死忠死节的人设立祠堂、树碑立传。这样一方面可以表彰忠义、树立榜样，另一方面也能有地方安置这些闲散人员，让他们有一口饭吃——在忠义局办事不需要什么本事，忠诚可靠就行，无论做好做坏，都不会影响大局或者招惹麻烦。

曾国藩奖励部下的办法，往往是让他们发财、升官。

绿营步兵每月饷银一两五钱，守兵一两，马兵二两。在清朝初年，这勉强可以维持一家生计。到道光以后，米价上涨，这点钱已经不够温饱。加上军官克扣军饷，一个绿营兵每月拿到的饷银不足四钱，根本活不下去。绿营兵不得不找兼职赚外快，为生计奔波，因此放松了训练，战斗力大为降低。

曾国藩改变了这个状况。练兵之初，湘军月饷就比绿营兵高。哨官9两，哨长6两，什长4两8钱，亲兵4两5钱，伙勇3两3钱，长夫3两。连长夫的工资都比绿营骑兵高，是守兵的三倍，很吸引人。营官和统领的各项收入加起来，更是远超工薪阶层，简直就是发财：营官每月260两，带兵三千者390两，五千者520两，万人者650两。规章上给这些人的好处已经这么丰厚，再加上朝廷封赏、地方赠送的财物，当营官的个个资产丰厚，富比封君。

曾国藩手下的将领，除了多隆阿"统万人，而身无珍裘、麻葛之奉，家无屋，子无衣履"外，"人人足于财，十万以上近百数"。于是"将士愈饶乐，民则争求从军"。曾国藩厚饷养兵，使士兵能安心操练，军官不克扣军饷，民间则人人乐于从军，"闻招募则急出效命，无复绿营征调别离之色"，这对提高湘军战斗力起了很好的作用。

后来由于粮饷紧缺，常常连半饷都发不出，湘军就开始抢掠。曾国藩无可奈何，只好装聋作哑。每攻下一城，就放任湘军集体抢掠三天。攻城的士兵发了财，将领当然也发了财。安庆、南京都是如此。据说只有多隆阿一人比较清廉，其他将领都因此成了大财主。曾国荃贪得无厌，搜刮最多，更是被天下人指为"饕餮"。据说当年他孤军冒进，驻扎雨花台，曾国藩担心他被围歼，多次要他撤兵，他不肯听；南京久围不下，朝廷调淮军去助攻，他也不答应，就是因为他贪图南京城里的金银财宝，盼望着攻下城后可以大抢一通。

曾国藩兄弟在老家先后盖起了五处大宅子，其中只有富厚堂完好地保存下来。富厚堂按照侯府规格建造，占地60多亩，依山傍水，亭台轩榭、书楼园林样样齐备，是湖南著名的旅游景点。仅靠合法收入，显然无法建起这样五处大宅子。

除了发财，曾国藩还经常保举部下。每次打了胜仗，他就向朝廷保举功臣，让他们做官，光宗耀祖。

最初曾国藩保举很谨慎，他很看重人的德行，怕保举滥了，龙蛇混杂，不好收拾。他在给曾国荃的信中提到："余昔在军营，不妄保举，不乱花钱，是以人心不附。"咸丰四年攻下武昌之后，他只保举了三百人。而胡林翼在咸丰六年攻克武汉后，一下子保举了三千人，是他的十倍，人才纷纷投靠湖北去了。这事刺激了曾国藩，他自问：纵然他求才若渴，但别人来了却得不到好处，谁还肯来？像他自己，或者江忠源、罗泽南、彭玉麟等，这些为荣誉而战的人，始终是少数。

这之后他就开始大肆保举，别的督抚大臣也跟着学。结果，不论是打仗立功的军人，还是捐银子纳粮食的财主，只要做出贡献，就能被保举，一次动辄上万人。朝廷没那么多空缺职位，就成了空头支票，记名提督、记名总兵、记名道员……一大堆，级别很高，从一品、正二品、从四品，却都是空衔，口头上的。

当时朝廷注册在案的提督有八千人，总兵有两万，副将以下难以统计。开始保举得少，得了保举的人等几个月，就能得到实缺。后来就不同了，保举得到的官几乎都是空的，要不要也无所谓，因为那些军人自己掌握着一个奖赏——抢掠财富。升官、发财，总要占一头，他们才肯卖命。

反正是空头支票，也不用兑现，这些督抚、大帅就继续大肆保举，保举过滥后来演变成清末一大弊政。在同治五年（1866），有人要求朝廷撤销这种记名封赏，曾国藩不同意，因为仗还没打完，捻军与各地起义军都还在活动，记名军功仍然可以鼓舞斗志。

要奖励那些心腹人才，真正给他们实缺，曾国藩就使用特保、密保的办法。这样一来让下属有奔头，有名声；二来曾国藩推功于部下，能收买人心；三来为国家荐举了人才，可谓一箭数雕。关于特保、密保，曾国藩做得很谨慎，自称"不敢妄加一语"。要想得到他的提拔，就得有真才实学，并且忠心不二。咸丰十年，曾国藩用特保的方式，把沈葆桢、李续宜、李鸿章、左宗棠推荐上去，后来这些人分别被任命为各省巡抚。可见在提拔人才方面，他的影响力有多大。

朱东安先生统计过，曾国藩集团身居高位的有475人。出自于他幕府的人才，有五十八人官至提督（武职，从一品）以上；六十七人官至督抚、堂官（文职，正二品）以上。这些人大概每一个都得到过他的保举。当时清朝正二品以上高官，总数也不过几百人，说他"天下人才居其半"，似乎并不过分。

作为惩罚，曾国藩能用的方法，主要也是两个，一是弃用，二是参劾。

湘军从建立之时起，凡是打仗不力的、怕死的，不管是营官还是士兵，统统都被裁掉。咸丰四年，曾国藩第一次带兵出征，其中陆军五千，水师五千，各设十营，共二十名营官，他弟弟曾国葆也在其中。靖港、湘潭两仗打下来，尽管一负一胜，但能抗击太平军的，竟只有彭玉麟、塔齐布、杨载福三营。

曾国藩又是高兴，又是伤心，决心整顿军队，把不能打仗的统统裁掉。结果士兵一下裁掉了一半，只留下五千人。营官大概裁掉十三名，有的弃置不用，有的转做文吏，有的后来到了胡林翼或别人幕府。塔齐布、罗泽南、彭玉麟、杨载福四员大将就是在那时确定下来的。这之后曾国藩迅速招募新勇，很快又把军队扩充到一万多人，其中塔齐布一军就扩充到六七千人。

那次裁军，曾国藩的弟弟曾国葆也被裁掉了。据说他回到老家，羞于见人，好几年都不敢出门，大丢脸面。对比他和塔齐布的待遇，可知曾国藩赏罚分明。几年之后，曾国葆随曾国荃回到军营。如果他不是曾国藩的弟弟，大概永远没有机会了吧。

李鸿章是咸丰八年到曾国藩帐下的。在祁门大营遇险时，因为李元度误事，曾国藩要参劾他，李鸿章带着全部幕僚起来反对，因为李元度救过曾国藩。曾国藩坚持要参劾，李鸿章也拧，说："老师若坚持，学生断不肯写奏章。"曾国藩说："你不写，难道我自己不会写？"李鸿章急了，愤然要求离开。曾国藩一怒之下，也不含糊，就把他赶走了，让他去福建当一个地方官。祁门是绝地，李鸿章本来就不想死在那里，巴不得找个机会抽身，借着这势头，赶紧离开了。

离开曾国藩幕府，李鸿章进退两难了，他既不想去福建赴任，也没脸回去，就在江西流浪。郭嵩焘看他无事可做，流浪下去也不是办法，就给他写了一封信："现在这个时期，要想崛起，必须有所依靠。试看当今，除了曾国藩，还有谁可以依靠？尽管闹过矛盾，但为了前程功名，还是回去吧。"

那一封信，读得李鸿章一颗功名之心怦怦直跳，终于决定回去——难怪曾国藩说他是一味拼命做官。曾国藩看他既然肯回来，又没叛变，或改投别人门下，感情都还在，就没计较，而是重新收入门下。如果不回去，李鸿章肯定得不到编练淮军、救援上海的肥缺，那是他发家的资本。如果他去福建做官，也很难有发达的机会，更不要说主持晚清政局三十年。没有曾国藩，肯定就没有李鸿章，这几乎不容置疑。

曾国藩弃置不用的人，当然可以转投别人幕府，胡林翼、左宗棠、骆秉章幕府都有这样的人。除了为数不多的几个，被曾国藩弃用的人，功名前程都会大打折扣，尤其是在他出任两江总督之后。

在职权范围内的，曾国藩可以直接惩处，弃置不用。超过管辖范围的，他就向朝廷参劾。被他参劾过的人，也不在少数，几乎一参一个准。参劾李元度是最受争议的一次。李元度是他的救命恩人、好朋友，曾国藩坚持参劾他，主要是因为他改换门庭。在曾国藩看来，他是一个叛徒，所以不能原谅，事后他也觉得自己做得有些过分。对比李元度和李鸿章的不同命运，可以发现曾国藩的性格特征。在他看来，一个人不忠诚，是最不可原谅的污点，对这种人他处罚起来往往毫不留情。

除了赏罚分明以外，曾国藩能得到部下的忠诚，还因为他爱护部下。对部下不推诚相待，不从内心去爱他们，自然也得不到部下的"死力"。春秋时期有个故事：豫让为智伯报仇，行刺赵襄子，被擒获。赵襄子问他："你过去在范氏、中行氏那里做过事吧？智伯把他们都消灭了，你转而在智伯手下做事，不替他们报仇。现在你却为智伯报仇，这是为什么？"豫让答道："我过去在范氏、中行氏那里做事，他们把我当普通人对待，我就用普通人的态度来报答他们。智伯把我当做国士来对待，我就要用国士的态度来报答他。"豫让的见解，在圣人语录中也能找到根据，孟子就曾指出："君视臣如手足，则臣视君如腹心；君视臣如犬马，则臣视君如国人；君视臣如草芥，则臣视君如寇仇。"还有一句古语说："女为悦己者容，士为知己者死。"都说明了一个相同的道理：真心爱护部下，才能获得部下的忠诚相待。

曾国藩说过："大抵与兵勇及百姓交际，只要真实爱之，即可见谅于下；余之所以颇得民心勇心者，此也。"他在咸丰七年十月初十与沅弟书中也谈到"有功人员，应予保护"，他说："黄南坡太守有功于湖南，有功于水师，公被劾之后，继以疾病，弟宜维持保护，不可遽以饷事烦之。"可见曾国藩爱护部下出于至诚、发自内心，这是他能把大批人才团结在自己周围的重要原因。下面将从几个角度略作剖析。

(1) 士兵苦，不敢独奢

曾国藩在军营中的住所，在水上则一座船而已，在陆上则茅屋三间、瓦屋一间。会客，睡觉，办公，存放地球仪、地图，各用一间房，穿衣吃饭比当年在京城还要节俭。不是他不能住得好一点、穿得好一点，而是不敢、不愿、不忍心。他说："军中拖欠军饷达半年之久，士兵的生活异常困苦，穷窘异常，我实在不忍心一个人独享奢侈的生活。"

（2）从不杀部将

曾国藩自练官勇起，到以后平定太平天国，北上剿捻，前后十多年，虽然打了不少败仗，遇到不少拂逆，可是他从未杀过一员将领，最重的处罚不过是劾免。他在世时，湘军的纪律和统帅的尊严能够得以维持，他的大将没有一员投降对方。曾国藩能在"严"和"爱"之间找到恰当的平衡点，这很值得后人学习。

（3）杀李秀成以保护部属

抓到李秀成后，曾国藩开始还想利用此人招降太平军残部，但很快发现他是个软骨头，因此决定把他就地处决，不留下活口，也不解往北京。因为李秀成如果活下来，或者到了北京，他很可能把金陵城内金银财物的窖藏情况及曾国荃部的抢掠都供出来，这会扩大朝廷与湘军的矛盾，对部下和自己均不利。

（4）哥老会不曲意搜求

湘军裁撤后，不少官兵回到湖南家乡后，生活无着落，于是大批加入哥老会。对哥老会一案，曾国藩一反过去严刑峻法的主张，他给郭嵩焘写信说："生杀之权当操之抚帅，湘邑不准擅杀一人；讼狱之权当操之邑侯，局绅不准擅断一狱。"他给曾国潢的信中说得更详细："哥老会之事，余意不必曲意搜求。""提、镇、副将官阶已大，苟非有叛逆之实迹实据，似不可轻言正法。"他又说这些人入会与欠饷未清有关，这方面曾国藩本人也有责任，如果曲意搜求，只从他们家中藏没藏军装作为谋反的证据，则难保不出现冤案。最后他教澄弟说要尽力保护保全他们："即明知其为哥老会，唤至密室，恳切劝谕，令其自悔，而贷其一死。"为防国潢闹出乱子，曾国藩还给湘乡县令写过信。湘乡县是曾国藩的家乡，湘军的重要兵源基地，许多官兵都来自这个县，又被遣散回乡，因此曾国藩特别关心湘乡县对哥老会的处理，当然这里既有爱护部属的考虑，也有求政治稳定的因素，这将在治政篇中谈到。

（5）与慈禧对话中回护下属

天津教案处理结束后，曾国藩回任两江总督，途经北京，与慈禧见过三次面。其中一次慈禧问道："天津的府县官员之前逃到顺德这些地方，是什么居心？"曾国藩答："他们刚撤任时，还没有定罪，所以都放开胆子离开天津了。后来又派人告诉他们，他们已经被革职参劾、正在审查，这些人都很惊慌，就一个个从顺德、密云赶回去了。"曾国藩判处天津府县官员徒刑、流放后，心中不安，还暗中筹集了一些银钱给他们。

（6）塔齐布不睡莞席

在曾国藩影响下，湘军不乏爱兵如子的将领。一次，德化县令给塔齐布送来一张莞席，塔齐布说："军士都卧草土，我睡莞席，岂能安枕？"立即退回。咸丰四年底，塔齐布攻九江，因寡不敌众，单骑败走乡间，马陷泥潭中，迷失道路，后被一位老农带回家中养息。次日，各军因塔齐布未回，"汹汹然若有所失"，不少士卒哭作一团。晚上塔齐布被乡农送回，各营官兵都惊喜异常。

曾国藩对待下属，视同子弟。湘军内部，本来就以地缘、血缘为纽带，故而人情味特浓。曾国藩以情驭下的事例有很多，兹录几则：

（1）祁门遇险，一语得人心

曾国藩困守祁门时，有一个时期李秀成大军距曾国藩大营仅八十里路程，朝发可夕至，毫无遮阻。当时曾国藩身边只有三千士兵，驻守休宁的张运兰部也自身难保。曾国藩自料难逃劫难，连遗书都写好了。大营的幕僚们惊慌失措，多作逃跑的打算。曾国藩觉人心已散，不宜强留，就传令说："贼势至此，有欲暂归者，支付三个月薪水，事平，仍来营，吾不介意。"幕僚们听到这话，大受感动，纷纷表示愿生死与共，"人心遂固"。

（2）料理塔齐布后事甚周

咸丰五年（1855年）七月，塔齐布因久攻九江不下，呕血而亡。次日，曾国藩率高级将领和幕僚抵达九江营地，向塔灵沉痛追悼。接着，派人护送灵柩到南昌公祭，再送回原籍安葬。曾国藩上奏朝廷，详述塔齐布的功绩，并奏请在长沙建专祠，还亲自为"塔公祠"写楹联。后事料理得如此妥帖，将士深受感动。

（3）悼毕金科甚哀

咸丰七年初，毕金科部驻饶州，因缺饷，官兵面有菜色。地方官于是许诺："能破景德镇，军食可图也。"毕金科就率领饥兵疲卒千余人，贸然攻打景德镇，结果全军覆没。此事对曾国藩刺激很大，咸丰九年六月攻占景德镇后，曾国藩特地到毕金科阵亡处凭吊，并命人立碑，又写作《毕君殉难碑记》，其文甚哀，文曰："人心之贼，一矢或伤。内畏娼嫉，外逼强寇。进退靡依，忍尤丛诟，郁极思伸，矫首舐天。徒飞无翼，或坠于渊。渊则有底，愤则无已！"碑文对地方官的不合作乃至于拖后腿的行为表示了极大的愤恨，对毕金科的阵亡表达了深切的哀悼。

值得一提的是，胡林翼爱护部下，也是出名的。李续宾在三河阵亡后，他给咸丰帝上疏，极其沉痛悲切。咸丰帝朱批道："详阅奏章，不觉流泪，惜我良将不能复生。愿其忠灵不灭，愿他年再生申甫（李之字）而佐我也。"胡又作《祭续宾文》，亦极悲切动人。文中有"固知兵少，不忍惜身；固知贼多，不忍君违"等语。

（4）免"进场饭"

曾国藩谨守星冈公（曾国藩祖父）的教诲，天没亮就起床，天一亮就早餐。众幕僚均不习惯。曾国藩知道后，笑着说："这像是'进场饭'。"咸丰十一年攻克安庆后，欧阳兆熊辞行归家，曾国藩置酒饯行，席间欧阳进言道："这里的人并非不能早起，只是饭吃得太早，食不下咽啊。我今天要回家了，想为众人请求免去'进场饭'，行吗？"曾国藩微笑着点头表示同意。

（5）问疾送医

李续宜是李续宾（与曾国华同死于三河之役）的弟弟。李续宾死后，李续宜领其残部，转战赣、鄂、皖，一度回援湖南。安庆之役中，他负责"外围打援"，在桂平河大败陈玉成。胡林翼病重期间，他署理湖北巡抚，不久后担任安徽巡抚。同治元年八月，他在曾国藩大营治病，曾国藩在致沅季两弟书中说："余日日至希庵处看视，其体瘦多咳，略似内伤，而神气尚凝聚，静心调养，当可痊愈。"李续宜在曾国藩身边治病期间，曾国藩对他的睡眠观察得十分仔细，说他"夜眠极酣"，这是多么富于关爱之心的长辈情怀！曾国藩能在其周围团结一大批士人共同奋斗，与他对部下的呵护和关爱是有很大关系的。

曾国藩在赏罚奖惩上，把人分为两类。一类以勉励为主，一类以防范为主。他说："高明者好顾体面，耻居人后。奖之以忠，则勉而为忠；许之以廉，则勉而为廉。""卑琐者本无远志，但计锱铢。驭之以严则生惮，防之稍宽则日肆。"他还提倡"扬善于公庭，而规过于私室"，动之以情、晓之以礼，以高尚的人格感化人。

悍将，多粗鲁莽撞，就像烈马，用好了可至千里，用不好就会把骑马人摔下来。要用好他，必须先降伏他，曾国藩对陈国瑞、李世忠的驾驭即为一例，对他们都采取了必要的限制措施，也属一种惩罚。而对勇将鲍超和刘铭传，则是以鼓励为主。

一次刘铭传率军追击捻军，途中与刚获大胜仗的鲍超相遇。后来曾国藩问刘铭传:"鲍春霆穿黄马褂了没?夸耀战功了没?"刘答未穿黄马褂,也没有夸耀战功,说:"鲍春霆一向谦虚,有幸遇到,礼让还来不及,怎么会夸耀战功?"曾国藩由此而知鲍超还保持着乡气,仍有不表功的美德。

《清稗类钞》中记载曾国藩初用鲍超时,对他先考察后使用,而不贸然委以重任:

鲍超一开始是胡林翼的部下,作战勇悍,所向披靡,在军中跟多隆阿齐名,人称"多龙鲍虎"。太平军很怕他,听到他的名号就逃。据说有其他的部队打出他的旗号,隔着几百里,太平军已经逃跑了。

鲍超的老乡李申甫是曾国藩的门客,就把他举荐给曾国藩。鲍超来到曾国藩帐下,曾国藩一开始给了他两营兵力,鲍超觉得太少,就向李申甫抱怨,说:"当初胡林翼大帅对我,推心置腹、关怀备至。我要多少兵、多少粮,他就给多少,从来没有二话;我立了功,马上就有赏赐;生了病,就赶紧送来医药。他这么待我,我自然拼死回报他。我打仗就从来没败过。但是我看曾帅对人,没有胡帅那么诚恳。而且才给我两个营,这点兵力能干什么?你还是赶紧给我办手续,我要回胡帅手下去。"

李申甫好言相劝,对他说:"曾帅对人,绝对不比胡公差。你刚来,有些事还没看清,不妨先安下心来,慢慢观察。"然后李申甫去找曾国藩,把鲍超的情况一说,想让曾国藩给鲍超加兵。

曾国藩说:"鲍超来到我手下,一点功劳没立,怎么先抱怨兵少?暂且先让他带两营,等他有了功劳,就算给他二十营,我也不会吝啬。"不过为了照顾鲍超的情绪,还是给他加了一营兵力,然后设宴招待他,请他坐上座。曾国藩喜欢吃猪肚,每次请客都把它当主菜,然后加些鸡肉鸭肉。他生活一向节俭,比较起来,这一桌其实已经很丰盛了。但是鲍超看了很郁闷,觉得曾国藩用这么便宜的东西招待他,根本就不重视他。席间鲍超又跟曾国藩要兵,曾国藩却说:"今日不说公事。只管开怀畅饮,来来来,多吃点猪肚。"鲍超越发觉得委屈,吃完饭又跟李申甫抱怨,说要走。

李申甫正在劝他,忽然外面来了军报。太平军攻城,守军告急,请求支援。曾国藩发来文书,让鲍超赶去救援。鲍超奋勇作战,大胜归来。曾国藩亲自去迎接,赏了他很多东西,而且当即就给他加了几个营的兵力。鲍超见曾国藩确实是论功行赏,毫不吝啬,从此之后再不说要走。而曾国藩见鲍超确实是个将才,不负盛名,这之后也一直相当倚重他。

后来鲍超成为继塔齐布之后的湘军第一名将。

李元度是曾国藩的"辛苦久从之将",又是儿女亲家,曾国藩自称与李情深,有"三不忘"之说。在靖港、九江、樟树镇等屡战屡败的艰苦岁月中,李始终追随左右。咸丰十年,太平军李侍贤部攻徽州,因为此地是祁门大营的屏障,得失关系重大,所以曾国藩让李元度领新兵三千人,老兵二千五百人增援。李元度擅长文学,又高度近视,不擅长领兵作战,曾国藩怕有什么闪失,特地告诫他只可固守,不可出城决战。李元度临战时却自作主张,率五千余人出东门决战。李侍贤号称十余万人,实数也有四万多,力量悬殊,李元度大败,这才退回城里固守。太平军又冒死从小北门登城,徽州因此失守。

城陷后,李元度率先逃跑,又不及时返回安庆大营,在外游荡了一个多月后,竟擅自回粮台索还欠饷,径自回湖南去了。曾国藩对他的做法十分气愤,于是不顾幕僚的反对,将李元度弹劾革职。

如果说这次罚不避亲是为严肃军纪,那么之后的弹劾则是为了维护湘军的团结。李元度回湖南后,又通过邓辅纶与浙江巡抚王有龄拉上关系。咸丰十一年四月,李元度招募了八千兵勇,号"安越军"。十月,去援救浙江,投奔到王有龄门下,并撤销了革职处分。十二月,升任浙江按察使。曾国藩对他打着"安越军"的旗号分裂湘系的做法,十分恼火。当时,湘军有勇敢善战之名,不少省份的督抚都想用重利招引一些湘军官兵,以保护自己的安全。如果李元度这个先例一开,则湘军的团结就面临危机。因此曾国藩决心与李元度"公私并绝,无缘再合"。次年二月,曾国藩再参一本,将李元度革职。

曾国藩对李元度的弹劾,对李元度的仕途产生了很大的影响。李元度晚年曾官至贵州按察使,升布政使,也不过算是官复原职而已。曾国藩为此也觉得有负李元度,有"二疚"之说。但是,李元度并不埋怨曾国藩。曾国藩死后,他撰祭文说:"生我者父,知我者公,公之于我,地拓海容。"

## 领导与管理:有草马儿才能跑

在领导与管理技巧中,"公明"的重要性,可以通过两个寓言故事来说明。

### 第一个故事 花猫与黄牛

从前有一个农夫,依靠一头老黄牛耕种几亩地来维持生活。这个农夫还养着一只可爱的小花猫。一天，老黄牛因为多吃了稻草而被主人打了一顿，正在伤心地哭泣，这时小花猫走过来。

小花猫喵喵地叫了两声，笑着对老黄牛说："老牛啊老牛，你可真是一头可怜的老黄牛啊！"

"我都被主人打了，你还笑啊！"老黄牛呜咽着说。

"主人为什么要打你啊？"小花猫笑得更欢。

老黄牛委屈地说："主人说我多吃了稻草。可是你也知道，我平时耕地那么辛苦，流了那么多汗水，消耗那么多体力，再说我的块头也这么大，不多吃一点，我会很饿的。饿坏了，我哪里有体力下地干活啊！"

"那主人怎么说的啊？"小花猫问。

"主人说啊，就要让你每天饿一点，你才能卖力地干活，你一旦吃饱了，就会变懒。"老黄牛说。

"哦？"小花猫一边听一边用爪子清理身上的毛。

老黄牛继续说："我说，主人啊主人，你可是误会我了啊，自从你把我买来，我就认定要跟着你一辈子，看到你生活这么困难，只依靠几亩地营生，我每天都在想，一定要帮助主人把地耕好犁好，来年让庄稼长得好一些，让主人有一个好收成。我还说，有时我在田埂上看到主人的庄稼长势喜人，我就十分高兴，因为这里面也有我的一份功劳啊！"

"但主人还是教训你了啊！"小花猫说。

"是啊！"老黄牛说，"主人说，少说废话，你这是为了自己偷嘴而狡辩，不服从主人的规定，就得挨打！"

"想想，在耕种季节，我卖力耕地犁地；空闲时候，主人还要让我驮货，出远门时还要骑着我，让我做代步工具。可是我只是为了要吃饱肚子才多吃了几口稻草啊！"老黄牛说着又呜咽起来。

小花猫咯咯地笑起来，说："你真是一头又勤快又憨直又老实的老黄牛啊！我跟你就不一样了，主人从来没有打过我哟。不但没打过我，还经常带我出去散步，抱着我睡觉，经常去街上买鱼给我吃啊……"

"那为什么啊？"老黄牛悲哀地问。

小花猫又咯咯地笑起来，说："主人说，我长得漂亮可爱、聪明伶俐啊。主人烦恼时，我可以和他说话聊天。还有，主人说，我会逮老鼠，能帮助主人逮那些经常偷嘴的老鼠呀。"

老黄牛呆呆地望着小花猫……

小花猫说着叹了口气，说："你难道不觉得最近主人打你的次数变多了吗？你知道为什么吗？"

老黄牛茫然地摇摇头。

小花猫压低声音神秘地说："主人跟我说过，你现在老了，没有力气了，没什么用了，他打算明年把你卖给屠宰场。"

老黄牛惊恐地瞪大了两只牛眼……

当天夜里，农夫在床上睡觉，突然被一声"轰隆"巨响惊醒了，然后听到一阵急促的"哒哒"声音由近向远传去。

农夫慌忙从床上跳下来，点灯、开门，定睛细看，发现牛圈里的老黄牛已消失得无影无踪。

事情为何会如此呢？我们可以从中得到什么启发呢？

1. 农夫对员工"老黄牛"缺乏基本的信任，完全从管理者自身角度揣度员工"老黄牛"的工作态度，这是一种以己度人的片面而消极的管理思想；

2. 利益分配不科学，没有从生产效能和岗位职能的角度优化分配方案，没有体现出多劳多得、少劳少得的公平原则，忽视真正的贡献者；

3. 一种自上而下的粗暴式的管理方法，没有站在员工"老黄牛"的角度仔细分析他的实际需求，分配方案、激励方案和员工的需求不一致；

4. 忽视员工"老黄牛"的事业感、成就感、荣誉感和归属感等方面的情感诉求，仅仅把员工"老黄牛"定位成一个赚钱工具，通过简单低级的"胡萝卜加大棒"的管理方式来管理员工"老黄牛"，甚至试图压榨老黄牛的"最后一滴血"；

5. 作为老板的"农夫"一个"私"字当头，从个人情感和好恶角度来评估员工，让像"小花猫"这样巧言令色、无实际贡献和工作能力的员工享受特殊待遇；

6. 建立个人小圈子，向小圈子透露公司机密，信息共享不得当。所以，这一切最终导致员工"老黄牛"的叛逃。

### 第二个故事　猪的启示

猪曾经是动物界最聪明的动物之一。当时，上帝安排各类动物从事各种各样的职业来养活自己，动物们都先后有了自己的固定职业。

上帝安排猪去耕田。耕田多受罪呀，风吹日晒，受累流汗不算，还要挨鞭子打，于是，猪坚决不肯耕田。上帝只好安排牛去耕田。

上帝又安排猪去拉车。猪想，拉车太没意思，整天东奔西跑，没有清闲的时候，不累死也得累坏身子，便不同意干这个工作。于是，上帝让马去拉车。

上帝安排猪看家护院。猪想，看家护院晚上不能睡觉，否则，让贼得了手，还不是让主人狠狠地惩罚，这个职业也不好。于是上帝让狗来看家护院。

就这样猪一直没找到愿意干的职业，上帝问猪，"你想干什么呢？"

猪说："这个职业应该这样，不用干活，不受苦受累，又有吃有喝，风吹不到，日晒不到，天天快快乐乐。"

上帝听了猪的话，生气地说："你选的职业是死路一条！"

从此以后，猪便一直充当着被宰杀的角色。

与猪的故事类似，从前，狐狸和狮子住在一起。狐狸总是充当狮子的仆役，常常去把森林里的野兽赶出来，然后再由狮子去捕捉。它们俩都是按功劳大小分配猎物。然而，狐狸总是嫉妒狮子分得太多了，不愿再帮狮子追赶野兽，就独自去林中捕捉猎物。正当它准备捕捉一只羊时，被猎人抓住了。

猪和狐狸的悲剧就在于，它们到死都没明白，世上没有一项职业或工作岗位是只有权力和享受，却没有丝毫责任的。一分权力就是一分责任。管理者既然比一般员工享有更多的报酬、待遇以及权力，就必然履行更多的义务，必须比员工更有管理才能。

职位、权力和责任的分离和不匹配，只会导致组织的混乱，最终就像猪和狐狸的命运一样，给组织带来灾难。

权力应该属于职位而非个人，故掌权者必须表现出专业能力，承担职业责任。职权相称是基本的组织原则之一，只有当权力与职位匹配时，组织管理才可能是高效率的。管理者在分配任务时也要给员工合适的职权，在此基础上充分相信员工，给他们留出施展才华的空间，这样对完成目标和人才成长都是必要和有益的。这就是说，有职也应有权。物本管理对职位、权力和责任的理解是：

1. 职业化分工与严格的等级秩序。每一个下级机关在上一级机关的控制和监督之下，而下级对上级有申诉和表示不满的权力。

2. 有明确划分责权的规章制度。按照分工确定机构和人员的职责范围，并为履行这些职责配置必要的权力。明确规定必要的强制手段，其应用的条件也予以详细规定。

3. 为组织运行制定合理的行为准则或操作规范，并为此对员工进行必要的培训。管理行为都依据一套严格、系统而明确的规则。

4. 公事公办，公私分明。非人格化的机构是组织而不是职位占有者的财产。任何任职者都不能滥用其正式的职权，而是受到有关准则的指导。机构成员与机构的财产要明确分离。

5. 基于专业知识选拔职员。每个机构都通过竞争性考试招聘人员，根据技术以及非人格化标准确定职位候选人，并基于资历、成就或两者兼而有之予以拔擢。

## 湘军战例：三河惨败

三河之战的起因应该要从天京内讧说起。

1856年9月，天京内讧爆发后，更准确的说，应该是石达开出走后，太平军和清军的军事力量对比再次发生戏剧性的逆转，那段时间，太平天国几乎在各个战场上停止了攻势。

清军趁着天平天国的混乱局面，连续攻陷镇江、浦口等重镇，步步紧逼。并在1858年初，复建江南、江北大营，挖濠筑垒，妄图在年内攻陷天京。

面对清军的强烈攻势，太平军当然不会坐以待毙。

实际上，石达开出走后，洪秀全就为扭转岌岌可危的形势也采取了一系列的措施。他罢免了两个不得人心的兄长，重新起用林绍璋，又分别任命陈玉成、李秀成、李世贤、韦俊为前、后、左、右军主将……这些补救措施，如愿加强了太平天国的内部团结和领导力量，使内讧后一度混乱的局势逐步稳定下来，被削弱的军事力量也不断恢复。

1858年9月，太平军新任大将李秀成和陈玉成两军联合，攻破清军的江北大营，解除天京之围。在攻破江北大营之后，陈玉成受命主持安徽事务。紧接着，李秀成、陈玉成举行第二次枞阳会议，决定在运动战中围歼湘军。

湘军于1858年5月九江战役大胜之后，准备乘胜大举进攻安徽。

这个时期的战略形势可以这样进行简单描述，一面是陈玉成、李秀成部挥师东下，进攻江北大营；一面是湘军骁将都兴阿、李续宾立即率兵从湖北东部进军安徽。湘军和太平军再一次正面对抗。

9月，湘军悍将李续宾和都兴阿、多隆阿、鲍超合军攻陷太湖，随后分成两路：一路由都兴阿等率兵经石牌直抵集贤关外；一路由李续宾率兵8000人，攻取潜山、桐城，打算两路夹攻安庆。

此时，突然得知庐州被太平军攻破，李续宾奉咸丰皇帝的严命，立即起兵夺回庐州，一路连攻潜山、桐城、舒城。

11月初，李续宾部进驻庐州城南七十里的三河镇，准备进攻庐州。

三河镇虽然是个小镇，但有着重要的战略地位，对太平军尤其重要。它位于丰乐河、杭埠河、马槽河交汇处，东濒巢湖，是这一带的水陆交通要冲。当初，这个小镇没有城垣，不过，太平军占领后，新筑了城墙，又陆续添了9座砖垒，可谓坚固设防，驻扎重兵。此后，这里逐渐发展成为太平军的屯粮之所，用来接济庐州、南京等地。因此，对太平军而言，三河镇不论是军事上，还是经济上，都占据着极其重要的地位。

李续宾在对此处地形进行细心视察分析后，决定三路分进，先破城外的9座砖垒：一路以6营的兵力，进攻河南大街及老鼠夹一带；一路以3营的兵力进攻镇东北迎水庵、水晶庵一带；一路以2营的兵力进攻镇西面储家越一带；而他本人则亲自率领其余3营为各路后应。

几天后，湘军按计划行事，分头并进发起进攻。当时，太平军依托城外砖垒顽强抵抗，激战一整天，两军都伤亡不少。最后，李续宾部由于寡不敌众，攻不下来，决定放弃城外砖垒，退入城内据守。

其实，连续多次战役下来，李续宾部此时已不足6000人。而且，这样的连续作战，不说身心疲惫，至少战斗力还没得到恢复。对付重兵防守的三河镇，实在没有胜算。李续宾深知这一不利形势，所以在攻陷舒城后，他就已经打报告回武汉，请求派兵救援。

然而，当时胡林翼恰好回家治丧去了，而湖广总督官文收到李续宾的告急军报后，根本不当回事儿，他只是淡淡地说道，李续宾用兵如神，而今军威大振，有什么城攻不下？现在，鄂东、武汉防守都需要兵，无法抽调援军，就让他自己奋力攻守算了。于是，他既不发兵增援，也不令其退兵，使李续宾陷入进退维谷的困境。据说，当时湖北完全有兵可派，只是官文嫉恨湘军，不派而已。

李续宾无奈之下，只得亲笔写信给弟弟李续宜和湖北军大将，希望他们能赴援。但是，他们也都碍于官文的命令，不敢抽兵支援。而李续宾部留守九江的4营，也因江西接替部队未到，迟迟不能过江驰援。

在湘军进攻三河镇的当天，太平军陈玉成已经率兵赶到，驻扎在镇西南30里的金牛镇一带，顺便派兵切断李续宾部的后路，阻击舒城敌军的增援。说实话，陈玉成就是不切断湘军后路，只怕援兵也不能及时赶到。

几天后，李秀成也率10万大军赶到，驻扎在镇东南25里的白石山。这样，从白石山到金牛镇，太平军完成合围，垒卡三十重，联营四五十里，兵力雄厚，气势逼人。

在这种形势下，湘军的弱势地位更加明显。这并不是从单纯的交战双方的人数比较而得出的结论，湘军以少胜多的战役不算少数，但都和太平军自身战术安排不当，或者内部矛盾重重不无关系。而这个时候，太平军内部团结，配合良好，天京成功解围后，一度士气高涨。这样的军队，想要以不到十分之一的兵力取胜，除非是特种部队，或者占据着有利地势，有坚固的布防，又或者老天偏爱，给个好天气什么的。总之，天时地利人和总要取其一样，这样的战役才能打嘛。可是，根据当时的情况，这三样重要的东西显然被太平军占据了。

所以，面对太平军的强大攻势，李续宾的部将提建议说："三河镇地形不可守，也不可战，应该退兵至舒城、桐城这样的可守可战之地。"这个建议事后看来是非常正确的，但李续宾并没有采纳，而是一意孤行，断然说道："军事有进无退，当死战。"通俗点儿讲，即打仗就是有进无退，就算是死，也要激战到底。

当然，如果说李续宾不怕死、不怕打败仗是不可能的。他也知道自己势单力薄，害怕撑不下去，就飞信让留守桐城的将领带6营赴援，只可惜没有得到回应。这样看来，李续宾的三河惨败似乎又有着某种命中注定的意思。

虽然李续宾具备胜于塔齐布的智慧，但即便聪明一世，也会糊涂一时。尤其是他在九江大胜后名满天下之时，这种突然成名让人突然膨胀，此时的他应该是有点虚骄了。而官文坚决不派援兵的举动，也刺激了李续宾。正是一种英雄气概的意气用事，使他不屑于自行撤退，也不愿意接受他人的建议，导致孤军锐进。

既然决定一战到底，那就让暴风雨来得更猛烈些吧。当时，湘军后援已绝，李续宾只好从自己亲率的兵营中抽出200人，给营务处分统，准备另外再建两个营垒，以增强后路战守。

11月15日深夜，李续宾派出7个营，偷袭陈玉成部营垒。不料，湘军部队走到半路，突然遭遇陈玉成部。太平军一面迎战，一面布置伏兵，准备包抄、伏击湘军部队。激战之下，湘军只攻破了太平军一座大垒，两座小垒。

第二天早晨，大雾弥漫，空气能见度极低，敌我难分。守夜的湘军士兵回营吃早餐，不幸误入太平军营垒。太平军没有想到敌军会以这样的方式贸然闯入，湘军对这次意外遭遇更是没有心理准备。等到互相明白过来，不同军装的人立刻开打。当然，不用说，战争场面肯定乱套，据说，当时将士都在慌乱的军中乱走，完全没有秩序。当然，太平军也有人误入湘军军垒。

大雾到中午都没有散去。当时，只听见到处都是人马杂沓声，湘军营伍完全混乱，指挥系统严重失灵。在这种情况下，太平军首先击溃了湘军的左路，并将中路和右路湘军层层围裹于烟筒岗一带。湘军反复突击，都以失败告终，最后被太平军往返掩杀，死伤过半。

李续宾一接到战情报告，马上亲自率队营救。他带领600人寻找各营统将，命方向感强的识路者在前引导，冒雨前行。沿途斩杀太平军达几百人，不过，湘军也有折损，唯有李续焘守大军后路，全营无损。这时，驻扎在白石山的李秀成闻金牛镇炮声不绝，即率队赶来参战，吴定规也出城合击。李续宾见势不妙，撤回大营，并传令各部队严守营垒，企图坚守待援。

李续宾回营后，和幕僚讨论战守对策，大多数人都建议"乘雾夜退"，也就是趁大雾天气，连夜退兵。这当然是个保全的好计策，但是李续宾不同意。他固执地认为，退兵有损国威，湘军荣誉也会因此受损，这样退兵，只会长敌军志气，灭自己威风，唯一能做的只有拼死冲出重围。这一错误决定，等于又放弃了一个合理退兵的好机会，也直接导致了三河镇全军溃灭。

此时，太平军从各种迹象判断，认定湘军虽然斗志未减，但是军伍肯定已经乱了。于是，趁夜四面猛攻，喊杀声震撼十里，湘军死伤无数。

危难时刻，湘军并没有退却。虽然之前提议退兵，但既然大将做了决定，就拼死陪他打下去。所以，战场出现了悲壮的一幕——刘神山等率伤兵登陴死守，壕外，太平军逼近，幕僚们也拿起武器出垒抵御……然而，李续焘——所谓的李续宾的同乡好友、得力助手，听到救援信号，不但不赴援，反而尽弃粮食、军械，全营退走桐城。

这时，守垒的湘军有的已经逃散，有的已无守志，有的被太平军阻截在外，来不及回营。导致湘军的7个营垒都迅速被太平军攻破，其余营垒也被太平军四面包围。同时，太平军又挖断数十处河堤，阻止湘军前行。

听到诸营皆破的噩耗，李续宾知道自己已经没有后路了，于是，急笔书写家书及遗书，并交由部下转交，然后将朱批奏疏全部烧毁。接下来的事，自然就是佩剑、上马、突围……只可惜，太平军围困，水泄不通，反复冲杀，人马皆如血染。

当李续宾及其残兵败将冲出营垒时，即陷入泥沼之中，被太平军击毙。之后，太平军继续围攻负隅顽抗的残敌。

第二天，湘军弹尽粮绝，全部被歼灭。

官文得知三河大败的消息，明忧暗喜。这时，他才命李续宜率师救援，并召回丁忧在籍的胡林翼收拾残局。

李续宾的覆军丧命，对于曾国藩集团是个沉重的打击。胡林翼一听到这个消息，就晕倒了，他给友人的信是这样描述的：三河溃败之后，元气尽伤，用四年时间培养起来的精锐部队，毁于一旦，而且敢战之才，明达足智之士都在这次战役中牺牲了。而当时正滞留江西的曾国藩知道后，也非常伤心，这不仅是这支被他称为湘军骨干的精锐部队顷刻覆灭，他的六弟曾国华也在这场战役中牺牲了。

这次战役之后，军事形势迅速变化，曾国藩想在一年之内消灭太平军的梦想彻底破灭。可以说，三河之战对双方攻守形势引起的变化，一点都不亚于当年的湖口、九江之战。

# 第八章 仁 爱

**原文精选**

带兵之道，用恩莫如用仁，用威莫如用礼。

爱民为治兵第一要义。

大将以救大局为主，并以救他人为主。

爱人当以大德，不以私惠。

爱人之道，以严为主。宽则心驰而气浮。

自来义士忠臣，于曾经受恩之人，必终身奉事惟谨。

## 按语：爱民方能治兵

曾国藩说："带兵如父兄之带子弟。"将领无论是爱护、责罚还是培养士兵，都应像父兄爱护、教导子弟一样，出于至诚、至公之心，而没有虚伪和私念。真能做到这一点，那么士兵对待将领，也会像子弟对待父兄一样尊敬和爱戴，在战场上，才能跟将领同甘苦、共患难。

士兵出自百姓，军饷取自百姓。行军打仗时，军队也需要仰仗地方百姓的支持。无数历史事实证明，只有有广泛群众基础的军队，才能取得最终的胜利。因此古今名将治兵，都把安民、爱民作为根本。曾国藩也提出"爱民为治兵第一要义"，在军队中广泛宣传爱民思想。

曾国藩认为，治兵"用恩莫如用仁"。"如父兄之带子弟"、"以爱民为第一要义"，便是他带兵的仁道。

## 湘军人物故事：曾国藩的仁爱举措

曾国藩深受中国传统文化的熏陶，有着强烈的仁爱思想。在他带兵治政的二十多年时间里，他时刻不忘"仁爱"二字，尽力去实行，但由于种种客观原因的限制，曾国藩的仁爱思想，实施起来有很大的不彻底性。

曾国藩的仁爱思想，大致有三个阶段，早年京官时期、中年带兵时期和晚年洋务时期。

### 早年京官时期

曾国藩的青年时期，因为西方列强的入侵，中国社会正处在激烈的动荡与分化之中。乾隆盛世已成过眼云烟，割地赔款的耻辱、军饷的重负、吏治的败坏、水旱虫灾的频仍，使得古老的帝国风雨飘摇。但是清政府仍然夜郎自大、文武官僚也自命高贵，曾国藩在京城任职，就生活在这种自欺欺人的环境中，但他仍然敏感地体察到民间的疾苦，并表示出深切的同情。

### 1. 富于同情心，馈赠亲友

曾家穷亲戚多，曾国藩在做京官时期，收入很微薄，但他仍尽力帮助那些生活困难的穷亲友。道光二十三年十一月，曾国藩出任四川主考官，圆满完成任务回京，得到了他做官以来最大的一笔薪水：一千两银子。领到这笔钱后，他全部寄回老家，其中六百两给家中还债及零用，四百两用于接济贫困亲戚。

曾国藩在写给祖父的信中，谈到他接济亲戚的原因："孙所以汲汲馈赠者，盖有二故。一则我家气运太盛，不可不格外小心，以为持盈保泰之道。旧债尽清，则好太全，恐盈极生亏；留债不清，则好中不足，亦处乐之法也。二则各亲戚家皆贫而年老者，今不略为资助，则他日不知何如。自孙入都后，如彭满舅曾祖、彭王姑母、欧阳岳祖母、江通十舅，已死数人矣，再过数年，则意中所欲馈赠之人，正不保何若矣！家中之债，今虽不还，后尚可还；赠人之举，今若不为，后必悔之。"

曾国藩有着深切的同情心。他见大舅挖洞而居，过着原始人一般的生活，为之"恻然者久之"；楚善叔债台高筑，为债主所逼，入地无门，他为之感叹伤怀……曾国藩的亲戚族人，有不少人生活窘迫，曾国藩认为对他们的馈赠是有价值的。他在给沅弟的一封信中说："六弟、九弟之岳家皆寡妇孤儿，槁饿无色，我家不拯之，则孰拯之？我家少八两，未必遂为债主所逼；他得八两，则举室回春。贤弟试设身处地而知其如救水火也。"

### 2. 计划设义田、社仓，以图拯救家乡贫民

道光末年，频繁的天灾人祸导致民间粮价飞涨，民不聊生。曾国藩忧心忡忡，希望能为百姓做一点事。他从当官开始，就考虑要设置义田，好赡养救济家乡和周围的贫民。但是一开始他自己手头也不宽裕，后来外放当官，又来去匆匆，没有时间筹备这些。在道光二十九年七月十五日与诸弟书中，他写道："苟仕宦所入，每年除供奉堂上甘旨外，或稍有赢余，吾断不肯买一亩田积一文钱，必皆留为义田之用。"

后来他又想到一个办法：仿效朱熹，创办社仓。他设想，由曾家带头先捐谷二十石，然后劝说附近的富户捐赠。把这些粮食储存到社仓里。夏天时借贷给贫户，秋冬时取一分利息收回，丰年不增，凶年不减。贫民想借粮，要在四月初到社仓管理员那里登记，管理员把粮食分发下去，写好借据，等还回来时再销账。谁赖账不还，就让"同社"集体声讨，加倍处罚。这样坚持下来，不过十年，"可积谷至数百石，则我境

可无饥民矣"。

这种社仓之法，实际上就是先捐谷若干，然后贷出取息，让谷物自行"增值"，越滚越多，从而可以救济更多的饥民。但是，当时曾国藩还没有多少从政经验，一介书生，一相情愿的东西太多了，他很快就发现社仓之法不可行。

咸丰元年五月初八澄弟来信中说："社仓之说，目前决不能行。乡间要借者太多，几十石谷不足建仓。有不当借而来借者；有借去本可以还，而须费尽心力乃来还者；有借去竟不能还者，即使一升利谷不要，也无可奈何。人心不古，暂毋庸议。"曾国藩接信后，于七月八日与诸弟书中说："社仓之法，有借无还，今日风俗，诚然如此，澄弟所见，良为洞悉时变之言，此事竟不行矣。"至此，义田因曾国藩自顾不暇，社仓因借出易、收回难而均告搁浅，未予实行。

3. 咸丰元年八九月间，曾国藩还为家乡摊钱帮官一事写信劝阻

摊钱帮官，实际上就是向百姓摊派，来帮助官府填补亏空。这种愿望是好的：有钱的多摊，钱少的少摊。但实际上实行起来，往往是强者少出，弱者多出，遭殃的还是小民百姓。为穷人着想，曾国藩力阻摊派，他于八月十九日与诸弟书中说："帮钱垫官之亏空，我家万不可出力……现在作此说者，不过数大绅士，一时豪气，出此急公好义之言。将来各处分派，仍是巧者强者少出，而讨好于官之前，拙者弱者多出，而不免受人之勒……若相援为例，来一官帮一官，吾邑自此无宁日矣。"

九月初五他在信中又说："我县之亏，亏于官者半，亏于书吏者半，而民则无辜也。向来书吏之中饱，上则吃官，下则吃民。名为包征包解，其实当征之时，则以百姓为鱼肉吞噬之；当解之时，则以官为雉媒而播弄之。官索钱粮于书吏之手，犹索食于虎狼之口，再四求之，而终不肯吐；所以积成巨亏，并非实欠在民，亦非官之侵蚀入己也。"在这里曾国藩对"亏空"的原因看得很准：既非百姓拖欠，也非主官贪污，而是衙门的书吏在其中做了手脚，揩了油。曾国藩对吏治腐败的痛恨、对小民百姓的同情，于此可见一斑。

4. 写诗、上疏，备陈民间疾苦

在京城做官期间，虽然每天见到的尽是些夜郎自大、自命高贵的官僚，但曾国藩并没有沾染这种习气。他仍然关注着民间的疾苦，并对人民大众的痛苦表现出深切的同情。他见到征兵给百姓带来的痛苦，深感同情，就模仿杜甫的《三吏》、《三别》，写作了《里胥》一诗，诗中有"前卒贪如狼，后队健如狮。应募幸脱免，倾荡无余

资。吁嗟朝廷意，兵以卫民为。守令慎其柄，无使胥吏持"的句子，希望能将民间疾苦传达给当政者，借此改变胥吏欺压百姓的现状。

基于对民间疾苦的体察和对百姓的同情，曾国藩还多次上疏陈述民间疾苦。咸丰元年十二月十八日他上疏说："外间守令，或玩视民情，致圣主之德竟不能达于民，而民间之疾苦不能诉于上。"于是，他为民请愿，说目前问题在于"银价太昂，钱粮难纳；盗贼太众，良民难安；冤狱太多，民气难伸。"认为"百姓怨愤，则抗拒而易激成巨案"，官逼民反，自古皆然。第二天，他又上《平银价疏》，提出六条措施，建议贵钱贱银，以平银价，稍解民困。

广西事变前后几个月，他连续多次上书咸丰皇帝，痛斥时弊，谋划改革，措施可行，言辞尖锐。他父亲曾竹亭看过其奏稿抄写件后也感叹"憨直太过"。所上《敬陈圣德三端预防流弊疏》，竟激怒了皇帝，险遭治罪。

百姓生活困苦，自己的奏疏却不见用，对苦难百姓爱莫能助，曾国藩心情十分悲愤，他在写给胡大任的信中说："以世风之滔，为民长者之狭隘酷烈，而吾子伏处闾巷，内度身世，郎署浮沉，既茫乎未有畔岸，外观乡里，饥溺满眼，又汲汲乎有生之时日少之势，进不能以自效，退不足以自存，则吾子之迫切而思，以呼于九阍者，实仁人君子之至怀也。"这段话本是颂胡大任向皇上条陈数事，有忧国忧民之举，但也可以看出曾国藩之内心世界：欲拯黎民于水火，挽大厦之将倾的愿望是多么强烈！

**中年带兵时期**

曾国藩自咸丰三年办团练以后，领军治兵近二十年。这段时间，民本、爱民思想在曾国藩心中仍然根深蒂固。当然，由于阶级立场的关系，曾国藩心中所爱之"民"，是"良民"，至少也是不反对清政府、对封建统治秩序无危害的"顺民"。这也许是曾国藩带兵时期爱民思想的局限性。

曾国藩说过："凡养民乃为民，设官亦为民也，官不爱民，余所深恨。"他痛恨不爱民的官，因此自己一直以"爱民为第一要义"。咸丰十一年三月十三日与二子书中说："余久处兵间，日日如坐针毡，所差不负吾心、不负所学者，乃未尝须臾忘爱民之意耳。"这可算是曾国藩的一个自我总结：他在军中，自感无愧的是，从未片刻忘过爱民之意，虽然未必处处都做得到。

咸丰八年，在那战火纷飞的年月，他还于十一月初六日在江西建昌前线作《爱民歌》八十句，给湘军规定了许多不许扰民害民的注意事项。这首《爱民歌》后来也被蒋介石用于训导黄埔军校学生。歌词如下：

三军个个仔细听，行军先要爱百姓。贼匪害了百姓们，全靠官兵来救人。
百姓遭贼吃了苦，全靠官兵来做主。第一扎营不要懒，莫走人家取门板。
莫拆民房搬砖石，莫踹禾苗坏田产。莫打民间鸭和鸡，莫借民间锅和碗。
莫派民夫来挖壕，莫到民家去打馆。筑墙莫拦街前路，砍柴莫砍坟上树。
挑水莫挑有鱼塘，凡事都要让一步。第二行路要端详，夜夜总要支帐房，
莫进城市占铺店，莫向乡间借村庄。人有小事莫喧哗，人不让路莫挤他，
无钱不扯路边菜，无钱莫吃便宜茶。更有一句紧要书，切莫掳人当长夫。
一人被掳挑担去，一家啼哭不安居。娘哭子来眼也肿，妻哭夫来泪也枯。
从中地保又讹钱，分派各团并各部，有夫派夫无派钱，牵了骡马又牵猪，
鸡飞狗走都吓倒，塘里吓死几条鱼。第三号令要严明，兵勇不许乱出营。
走出营来就学坏，总是百姓来受害。或走大家讹钱文，或走小家调妇人。
邀些地痞做伙计，买些烧酒同喝醉。逢着百姓就要打，遇到店家就发气。
可怜百姓打出血，吃了大亏不敢说。生怕老将不自在，还要出钱去赔罪。
要得百姓稍安宁，先要兵勇听号令。陆军不许乱出营，水军不许上岸行。
在家皆是做良民，出来当兵也是人。官兵贼匪本不同，官兵是人贼是禽。
官兵不抢贼来抢，官兵不淫贼来淫。若是官兵也淫抢，便同贼匪一条心。
官兵与贼不分明，到处传出丑名声。百姓听得心就酸，上司听得皱眉尖。
上司不肯发粮饷，百姓不肯卖米盐。爱民之军处处嘉，扰民之军处处嫌。
我的军士跟我走，多年在外名声好。如今日子更穷困，愿我军士听教训。
军士与民如一家，千万不可欺负他。日日熟唱爱民歌，天和地和人又和。

这支歌共三个部分，第一部分讲品行，第二部分讲行军，第三部分讲纪律。

曾国藩写这支《爱民歌》的原因，一是他看到了民心的向背是战争胜负的关键因素，正如《淮南子》所说："举事以人为者，众助之；举事以自为者，众去之。"从这个意义上看，作《爱民歌》也是一种政治策略。二来他也确是有感而发。他说："余近岁在军，每驻一处，即走遍城乡，县无屋不毁，无木不伐，富户破坏，穷民被欺。

盖毁于贼者十之七八，毁于官兵者十之二三。古人云，兵犹火也，诚不虚也。"所以他每次委任将官，总要告诫他们，把禁止扰民放在第一位。这大概是曾国藩作《爱民歌》的思想原因。

有了《爱民歌》还不够，曾国藩还注意实行情况。他建议部下将领深入到百姓中去，亲自宣传，听取百姓意见。还要勤听诉讼，为百姓伸冤鸣屈，打抱不平。对于部下骚扰百姓的事，曾国藩处理极严。咸丰九年，在泾县发生了士兵抢人财物的事件，为首者被砍头示众。

曾国藩的爱民思想还体现在他对太平军将士的处理态度上。他在《复李元度》一信中曾经谈到：

"对于在太平军中担任过军帅、旅帅的首恶分子，我认为应该只杀他们本人，而不要株连他们的家人。即便杀死他们，也不要烧毁他们的房屋。长江南北一带，落入太平军之手的州县曾经多达几十处。每个县中，接受太平军的任命而担任官职的不少于一千人。每家都有自己的亲戚朋友，也有自己的冤家对头。亲戚朋友会认为他担任职务是被胁迫的，情有可原；冤家对头则认为他追随作乱，实在该杀。要对这些人逐一核查，尽量宽恕。昨天，彭泽县令郭毓龙前来我的大营，说话间他忽然跪下请求说：将来大队官兵开赴彭泽时，请您禁止官兵不要焚烧房屋，我在这里代百姓请求保全身家性命，等等。我听后，很是伤感，此后，您辖下的军营查办在乡村担任伪官的事情时，万望禁止焚烧房屋，并且禁止捉拿他们的家人。"

后来曾国藩又在安徽祁门大营作《解散歌》，共68句，其中规定了"八不杀"的政策：

第一不杀老和少，登时释放给护照。第二不杀老长发，一尺二尺皆遣发。
第三不杀面刺字，劝他用药洗几次。第四不杀打过仗，丢了军器便释放。
第五不杀做伪官，被胁受职也可宽。第六不杀旧官兵，被贼围捉也原情。
第七不杀贼探子，也有愚民被驱使。第八不杀捆送人，也防乡团捆难民。

咸丰十年六月十日，曾国藩在给曾国荃的信中说："出队以护百姓收获甚好，与吉安散耕牛籽种用意相似。吾辈不幸生当乱世，又不幸而带兵，日以杀人为事，可为寒心，惟时时存一爱民之念，庶几留心田以饭子孙耳。"他在奏折中也说过："中国之寇盗,其初本为中国之赤子。"这也许是曾国藩作《爱民歌》和《解散歌》的一种思想基础吧。

曾国藩的仁爱思想对部下有一些潜移默化的影响,尤其在湘军建军初期,湘军还是比较得人心的。当时曾经有过"百姓焚香于辫顶,跪岸上欢迎,呼各勇为青天大人"的事。恐怕任何一支军队能获得"青天大人"的称呼,都是可以引以为荣的。湘军攻克吉安后,曾经向百姓分发耕牛牛仔。还在九江前线"出队以护百姓收获",甚至派出长夫帮助百姓抢收。这固然有军事供给上的考虑,但此举确实很得人心。这些爱民举措,使曾国藩和湘军"名声极好,所过之处,百姓爆竹焚香跪迎,送钱米猪羊来犒军者络绎不绝",真有点"军民鱼水情"的味道。一支地主阶级的军队,能做到这种程度,历史上是不多见的。

**晚年洋务时期**

同治八年四月一日,曾国藩离开直隶总督府,前往永清、固安一带查阅永定河水利工程。三日给曾纪泽的信中记述了当时的情景:"沿途天气亢旱,麦稼既已全坏,而稷粱等不能下种。吾念百姓遭此旱灾,殆无生理,不胜焦灼。"曾国藩晚年,他所期盼的"同治中兴"局面,似乎并未出现过。吏治腐败,灾患频仍,百业萧条,赤地千里。饥民嗷嗷思乱,"中国之赤子",转眼之间就可能成"贼匪"。为民为国,曾国藩均不胜焦灼。

曾国藩晚年,外患更剧。西方列强利用通商条约掠夺中国资财,扩大经济侵略。曾国藩在许多涉及国计民生的大是大非问题上,与列强"苦争",竭力抗拒,在这些问题上,可以清楚地看到他民本爱民思想的痕迹。

第二次鸦片战争结束后,清政府和英、法、俄等国签订了诸多不平等条约。有关通商的条款公布以后,曾国藩对外国商品倾销中国市场的危害性予以特别的关注。他上疏主张改变以大臣"统辖江、楚、苏、浙、闽、粤六省数千里之远",以致"鞭长莫及"的状况,而通过强化地方政权,以应付"自轮船入鄂以来,洋人踪迹,几遍于沿江郡县,或传教于僻壤,采茶于深山"的不利局面。

对于洋人以条约为凭,恣意扩大条约以外的特权,如在中国建造铁路、私运盐米、传教于城镇乡村、"以邪教诱惑"残害愚弄中国民众等经济与思想上的入侵,曾国藩进行了坚决的抗争。他反复指出:"军兴以来,中国之民久已痛深水火,加以三口、五口通商、长江通商，生计日蹙，小民困苦无告，几于倒悬。今若听洋人行盐，则场市商贩之生路穷矣；听洋人设店，则行店囤积之生路穷矣；听小轮船入内河，则大小舟船水手柁工之生路穷矣。"

当他发现洋商违约私运盐米、四处贩卖后，怒责英国商务代表白齐文"所犯罪情重大，至今未将该犯交出，即系洋官袒庇之明证"。他坚决主张中国"凡立一法，出一令，期在必行"。强调此后于船只经过之处，"令洋船停泊候查，查出之后，虽洋汉亦一律严惩"。对于洋商无理提出减轻关税的要求，曾国藩立即"批驳不行"。并建议总理衙门针对洋人"逐利居奇"的本性，善筹与洋商周旋之对策。

同治七年，当外国侵略者借修约的机会，提出在中国设电报、筑铁路等要求时，曾国藩立即在奏折中强烈反对，他说："小轮舟、铁路等事，自洋人行之，则以外国而占夺内地之利；自华民之附和洋人者行之，亦以豪强而占夺贫民之利，皆不可行。至于铁路、轮船、行盐、开栈等事，害我百姓生计，则当竭力相争。"他认为虽然"今日中国多事，洋人方张"，我国也不能"因曲徇和议而不顾内地生民之困"。

总之，在对外交涉中，曾国藩极力为"小民生计"着想。他说："总就小民生计与之切实理论，自有颠扑不破之道。"如果洋人争辩不休，要挟多端，也要力争。"即使京师勉强应允，而中国亿万小民穷极思变，与彼为仇，亦断非中国官员所能禁止。中国之王大臣为中国之百姓请命，不患无辞置辩，不患洋人决裂"，即使"我以救民生而动兵"，也"上可以对天地列圣，下可以对四海苍生"。

中国有句古话，叫做"乱世用重典"。曾国藩身为朝廷重臣，自然要为维护封建统治秩序，使乱世重归于治而竭尽全力。而要做到这些，就必须杀人：清查"土匪"要杀人，带兵打仗要杀人。既要杀人，就难免有杀错的时候，这点曾国藩自己也承认。

天津教案期间，他明知"杀人无以对百姓"，在已拿获的人中，"其供认可以正法者不过七八人，余皆无供无证"，而"将来不免驱之就戮，既无以对百姓，又无以谢清议"，但最终还是"计抵偿者二十人内外，军徒者十人内外"。为什么曾国藩明知杀错人，还要错杀？并且不顾举国上下的非议，杀民以求和？这是曾国藩的"全局观点"造成的。他说过："如果保定和局，即失民心，所全犹大。"看来为了他心目中的"和局"，为使久乱积弱的中国不与列强"构衅兴兵"，就算错杀十几个无辜百姓，就算自己声誉扫地，他也在所不惜。这就是政治人物的复杂性。对历史人物的争议，有许多都是由于没有联系历史实际造成的，有道是"不可苛求于古人"。

曾国藩一生中，民本、爱民思想的实施有着很不彻底的一面。还有不少时候是两副面孔交替出现：一会儿，备陈民间疾苦，到处示恩示德；一会儿，又执刑唯恐不严，杀人唯恐不多。为什么会如此呢？有人评述说："文正在京官时，以程朱为归依；至出而办团练军务，又变为申韩。"其实，这个说法是不准确的。曾国藩之"刑杀"，实际上是他实现政治目标的手段，而时时处处均存"爱民"之意也是事实。曾国藩说过："书生岂解好杀？时势使然耳！"因为杀人过多，他也曾表白自己的心境："吾辈不幸生当乱世，又不幸而带兵，日以杀人为事，可为寒心，惟时时存一爱民之念，庶几留心田以饭子孙耳！"

带兵治政，而处大乱之世，杀人必不可免。他也尽力使自己不杀错人，不搞不教而诛。他说过："除莠去草，所以爱苗也；打蛇杀虎，所以爱人也；募兵剿贼，所以爱百姓也。"在这里他把"杀贼"与"爱民"统一了起来。他还吸收了孔子"不教而杀谓之虐"的思想，主张对百姓多以孝悌仁义教之，不轻用刑罚。他曾批评说："今天下郡县牧民之吏，大抵以刑强齐之耳，任者自为啄息喜怒，一不顾问。至其犯法，小者桎梏，大者弃市，豪强者漏网，弱者糜烂，苟以掩耳目而已。原国家所以立法之意，原如此哉？"最后他告诫道："盖亦欲守土者，日教民以孝悌仁义之经，不率而后刑之。"

对于曾国藩爱民行为的不彻底性，我们应联系当时的历史实际，客观地看待这个问题。他是错杀了不少人，刑罚也太严酷了些，但是，作为一个乱世的政治家，或许他无法做出别的抉择。他在十多年时间内从无到有、白手建军，自筹军饷，不用国库开支，就平定了太平天国运动，实现了封建士大夫们乱世求治的梦想。在这一历程中，他认为牺牲"少数人"的利益和生命，是治乱的代价。

当然，也有用上述观点无法解释的地方。比如九江、安庆、金陵的屠城行为，有的是曾国藩直接授意的，有的是他默许点头的，这与他"八不杀"的政策是矛盾的。其实屠城行为与当时的两个历史条件有关：

一来当时对"战俘"尚无妥善的处理办法。给路费遣散，对于"真正的悍贼"是放虎归山；收容在湘军之中，又不能放心使用，势必降低军队战斗力。太平天国后期，李秀成动辄用兵几十万。但因部队成分复杂，精干者不多，战斗力还不如太平天国初期的几万人马，即可为例。既不能放归，又不能收容在军中，也没有"战俘营"

及配套政策,就只有杀戮一途了。

二来屠城行为是维系军心、庇护部属,从而使湘军不至溃散而不得已的措施。战争中人的负面情绪很容易积压,尤其是长期的攻城战后,不让士兵杀人抢劫发泄一番,很容易造成哗变。而且湘军本来就军饷奇缺,抢劫也是一种补偿方法,有助于维持士气。因此破城之后,军官们对士兵的抢劫只好睁只眼闭只眼。抢劫之后,又杀人放火以毁灭罪证,金陵浩劫即为其例;屠杀以泄愤,九江大屠杀即为其例;既泄愤又抢劫,安庆大屠杀即为其例。

太平天国忠王李秀成被俘后,向曾国藩摇尾乞怜,请求投降以免一死。他在《李秀成自述》中请求曾国藩"俱用仁义刀,而平定天下。不可以杀为威,杀之不尽,仁义而服世间"。应该说,这与曾国藩求仁求义的保民爱民思想是一致的,在中国历史上也多有"招安"以收拾残局的办法。但曾国藩却并未用"仁义刀",李秀成不久即被就地正法。曾国藩这样做的原因,就是为了杀人灭口,以庇护部属,维护军心,亦以自保。如果李秀成活下来,金陵浩劫真相就可能大白于天下,朝廷与湘军集团的矛盾会进一步加大,湘军部将就可能哗变,曾国藩地位亦危。由此可见,由于历史人物的复杂性,我们应该客观公正、实事求是地联系历史的实际,深入分析,透过表象看实质,主次之中看重点,如此则可少些片面偏激的现象。

## 领导与管理:大仁不小善

与勇气一样,仁爱也有大与小区别。什么是"大仁",什么是"小善",可以通过两个历史人物来说明。

韩信评价项羽,说他待人恭敬慈爱,言谈真诚恳切,部下生了病,他也跟着难过得掉眼泪,一水一饭都和部下分享。但是这么一个善良得有如"妇人"的人,却是个杀人如麻的刽子手,他一夜坑杀秦军二十万降卒;他打下襄城后,下令把城里十五岁以上的男人全部活埋。项羽带兵就像一场浩劫,所过之处无不残灭,弄得民不聊生,百姓怨恨他,却不敢说出口。

比较而言,刘邦流氓出身,为了逃命能把自己亲生子女推下车去;项羽绑了他父亲逼他投降,他竟然说你真想烹了咱们老爹,别忘了"分我一杯羹";他对部下轻佻无礼,把儒生的帽子当尿壶用。他不亲不孝也没修养,但是他进入关中之后,却与部下"约法三章"，对百姓秋毫无犯；夺取天下之后又"与民休息"，减轻天下百姓的负担，让他们安居乐业。

项羽的"仁"只有小恩小惠，是一种"小善"；刘邦的"仁"却是一种"仁政"，利国利民，这才是"大仁"。

治理天下的"小善"与"大仁"，对普通组织的领导与管理技术，也有所启示。

领导者与管理者要得到下属的信任，小恩小惠未必可取。很多人才在一个组织工作，并不是因为上司的嘘寒问暖、体贴关怀，能给他们一些小恩小惠，而是因为这个组织能给他认同感、荣誉感和成就感。项羽对待部下这么贴心，为什么他手下的人才，像韩信、陈平，都投奔了刘邦呢？一是因为他的滥杀，让这些人知道他和他的楚军成不了大事，而这些人的志向却是平定天下；二是因为他吝于封赏，部下有功该封侯分地了，他却把玩着封印，迟迟舍不得交出来。所以他不能跟这些人同心同德，自然也留不住他们。

刘备说过，"勿以善小而不为"，在为人处事上，小善往往能体现一个人的品德和情操。刘邦在这方面无疑有所欠缺，所以后人评述时，对这个人多有非议。但是把握住大是大非，不在小节上较真，在二者发生冲突时，取大仁而舍小善，这也是一个优秀的领导者和管理者必不可少的素质。

从这个角度看，中国历史上崇尚峻法的法家，也不是没有仁爱精神。他们和儒家一样，探讨的是强国富民的"大仁"。只是他们在治国之道上，走的是"法"之路而非"情"之路。他们主张的是一种理性的仁爱。后人认为法家冷酷，大多是因为他们把目光集中在法家人物的个人操行上，用儒家的标准进行评判，却没看到这些人在国家大义上作出的贡献。

吴起是卫国人，善于用兵。曾经向曾子求学，后来在鲁国做官。齐国的军队攻打鲁国时，鲁君想任用吴起为将军，而吴起娶的妻子却是齐国人，因此鲁君不敢信任他。当时，吴起一心想成名，就杀了自己的妻子，以此表明他对鲁国的忠诚。鲁君终于任命他做了将军，吴起率领军队抵御齐国，把齐军打得大败。

鲁国就有人诋毁吴起说："吴起为人，多疑而且残忍。他年轻的时候，家里的积蓄足有千金。他在外边求官没有结果，把家产也荡尽了，同乡邻里的人笑话他，他就杀了三十多个讥笑自己的人。然后从卫国的东门逃跑了。他和母亲决别时，咬着自己的胳膊狠狠地说：'我吴起不做卿相，决不再回卫国。'于是就拜曾子为师。不久，他母亲去世了，吴起最终还是没有回去奔丧。曾子很瞧不起他，就和他断绝了师徒关系。吴起就来到鲁国，学了兵法给鲁君办事。鲁君怀疑他，他就杀掉妻子表明心迹，换来将军的职位。鲁国是个小国，却成为战胜国，恐怕诸侯各国就要算计鲁国了。况且鲁国和卫国是兄弟国家，鲁君要是重用吴起，就等于抛弃了卫国。"

鲁君听后，就疏远了吴起。

这时，吴起听说魏文侯很贤明，就想投奔他。魏文侯问李克："吴起这个人怎么样？"李克回答说："吴起贪名又好色，然而要带兵打仗，就是司马穰苴也比不过他。"于是魏文侯就任用吴起为主将，攻打秦国，夺下了秦国五座城池。

吴起做主将，跟最下等的士兵穿一样的衣服，吃一样的伙食，睡觉不铺垫褥，行军不乘车骑马，亲自背负着捆扎好的粮食和士兵们同甘共苦。有个士兵生了恶性毒疮，吴起替他吸吮浓液。这个士兵的母亲听说后，就放声大哭。有人说："你儿子是个无名小卒，将军却亲自替他吸吮浓液，怎么还哭呢？"士兵的母亲回答说："不是这样啊，以前吴将军替他父亲吸吮毒疮，他父亲在战场上勇往直前，就死在敌人手里。如今吴将军又给他吸吮毒疮，我不知道他会在什么时候死在什么地方，所以才哭。"

吴起善于用兵打仗，廉洁不贪，待人公平，能取得所有将士的欢心，魏文侯就任命他担任西河地区的长官，抗拒秦国和韩国。

魏文侯死后，吴起继续在魏武侯手下当官。武侯泛舟黄河顺流而下，船到半途，回过头来对吴起说："山川是如此的险要、壮美，这是魏国的瑰宝啊！"

吴起回答说："国家政权的稳固，在于施德于民，而不在于地理形势的险要。从前三苗氏左临洞庭湖，右濒彭蠡泽，因为它不修德行，不讲信义，所以夏禹能灭掉它。夏桀的领土，左临黄河、济水，右靠泰山、华山，伊阙山在它的南边，羊肠坂在它的北面。因为他不施仁政，所以商汤放逐了他。殷纣的领土，左边有孟门山，右边有太行山，常山在它的北边，黄河流经它的南面，因为他不施仁德，武王把他杀了。所以，政权稳固在于给百姓施以恩德，不在于地理形势的险要。如果您不施恩德，即便同乘一条船的人也可能变成您的仇敌啊！"武侯觉得他说的很有道理，很欣赏他。

吴起做西河太守，功劳很大，声望也很高。魏国设置了相位，却任命田文做国相。吴起很不高兴，就对田文说："我想和您比比功劳，可以吗？"田文说："可以。"吴起说："统率三军，让士兵乐意为国去死战，敌国不敢进攻魏国，您和我比，谁好？"田文说："我不如您。"吴起说："管理文武百官，让百姓亲附，国库充实，您和我比，谁行？"田文说："我不如您。"吴起说："拒守西河，秦国的军队不敢进犯，韩国、赵国服从归顺，您和我比，谁能？"田文说："我也不如您。"吴起说："这几方面你都不如我，可是你的职位却比我高，这是什么道理？"田文说："国君还年轻，国人疑虑不安，大臣不亲附，百姓不信任，在这种情况下，是应该把政事托付给您呢，还是托付给我？"吴起沉默了许久，然后说："应该托付给您。"田文说："所以我的职位比您高。"

吴起明白田文确实比自己更适合当相国，从此之后再没有怨言。

田文死后，公叔出任国相。他娶了魏武侯的女儿，却还是嫉妒吴起。公叔的仆人看穿了他的心思，就向他献计说："要赶走吴起其实不难。吴起为人有骨气又好面子。您不妨先对武侯说：'吴起是个大人才。魏国太小了，又和秦国接壤，我担心吴起不打算在魏国久留。'如果武侯问您该怎么办，您就说：'请用下嫁公主的办法试探他，如果吴起愿意长期留在魏国，就一定会答应娶公主；如果不打算久留，就一定会推辞。用这个办法能看出他的心志。'然后您找个机会请吴起来做客，让公主当面骂您，吴起见公主这么轻视您，那就一定不愿意娶公主了。"吴起见到公主这么蔑视国相，果然婉言谢绝了魏武侯。武侯怀疑吴起，也就不再信任他。吴起怕招来灾祸，就离开魏国，投奔楚国去了。

楚悼王早就听说吴起很贤能，吴起一到，楚悼王就任命他为国相。吴起修订法律，依法办事，令出必行，淘汰裁减了大批冗官，废除了王族的按例供给，省下钱来养兵。他致力于加强军事力量，揭穿往来奔走的游说之客。在他的治理下，楚国向南平定了百越；向北吞并了陈国和蔡国，打退韩、赵、魏三国的进攻；向西又讨伐了秦国。楚国的强大让各诸侯国都感到不安。

吴起的改革触犯了楚国贵族的利益，他们都想谋害吴起。等楚悼王一死，王室大臣发动骚乱，要杀掉吴起。吴起逃到楚王停尸的地方，趴在悼王的尸体上。这些人用箭射吴起，同时也射中了悼王的尸体。等把悼王安葬停当后，太子即位，下令把射中悼王尸体的人全部处死，因为此事被灭族的有七十多家。

吴起对妻子不仁，对母亲不孝，这两大污点让他恶名昭彰。但是他爱护部下，跟士兵同甘共苦，战士都肯为他卖命；他身怀富国强兵的才能，他在鲁则鲁国能打退强齐，在魏则魏强，在楚则楚强，他对他侍奉的国家是没有亏欠的。

魏文侯和楚悼王都看到了吴起在品行上的污点，却还是重用他，这是他们作为一个国家领导者的"大仁"——对国家这个组织而言，吴起个人品行的污点，只是"小不善"；而他的兵法和他所倡导的法家精神，却是有利于国家和百姓的"大仁"。大仁不小善，魏文侯和楚悼王清楚这一点，所以重用吴起，让他变法治兵，魏国和楚国因此更加强大。只可惜他们的继任者和亲戚不明白，致使国家丢失了重要的人才，改革强盛之路因此遇到挫折。

当然，大仁不小善，并不是说小善就绝对不可取，而是在二者不可兼得时，不要因为"小不善"而舍弃"大仁"。中国古人讲"诚意正心修身齐家治国平天下"，就是说要平天下要从"诚意正心修身"开始，作为一个领导者应该内心诚恳端正、有修养、有道德。刘备也说"勿以善小而不为"，很多"大仁"都是从"小善"表现出来的，当年红军爱民，不也具体到"不拿百姓一针一线"这种小事上么。一个领导者与管理者，如果内心真挚善良，那么一定会得到别人的信任和喜爱。一个组织，如果在每个细节上都能做到尽善尽美，那么它一定能发展壮大。

佛家讲"因果轮回，善恶报应"，圣经里也有许多类似的章节。下面这个故事，西方的管理学家也津津乐道。

一天夜里，已经很晚了，一对年老的夫妻走进一家旅馆，他们想要一个房间。前台侍者回答说："对不起，我们旅馆已经客满了，一间空房也没有剩下。"看着这对老人疲惫的神情，侍者又说："但是，让我来想想办法……"

这位侍者富有人性和爱心，他不忍心深夜让这对老人出门另找住宿。而且在这样一个小城，恐怕其他的旅店也早已客满打烊了，这对疲惫不堪的老人岂不会在深夜流落街头？于是好心的侍者将这对老人引领到一个房间，说："也许它不是最好的，但现在我只能做到这样了。"老人见眼前其实是一间整洁又干净的屋子，就愉快地住了下来。

第二天，当他们来到前台结账时，侍者却对他们说："不用了，因为我只不过是把自己的屋子借给你们住了一晚——祝你们旅途愉快！"原来如此。侍者自己一晚没睡，他就在前台值了一个通宵的夜班。两位老人十分感动。老头说："孩子，你是我见到过的最好的旅店经营人。你会得到报答的。"侍者笑了笑，说这算不了什么。他送老人出了门，转身接着忙自己的事，把这件事情忘了个一干二净。没想到有一天，侍者接到了一封信函，打开看，里面有一张去纽约的单程机票并有简短附言，聘请他去做另一份工作。他乘飞机来到纽约，按信中所标明的路线来到一个地方，抬眼一看，一座金碧辉煌的大酒店耸立在他的眼前。原来，几个月前的那个深夜，他接待的是一个有着亿万资产的富翁和他的妻子。富翁为这个侍者买下了一座大酒店，深信他会经营管理好这个大酒店。

这就是全球赫赫有名的希尔顿饭店首任经理的传奇故事。

## 湘军战例：安庆会战（上）

安庆会战是湘军最重要的战役之一，为攻陷天京取得了关键性的胜利。

三河大战后，湘军和太平军的攻守形势再次发生变化。

对太平天国来说，三河之捷挫败了湘军东进的计划，保卫了皖西根据地，在很大程度上稳定了江北战局。从此，太平军乘胜再次转入战略反攻阶段。而湘军元气大伤，需要一段时间进行恢复和整顿。不巧的是，这一时段出走的石达开正在围攻湖南宝庆，湘军湖北方面不得不派李续宜率兵前往救援，也在一定程度上分散了湘军的兵力。

但是，军情总在瞬息万变之中，一时的形势优劣并不足以说明什么。比如，这场战争刚刚结束，在天京北岸，受命留守滁州、全椒的李秀成部将就受清朝钦差大臣的招抚，献城降清了。不久，滁州、全椒周边一些城市也陆续重返清朝。

湘军在三河大败后，曾国藩立即奉命援皖。不过，这次入皖也是几经周折。

他原本打算从南昌坐船到湖口，然后沿江直接进入安徽。不料在启程之前，情况就发生变动，在江西巡抚的请求下，他不得不先派兵攻打景德镇，可是景德镇久攻不下，所以他只好在江西多滞留了一段时间。

不过，在滞留江西的这段时间里，倒是有两件事让他分外高兴。第一件事，就是李鸿章的投靠。当时，李鸿章正处在仕途不得志的时期，而曾国藩当时又需要人才，所以，李鸿章理所当然地成了他的亲信大将。另一件事，就是胞弟曾国荃的到来。多次战役下来，曾国藩的嫡系将领一个一个地牺牲了，曾国荃这次带着新募士兵来到江西，正好填补了这一空缺。这样，曾国藩将攻打景德镇的任务交给曾国荃，并让李鸿章随行。二人逐渐发展为湘军的骨干将领。

曾国藩本来打算攻陷景德镇后，就带兵入皖。可是，计划赶不上变化。景德镇还没攻下，情况又发生了变化。当时，石达开围攻宝庆不下，便准备进军四川。骆秉章知道后,便写信给胡林翼,希望他通过官文上奏朝廷,请求让曾国藩入川,以确保湖北饷源,顺便也为曾国藩谋得四川总督一职,使他有落脚之地。

所以,湘军一攻下景德镇,曾国藩便马上结束了江西的军务,准备带兵入川,援皖一事只好暂时搁浅。

曾国藩率领他的幕僚属员,从抚州出发,准备到南昌后,沿江西上,进入四川。如果这次顺利入川,那么他可能接下来需要扮演的就是,在四川围歼石达开的战役中,骆秉章的那个角色,而这边的安庆会战,可能就很难跟曾国藩有什么关系了。不过,事实上他没有去成四川。

当他走到湖北黄州,会见胡林翼后,情况又发生了变化。奏派曾国藩入川时,胡林翼本来是想着清政府会因此授予曾国藩四川总督一职,谁知清政府仍然只让曾国藩督军,不肯授予地方大权。胡林翼想,既然这样,还不如让曾兄留下,与自己合兵一处,进攻安徽。这样不仅兵力加强,取胜概率加大,而且集两人智力,考虑问题也周密很多。当然,曾国藩更不愿意去四川了。于是,胡林翼再通过官文奏请曾国藩暂缓入川,与自己一起进攻安徽。

清政府很快答应了这一请求,并命曾国藩暂缓入川,驻扎湖北,以进攻安徽。从此,曾国藩不仅军饷的供应有了保障,而且处处得手,事事有人相帮,和之前在江西、湖南时的情形相比,可算是如鱼得水。可以说,清政府的这一决定,成了曾国藩一生中的重要转折点。

在这次赴川途中,还有一件事情有必要提一下。就是途经南昌时,遇见了他的最小的弟弟曾国葆,也就是曾国藩在湘潭、靖港战役之后,对湘军进行的长沙整顿中,被裁回家的那个胞弟。他之前一直在家闭门闲居,但是曾国华牺牲后,他决定复出。他声明要为兄复仇,便改命为曾贞轩,奔赴湖北投军,在胡林翼旗下,现在也有两营兵力。不久,曾国葆和曾国荃合军一处,对太平军作战,成为曾国藩的一个重要助手。

曾国藩进攻安徽的中心目标是太平军重兵设防的安庆。安庆是天京在长江上游的最后一道屏障,具有十分重要的战略地位,攻下安庆,不仅可以乘势东下,进攻天京,还可以切断太平天国长江南北的物资来源。在他看来,天京之所以长期不能攻陷,太平天国之所以能在内讧后再振声威,就是因为有滁州、安庆等作为屏蔽。另外,太平军陈玉成部联合捻军打游击战也是一个重要原因。而如果集中力量进攻安庆，陈玉成肯定前来救援，因为皖北是陈玉成的根据地，他的家属都在安庆城里。因此，如果能攻陷安庆，消灭陈玉成这支部队，天京的攻陷也就指日可待了。

不久，曾国藩与官文、胡林翼等共同制订了"四路图皖"的计划，也就是分四路攻取安徽。具体这四路是这么分的：一路由宿松、石牌进军安庆，曾国藩亲自率领；二路由太湖、潜山进攻桐城，多隆阿、鲍超率领；三路经英山、霍山，攻取舒城，胡林翼担任；四路经商城、六安，攻占庐州，李续宜担任。其中，一路和二路从南面沿江而下，三路、四路从北面依山而进。

计划制订之后不久，曾国藩就将大营移到安徽宿松，同时，胡林翼也移营安徽英山，准备向皖西太平军根据地实施四路并进。安徽战场再次剑拔弩张。

1859年11月，曾国藩率军万人从巴河出发，经由黄梅进驻宿松，并派李榕、朱品隆带兵前往太湖，与湖北方面军会合。同时，由多隆阿、鲍超等分别统领的湖北方面军，已先期到达太湖城外。太湖地处湖北通往安庆的要道，战略地位极其重要，换句话说，想要围攻安庆，就必须先拿下太湖。因此，太湖之战实际上成了安庆决战的序幕。

陈玉成果然放不下安庆。当他听到曾国藩兵临太湖、意图围攻安庆的消息时，便立即率师援救太湖，扎营多座，打算从外面包围进攻太湖的湘军。

此时已移驻英山的胡林翼，一听到陈玉成率部援助太湖的消息，就立即写信给曾国藩，让他改变原来的战略部署，只留少数人马围攻太湖，集中优势兵力对付援军。并任命多隆阿为总统，统一指挥前线各军。

多隆阿是湖广总督官文的得意大将，虽然精于骑术，作战勇猛，但为人傲慢，尤其看不起汉人、汉官，这汉官里当然也包括曾国藩了。对于曾国藩和湘军，他从不买账。不过，他倒是乐于听从胡林翼的指挥，这可能是胡林翼平日里善于笼络人心，又和官文（旗人）的关系较好的缘故。

让这样一个人但任前线总指挥，曾国藩真是一千个不愿意，但又碍于胡林翼的情面，不得不勉强同意。而湘军各将领一听说要把指挥权交给多隆阿，也都纷纷表示反对，李续宜和曾国荃做得更绝，他们压根儿就没带兵去前线，直到太湖之战结束后才回营。因此，多隆阿虽然名为前线最高指挥官。但他实际上能指挥的军队只有自己的部下和湘军鲍超的部下。鲍超是胡林翼的旗下，他本来也不愿意听从多隆阿的指挥，也是碍于胡林翼的面子才勉强屈从。可以说，一个是看不起，一个是不服，也正是因为他们之间的这种矛盾，所以这次前线指挥始终不能统一。

当时，鲍超看到太平军来势凶猛，想要在太湖附近进行阻击。不过，多隆阿没有批准，硬是要他带兵四千到太湖东北的小池驿驻扎，阻挡太平军的大队援军。这样，鲍超部远离其他湘军部队，单与多隆阿的部队较近，成了湘军中最孤立的部分。

陈玉成见状，立即派兵将小池驿团团围住。而多隆阿作战从来不顾别人，就算知道鲍超被大军围困，也不肯救援。以至于鲍超部队被困多日，弹尽粮绝，差点儿全军覆没，重蹈李续宾三河之战的覆辙。

危急时刻，胡林翼派兵从背后袭击太平军，鲍超趁机从垒中杀出，向太平军发动反攻。陈玉成腹背受敌，作战失利，连粮仓也被烧毁……他不得不放弃太湖，连夜撤走。

太湖是安庆的门户，它被攻下之后，湘军进围安庆，便仅剩下枞阳一线与桐城相通。这时，李续宜、曾国荃才姗姗来迟，而鲍超准备回川养伤。曾国藩和胡林翼根据情况变化，再次调整了兵力部署，决定让曾国荃围攻安庆，主要负责攻城；多隆阿驻军桐城，主要负责阻援；李续宜驻军桐城、潜山间的青草塥，作为游击部队，策应两路主攻部队，迎击援军，实际上就是曾国藩、胡林翼专门用来打援的一支机动部队。后来，太平天国叛臣韦俊在湘军水师彭玉麟、杨载福的配合下攻陷枞阳镇，使安庆完全处于湘军的严密包围之中。从此，安庆内外隔断，日益陷入困境。

正当曾国藩全力围攻安庆的时候，天京战局又发生了重大变化。洪秀全的族弟、拜上帝会最早的成员之一洪仁玕由香港辗转来到天京，洪秀全此时正感到无人佐政，这位知识广博、对当时先进科学技术和政治潮流的人才的到来，令他万分高兴。洪仁玕很快被封为军师、干王，受命总理朝政，为天平天国的领导集团注入了一股新鲜血液。

1860年，根据洪仁玕的"围魏救赵"的建议，太平军第二次攻破清军的江南大营，成功解除天京之围。当时，江南大营统帅和春、张国梁仓皇逃出，太平军乘胜追击，接连攻下苏州、常州。和春自缢，张国梁落水而死，江苏巡抚徐有壬自杀，两江总督与其他江苏官员逃往上海，一时形成树倒猢狲散的局面，江南7万绿营全军覆没。接着，太平军用一个月半的时间，占领了长江三角洲除上海以外的大部分地区。

江南大营的再度崩溃对清政府是个沉重的打击。在清朝政府眼里，绿营才是真正的嫡系国军，虽然战斗力不行，但却比曾国藩募练的湘军可靠得多，所以经常使用让湘勇出力，绿营兵坐收渔利的伎俩。清政府本来这次准备好故技重施的，没想到太平军居然端了江南大营的老窝。从此，清朝政府在南方的绿营武装基本瓦解，无法重新组织起对天京的包围，只能依靠曾国藩的湘军来镇压太平天国运动了。

消息传来，曾国藩集团欢欣鼓舞。不仅是曾国藩本人，左宗棠、李鸿章、胡林翼等人无不拍手称好，庆幸自己出头之日的到来。左宗棠叹道："天意真的有转机吗？江南大营里都是些没有战斗力的士兵，根本就不能指望他们来镇压太平天国运动，经过这次扫荡，后来者就可以措手了。"胡林翼也表示："朝廷如果能让曾公督江南，那么天下就没有不能摆平的事情了。"

太平天国的领导万万没有想到，自己费尽心思击溃了清军大营，却反而为湘军做了嫁衣裳。这次江南大营的击溃，如其说是太平天国军事上的胜利，不如说是曾国藩集团政治上的重大胜利。从此，湘军进入迅速发展阶段。

当时，咸丰皇帝一听到江南大营溃败，苏州、常州危在旦夕，便急了。他急切地想让曾国藩从安庆撤围东下，救援苏、常。清政府的这个反应完全可以理解，江浙一带历来是中国最富庶的地方，也是清政府的钱库和粮仓，苏州、常州的得失对清政府来说绝对是至关紧要的。

其实，那时苏、常两地早已被太平军攻陷了，可当时的通信没有现代社会便捷，电话、网络通信都没有，江苏地方的信息到达远在北京的中央政府，就算快马加鞭，也要好几天。可是，曾国藩当时驻扎的安徽就挨着江苏，早就知道苏、常被攻陷的这个事儿了。他想，这时要放弃进攻安庆的机会，而东取苏、常收复失地，实在得不偿失，就没有动兵。

这倒刚好歪打正着，咸丰皇帝见曾国藩按兵不动，更着急了，便先行赏给曾国藩兵部尚书的头衔，外加一个署理两江总督之职，务必要他为中央政府保住这个钱库和粮仓。一直以来，曾国藩都为得不到地方实权而苦恼，这下终于如愿以偿。从此，曾国藩实权在握，终于可以大展身手了。

曾国藩终于获得两江总督一席，肃顺也功不可没。肃顺时任军机大臣、协办大学士、户部尚书，甚得咸丰皇帝信任。他是清政府中少数重视汉族官员作用的满洲官员之一，认为要想剿灭太平天国，保住满洲贵族的江山，就必须依靠胡、曾这帮汉人。所以无论是曾国藩，还是胡林翼、骆秉章等，之所以能够得到提拔和重用，都与肃顺的极力保荐分不开。

可以说，曾国藩第一次出山就和肃顺的推荐有关，现在又是靠他的推荐才登上两江总督的宝座，要说不感激是不可能的。然而，曾国藩一向老成持重，他这次也没有因为一时冲动，就与肃顺建立任何私下联系。当然，这是有事实证明的。后来慈禧太后发动宫廷政变、处死肃顺时，从肃顺家中搜出许多阿谀追随的信件，其中唯独没有曾国藩的，这使慈禧大为感叹。因此，曾国藩在慈禧掌权时期，仍然能够得以重用。

本来，原两江总督何桂清革职之初，咸丰皇帝想要胡林翼总督两江，肃顺进言说："胡林翼在湖北，做得很好也很合适，这个职位不可轻易挪动，不如用曾国藩督两江，这样，长江上游和下游都有得力人才管理了。"咸丰皇帝采纳了这个建议，下诏令曾国藩署理两江事务，火速援兵江苏。

在曾国藩署理两江的时候，制定了先取安徽，后取江浙，力争上游，以上制下的战略方针。当时，胡林翼和一些幕僚都提议立刻招募几万新兵，进攻江苏、浙江。曾国藩却认为这些计划不太现实。他认为，要保江南，必须先控制上游，所以，他决定先置江浙于不顾，仍把战略重点放在安庆，继续稳打稳扎，步步为营。

围攻安庆的任务是曾国荃负责的。当时，湘军水陆各营总兵力大约有五六万人，以多隆阿、李续宜两军最强，曾国荃一军较弱。曾国藩令曾国荃部围城，多隆阿、李续宜两军打援，杨载福、彭玉麟水师封锁水路，兼管运输。这样，打援部队在数量和质量上都大大强于围城部队。

当然，让曾国荃部围城，也是曾国藩和胡林翼慎重考虑的结果。这次进攻安庆，采用的是围城打援的策略。这样做，不只是为了攻陷安庆这座军事重镇，更重要的是想迫使敌军进行战略决战，以歼灭太平军主力陈玉成部。围城只是为了挑动敌军，逼敌军应战，所以用一支弱势部队即可。等敌军中计开战，援军再上阵，聚而歼灭之，这才是这次战役的最高目标。

曾国荃在湘军攻陷枞阳之后，陈玉成回师天京和东征苏州、常州之时，用发霉变质的陈米和少量银两，低价雇佣一些饥民，开挖了两条长壕——内壕用以围困安庆的太平守军，外壕用来阻拦敌军援军——将安庆城三面被包围在长壕之内，另外，没有修建壕墙的临江一面和东门外的菱湖一带也由水军负责巡守，完成安庆合围。

同时，为了给江浙一带的士绅以希望，曾国藩又制订了一个在长江南岸布兵三支的计划：一支由池州进攻芜湖，一支由祁门经旌德、太平进攻溧阳，一支由广信进入浙江。事实证明，这一战略方针是完全切实可行的，也是最合适的。不久，清政府批准了曾国藩的计划，不再坚持撤安庆之围而移兵苏州、常州的要求。

这段时期，曾国藩身边又增添了一个得力助手——左宗棠。

左宗棠本来是湖南巡抚骆秉章的幕僚，因才识过人，而深得骆秉章的赏识。湘军出战，主要粮饷供应地是湖南，这给湖南政府添加了沉重的财政压力，左宗棠提出了很多有用的建议，比如大力整顿吏治和财政、税收制度，裁汰冗员剔除中饱，抽收厘捐，等等，使湖南中产阶层以下负担减轻，全省财政状况大为好转，很快变成一个兵精粮足的省份，将大批兵员、粮饷、船只、枪弹等源源不断地供给出省作战的湘军，成为曾国藩集团镇压太平军和各地农民起义的首要基地。

那时，他的日子过得很风光。每当骆秉章的部下向他请示汇报工作时，骆秉章总是让他去问"左师爷"，所以，在湖南地方政府，左宗棠早有"左都御史"之称，这也意味着左宗棠的权力大大超过骆秉章。可以毫不夸张的说，整个湖南官场都对左宗棠奉若神明，就连骆秉章都要敬他三分。不过，左宗棠虽然有才，但是性格不好。他天性恃才傲物，狂妄自负，又加上心直口快，很容易得罪人。

有一次，署理湖南提督，永州镇总兵樊燮找骆秉章议事，向骆秉章行完礼后，没有向在座的左宗棠同样行跪拜大礼，仅仅拱手作揖，问了声"左师爷"好，然后落座。左宗棠见状，心中极为不悦，立即质问樊燮："湖南武官，无论大小，见我都要请安，你为何不向我行礼请安？"樊燮也被激怒了，大声反驳道："我还从来没有听说过有哪个朝廷命官向师爷行礼的，从古至今也没有这样的制度。"左宗棠一时语塞，勃然大怒，破口大骂，还从椅子上跳起来，冲过去刮樊燮的耳光，幸好被骆秉章拉开。打过樊燮之后，左宗棠还气愤不过，事后又以骄倨的罪名将其革职。樊燮身为堂堂二品武职大员，竟被一个举人如此侮辱。这口气实在咽不下，干脆向湖广总督官文上书。愤懑之下，他添枝加叶地把左宗棠如何无视朝廷命官，骄横跋扈，独断专行的情形向官文诉说了一遍。官文对左宗棠早就不满，趁机向咸丰上了个折子。将樊燮所说的罪状罗列了几条，又给左宗棠戴了一顶"劣幕"的帽子，说他把持湖南为非作歹。

咸丰看到官文的折子，立即派人前去核查此案，倘若真有不法之事，就将左宗棠就地处决。这下，胡林翼、骆秉章等人乱了手脚，一边出面奏保，一边在京城活动，请肃顺出头保荐，全力挽救左宗棠。当时，肃顺说这种事情必须有内外大员的保奏，皇上问起时才好说。一时间，保荐左宗棠的奏折雪片般地向咸丰飞来，以至于有"国家不可一日无湖南，湖南不可一日无左宗棠"之语。咸丰原以为杀一个举人没有什么大不了的，没想到竟牵动了这么多官员的心，开始生出疑问，肃顺也乘机推荐，左宗棠不仅性命得以保全，而且赏给四品卿衔，帮助曾国藩办理军务。

两个月后，清政府实授曾国藩两江总督之职，并授为钦差大臣，督办江南军务。曾国藩终于得到了梦寐以求的两江总督的职位，再加上胡林翼、左宗棠、李鸿章等人的支持，曾家兄弟曾国荃和曾国葆的加盟，曾国藩集团呈现出了前所未有的团结，其实力达到了一个鼎盛时期。

为了集中力量歼灭太平军的有生力量，湘军投入这场战争的兵力空前强大，几乎集中了曾国藩和胡林翼所能指挥的全部兵力。不过，曾、胡在安庆地区设下的这个坚固攻防体系，即使是通力合作，考虑周密，也仍然存在百密一疏的隐患。因为兵力集中在安庆地区，湘军后方兵力难免空虚——江西景德镇倒还有左宗棠带领的五千人部队，九江也有一千人左右的部队，问题是湖北黄州以上几乎都看不到湘军，只有官文率领的少数绿营兵驻防。这样，武昌、九江或南昌，只要有一处被太平军攻克，安庆之围就会不攻自破。从以后的战情发展看来，正是这一点疏忽，导致湘军几次被动临危，曾国藩还差一点毙命。

在曾国藩忙着布置围攻安庆的时候，太平天国开始策划第二次西征。

太平天国这次西征的意图很明显，就是为了破解湘军的安庆之围。为解安庆之围，太平军决定继续采用"围魏救赵"的方法，不直接突围，而是兵分两路，合攻湘军后路的要害——武昌，等到湘军分兵回救，再进攻安庆，解安庆之围。太平天国的这次军事行动，史称"第二次西征"。

需要说明的是，这一计策的主创人员还是洪仁玕，就是上次用"围魏救赵"的策略，捣毁江南大营的那个新任太平天国领导人。他虽然没有多少实战经验，但在军事战略上却常常高人一筹，见解独到。他提出的这个计划正好击中湘军的后方空虚的要害，也是当时解救安庆之围的唯一正确的方针，得到了洪秀全、陈玉成等的全力支持。

这次西征的执行官仍然是陈玉成和李秀成：陈玉成从长江北岸进兵，李秀成由长江南岸进军，两军在武昌、汉阳城外会合后，合取武昌、汉阳。另外，李世贤、杨辅清等也属于南路部队，和李秀成一起行动。

曾国藩将围攻安庆的任务交给胞弟曾国荃之后，就亲自率领近万人渡江至皖南，并将老营设在山势险峻的祁门。幕僚李鸿章并不赞成这一举措，他说："祁门地形宛如在釜底,是兵家之所谓绝地"。但曾国藩固执地认为,皖南地连赣、浙、苏三省,战略地位十分重要,驻扎这里,即可使安庆围城湘军和江西后方连通一气,又可以截断太平军从浙、赣两省进援安庆之路,将来还可以为进兵苏南铺平道路。于是,曾国藩不顾众人劝阻,铁了心要进驻祁门,与太平军争夺皖南。

其实,曾国藩身在江南,心在江北,他把湘军的主力和战将都留在安庆周围,并由胡林翼驻扎太湖,就地指挥。

不料,曾国藩进驻祁门不久,太平军的西征南路支部——杨辅清、李世贤等部就进入皖南,展开大规模的军事行动。太平军很快夺取徽州府城,前锋直指祁门。

曾国藩费尽心思地安排战局,原以为一切战局尽在掌握之中,却发现原来只是他的一相情愿。他实在是低估了那个见多识广的洪仁玕。

所谓屋漏偏逢连夜雨。正当他为徽州失守、东面粮路已断发愁的时候,忽然又接到英法联军进逼北京、咸丰皇帝仓皇出逃、严令鲍超驰援京城的上谕。曾国藩捧着诏书,双目失神,一下子陷入难以自拔的焦虑苦难之中。

英国侵略者对1840年鸦片战争后,在中国取得的大量特权,并不满足。为了取得更多特权,英国领事馆又不断地向清政府提修改条约要求,在遭到清政府的拒绝后,又和法国相勾结,在1856年10月,发动了第二次鸦片战争。从此,他们由南而北,不断挑起战争。1860年8月,他们从北塘登陆,打败了僧格林沁的骑兵,攻占天津。紧接着,又击败胜保的军队,兵临北京城下。

咸丰大惊,慌忙带着一班大臣、妃嫔逃到热河,留下恭亲王奕䜣在京师与英法谈判。同时,接受胜保的奏请,在逃往热河的途中,接连发布上谕,令各地督抚、将军迅速带兵来京"勤王"。其中第一道上谕就是发给湘军统帅、两江总督曾国藩,命他速派鲍超率兵两三千人"兼程前进,刻日赴京",交给胜保调遣。

当时,曾国藩正困守祁门,自身生死未卜,要靠鲍超保卫祁门,扫清通往天京的道路,哪有心思发兵北援?但是,他也深知"勤王"一事,无可推诿。他再一次陷入左右为难的境地。

于是,他急忙与胡林翼、左宗棠及部下将领、幕僚商议对策。

胡林翼、左宗棠等当然也都不愿派鲍超北援。鲍超是湘军中有名的悍将,他所率的霆字营是湘军最为重要的一支机动兵力,因为是湘军中唯一敢与陈玉成对抗的军队,倘若将他派走,从大局上讲,势必影响安庆战局,从小局来说,又会危及自身安全。还有一点让他们担心,就是京城勤王的统帅胜保,在他们眼里就是个大草包,败仗不断,胜仗没有。将这样一支重要的军队送给他率领,实在舍不得。

然而,北援不仅是"勤王"之举,还是抵抗外国侵略者的行动。假如托辞推诿,拒不发兵,就不只是被人加上"不忠"的罪名,还有可能被扣上"卖国贼"的帽子。而后者对他们来说,尤为可怕。因此,他们商量来,商量去,仍想不出一个两全齐美的办法。曾国藩百思不得善策,急得像热锅上的蚂蚁,连续几天彻夜失眠。

一天,曾国藩召集幕僚议事,就是否应北援一事展开讨论。结果,几乎所有的幕僚都认为必须北援。这时,李鸿章力排众议,底气十足地说:"此时入京勤王,已属空话,这样做对皇上无益。洋人进逼北京,只不过是想通过战争取得在华的更大利益,只要给足他们好处,肯定自行退兵。而湘军关乎天下安危,举措得失,都需要慎重。还是按兵请旨为好。"

好一个按兵请旨!曾国藩没想到,这个困扰他几天的难题,被李鸿章用短短数语轻而易举地解决了。从此,曾国潘和胡林翼更加器重他了。

经过连日磋商,曾国藩最后是这样上奏朝廷的:而鲍超虽然是战将,但并不是独当一面之才,入京勤王之事,还是由曾国藩、胡林翼两人中的一个带兵前去为好。可是,这样的事,臣又不敢确定,因此上折请皇上定夺。一接到明谕,无论曾国藩还是胡林翼,都即刻动身。这样,从祁门到北京奏折最快也要半个月,一来一回恭亲王早已和洋人达成协议,到那时勤干一事肯定无人再提。

不过,等待也是痛苦的。在这期间,他真做了一些北援准备,以免万一准行,临时陷入慌乱。他又怕咸丰真的坚持要他或胡林翼北援,如果真这样,那还不如一开始就派鲍超带兵三千去应付一下合算。就这样,各种患得患失的考虑使他陷入一种不可名状的苦闷和不安中。

事情果如李鸿章预料的那样,一个月后,接到皇上圣谕说:"和议已成,鲍超、胡林翼、曾国藩均毋庸北援。"

《北京条约》的签订,是中华民族的深重灾难。只要稍微有点爱国之心的人,包括左宗棠在内,无不痛心疾首。然而,曾国藩却完全相反,他一接到达成和议毋庸北援的圣谕,立刻大喜过望。他认为这下,自己又可以专心致力于剿灭太平天国一事,真是幸运之极。

北援一事,只不过是曾国藩围攻安庆期间的一个小插曲,这件事本来就只是一场虚惊,并未产生任何实际影响。但它却像一面镜子使世人清楚地看到了曾国藩置民族大义,国家利益于不顾的黑暗面。他一心只盼清政府早日与侵略者签订和约,只要不让他北援,能得以全力对付太平军,牺牲任何民族利益对他来说都无所谓。

在这场闹剧中,李鸿章扮演了一个关键性的角色,第一次显示出了他出色的外交才能。从此,李鸿章在曾国藩的推荐和保举下,步步高升,逐渐走上了政治舞台。

说完这个小插曲,我们再言归正传,说说曾国藩被困祁门的事。

1860年12月,李秀成带大队由羊栈岭进山,攻克黟县,距离曾国藩的祁门大营仅几十里,几乎可以朝发夕至,毫无阻拦。此时,由于曾国藩把主力部队都留在安庆周围,自己身边只留有三千防兵。驻扎在休宁的张云兰更是岌岌可危,无暇旁顾,只好急调鲍超驰援祁门。

曾国藩一看这形势就绝望了,心想这次肯定死定了,于是,写好遗嘱,准备一死。

曾国藩再一次大难不死。李秀成在休宁与鲍超、张云兰大战失利,随即匆匆撤兵南下,退出岭南,绕道浙江去了。

不过,李秀成走的时候,把大批人马留在了皖南,等于留给曾国藩一批定时炸弹。如今,徽州已被占领,太平军随时可能向祁门进攻。所以,权宜之计,就是派鲍超留驻渔亭,张云兰驻扎黟县,以加强祁门大营的防卫力量。当然,曾国藩也是这么做的,毕竟带兵打仗这么多年,即使偶尔固执引起一时的决策失误,但关键时刻,这点小问题还是处理得很好。然而,由于皖南地形特殊,湘军在这一地区的兵力又明显处于劣势,因此,曾国藩仍然没有从根本上摆脱困境。

没过半个月,太平军便兵分三路再次向祁门地区发动进攻——往东直趋祁门,往西转攻景德镇,往北进逼黟县。曾国藩四面楚歌,再次陷于危难之中。皖南地区的湘军粮饷此时完全依赖景德镇一线,如果景德镇被攻占,祁门立刻会陷入粮饷断绝、文报不通的困境,于是,曾国藩紧急调派鲍超赴援景德镇。好在太平军主将在与鲍超、左宗棠军的激战中受伤,率军退回皖南去了,曾国藩这才得以很快渡过危机。但不久后,又陆续发生更为严重的危机。

1861年4月,李世贤等攻克景德镇,并跟踪追击,向乐平发起进攻,前锋再次直指祁门。这次,曾国藩真的处于饷道中断、文报不通的境地了。被迫无奈之下,他从祁门移驻休宁,率领张云兰等岭内各军,向太平军重兵固守的徽州发起进攻,想从这里打开一条通往浙江的粮道。只可惜，士兵们一听说四面被围，军心就有点动摇了，以致士气低落，几次进攻没有成功。休息几天后，湘军再次发起进攻。这次，曾国藩让各军会攻东门，但是，从天亮到天黑，湘军都没能组织起一次进攻。晚上，太平军打开城门，向湘军发起反攻，湘军全线溃散。第二天，太平军又跟踪追击，围攻休宁，曾国藩只好退回祁门。

退回祁门的曾国藩再度绝望，因此，再次写好遗书，做最坏的打算。恰好这个时侯，太平军李世贤部在乐平附近败给了左宗棠军，于是又放弃景德镇，东走浙江。祁门大营得以解围，湘军粮道得以恢复，曾国藩也因此再一次捡回性命。

不久，湘军终于攻占乐平，曾国藩趁着军情好转，马上撤离祁门这一危机四伏之地。

纵观这次祁门之困，曾国藩真可谓是九死一生。好几次濒临险境，好几次差点毙命，但最后在千钧一发之际，都能虎口脱险。运气固然重要，但敌我双方的战争策略也很重要，曾国藩除了感谢老天的眷顾，也要感谢自己的策略得当，更要感谢鲍超的勇猛、敌军的懦弱。

这次艰险经历，让曾国藩每次回想起来，都直冒冷汗。以至于后来，他再也不肯亲临战场督战指挥了。

正当西征太平军的南路部队横扫赣南的时候，陈玉成的北路部队也不断展开攻势，他在桐城和枞阳受阻后，于1861年3月上旬，绕道霍山、英山，进赴湖北，不久，占领湖北蕲水（今浠水）、黄州府，逼近武汉。

这下，太平军终于进军到湘军兵力最弱的地方了，当时只有官文率三千绿营兵驻守武汉，战斗力极差。胡林翼正驻扎在太湖，一听到消息，只叹自己是"笨人下棋，死不顾家"，赶紧派李续宜、彭玉麟紧急上援武汉。因为担心武汉失守，急得他连夜吐血，后事都准备好了。

这也急坏了曾国藩，只叹低估了太平军的智商。又突然想起太平军在第二次破江南大营时，就已经用过这一招了，只怪自己当初一心围攻安庆，一时大意，兵力布置欠妥。不过，他肯定不愿放弃安庆，他断定太平军这次是故技重演，这次进攻武汉的终极目的无疑就是救援安庆。如果太平军攻下武汉，那么肯定只会留一小部分人马驻守，而大部队会立即回援安庆；如果攻不下武汉，那么必定全力赴援安庆。也就是说，无论能否攻占武汉，太平军都会回援安庆，企图分散湘军的围城兵力，再进行决战。经过这样冷静的分析之后，他对这次围攻安庆更加坚定了。

其实，只要陈玉成能顺利攻进武汉，曾国藩和胡林翼苦心孤诣的安庆之围，就自然不攻而解。然而，就在此时，英国参赞巴夏礼到黄州会见了陈玉成，借口维护英国的商业利益，公然反对陈玉成进攻武汉。年轻的陈玉成对外国侵略者的卑劣行径不甚了解，因受到巴夏礼的恐吓，停止了向武昌进军。除了留下小部队驻守黄州，等待南路李秀成部的消息，自己率主力回撤。就这样，陈玉成轻易地放弃了这次西征的原定目标，可谓功亏一篑。

当陈玉成逼近武汉的时候，李秀成正在往返进攻江西。曾国藩被困祁门就是发生在这个时间段的事。李秀成这个人倒挺有意思的，他对这次救援安庆本来就抱着消极的态度，只想在富饶的江浙一带多捞点。所以任务下来后，他又是招兵买马的，又是东闪西躲的，有意拖延时间。逼近祁门那次，他打不过鲍超，干脆又绕道折向浙江去了。本来洪秀全只给了李秀成一个月的时间，顺手拿下苏州、常州，被李秀成这样一耽误，太平军的西征计划只好足足推迟了三个月。

1861年2月，李秀成率军进入江西玉山，连攻广丰、广信（今江西上饶）不下，改而进围建昌。李秀成这一举动，再一次让曾国藩紧张。李秀成一旦攻下建昌，兵力空虚的南昌就非常危险；而如果建昌保住了，李秀成只怕又会从樟树进攻瑞州、临江，导致九江、兴国、通山等城处处震动。若真这样，安庆之围必解无疑。同时，他又害怕折回来的陈玉成突然袭击围困安庆的曾国荃部队，便紧急将鲍超的机动部队调往江西。还好李秀成没能攻下建昌、抚州，也没能在樟树渡江，转而沿赣江南下了。

曾国藩刚松了口气，战情又有变化——李世贤不久便进攻景德镇，只好又急调鲍超驰援，协助左宗棠作战。此时，南下的李秀成在攻占吉安之后，又沿江北上，再杀回来，进逼瑞州、临江。

这个时侯，陈玉成已经率军进逼集贤关，逼近围城的湘军曾国荃部。曾国藩料到定有一场恶战，真为弟弟捏了一把汗。于是，又派此时在景德镇的鲍超驰援安庆，并令曾国荃顶住压力，坚守待援，并嘱咐他——无论发生什么情况，绝不撤安庆之围。不料，这边的战斗指令刚发，就接到瑞州失守、九江告急的军报。于是，又飞信给鲍超，让他援兵九江。

整个四月份，湘军战场四面告急，让曾国藩一刻未得安心，神经一直紧绷。而鲍超这支湘军唯一的机动部队更是超负荷作业，经常休息几天之后，马上又投入战斗，有时甚至马不停蹄。

不过，此时曾国藩正动身逃离祁门这个绝境，在途中会见鲍超，两人再次商定救援方案。商谈之后，曾国藩觉得自己太急了，还是静静等待两天，冷静地分析敌军动向为好。于是，他跟鲍超约定，到时候，安庆急就援兵安庆，九江急就驰援九江，这两天鲍超部的士兵就暂时休息一下，缓解一下连续作战的疲累。

和鲍超会面后，曾国藩又继续向东流行驶。他一路上，都没见李秀成部有什么动静，料定他不敢进攻九江。于是，他刚到达东流，就毅然作出决定，让鲍超驰援安庆。李秀成攻陷瑞州之后，果然不敢进攻九江，反而绕道武宁、义宁，兵分三路，进到湖北境内。

因为沿途收受各地投效太平军的义民，等到进入湖北境内，李秀成部已经兵力厚实，号称50万大军。而武昌城内防守的仍然是官文的三千绿营兵马。这时，李秀成如果进攻武汉，应该大有胜算。只可惜他接到陈玉成部留守黄州的那个将领的信件，得知陈玉成早在两个月前，就已经回师东救安庆，于是，本来就对这次"合取武汉"计划不感冒的他，断然决定撤出武昌外围，取道江西，返回到浙江、江西去了。

这样，陈玉成、李秀成两支太平军主力部队先后放弃进攻武昌，而转战于皖南的支部李世贤、杨辅清部，虽然曾经多次进逼曾国藩的祁门大营，但因为没有统一行动、各自为战，结果最终也没能得逞。到此，太平军南北两路合取武昌的西征计划正式宣告落空，这给正在解围安庆的太平军增加了更为沉重的压力。

# 第九章 勤　　劳

## 原文精选

天下事，未有不由艰苦中得来，而可大可久者也。

百种弊端，皆由懒生。

治军之道，以"勤"字为先。身勤则强，逸则病。家勤则兴，懒则衰。国勤则治，怠则乱。军勤则胜，惰则败。

未有平日不早起，而临敌忽能早起者；未有平日不习劳，而临敌忽能习劳者；未有平日不能忍饥耐寒，而临敌忽能忍饥耐寒者。

每日做事愈多，则夜间临睡愈快活。

精神愈用则愈出，智慧愈苦则愈明。

### 按语：平日习劳，临阵方能耐苦

战争对军人体力、精力的考验都相当残酷。打仗行军时，爬雪山、过沼泽、风餐露宿、日夜兼程是常有的事。一旦上了战场，更是枪林弹雨，血肉横飞，生死一瞬间。常人遇不到的困难，想象不到的惊险，军人都可能遇到。曾国藩说过："未有平日不习劳，而临敌忽能习劳者；未有平日不能忍饥耐寒，而临敌忽能忍饥耐寒者。"如果平时不注意锻炼体魄、培养精力，持之以恒地训练，到时候怎么可能上阵杀敌、为国效命？所以让士兵能习劳忍苦，这是治军的首要原则。人性喜动不喜静，宜劳不宜逸。《国语》说："劳则思，逸则淫。"劳动可以让人心思缜密，安逸让人骄纵懒散，这是人之常情。军队把血气方刚的青年聚集到一起，如果疏于锻炼，让他们无所事事，很容易就会骄纵懒散起来。到时上阵杀敌，军队就会不击自溃。所以曾国藩说："治军当以'勤'字为先。"

### 湘军人物故事：曾国藩的勤俭作风

曾国藩不是个天赋超群的人。民间有一个故事，说曾国藩小时候，有一天家里去了个小偷，看到他在读书，就藏在屋檐下，想等他读累了睡着后再进去偷东西。结果曾国藩一篇文章翻来覆去读了很多遍，小偷都记熟了他还没有背下来。他背不下来就一直不肯睡，后来连小偷都等得不耐烦了，气得跳出来把文章背了一遍，骂道："就你这脑子，还读什么书？"说罢扬长而去。曾国藩在长沙读书时，他的老师也不看好他的前途。可以看出，他确实不是什么聪明人。他能成功，凭借的不外乎一个"勤"字。俗话说，笨鸟先飞、勤能补拙、天才想要成功也得付出99％的汗水。人生要义，以勤为本。

曾国藩曾把治学为人之道归纳为"八德"（勤、俭、刚、明、忠、恕、谦、浑），排在第一位的是勤；他教育子弟，也说"以习劳苦为第一要义"；他认为居官三箴：清、慎、勤中，"勤"应该放在首位，常以"勤慎"、"勤廉"教育部下。他认为，人应做到五勤:"一曰身勤:险远之路,身往验之;艰苦之境,身亲尝之。二曰眼勤:遇一人,必详细察看;接一文,必反复审阅。三曰手勤:易弃之物,随手收拾;易忘之事,随笔记载。四曰口勤:待同僚,则互相规劝,待下属,则再三训导。五曰心勤:精诚所至,金石亦开;苦思所积,鬼神亦通。"

曾国藩处处强调勤劳的重要性,认为"千古之圣贤豪杰,即奸雄有立于世者,不外一'勤'字",勤劳是人生成功的第一要义——"勤苦则百善俱臻,懒惰则百恶毕至。为将然,为官亦然,即居家为人亦然。"

**军勤则胜,治军当以"勤"字为先**

为了训练出和骄纵懒散的绿营兵不同的军队,曾国藩在训练湘军时以"勤"为准则。

在曾国藩看来,勤于练兵其实包含了两方面的内容。

第一,当士兵的应该勤于训练。曾国藩认为,勤于训练不但能去除士兵的懒惰习气,还能提高士气。他曾说过:"勤则百事俱举,合营保持常新之气"。同治元年,参将韩进春招募兵勇,组成了韩字营,曾国藩叮嘱他说:"新招来的士兵,都没有经过训练,这事很让人忧虑。你应该监督率领这些士兵,让他们每个人都以'勤'字自勉。趁着还没有跟叛贼交战,不管怎么匆忙,每日都要训练。我曾经对当营官统领的人说,练兵有四个'不'字诀:不要钱,不怕死,不偷懒,不扰民。这一支军队,现在尤其应该把'不偷懒,不扰民'放在第一位。"

曾国藩一直很重视训练士兵,他刚到长沙时,曾经训练过三营湘勇,这支军队在镇压湖南的起义军时,作战勇猛,战斗力很强。他派往讲习的一千湘勇,有两营没经过训练,结果跟太平军作战时伤亡惨重,不堪一击。这正反两个例子让他深刻认识到训练士兵的重要性,所以咸丰三年,在湘军水军还没练成的时候,他坚决拒绝咸丰皇帝让他立刻出战的命令。

曾国藩认为:"训练勤,则弱卒亦成劲旅"。湘军训练确实很勤劳,每天黎明前和天黑前要操练两次,中午和熄灯前都要点名,五更三点和掌灯后还要轮流站墙子。除非是打仗,每天都要练习武艺和阵法。与八旗、绿营兵相比,湘军的训练很勤,抓得很紧。而跟太平军作战时,湘军也确实表现出很强的战斗力

第二,当营官的应该"勤以率下",营官勤劳,不但有利于整治自己的军营,还

可以让部下敬畏——"勤则营无废事，为下所怯"。营官应该对关系到士兵的事事必躬亲，做到"三勤"。咸丰十一年，他写给胡晖堂的信里说："勤，则于营务一切，必亲自料理。"同治十年，他给一个姓许的总兵写信提到三勤："刻刻教督，是曰口勤；处处查察，是曰脚勤；事事体恤，是曰心勤。"他认为只有做到这一点，才能跟士兵"联络一气"。

因此在新的营官上任时，曾国藩常用"勤"来劝勉他们。咸丰十年，部将胡晖堂奉命统领湘军前副右营，曾国藩就告诫他要整顿军务，不外"勤廉"二字。同治元年朱声隆接管湘军前右营，曾国藩又给他写信说："营官之要，全在一勤字。训练勤劳，则弱卒亦成劲旅；稽察勤，则哨队咸守营规；肢体勤，则风寒难入，筋骨日强矣。"

曾国藩曾说："勤则有才而见用，逸则无能而见弃，勤则博济斯民而神祇钦仰，逸则无补于人，而神鬼不歆。"可见"勤"是曾国藩取用人才的重要标准。在治军方面，他也认为"勤"是营官必不可少的素质之一，能习苦耐劳是他提拔将士的重要标准。

咸丰三年他在保举参将塔齐布、千总诸殿元奏折中说："唯查升用游击署抚标中军参将事塔齐布，忠勇奋发，习劳耐苦，深得兵心。……又有准补千总武举诸殿元，精明廉谨，胆识过人，管带辰勇百人，操练日久，各有兼人之艺。……当湖南防堵吃紧之际，奖拔一人，冀以鼓励众心。"

咸丰十年他提拔江绍华时，给他的评语中说："古人云：'不尝苦中苦，难为人上人。'该员既充礼营帮办，总以'勤劳'二字自励。凡点名、看操、修墙、查街以及侦探等事，无分粗细，皆须身亲为之。闲暇则读书写字，深思力行，总不使此身此心有一刻之怠惰，并与杨参将互相规劝，以'勤劳'二字为主。能吃天下第一等苦，乃能做天下第一等人。无得自暴自弃也。"

### 勤能生明，是做好官的秘诀

中国自古就有"君子博学而日参省乎己，则智明而行无过矣"的说法。在古人看来，"博学"然后才能"智明"，读书才可以明理。但是"学"不是一蹴而成，必须要经过日积月累，才能有所成就——所谓"不及跬步，无以致千里"。而这个积累的过程，需要的就是勤奋。

曾国藩继承了这种思想，并且更加强调勤奋对于明理的重要性。他曾经说过：

"'明'字甚不易学，必凡事精细考究，多看、多做、多问、多想，然后渐渐做成一个'明'字。故求'明'之诀，仍不外从'勤'字下功夫。"在他看来，勤奋才能明理。而他给"勤"字写的注释是："手眼俱到，心力交瘁，困知勉行，夜以继日"，就是说要多做多看，集中全部精力和体力，并且夜以继日地坚持下去。

　　"困知勉行"这四个字是从《中庸》里面提炼出来的，原话是："或生而知之，或学而知之，或困而知之，及其知之一也。或安而行之，或利而行之，或勉强而行之，及其成功一也。"困知勉行也就是"困而知之、勉强而为之"，就是说：遇到困难、被逼无奈了，就要努力思考、认真去做，这样才能明理和成事。在《中庸》中提到的三种境界里，这种最低。前两种是圣人和贤人的境界，而这种是最没有天赋的人的境界，但是这三种做法，最后都能达到"知之"和"成功"，结果都是一样的——就是说，资质平庸的人，也能通过"困知勉行"做到明理和成功。孔子还曾经提到过更低一级的境界，叫做"困而不学"，遇到困难也不肯努力思考，那就只能一辈子浑浑噩噩了。

　　从"困知勉行"四个字可以看出，曾国藩是认为普通人通过努力学习和做事，也是能达到圣贤这种境界的。他曾经说过："吾辈读书人大约失之笨拙。"但是笨拙并不见得是坏事，至少它比投机取巧、卖弄浅薄来得好，笨拙的人往往实诚扎实，懂得循序渐进，所以曾国藩说也不妨"安于拙，而以勤补之。以慎出之"，最终也一定会取得骄人的成绩。他曾经对部下说过："古来名将帅，亦多出于文弱书生。圣贤豪杰，岂有种乎？大半皆铢积寸累，渐作而渐进，渐似而渐成耳。"普通人通过坚持不懈的努力和积累，渐渐地就能接近甚至达到"圣贤豪杰"的水平——这其实也是曾国藩自己一生的总结，他不是什么资质卓越的人，行事也不够机敏，带兵也会因为"儒缓"而失利。他一个文弱书生，最终成为清王朝"中兴"最大的功臣，靠的大约就是这种自强的精神和持之以恒的努力。

　　中国古人很早就有居官三箴为"清、慎、勤"的说法。孔子的学生子张问应该怎么当官，孔子告诉他，"慎言则寡尤，慎行则寡悔"，要多听多看，言行谨慎；子张又问该怎么执政，孔子说："居之无倦，行之以忠"，居官要勤奋，不能懈怠。《吕氏春秋》则说：廉洁是为政的根本。汪辉祖在他的名篇《学治臆说》中提到著名的居官三箴，尤其强调"勤"字："称职在勤。吕氏当官三字：曰清、曰慎、曰勤……尝与同官王蓬心先生论三事次第。先生以清为本，同官唯唯。余谨对曰：'殆非勤不能。'先

第九章　胡林翼　HU LIN YI　勤劳

生曰：'何故？'则又对曰：'兢兢焉，守绝一尘矣。而晏起昼寝，以至示期常改，审案不结，判稿迟留，批词濡滞，前后左右之人，皆足招摇滋事，势必不清，何慎之有？'"

曾国藩读到汪辉祖的书，相当赞同，当晚在日记中写道："阅汪龙庄先生辉祖所为《佐治药言》、《学治臆说》、《梦痕录》等书，直至二更。其《庸训》则教子孙之言也，语语切实，可为师法。吾近月诸事废弛，每日除下棋看书之外，一味懒散，于公事多所延搁，读汪公书，不觉悚然！"

曾国藩自己为官相当勤奋，几乎事必躬亲，他也是这么勉励别人的。他四大弟子之一的吴汝纶出任知州时，曾国藩教导他当官要"勤慎"，而"勤"字要求亲自料理细事，件件仔细寻访。曾国藩也曾提到过"勤廉"，并用它来教导那些刚出来当官的读书人，他说："初出独办一事，总以'勤廉'二字为护官之符，立命之根……勤则不知者博访而渐知，不能者苦习而渐能，自不患无出头之日也。"同治二年，曾国藩写给一个姓郭的县令的信中也说："以书生初历仕途，唯俭可以养廉，唯勤可以生明。此二语者，是做好官的秘诀，即是做好人的命脉。临别叮嘱之言，千万勿忘。"

可见在曾国藩看来，勤能让人明理，而勤政是做好官的秘诀。

### 勤能致祥，治家当以勤为本

曾国藩的祖父曾玉屏，字星冈，所以曾国藩在书信里一直称他"星冈公"。据说曾玉屏年轻的时候好吃懒做，每天跟湘潭的纨绔子弟鬼混，后来在别人的劝说下，决心改正。之后他每天天没亮就起床，辛勤治理家业。当时他家里有一部分梯田，"垅峻如梯，田小如瓦"，耕种起来很不方便，他就带着长工日夜苦干，把梯田填成平整的耕地。他还亲自跟长工一起耕田种菜、喂猪养鱼，一刻也闲不下来，逐渐地就靠着勤劳发家致富了。

曾国藩很崇拜自己祖父，他勤俭持家的思想大都是受他祖父的影响。曾国藩在给他的侄子曾纪瑞信中说过："吾家累世以来，孝弟勤俭。辅臣公以上吾不及见，竟希公、星冈公皆未明即起，竟日无片刻暇逸。竟希公少时在陈氏宗祠读书，正月上学，辅臣公给钱一百，为零用之需。五月归时，仅用去二文，尚余九十八文还其父。其俭如此。星冈公当孙入翰林之后，犹亲自种菜收粪。吾父竹亭公之勤俭，则尔等所及见也。今家中境地虽渐宽裕，伫与诸昆弟切不可忘却先世之艰难，有福不可享尽，有势不可使尽。"

后来曾国藩把祖父曾玉屏治理家业的方法，总结为八个字："其四字，即上年所称'书，蔬，鱼，猪'也，又四字即曰'早，扫，考，宝'。"

这八个字里，后四个字，早是指早起，扫是指要勤于打扫房子，考是指要虔诚地祭祀祖先，宝是指要善待亲族邻里。而前四个字里说的读书、种菜、养鱼、喂猪，体现了曾国藩"唯耕读可以传家"的思想。曾国藩一直认为，做官看的是时运，一个家族不可能凭借当官，一直富贵下去。通常一个家族有人当了大官，他的子孙往往就骄傲懒散起来，这种家业也就只能传一两代。反倒是那些经商的、耕读的，因为子孙往往勤俭朴实，所以家业可以传承好几代。同治六年，曾国藩对妻子欧阳夫人说："居官不过是偶然之事，居家乃是长久之计，能从勤俭耕读上做好规模，虽一旦罢官，尚不失为兴旺气象。若贪图衙门之热闹，不立家乡之基业，则罢官之后便觉气象萧索，凡盛必有衰，不可不预为之计。望夫人教训儿孙妇女常常作家中无官之想，时时有谦恭省俭之意，则福泽悠长。"

可见曾国藩"唯耕读可以传家"的思想，并不是不让子孙当官，而是要告诫子孙，不能凭借当官富贵起来。一个家族想要保持兴旺，只有靠勤俭才行。

所以曾国藩教导子弟时常常告诫他们要勤、俭、敬，不能因为他和曾国荃在外面当了大官，就骄纵懒惰起来。他写给子弟的家书里多次强调这三个字。咸丰四年，他在写给弟弟们的家书中叮嘱："儿侄辈总须教之读书，凡事当有收拾。宜令勤慎，无作欠伸懒漫样子。至要至要。吾兄弟中唯澄弟较勤，吾近日亦勉为勤敬。即今世运艰屯，而一家之中勤则兴，懒则败，一定之理。"七月又询问："诸子侄辈于'勤敬'二字略有长进否？若尽与此二字相反，其家未有不落者；若个个勤而且敬，其家未有不兴者；无论世乱与世治也。诸弟须刻刻留心，为子侄作榜样也。"九月里又强调："诸弟在家，总宜教子侄勤敬。吾在外既有权势，则家中子弟最易流于骄，流于佚，二字皆败家之道也。"同治三年，曾纪鸿去长沙参加省试，住在官署里，曾国藩担心他染上贵公子习气，特地写信向曾国潢询问，叮嘱他："吾家子侄，人人须以勤俭二字自勉，庶几常保盛美。"

曾国藩也要求家中女眷以勤俭持家。同治五年曾国藩家人离开南京回湖南老家，曾国藩写信给两个儿子，提到家眷回乡后的生活时说："此后还乡居家，妇女纵不能精于烹调，亦必须常至厨房，必须讲求作酒、作醋、小菜、换茶之类。尔等须留心于种蔬养鱼,此一家兴旺气象,断不可忽。纺绩虽不能多,亦不可间断。大房倡之,四房皆和之,家风自厚矣。"

据满女(满女:湖南方言,指家里最小的女儿)曾纪芬的"自订年谱",曾国藩在同治七年,专门制定了一份"功课单"以"谕儿妇满女"。其中提到:"吾家男子于'看、读、写、作'四字缺一不可,妇女于'衣、食、粗、细'四字缺一不可……家勤则兴,人勤则健;能勤能俭,永不贫贱。"曾国藩要求家里男人勤奋耕田、读书,女人勤于家务、女工,都不能贪图享受,他说:"家中无论老少男妇,总以习勤劳为第一义,谦谨为第二义。"

为了防止子女染上骄纵懒惰的习气,曾国藩不准家人坐轿子,让他们常常登山锻炼身体。他贵为封疆大吏,家中却不存余财,他认为"仕宦之家,不蓄积银钱,使子弟自觉一无可恃,一日不勤则将有饥寒之患,则子弟渐渐勤劳,知谋所以自立矣。"真有点儿置之死地而后生、逼孩子们自立的味道。

为此,曾国藩很早就决定不留钱财给子孙。他在做京官时期,就表示"将来若作外官,禄入较丰,自誓除廉俸之外不取一钱,断不蓄除廉俸之外之一钱为儿子衣食之需。盖儿子若贤,则不靠宦囊亦能自觅衣饭;儿子若不肖,则多积一钱,渠将多造一孽"。这与林则徐名言"儿孙贤过我,留钱作什么?儿孙不如我,留钱作什么?"如出一辙。他告诉两个儿子:"银钱田产,最易长骄气逸气,我家中断不可积钱,断不可买田,尔兄弟努力读书,决不怕没饭吃。"

曾国藩虽不留银钱田产给后人,但他留下了大量的书籍、文稿以及更为重要的精神财富。

比较起来,左宗棠教导子弟的思想和曾国藩很相似。左宗棠疼爱儿子,却不希望他们做官,对他们能否考上科举也不在意。他多次告诫儿子,只要能读书、耕田,就是好子弟。他说:"吾生平志在务本,耕读而外,别无所尚;三试礼部,既无意仕进,时值危乱,乃以戎幕起家。"他希望"子孙能学吾之耕读为业,务怀之怀",则"吾心慰矣"。

不过左宗棠没有曾国藩这么细琐,不厌其烦地教导子孙该怎么勤俭、怎么持家。他不希望子弟当官,是因为他厌恶封建官场的黑暗,实在不愿儿孙们再陷进去。他知道想要在官场上立足,就必须做违心的事,说违心的话,他曾对周夫人说:"霖儿兄弟总以读书居家为是,断不可令作官,致自寻苦恼。"给子重公的信中也说:"我生平于仕宦一事最无系恋爱慕之意，亦不以仕宦望子弟。"

左宗棠留给后人的财产也不多。他去世前九年就立下了分配遗产的遗嘱，他说："吾家积世寒素，近乃称巨室。虽屡申儆不可沾染世宦积习，而家用日增，已有不能节用之势。我廉金不以肥家，有余辄随手散去，尔辈宜早自为谋。大约廉金拟作五份，以一为爵田，余作四份均给尔辈，已与勋、同言之，每份不过五千两也。爵田以授宗子袭爵者，凡公用均于此取之。"可见左宗棠早已作计划，只留下二万两银子给四个儿子，另五千两购置爵田以作公用，由世袭爵位的那个儿子管理。他认为这已足够了，儿辈们"年少无能，正宜多历艰辛，练成材器"。

## 领导与管理：你的时间被合理使用了吗

组织的领导者、管理者对于"勤劳"的理解，绝对不可以按清洁工人清晨早起一样来要求，也不应该用每天工作十八个小时来考量，而应该在提高时间的利用效率方面痛下工夫。

管理者在安排自己的时间方面，往往有很大的压力。有些事情他们不得不做，比如说出席宴会、应酬、接待有头面的人物之类——就算这些事情对组织根本没什么实际的好处。往往一个管理者在组织里的地位越高，这类事情就越多，因此他们想抽出大量时间做有用的工作也就越难。

而管理者想要提高工作效率，就必须安排出一整段的时间来干一些重要的事。因为他们需要跟人打交道，他们做的是脑力劳动，必须保证思路不被打断。如果只抽出一些零碎的时间工作，肯定没有办法做好。比如管理者要和部下讨论工作计划，如果他真想讨论出什么结果，起码得花几个小时，如果只有15分钟时间，恐怕连沟通都做不好。再比如说管理者想要写一个报告，如果思路不被打断，5个小时就可以写出草稿，然后可以抽零碎的时间来修改。但是抽零碎的时间来写，根本就没办法组织好自己的思路，自然也就写不出什么结果。

越是在大组织里，想要成员能够轻松、高效率的工作，就越是要求管理者和普通成员之间有良好的沟通。管理者需要了解，成员对他们有什么要求、对组织有什么建议、认为组织还有哪些地方存在危机、哪些地方可以改善；而组织里的成员也会因为这些沟通，知道管理者和组织重视自己，关心自己的意见。这样既有利于管理者开展工作，也有利于保持成员的工作热情。这种沟通需要在从容不迫、轻松自在的气氛下进行，所以往往要一次性抽出大块的时间来完成，中间尽量不要被打断。

协调人际关系确实需要花费很多时间，而且组织越大，需要的时间就越多。这项工作对维持组织里内部的团结协作大有好处，对组织而言是必不可少的。这项工作需要占用管理者大量的时间。所以组织越大，管理者能自由支配的时间反而越少。

组织里成员越多，人事方面的决策自然也越多。人事任免需要慎重，早在春秋时期，孔子就曾经说过要"多闻阙疑，多见阙殆"，要多听多看多做考察，反复斟酌，不要轻易下结论做决定，慎重行事才能减少错误。虽然大多数人事任免都不至于关系到组织存亡，不需要这么劳心劳力，但是要做出正确的决定，也还是要花几个小时认真地考虑。总之要做人事方面的决策是很浪费时间的——首先人才不可能是完美的，有些人可能知识丰富但是技术不够熟练，有些人可能有一流的技术但是没什么实际经验，必须要综合考虑各方面因素才能做出选择。其次你还要考虑人的感情：一个已经为组织辛勤奉献了30年或者曾经为组织作出杰出贡献的员工，年纪大了、做不好自己的工作了，管理者也往往不能粗暴简单地把他辞退掉，而是要仔细考虑怎么给他安排个新职位，才能既不伤害他的感情，又不会给组织造成损失。

可见管理者在时间安排上面临着很大的压力，一方面他们时间有限，可以利用的时间甚至比普通成员还要少；另一方面他们工作繁重，各种事情都要他们抽出大量的时间。所以不管是出于组织的需要，还是出于人事任免的需要，管理者都得学会管理自己的时间。

想要管理好自己的时间，管理者首先应该知道自己的时间都花在哪里了。有位管理学家将时间管理分成三个步骤：记录时间；管理时间；统一安排时间。

第一步，管理者应该养成记录时间的习惯。这项工作可以让秘书代劳，但必须要保证真实。要把确切的时间记录下来，而不是事后追忆。然后每个月定期检查工作记录，工作记录会如实反映管理者哪些时间被浪费掉了。要根据记录重新修改自己的时间安排。这样反复练习，才能最大限度的避免工作时浪费时间。

第二步，就是要对时间进行有序的管理。从工作记录中找出，哪些活动是浪费时间的，然后把它们从时间表上删掉。关于这项"诊断"，管理学家归纳出三条原则。

1. 可做可不做的事，应该删除。比如说演讲、饭局、做嘉宾之类，这些活动往往要占用管理者大量时间，但是这些活动里很大一部分，对组织和管理者本身、甚至对活动的组织者都没什么实际好处。只要管理者拒绝掉，问题就能解决了。

2. 可以有别人代劳的事，不必亲自去做。比如说有些会议别人也可以主持，管理者就不用亲自参加。一些文件、报表之类有专门的人员负责和处理，管理者就不必亲自参加讨论、核对。

3. 不要浪费别人的时间。有时候就算管理者做的是很有效的工作，没有浪费自己的时间，但是可能浪费了别人的时间。比如说有些会议讨论的问题，只需要直接负责的两三个成员参加就可以了，但是管理者担心冷落了没受到邀请的成员，只好给每个人都发一份会议邀请。网络上流传着一句名言："会议的效率总是跟与会人员的数目成反比。"这么多无关人员参加，可以想象会议效率有多低。其实这种会议并不需要邀请无关人员——他们也会觉得浪费时间——要解决管理者的顾虑，只需要在开会前知会他们一下，事后把会议的详细摘要发到他们手上，同时向他们征求意见就可以了。

这些事情都可以根据情况删减。管理者往往担心把重要的活动也删掉了，其实这种顾虑根本没必要，因为如果是真正重要的事情，就算错删了，也会马上发现。而且事实上很多事情并不是非得管理者亲自去做，所以就算删掉也不会有什么风险。相反，只做最重要的工作，反而会大幅提高管理者的效率。

"二战"时期，哈里·霍普金斯是罗斯福总统的特别顾问。霍普金斯小时候得过伤寒，一直体弱多病，这一时期他连走路都很艰难，常常隔几天才能工作几个小时。所以他不得不把活动减少到最低程度，只处理最关键的工作。因此他工作效率奇高，甚至被人称为"影子总统"，丘吉尔也称他为"核心人物"，他的作用在盟军中谁也无法取代。

除此之外，还有管理者还应该注意，管理不善或者组织本身有缺陷，也可能会造成时间浪费的现象。有位管理学家总结出四种情况。

1. 缺乏相应的制度，或者缺乏远见卓识

有一家公司的业务季节性很强，通常夏季销售额很高，冬季则很低。而公司的高级管理层每年都会根据夏季的销售报告来预测全年的收入，所以一到冬季，公司上下就忙得不可开交，常常不得不采取紧急行动，以达到高级管理层提出的销售目标。冬季最开始的一个月，中级管理层往往忙于救急，根本没办法做其他的事。后来公司改变了措施，不再预测全年收入，改为预测各个季度的收入，中层管理者不用再浪费时间搞突击达标，冬季的营业额反而因此提高了。

可见这种情况有一个显著的特征，就是会定期或者在特定的情况下出现"危急现象"，这种危急往往可以预见，而且只要改善一下制度，或者采取常规措施就可以解决。管理者应该及早把它们找出来，避免因此造成的混乱和浪费时间的现象。

2. 机构臃肿，人浮于事

历史上很多王朝的官制都采取科层式结构，而科层式结构一个重要特征就是：层数越多、办事越拖沓、官僚作风越重。世界史上很多王朝崩溃，都会有一个前兆：毫无节制的买官卖官——腐败问题暂且不谈，由于增设了大量官职和官员，造成政府机构异常臃肿、冗员增多开销翻倍，而办事效率却极端低下，因此很多紧急事务都不能及时处理，最终加速了王朝的毁灭。

一个组织成员越多，协调内部关系花费的时间也就越多，因此工作效率也就越低。如果高级管理人员发现他有 1/10 以上的时间都用来处理组织内部的人际关系，例如解决矛盾、减少摩擦、处理权限之争、加强合作等，那么这个组织肯定已经人浮于事了。这个时候就应该改善组织结构、精简人员。

3. 组织机能不健全，主要表现就是会议过多

一次会议不管大小，通常都要花费好几个小时，这段时间参加会议的人都不能工作。如果一个组织一天到晚都在开会，那么工作什么时候做？而且如果会议没有明确的目标，或者提不出解决问题的方案，无疑是在浪费时间。

当然开会有时是很必要的，比如说组织里有特定的任务需要不同岗位的成员合作完成，这就需要通过会议将这些人聚集起来讨论工作方案、分配任务。但是开会不应该成为管理者日程上的主要工作——如果会议过多，就表明本来应该由一个部门来做的事，被错误地分派给好几个部门了。显然这个组织分工欠佳，或者说结构组成有问题。这种情况下，管理者就需要考虑合并一些部门，或者应该重新分配工作。

4. 信息功能不健全

如果组织内部不能及时将必要的信息上下传达，也会浪费成员和管理者的时间。

有一家医院的院长经常接到医生的电话，说是需要为住院的病人解决床位问题，医生们从住院部那边了解到病房已经没有空床位了，但是院长几乎每次都能找到空床位。因为病人出院后，病房的护士和值班人员没有及时把消息反馈给住院部——住院部的统计是在每天早上五点，但是病人却大都在上午查房后离开。其实只要护士及时

把账单复印一份交给住院部，信息很快就能修正。

在解决了以上这些问题后，第三步就是统一安排可以支配的时间。就算解决了浪费时间的问题，管理者能自由支配的时间依旧很有限。因为总是会有一些他们不得不处理的事情占用他们的时间，比如接待一些顺道拜访的重要客户、处理组织里的人际关系等，这些在前面都已经说过。

这种情况下管理者想要提高工作效率，那么在安排时间上最重要的原则，就是把自己可以支配的、零碎的时间集中起来，合并成一整段的大块时间用来工作。这种办法其实很多，有些人可以每周抽一天时间在家里办公；有些人每周专门拨出两天时间来处理日常事务，其他几天上午用来处理紧急的重要事务；有一些人每天在上班前在家里抽出一段时间工作。

有经验的管理者都会预先估算他们可以自由支配的时间，然后把其中长短合适的时间一整块保留下来，如果有其他事占用这部分时间，就重新审视自己的时间记录，根据前面提到的原则，删掉浪费时间的工作。

时间是最特殊的资源，每个人的时间就是那么多，少了没有其他手段补充，多了也不可能存起来以后用。因此优秀的管理者必须懂得合理地安排和使用时间，充分利用有限的时间，做最重要的工作，努力提高自己的效率。

## 湘军战例：安庆会战（下）

在太平军第二次西征计划即将落空时，太平天国的南京当局当即更改作战计划，直接进攻安庆围敌，也就是进攻曾国荃部队，企图用这种方式解除安庆之围。1861年4月下旬，陈玉成从湖北返回安徽，进驻集贤关外；洪仁玕、林绍璋部也率兵从南京赶来，准备在桐城一带扎营。

5月1日，洪仁玕、林绍璋等会合桐城、庐江一带的吴如孝部，进入安庆北面的新安渡、横山铺、练潭一带，连营三十余里，军队总人数超过两万，企图与陈玉成部会师，共解安庆之围。一时间，各路太平军纷纷进驻安庆外围，准备向围城的曾国荃部发动总攻。

太平军的这个大动作，反而让曾国藩变得亢奋起来。其实，他当时还没有逃离惊险的祁门，不过，这个消息倒是将他从绝望中拉了回来。准备了这么久，盼的就是这一刻。说实话,他太想打这场仗了。为了布置这场战役,他坚持将湘军主力留在了安庆周围,以至于自己被困祁门,好几次都差点见阎王。如今,终于要开始决战了,这让他内心澎湃,激动不已。这次"太平军既然全力救安庆,那我定就全力争安庆!"于是,他准备投入更大的军力进行决战。

其实,从太平军开始第二次西征以来,湘军领导集团内部就出现了意见分歧,这次安庆会战,该不该坚持,能不能最终取胜,这种大军压前、后方空虚的作战计划,似乎更像一场赌博,甚至连一直支持曾国藩的胡林翼,都开始动摇了。决不放弃这次安庆会战,至少从内心上讲,只有曾国藩一人。也许曾国藩是个固执的人,认准的事绝不会轻易放弃,这次也是一样。他坚信这场战争的战略意义,也清醒地认识到要拿下这场战争非常艰难,但是,就是那种湖南人的蛮劲,让他咬牙坚持下来。

一场决定太平天国命运的安庆之战终于开战了。在铺垫了那么多之后,这场战争现在终于发展到高潮。

鉴于安庆形势骤然紧张,曾国藩急忙调鲍超部奔赴江北,胡林翼也从湖北调成大吉部急援安庆。

陈玉成入集贤关后,立即做了两件事。第一件事,就是派近千人的部队进入安庆城协助防守,另外一件,就是在菱湖的南北两岸建了18座营垒,并用湖中小船向被围的安庆输送粮食。这样,使得安庆的形势暂时得到稳定,不过,要想真正突破湘军的重围,那可真不是件轻松的事情。

曾国荃为了截断城内外太平军的联系,请求杨载福将湘军水师的炮船开入菱湖。这样,太平军的小划船很快被截,城内外的联系又中断了。这时,陈玉成又在靠近湘军水师的营盘的地段——菱湖东岸,疯狂筑垒,企图给出入菱湖的湘军水师船只制造障碍。湘军水师一面抵御太平军的逼攻,一面抢筑营垒,与太平军相对峙。

正当陈玉成在集贤关布战的时候,前来救援安庆的洪仁玕、林绍璋军和从芜湖北渡的黄文金部,都在挂车河一带被多隆阿阻拦,无法完成与陈玉成的战略合营。

陈玉成只好和安庆城内的太平军在菱湖一带夹攻曾国荃围军。曾国荃部依靠在安庆城外挖掘的两道壕墙,前围后截,并会同水师拼命抵抗,以至于太平军组织的几次进攻,都被曾国荃的壕墙挡回去了。

几次进攻失败后,陈玉成将所率部队退回至集贤关外,有意从集贤关撤军。胡林翼听到军报,马上飞信给鲍超,要他不要急着和陈玉成开战。鲍超在收到胡林翼的信件后，放慢了进军速度，这么多天的来回奔波，加上久战的疲劳，一接到不要急于同陈玉成开战的指令，便一下子松懈下来。本来两天的路程，鲍超部花了四天时间还没达到目的地。

然而，陈玉成的撤军只是故意做个假象给湘军看，他将军队撤至集贤关外后，就进入了休整状态。三天之后，陈玉成部突然再次发力，返回集贤关内，对曾国荃后壕发起猛烈攻击。

太平军的突然回攻，让曾国荃等措手不及。他飞信给胡林翼，要他增调多隆阿、成大吉两军紧急来援，争取将陈玉成围歼于集贤关内。当然，他在信里也没有忘记责备胡林翼，怪他令鲍超不要着急，导致鲍超军行军过慢。

胡林翼收信后，立即给鲍超连发六封信函，催促他驰援集贤关，并急调多隆阿、成大吉二军火速赶往集贤关。

很快，多隆阿便带兵进驻磨山，而且已经和曾国荃、鲍超、成大吉约定好——一个月后对陈玉成军进行三面会剿。

陈玉成再次入关后，苦战三天，仍然没有什么进展，突然又听说鲍超已经到了大桥头，而援军又被阻截。直觉告诉他，恶战即将开始，而单凭自己一军兵力，取胜概率太低。于是，便留下守关部队——八千人驻守集贤关内、菱湖两岸各垒，另外，集贤关外的赤冈岭四垒，也派刘玱琳部的四千精兵守卫，自己率队连夜从马踏石退走桐城，与洪仁玕等商量破敌策略去了。

不过，堪称英勇善战的陈玉成军多次进攻无效，也从另一个方面说明了，曾国荃花一年的时间打造的壕墙，绝对是高水准。不敢说是固若金汤，但至少要想攻破肯定是要花大力气的。曾国荃果然牢牢地守住了围城，确实没有让兄长失望。

在这里顺便介绍一下陈玉成的留守部队——刘玱琳部。刘玱琳部以广西老兄弟为骨干，堪称百战精锐，也是陈玉成全军的中坚力量。曾国藩也对其给予了很高的评价。他认为，刘玱琳部堪称陈玉成的"第一悍党"，能攻善守。当然，对这支部队主将刘玱琳，他则更是怀着敬畏之心，甚至在书信中称他为"玱翁"、"玱琳先生"，他说，爱其人，所以称翁；敬其人，所以称先生。

陈玉成以为自己会很快搬援兵回来，就让刘玱琳部在赤冈岭阻击鲍超军，负责保护关内各营。不料，到达桐城后，连战失利。5月23日，陈玉成会同洪仁玕、林绍璋、黄文金及一部分捻军，兵分三路，进攻挂车河一带的湘军。多隆阿根据战俘提供的及时情报，制订了先发制人的战争方案。于是，事先派出多起马队，分路设伏。

  第二天清早，太平军发起进攻，多隆阿亲率马队各营，分兵五路迎战。很快，双方便进入激战状态。正当两军打得不可开交时，之前埋伏好的马队从太平军后方冲出，焚烧营垒。太平军一见营垒被焚，便乱了阵脚，纷纷后退。多隆阿部趁势进击，将太平军新筑营垒全部焚毁，陈玉成等只能率队匆匆退回桐城。

  由于始终没有能够突破多隆阿的防御阵地，桐城的太平援军自然没法通过陆路到达目的地——集贤关。不巧的是，天公也不作美，连降几天暴雨，使得练潭一带水位线迅速上升，而马踏石一线又被湘军封锁，以至于水陆两路都不通，陈玉成没法如期返回安庆。

  当陈玉成困于桐城时，湘军的鲍超、成大吉部已经赶到集贤关外。一听说只有四千人的刘玱琳部留守，陈玉成已率兵撤离的消息，便马上将留守部队团团包围。曾国藩料定陈玉成不能即刻回援，便令鲍超、成大吉部万人精兵，对赤冈岭四营日夜猛攻，企图在陈玉成返回前将其攻下。同时，曾国荃部正日夜不停地在关内挖掘长壕，准备从后面围住菱湖两岸的太平军营垒，切断它们和刘玱琳部队的联系。这样一来，刘玱琳部就完全处于孤军作战的境地了。

  将刘玱琳的四千精兵置于孤危之地，这是兵法大忌，而战争经验丰富的陈玉成不可能不知道，也许是迫于无奈，他才决定跟自己赌上一把，赌的就是能顺利突破湘军防线，及时回援。只可惜，他输了这场赌博……

  5月20日凌晨，鲍超将所部分为四路，分别进攻赤冈岭的刘玱琳部四垒，成大吉部负责掩护，战争策略和目标是速战速决。然而，刘玱琳部虽然孤军作战，但实力仍然不可小觑，以至于湘军的进攻遭到顽强抗击，无法快速取胜，只好改变战争方案。随后几天，湘军日以继夜地在赤冈岭四周修筑炮台。

  6月初，鲍超部湘军对太平军各垒频频发起轰击。连续轰击几天后，太平军的二、三、四垒陆续被攻破，李仁福等三千将士战死或被杀，只有留守主将刘玱琳所在的第一垒仍然在顽强抵抗。第二天深夜，刘玱琳率第一垒战士八百人，冒死向北突围，不料，途中受洪水阻隔，大多士兵被湘军追兵俘虏。有幸能乘船逃脱的刘玱琳等二百人，又遭到湘军水师炮船的拦截。就这样，八百战士无一幸存，而刘玱琳被湘军俘获后，更是以"肢解"处死。何其惨烈！

  胡林翼听到赤冈岭战争大胜的好消息，立刻飞信向曾国藩表示祝贺。在他看来，鲍超、成大吉攻下赤冈岭四垒的战略意义，绝对不亚于当年塔齐布攻陷岳州、李续宾攻克九江，此战之后，湘军和太平军之间的攻守形势和力量对比一定会发生重大变化。

这场胜仗也让曾国藩高兴至极，他认为，陈玉成军在这次战争失败后，军势肯定大为衰落，同时湘军势气大增，这绝对是个很好的转变。不过，湘军这次攻克赤冈岭四垒的代价也是相当大的——鲍超、成大吉部的精兵伤亡数量至少超过三千。杀敌四千，损兵三千，足可称为湘军前所未有之"血战"。但是，在曾国藩等看来，这个代价是值得的，因为从此以后，陈玉成失去了这支骨干部队，军力肯定大为削弱，这对以后的围剿肯定会有很大帮助。

退兵桐城的陈玉成和洪仁玕等人彻夜商议，决定更改进援安庆的路线——从桐城向西进入湖北，再从蕲州经宿松、石碑进抵集贤关外，直接进攻安庆围敌。这样虽然路途曲折了点，但可以避免和多隆阿部直接对抗，尽快支援安庆。于是，陈玉成等布置好驻留桐城的部队后，便会同各部出战了，当时兵力达到了四五万人。

8月24日，陈玉成等部陆续进入集贤关，在关口、茅岭、十里铺一带扎营四十多座，散布在各个山冈。同时，安庆城内的守军也在西门一带列队，和援军遥相呼应。

从第二天开始，太平军便轮番冲锋，对湘军围城部队的后壕，连日发起猛攻。曾国荃督率各营坚守营壕，等到太平军逼近时，再枪炮齐轰，致使太平军将士死伤不少。

按理说，在湘军水陆两军的完成合围时，安庆城内的太平军守军应该已经断粮了。然而，这么多天，太平军士兵仍然可以战斗，多亏了一些唯利是图的外国商人，他们趁机抬高米粮价格，卖给安庆城内的太平守军。这样，守城的太平军才可以每天有粥喝。

曾国藩知道这个情况后，非常着急，城内粮源不断，围城就不能达到既定效果。可是外国人的商业活动又不能命令禁止，只好传令给彭玉麟，让水师加强巡守，只要发现有向安庆送米的外国船只，就出高价买下全部米粮，一定要完全切断太平守军的接济。

那几天，太平军几乎每夜都对敌营发动袭击，并在菱湖北岸建起十多座营垒。营垒筑好之后，太平军再次向曾国荃部发起猛攻，同时用小船向城内送米，不幸的是，全部被湘军水师截获。安庆城中米粮枯竭，守军连续多日处于饥饿状态，体力不支，军心涣散,逃跑者越来越多。

在太平军频繁进攻的情况下,曾国荃将部队兵分两路:一路主要负责抗击援军,一路不分昼夜地挖掘地道,想要用炸药轰城。与此同时,他又命士兵在旧壕后面挖掘新壕。这样,敌军即使用火力攻破了旧壕,后面还有新壕挡着。

当时,只见太平军层层攻破旧壕,湘军层层开挖新壕。陈玉成督率的各路援军也相当勇猛,各个手拿草束,蜂拥而至,逼近壕墙时,掷草填壕,顷刻即满。湘军开炮轰击,每炮一出,倒掉一层,血溅一道。后来者继续进扑,完全不顾生死。湘军旧壕枪炮装放不及,便密排轮放。又增调八百杆抬枪、鸟枪。只见枪炮声震耳欲聋,太平军层层倒下,积尸如山。就这样,太平军连扑十二次,激战一天一夜,死伤无数。

陈玉成、洪仁玕等各路援军一直战斗到最后。安庆即将攻陷时,他们遥望城内起了大火,于心不忍,又猛攻了两次。直到救援无望,才连夜退出集贤关,向桐城方向退去。

1861年9月5日,曾国荃便下令用炸药轰塌北门城墙,多路攻入城内。彭玉麟水师也配合作战,对安庆守军南北夹击。安庆陷落,太平军将士早已饥饿困乏不已,无力抗争,一万六千人守军全部壮烈牺牲。

至此,曾国藩等全力争取的安庆会战,终于大获全胜。

太平军援军部队的这次战斗,其实打得很不错,至少士兵各个视死如归,相当勇猛。只可惜,曾国荃的围城建得太有水平,占尽了天时、地利、人和,而城内守军的粮路又被截断,无法里应外合。而如果要追究更深层次的原因,应该上溯到进攻计划不统一,各自为政,陈李二军轻易放弃了武汉合围,一次又一次地放弃了解围安庆的契机等。不过,战局已定,这些都是次要的了。而曾国荃部攻入安庆之后,进行的一系列烧、杀、抢、掠行为,也都是后话。

# 第十章 和 辑

## 原文精选

湘军之所以无敌者,全赖彼此相顾,彼此相救。

为大将之道,以肯救人、固大局为主。

兵无论多寡,总以能听号令为上。不奉一将之令,兵多必败;能奉一将之令,兵少必强。

处处严于律己,而薄于责人,则唇舌自省矣。

敬以持躬,恕以待人。敬则小心翼翼,事无巨细,皆不敢忽。恕则凡事留余地以处人,功不独居,过不推诿。

### 按语：二人同心，其利断金

《周易》中说："二人同心，其利断金"。一个组织可以发挥出的力量，往往大于各成员力量的总和，但是这种情况有一个前提，就是团结协作。在军事史上，将士一气、万人同心的军队往往不可战胜，因此曾国藩在湘军中多次强调要"彼此相顾、相救"。

这个道理不只适用于军队，任何组织，只有内部人员同心同德，团结协作，才能发挥出最大的力量。一个组织里的人，年龄、习惯、性格各异，日常生活中难免会有矛盾和嫌隙。因此要分清公与私的界限，不能让私情干扰了公事。古人云："兄弟阋墙，外御其侮。"组织的领导者与管理者尤其要注意公私分明、不因私废公。

另外，曾国藩还强调"敬以持躬，恕以待人"的原则。要减少矛盾和摩擦，保持组织内部的团结协作，领导者和管理者还应该从自身做起，养成平和宽容的心态，严格律己、宽以待人。

### 湘军人物故事：曾国藩的和辑手段

曾国藩以军事起家，我们不妨先从治军这一角度，看看曾国藩是如何做到下级与下级之间的团结协作的。

曾国藩办团练时就认识到，绿营军最大的弊端就是"离心离德"。而太平军军纪严明，部队团结，想要消灭他们，曾国藩认为应该先使"诸将一心，万众一气"。为了实现这个目标，曾国藩决心另募新军，改革军制，整顿军队。

曾国藩在组建湘军时，靠竖起"忠义"大旗，来聚集那些崇尚名教、尊崇孔孟的封建士子。在倡导忠义的思想指导下，他强调要建立"死党"，他反复说："鄙意欲练勇万人，呼吸相顾，痛痒相关，赴火同行，蹈汤同往，胜则举杯以让功，败则出死力以相救。贼有誓不相弃之死党，吾官兵亦有誓不相弃之死党。"因此，须"求质直而晓军事之君子，将之以忠义之气为主，而辅之以训练之勤"。他提出了做将领的四个条件：第一要才堪治民；第二要不怕死；第三要不急于名利；第四要耐受辛苦。他接着说："大抵有忠义血性，则四者相从以俱至；无忠义血性，则貌似四者，终不可恃。"

后来的事实证明，曾国藩所聚集的干部，主要是以卫道士自居而仕途并不得意的书生，其次是讲忠义血性的一介武夫。据罗尔纲的《湘军新志》统计，湘军的重要将领连同曾、胡的幕僚共182人，可以考证者有179人，其中书生104人，占58％，武夫75人，占42％。曾国藩所招募的士兵，也"无所浮滑之辈"，而多是朴实健壮的山民。这些人，一则有吃苦耐劳的优点，二则听指挥，容易驾驭，这为湘军的团结协作打下了坚实的基础。

曾国藩不仅选将招兵时注重"忠义"，而且在成军后仍不断向将士灌输忠义思想，做政治思想工作，强调"训练并举"，而"训"更重于"练"，把政治思想工作放在首位。曾国藩"每逢三、八操演，集诸勇而教之，反复开说至千百语"。他"每次与诸弁兵讲说至一时数刻之久，虽不敢云说法点顽石之头，亦诚欲以苦口滴杜鹃之血"。"训"的内容重点是"训做人之道"。湘军将士在训练之余，还以《孝经》、《四子书》等"转相传诵"，以至"夜闭营门，书声琅琅出壕外，不知者疑为村塾也。"

曾国藩还在湘军内部，强化了封建宗法关系，以血缘和地缘作为紧密联系官兵的纽带。湘军初建时，是通过变乡勇为官勇来建军的。凡乡勇，都是同乡人抱成一团，其带兵者也是同乡人。初建的湘军，保持着乡勇的这一传统。后来成军之后，就把"勇由将招"的招募制固定下来。同治八年五月，曾国藩向朝廷陈述这种募勇方法时说："湘军勇营之制，营官由统领挑选，哨弁由营官挑选，什长由哨弁挑选，勇丁由什长挑选。"他认为这种层层挑选的好处在于，"譬之木焉，统领如根，由根而生干、生枝、生叶，皆一气所贯通，是以口粮虽出自公款，而勇丁感营官挑选之恩，皆若受其私惠，平日既有恩谊相孚，临阵自能患难相顾"。在这种军队里，官兵们都把自己的前途和身家性命与自己的上司紧密相连。

湘军实行这种"呼朋引类"的招兵选将方式，造成军营之内多本家、亲戚、师友的局面。如曾国藩兄弟、王鑫一族、江忠源一家，均举家投戎。不少人有师生关系，罗泽南"纯用其弟子为营哨"，"所部将弁皆其乡党信从者，半属弟子"。还有不少人有姻亲关系，如曾国藩与罗泽南、刘蓉、郭嵩焘兄弟、李元度，王鑫与左宗棠、杨昌浚，江忠源与刘长佑等，都是姻亲。

湘军新募的勇丁也大都是同乡同里人。王鑫"专招一县之勇"。李元度"但取平江之人，不用他籍之士。非秦者去，为客者逐"。刘长佑的部属，也是"非其亲党，即其邻里"。曾国藩在衡阳组建水师时也申明："水手须招至四千人，皆须湘乡人，不参用外县的，盖同县之人易于合心也。"曾国荃吉字营所招湘勇，"不独用湘乡人，且尽用屋门口周围十余里人"。

由此可见，这种邻里关系、家族关系、姻亲关系、师生关系，在湘军中，上至将帅，下至一般官佐与勇丁都广泛存在。正如《湘军记》中所说："一营之间，指臂相联，弁勇视营、哨，营、哨视统领，统领视大帅，皆如子弟之事其父兄焉。"并且同级官佐之间、同营士兵之间，也具有相当程度的凝集力。俗话说："打胜仗离不得父子兵。"曾国藩正是利用了这一点，从而彻底改变了绿营所存在的"卒与卒不相习，将与将不相和"的弊病，使湘军形成了相当程度的战斗力。

曾国藩还利用厚薪厚赏制和保举来激励下属，维系军心，巩固团结与协作。湘军官兵的军饷本来已很丰厚，与此同时，曾国藩还实行厚赏制，如"临阵有能杀贼一名者，功赏银十两，并赏八品军功"，"拿获长发贼，每名赏银二十两，短发贼，每名赏银十五两"。后来由于军饷供应不上，多有拖欠，曾国藩干脆采取发半饷之法，余饷于战后统一结算，这也把湘军官兵"套牢"了，客观上进一步巩固了军队团结和协作。此外，又对有"战功"者不断保举，多达十几万人次，其中保至三品以上的就达几万人。仅仅是攻克金陵的两次保举，就达4300多人。厚薪厚赏和保举，从名利上激励官兵团结和辑，拼命作战，这成为湘军卖命的内在原动力。

总之，曾国藩用组织、信仰、纪律、地缘、血缘关系，使用厚薪厚赏和保举等手段，有效地加强了湘军内部的团结和辑，使指挥灵便，号令一致，将士效命，战斗意志空前高涨，造就了人少精悍、有很强战斗力的湘军。

曾国藩十分痛恨封建官场的弊病，对此也有较为清醒的认识，他曾经说过"今日不可救药之端，唯在人心陷溺，绝无廉耻"。他发誓要"自别于畏死者之流"，要在这茫茫宦海之中，挽狂澜于欲倒。基于这种耿直、清高的思想，曾国藩在出山之初与地方官难以融洽，他"团练乡民、搜查土匪"事事都遭到地方官的非议和阻挠，靠着皇帝的支持才撑下去。

咸丰七年二月曾国藩回家奔父丧，守制达一年三个月。这期间他对自己办团练以来四处碰壁的原因进行了总结，除悟出领兵而未兼有地方实权之外，还对自身修养方面的种种弱点，做了认真的检查。这一时期他开始学习老庄"谦下不争，为人务宽"的处世原则，认识到"吾辈在自修处求'强'则可，在胜人处求'强'则不可"，开始明白谦忍、圆融在为人处世中的妙用。

一年之后，曾国藩复出，处事作风、自身修养有了很大转变，这与守制期间的自我反省关系很大。这一转变主要表现在两个方面。

一是曾国藩自此较有自知之明。后来他在给弟弟的信中说："兄昔年自负本领甚大，可屈可伸，可行可藏，又每见人家不是。自从丁巳、戊午大悔大悟之后，乃知自己全无本领，凡事都见得人家几分是处，故自戊午至今九载，与四十岁前迥然不同。"

二是曾国藩较以前更善于官场应酬，日趋圆滑、世故。经过几年的磨砺之后，曾国藩意识到，仅凭他一个人的力量，是无法扭转官场风气的。想要继续为官，就只能向官场风气屈服，并去学习它，适应它。对于这一改变，曾国藩自己认为："寸心之沉毅愤发，志在平贼，尚不如前次之志；至于应酬周到，有信必复，公牍必于本日完毕，则远胜于前。"这一改变为曾国藩创造了更好的人际环境。此后，他无论对同僚，还是下级、上司，都更圆熟谦忍，这为他协调各种关系，搞好团结和辑，起到了很大的作用。

1. 曾胡和辑，湘军得益巨大

曾胡相识之初，胡是曾国藩的下级。曾国藩很赏识胡的才干，有意留他在湖南，曾国藩在奏折中说他"胆识绝人，才大心细，为军中万不可少之员"。

在曾国藩居家这一年多时间里，由于太平天国内讧，湘军控制了湖北和江西的绝大部分地区，胡林翼等人皆"大有长进，几于一日千里"。到1858年，胡林翼已官至巡抚，加"宫保"（即太子少保）衔。曾国藩复出之后，仍是个在籍侍郎的身份，与胡林翼基本上是一正一副的同僚关系了。

胡林翼由于得到曾国藩的赏识和提携，自然对曾国藩具有特殊的感情。在湘军中曾胡两人关系最为密切，在湘军中有曾湘军、胡湘军、左湘军之分，但胡湘军的骨干将领如罗泽南、李续宾、鲍超等，又是曾国藩的部下，形成分而复合，你中有我，我中有你的局面，不像左湘军那样同曾国藩之间界限分明。

1859年8月，胡林翼通过官文奏请曾国藩暂缓入川，与自己一起进攻安庆。曾国藩当时正在赴川途中，他走到武昌附近的阳逻镇，就收到咸丰帝新的命令，令其暂缓入川，驻扎湖北，以图安徽。曾国藩接到上谕后，即回巴河，与胡林翼共同筹划进攻安徽的方略。

　　清政府的这一决定，成为曾国藩人生中的重要转折点。从此之后，不仅军饷有了保证，而且事事有人相帮，办事顺手，再不像在江西、湖南时的情形了。自1859年湘军在湖北汇合之后，曾胡二人"事事相顾，彼此一家，始得稍自展布"。这次曾国藩留驻湖北，全靠胡的上奏，因此可以说胡对曾国藩的帮助极大。

　　胡林翼通过对湖北总督官文的笼络，巩固了自己的地位，使自己办事顺手，这为他帮助曾国藩提供了条件。他对曾国藩的帮助，也主要是在交好官文、揽封疆全权之后的事。胡对官文的笼络，让曾国藩也深受启发，学到了谦忍以调和矛盾的方法。

　　官文官僚习气很重，生活挥霍无度，又不理政务，诸事皆委托幕友家丁处理。胡林翼对此十分恼火，很看不起他，想弹劾他。当时主管湖北粮台的阎敬铭劝胡林翼说："武汉是天下要地，朝廷决不会把这个地方完全交给汉族官员。如果把官文弹劾掉，一定另派新人，后来者未必就比官文更好些。而且官文没有主见，又是旗人，遇到大事，正好借他的口上奏。不如跟他交好，顶多花些钱，这样遇到事可以自己做主，不被掣肘。"胡采纳了这一意见，遂转而笼络官文，甚至把官文的宠妾认作义妹。从此，官对胡言听计从，不仅让他对湖北诸事全权在握，而且遇有奏请之事，皆由官文出面，使得事事顺利。

　　对于胡林翼认官文宠妾为义妹，梁启超在《新民丛报》记之甚详，兹录于下：

　　"官文有爱妾，常宠异之。……值妾生日，伪以夫人寿辰告百僚，拟待贺者至门，然后告以实为如夫人也。届期客集，藩司某已上手本矣，得知实情，则大怒，索手本去。胡文忠亦至，询其故。藩司曰："夫人寿辰，吾侪庆祝，礼也。今乃若此，我朝廷大僚岂能屈膝于贱妾！"文忠从旁赞叹曰："好藩台！好藩台！"语未毕，竟自昂然传"年家眷晚生胡林翼顿首拜"之帖入祝矣。时藩司之索手本也，道府以下纷纷随索者不少，及胡文忠以巡抚先入祝，则又相随而入。官文妾几于求荣反辱，得文忠完其体面，妾大德之。文忠知官文之爱且畏其妾也，归署乃以太夫人之意请官妾宴，且告太夫人善待之。妾至，胡太夫人认作义女。对此官文有不同意见，妾曰："你懂得什么！你的才能识见安能比我胡大哥，不如依着胡大哥怎么做便怎么做罢！"官辄唯唯奉命。自此官胡交欢，而大功之成实基于是。"

　　曾国藩对下级推诚相待，不夹杂权术；凡事出于公心，不夹杂私念；鼓励下属发展，从不嫉贤妒能；即使对于下级无理的"拂逆"与抵触，也是"反求诸己"，在自己身上找原因。这使他获得部下发自内心的爱戴,上下级关系也就很容易理顺了。从他处理与李鸿章、左宗棠、沈葆桢几个人的关系中,可以看出他是怎样协调与下级的关系的。

2. 曾李瓜代,无怨无悔

曾国藩一直很佩服李鸿章的才能,把他作为自己的接班人培养。李鸿章劝曾国藩不要驻军祁门,后来又在李元度的事上跟曾国藩闹了矛盾,竟负气出走,在江西游荡了七八个月。后来经过郭嵩焘的劝说,李鸿章重新投靠到曾国藩门下。曾国藩虽然怨他临危出走,不与自己共患难,但经祁门遇险,更觉李鸿章"颇知兵",于是十分热情地把他留下来,更加予以重用。曾李关系的一次危机,就被曾国藩这种宽容所化解了。

在围攻金陵的最后时刻,包括曾国藩在内的许多人,都对曾国荃能否独自攻陷金陵而不至于出现意外感到怀疑。但是曾国荃力主独克金陵,不用援兵。曾国藩于是写信婉拒李鸿章来援:"舍弟所部诸将,素知阁下与贱兄弟至交多年,无不欣望大军之西来。而所疑畏者亦有两端:一则东军(即淮军)富而西军贫,恐相形之下,士气消沮;一则东军屡立奇功,意气较盛,恐平时致生诟谇,城下之日或争财物。"李鸿章心领神会,便上奏朝廷,以天气炎热、士卒疲敝为由推延赴援之期。由于对曾李两军相会城下乃至攻克城池之后,可能产生的矛盾有着清醒的认识和准确的预见,曾国藩通过婉拒李鸿章,避免了一次可能出现的危机。

但是,曾李矛盾在剿捻时的权力交接中不可避免地出现了,但经师生二人默契配合,也顺利地度过了危机。曾国藩本来一直把李鸿章作为自己的接班人加以培养,攻克金陵后的裁湘留淮,实际上就是为李的接班铺路。但在剿捻战场,两人仍产生了一些矛盾。

曾国藩作为钦差大臣,督率湘淮军镇压捻军,幕僚刘秉璋献防守运河之策,于是湘淮军便在河岸修起长墙,阻止捻军通过,试图把他们围在一个狭小区域中聚而歼之。李鸿章时任两江总督,力争不可,他还给刘秉璋写信说:"古代有万里长城,现在有万里长墙,秦始皇没有料到在一千多年后,遇到公等为知音。"语带讽刺。刘秉璋率万人渡河北上作战,接到李鸿章的公文,说粮饷缺乏,淮军中再不能派出援兵。对于李的讥讽和不积极支持,曾国藩很不满意,但他并不直接指责李鸿章,而是在上疏中说:"臣不敢以一战之功,遂自忘其丑陋。"李鸿章得知后,疑有所指,以后便谨慎多了。这可以说是曾国藩又给李上了一课。这不属耳提面命之类，可能与今之远程教学相似。

对于自己力主创建的淮军，曾国藩视如己出，多次强调湘军淮军是一家人，必须"视之如一家眷属"。对于李鸿章逐步取代自己执掌中枢的状况，曾国藩决没有嫉贤妒能的想法。有一次，在两江总督署内，曾李师生二人谈笑风生，曾国藩对李说："我每遇到困境，全靠你相助，你的才能超过我。我聊以自解的是，你毕竟是我所荐举的人才。祁门一别，胡林翼来信说：'李某早晚会出人头地，不如顺势引导，还可以大大壮大我们的力量。'现在想来，他的话得到验证了。"通过这件事可以想见曾国藩之雅量，胡氏之高见，李氏之奇气。

对于曾国藩的批评，李鸿章总是虚心接受，他一直以学生自居，言必称曾国藩为"我师"。不仅嘴上这样说，他心中也是十分敬佩曾国藩的。由于李的默契配合，曾李度过了一次又一次的关系危机，从而实现了权力的顺利交接，保持了政局的稳定和政策的连续性。

3. 曾左之争，只为国事

曾国藩说过："驭将之道，最贵推诚，不贵权术。"待人以诚的同僚之道，是他能团结大批人才的重要原因。

左宗棠恃才傲物，自称"今亮"，即今日诸葛亮之意。他语言尖刻，亦颇有胆识，无奈科场失意，在家乡半耕半读。咸丰二年，他已41岁，才到湖南巡抚张亮基的幕府当了个"师爷"。咸丰四年入张的继任者骆秉章之幕府中，效力达六年之久，当时有"骆秉章之功，即左宗棠之功"的说法。

咸丰初年，曾、左同在湖南，两人时有言语摩擦。传说曾国藩见左公为如夫人洗脚，笑曰："替如夫人洗足。"左公反唇相讥说："赐同进士出身。"有一次，曾国藩幽默地对左说："季子言高，仕不在朝，隐不在山，与我意见常相左！"把"左季高"三字巧妙地嵌了进去。左也不示弱，说："藩侯当国，进不能战，退不能守，问他经济又何曾！"把"曾国藩"三字巧妙地嵌了进去，由此可见左公性格的桀骜。

咸丰四年四月，曾国藩败于靖港，投水自杀未成，左公"缒城出，省公舟中，则气息仅属。责公事尚可为，速死非义。公瞋目不语。"更令曾国藩难堪的是，咸丰七年二月，曾国藩在江西瑞州营中闻父丧，立即返乡。左宗棠认为他不待君命，舍军而去，是很不应该的，湖南官绅也哗然附和，这使曾国藩颇失威望。但曾国藩并不计较,第二年复出,路过长沙时,特登门拜访左公,两人又和好如初。

左公虽恃才傲物,令曾国藩多次下不了台,但曾国藩不计前嫌,极爱左公之才。

咸丰十年左宗棠因樊燮事件,离开湖南,投于曾胡门下。当时,曾国藩驻军宿松,胡驻军英山,正筹备宿松军事会议,商讨进取安庆战略。左公来宿松后,曾胡二人热情地接待了他,左也成为宿松会议的主角。四月一日,咸丰来旨询问曾国藩,应如何重用左公,方可"收得人之效"。曾国藩立即上奏说:"左宗棠刚明耐苦,晓畅兵机。当此需才之际,或饬令办理湖南团防,或简用藩臬等官,予以地方,俾得安心任事,必能感激图报,有裨时局。"

于是,左宗棠"以四品京堂候补,随同曾国藩襄办军务",正式成为曾国藩的幕僚。曾国藩立即让他回湖南募勇,创建"楚军",即后之左湘军。几个月后,左军在江西连获胜仗,曾国藩立即上专折为他报功,说:"左宗棠初立新军,骤当大敌,昼而跃马入阵,暮而治事达旦,实属勤劳异常。"左公遂升为候补三品京堂。次年四月,曾国藩又上奏赞扬左公"去冬堵黄文金大股,今春击退李世贤大股,以数千新集之众,破十倍凶悍之贼,因地利以审敌情,蓄机势以作士气,实属深明将略,度越时贤",恳请"将左宗棠襄办军务改为帮办军务",朝廷立即批准。

十一月,曾国藩派左援浙,左公未到,杭州已失,巡抚王有龄死,曾国藩又密奏"简左公为浙江巡抚"。曾国藩在奏折中说:"以臣遥制浙军,尚隔于千里之外,不若以左宗棠专办浙省,可取决于呼吸之间。左宗棠……其才实可独当一面。"同治二年三月,左公被任命为闽浙总督,兼任浙江巡抚,从此与曾国藩平起平坐了。

三年之中,左宗棠由一个被人诬告、走投无路的读书人,一跃而为封疆大吏。如此一日千里的升迁,固然由于他的才能与战功,而不断的报功保举,也只有曾国藩才能做到。曾国藩为国得人,心中不存半点嫌隙之意。因此曾国藩死后,左在挽联中写道:

谋国之忠,知人之明,自愧不如元辅;

同心若金,攻错若石,相期无负平生。

曾国藩在与左公因为"幼天王"一事失和之后,两人曾很久不通音信。但曾国藩仍教沅弟"左季高待弟极关切,弟亦宜以真心相向,不可常怀智术以相迎拒。凡人以'伪'来,我以'诚'往,久之则伪者亦共趋于诚矣"。他对纪泽说:"余于左、沈二公以怨报德,此中诚不能无芥蒂,然老年笃畏天命,力求克去褊心忮心。尔辈少年,尤不宜妄生意气,于二公但不通闻问而已,此外不得出丝毫意见。"

即使在这种颇存芥蒂的情况下,曾国藩仍倚重左公的才干,既可谓以诚待左,又可谓为国得人,不以私废公。例如在推荐左宗棠率军西征,平定新疆叛乱之前,曾国藩问幕僚吕庭芷:"你对左宗棠有何看法?平心论之。"吕答:"他处事之精详,律身之艰苦,体国之公忠,窃谓左公之所为,今日朝廷无二矣。"曾国藩击桌赞曰:"诚然!此时西陲之任,倘左君不去,不但我不能为之继,即起胡文忠公于九原,恐亦不能为之继。君谓朝廷无二,我以为天下第一耳。"于是上奏推荐左公担平定西事之任。

曾、左两人,性情各异,但"所争者国事兵略",不是私人的权力之争。这也得益于双方能把握大体,秉持公心。

协调好与上级的关系,也是顺利开展领导工作的重要条件。在封建社会,皇帝是最高决策者,掌握了臣下的生杀大权和人事任免权。因此一个想有所作为的臣子,必须搞好与皇帝的关系,要使皇帝对自己不疑不忌,放任使用,遇到大事还必须有皇帝的支持。这样才可能施展自己的抱负,一伸其志。曾国藩在办团练初期,自立审案局,对地方"土匪"严加诛戮,创"就地正法"之制,当时湖南"文法吏"一片哗然,舆论也讥曾国藩为"曾剃头"。在这种一片反对声中,正是靠咸丰皇帝的一句朱批:"办理土匪,必须从严,务期根株净尽。"才得以冲破重重阻力,实行其严刑峻法。

不过,要得到皇帝的支持和信任,对于曾国藩这样一个汉族大臣来说并不容易。因为清廷一直对汉官心存疑忌,恪守祖制,不予汉官实权。要想解除这道心理防线,谈何容易!但是曾国藩在协调与朝廷和皇帝的关系上,做得十分出色,不仅越过了满汉矛盾、君臣疑忌的险滩,而且自己的抱负也得以施展,成就了大事。

4. 曾国藩协调与朝廷关系之法

清朝是满洲贵族执政的朝代,最忌汉族官吏手握重兵。所以,从开始创立湘军起,曾、胡二人就非常注意笼络旗人。湘军将领中,最著名的旗人统领,前期为塔齐布,后期为多隆阿,曾、胡都加意培植,特别重用,以稍减朝廷疑忌之心。塔齐布尤其与曾国藩合作得好,湘军初期的许多胜仗,都有他的功劳。如湘潭一战,事关湘军生死存亡,塔齐布可谓功不可没。多隆阿亦勇悍善战,所部人数多,战斗力强,在安庆战役中负打援重任,挂车河一战,重挫陈玉成部。但他不识汉字,与曾国荃有隔阂。同治二年,坚决不来金陵与曾国荃会攻金陵,而是远走陕西,镇压回民起义,同治三年四月负伤而死。

自咸丰四年鄂抚一职刚得即失之后，曾国藩时时不忘朝廷对他的疑忌。咸丰死后两个半月，慈禧通过政变上台，她更倚重汉官，上台仅十八天，便命曾国藩于钦差大臣、两江总督之外，统辖江苏、安徽、江西、浙江四省军务。这四省巡抚、提督以下各官，均归节制，曾国荃也以记名按察使"赏给头品顶戴"。对于这种殊遇，曾国藩的心情是矛盾的。一方面，他受此知遇之恩，心怀感激；另一方面，他也感到"权位太尊，虚望太隆，可悚可畏"，深怕隆恩背后潜伏的猜忌和防备。因此他一年之内四次上奏朝廷，要求分责分权。

天京陷落之后，太平天国余部已不能对清政府造成威胁。而此时曾国藩不仅统率数十万湘军，其胞弟曾国荃也掌握着五万嫡系湘军，而且曾国藩的门生故吏遍天下，上至巡抚，下至提督，大有一呼百诺之势。清政府对曾国藩的猜忌立时浮出水面，几次利用曾国藩和左宗棠、沈葆桢的矛盾限制、分化湘军，又在幼天王出逃和天京窖藏等问题上节外生枝，故意刁难打压曾国藩兄弟。

为了"善其末路"、"保守晚节"，曾国藩赶紧"设法将权位二字推让少许，减去几成"，奏请停解厘金、裁撤湘勇，通过自削兵权、利权，来解除清政府的猜忌。又以病情严重为由，奏请曾国荃开浙江巡抚缺，回乡调理。不出所料，这一奏请正合朝廷的心意。然而曾国荃却不解其意，在曾国藩移驻金陵那天，当着满堂宾客大发怨言，让曾国藩"无地置面目"。

但是，自削兵权、裁撤湘军的同时，曾国藩对李鸿章的淮军则大力支持其发展，寄予厚望。他在裁撤湘军时致信李鸿章说："湘军强弩之末，锐气全消，力不足以制捻，将来戡定两淮，必须贵部淮勇任之。"故"必不宜裁"，"须留以御寇"。另外湘军水师也没有裁撤，而改建为长江水师，成为正规军编制。因此曾国藩为"善其末路"而裁军削权，并没削弱清朝的武装力量。

除此以外，曾国藩还通过一些琐碎小事来解除朝廷疑忌。比如他晚年将其与家人往来书信公布于世，并非为了沽名钓誉。他知道，清朝最高统治者也会对这些家书感兴趣，从家书中可以窥见曾国藩的一些内心世界，有利于解除朝廷的疑忌。

曾国藩长期领兵在外，与皇帝难谋一面，主要靠奏折、上谕的往返来联系，因而奏折就显得很重要。

东征之初，湘军屡有败绩，曾国藩幕僚写奏折初稿，中有"屡战屡败"之语，曾国藩改为"屡败屡战"。一字不改，只颠倒了一下语序，就使"败不馁"之气魄跃然纸上。皇上看了，觉得曾国藩虽未获胜，但勇气尚嘉，仍鼓励其整军再战。后来曾国藩在湖北武汉、田家镇连战连胜，其幕僚便把他在家中备好棺材决心死战的情况，写入了奏折。曾国藩见了，将"备棺在家"改成了"带棺出征"，更能表现其坚强的决心。咸丰帝见了这一奏折，大为欣慰，令其署理湖北巡抚，尽管咸丰冷静下来后又收回成命，但看到这一奏折时，咸丰是十分感动的。

曾国藩在奏折中，有据理力争的时候，如他在衡阳筹建水陆军之时，咸丰过早命他出征，曾国藩在奏折中据理力争，晓之以理，动之以情，坚持师不练就，绝不出战。咸丰也被他的"血诚"所感动，在朱批中安慰他说："成败利钝固不可逆睹，然汝之心可质天日，非独朕知。"

他对皇上不切实际的命令，更多是采取了"缓"与"拖"的办法。如1860年10月，咸丰命他派鲍超率二千人北上勤王，交胜保调遣，他采用李鸿章的建议，"按兵请旨，且勿稍动"，奏请皇帝于他自己与胡林翼二人中，确定一人带兵北上，得到批复后再起程。其实，曾胡二人谁带兵北上，并无关紧要。但根据当时驿站的速度，要半个月皇帝才能接到奏折，一个月后曾国藩才能接到谕旨，而在这段时间，英法侵略军或许已议和罢战，亦不可知。即使谕旨令其带兵北上，曾胡也有一个月时间可以专注于安庆战场。

攻克天京后，清廷令曾国藩率军北上，增援僧格林沁，对此曾国藩十分消极。因为僧王骄横刚愎，不谙韬略，向来轻视湘军，说什么"皖军为上，豫军次之，楚军为下"，故意贬低湘淮军。曾国藩清楚，如果统兵增援，势必送死有份，论功无缘，且曾、僧二人战略战术思想不同，很难协调。此时若听从调遣，不利；不听从调遣，则不忠。在此两难之中，只有用"缓拖"应之。因此他上奏说："臣自咸丰四年躬亲矢石，屡次败挫，厥后十载，久未亲临前敌……自揣临阵非余所长，不得不自藏其短，俾诸将得展其才，此次臣若自赴楚界，未必有益，而僧格林沁、官文同驻蕲、黄，四百里之内，以钦差三人萃于一隅，恐启贼匪轻视将帅之心。"

曾国藩在这里找了两个很好的理由，拒绝援僧，他采用"拖"的办法，静观成败。五个月后，僧王命丧高楼寨，曾国藩才开始筹备剿捻事宜。

曾国藩在对朝廷有所求时，也多采用委婉的方式申请。1857年1月，曾国藩在九江劳师之后所上的《附陈近日军情请催各省协饷片》一折，就是典型的例子。曾国藩本来要求将李续宾、杨载福部调回到自己手下，但他不直说，而是反复强调李、杨所率湘军水陆师本来是曾国藩的部队，是因急人所急，增援湖北而借调给胡林翼的。现在不但湖北省城武昌已经收复，就是蕲州、黄州等沿江城市也已克复。言外之意是要求将李、杨两部调回来。

清末文学家俞樾说过："曾国藩、胡林翼、李鸿章三人的奏疏均可堪称大手笔，而曾国藩奏疏最绝。"无疑，富有技巧性的奏疏笔法，为曾国藩处理好和清朝廷之间的关系，发挥了很重要的作用。

## 领导与管理：和辑、中庸及中庸之器

和辑的力量，可以用一个军事理论来说明。

甲、乙两国都有自己的骑兵。甲国的骑兵特点在于技艺精良，凶猛彪悍，个人战斗素质比乙国骑兵高，个人战斗能力比乙国骑兵强。乙国骑兵的特点在于部队训练有素，虽个人力量比甲国骑兵弱，但由于有组织有号令，团队战斗力反而比甲国强，10个有组织的乙国骑兵能打败15个甲国骑兵，1000个乙国骑兵组织起来能打败1500个甲国骑兵。由此可以知道，人才固然重要，但如果缺乏组织和管理，各自为战，人才本身的力量就会大打折扣。因此，用人单位在强调识别人才、使用人才时，一定不要忽略了团体协作和辑的作用。一等人才一流的协作，会产生惊人的力量，二等人才一流的配合会超过一等人才的力量或与之相当。

曾国藩也为缺乏大将之才而感叹，可见一流人才难以遇到。与其等待大将之才，还不如首先加强眼下团队的合作精神，这才是现实的领导与管理策略。

而在处理棘手的和辑与团结问题时，中国惯常使用的中庸思想，经常能收到相当精妙的效果。

儒家文化发源于殷、周之际，创成于春秋末期的孔子，在汉武帝那里获得独尊地位。在两三千年的时间里，经受过多次破坏，即使遭遇了1840年以来最严重的社会动荡，它的伟大传统依然没有衰败，而表现出强大的自新能力。儒家文化的核心传统是什么？如果是修身、齐家、治国、平天下，那么中庸之道就是其标准。曾国藩对中庸之道的理解，如果要用一句话来体现，就是他说的"入局"二字。入了局，才能体会当局者作决策时的心态，以及他们作决策时参考了什么样的标准。在他们所参照的那些标准当中，中庸之道是应该被给予高度肯定的一项。

曾国藩是儒家文化培养出来的杰出代表，如果不是他在民族大节上有亏欠，可能真是一个完满的圣贤。

咸丰八年复出，是他的思想境界和做事手段的一个分割点，前后表现有显著差异。他自己也称在咸丰七、八年守制期间"大悔大悟"。那么他咸丰八年复出后，最大的变化是什么？是他开始彻底贯彻中庸之道。

最初曾国藩没有使用中庸这个标准，尤其是在三次拒绝出兵这件事情上，他坚持的不是中庸，而是事情的轻重缓急，什么最重要，就坚持什么，结果得罪了皇帝，也被朋友质疑。

### 第一次拒绝出兵

咸丰三年（1853）二月，太平军攻占南京。咸丰三年五月，他们派出一支部队，沿着长江开始西征，计划夺取安徽、江西、湖北、湖南，控制沿江的重要城市，好从上游屏蔽南京，并解决南京的粮食供应问题。咸丰三年九月，太平军在田家镇大败清兵，缴获大量炮船，充实了水师，而后准备攻打武昌。

曾国藩大概在十月接到皇帝的命令，要他出兵支援湖北。那时他移驻衡阳已经有两个月。曾国藩接到命令没几天，太平军却主动撤离武昌一带，集中兵力攻打安徽去了。曾国藩就于十月二十四日给皇帝写信，请求暂缓出兵。

这是曾国藩第一次拒绝出兵，形势变化给了他一个暂缓出兵的好理由。咸丰皇帝只批了两句话："所虑俱是。汝能斟酌缓急，甚属可嘉。"

这次拒绝出兵没有引起什么争议，有两个地方却值得注意。

一是曾国藩发现了皇帝派他出兵的意图。上谕是这么说的："曾国藩团练乡勇，甚为得力，剿平土匪，业经著有成效，着即酌带练勇，驰赴湖北，以助兵力之不足。"这跟曾国藩的想法完全不同，他想练成一支劲旅，镇压太平天国运动，皇帝却把他当民兵看，不过是兵力不足的补充手段，居从属地位。

二是曾国藩对水师的重视。他认为，千里长江，太平军任意横行，清兵却无可奈何，就是因为"贼以水去，我以陆追，曾不能与之相遇，又何能痛加攻剿哉"，所以他把办理船炮作为第一任务。

### 第二次拒绝出兵

太平军打安徽的军事指挥官是猛将石达开。咸丰三年十月末,太平军接连攻占皖北的桐城、舒城,接下来准备打庐州。安徽省会本来在安庆,被太平军占领后,清政府就把庐州设为临时省会。

当时江忠源在江西,咸丰帝看庐州危急,命令江忠源立即驰援,还临时升他为安徽巡抚。江忠源的兵只有两千七百名,他自己也生了病,却风雨兼程,迅速赶赴安庆。曾国藩也得到命令,要他挑选练勇,出洞庭湖,顺流东下,与江忠源配合,水陆夹击。

咸丰皇帝的命令是这么说的:"现在安徽逆匪猖獗,吕贤基已经殉难。江忠源又病住六安,不能前进。安徽情形万分危急。着曾国藩赶办船炮,立即东下,与江忠源会合,以期收复安庆、桐城、舒城,并牵制贼匪,不使其北窜。曾国藩忠诚素著,兼有胆识,必能统筹全局,不负朕的信任。"

曾国藩十一月二十三日接到命令,二十六日写成奏折,说:"自从田家镇失防以来,总督吴文镕、巡抚骆秉章与我书信商量十几次,都认为各省分防,糜饷多而兵力薄,不如数省合防,糜饷少而力较厚。与江忠源商量,也赞成四省合防。"

接下来,曾国藩就坚持他的意见,船炮未齐,不宜出兵:"唯炮船一件,实有不宜草率从事者。"原来,他试造的炮船,工匠手生,船又小,压不住长江的风浪,也受不起大炮的震动。广州水师派来技术主管,新船才逐渐造出来,油漆未干,不能下水,向广东购买的西洋大炮也没到齐,所以不能马上出发。

咸丰帝要他与江忠源会合,水陆夹击,曾国藩却想自己编练水陆两军,合则两相夹击,分则自成一队,不怕敌人冲散。曾国藩的见识显然比年轻的皇帝高明,所以他坚持认为,水勇还没有练成就不宜出兵。

结论就是:"统计船、炮、水勇三者,皆非一月所能办就,必须明春乃可成行。"

咸丰帝看了,很不高兴:"现在安徽紧急,你却固执己见。看你的奏章,似乎要把数省军务,一人承担。试问你有那个能力吗?既然你这么说了,就要办给我看!"曾国藩在奏章中先说数省合防,而不说出兵,所以咸丰帝看到这里就恼了,觉得他没有江忠源听话。江忠源能打仗,也听话,要他救援江西,他就奔往江西,要他驰赴安徽,他就冲向安庆,一点不耽搁。

### 第三次拒绝出兵

第二次拒绝出兵，曾国藩十一月二十一日发出奏章，十二月十六日收到回复，知道皇帝生气了，而且要他想办法赶紧赴援。遂于五天后写成回信，深入汇报不能出兵的理由，这就是第三次拒绝出兵。曾国藩的理由如下：

第一，起行日期。曾国藩造船，只用了八十天，就造出大小四百艘来，速度一点不慢。唯独西洋大炮迟迟未到，耽搁了时间。他向广东买了一千尊大炮，分十次运到衡阳，现在只运来了八十尊。

第二，湖北沿江各镇，都有太平军把守，必须一一扫清，才能向下游进兵，这需要时间，也没有把握成功，怕耽误了安徽大事，所以向咸丰帝预先说明。

第三，现在大局，论警报，则庐州为燃眉之急；论大局，则武昌为必争之地。他请求先稳固武昌、湖北，以湖南、湖北为基地，再向下游用兵，步步进逼，与江西、安徽四省合防，逐一剿清下游。

第四，他练的兵勇目前还在湖南各地剿匪，不能马上撤回。

第五，现在大局糜烂，军饷少，兵力薄，对于攻剿，他并没有胜算。唯有竭尽血诚，才能报答皇上的恩情。

最后曾国藩又说，以上五条，我据实直陈，毫无欺饰，恳请皇上圣鉴训示。

咸丰帝朱批道："知道了。成败利钝，本来就不能先知。你的心可质天日，不只我一人晓得。"

以上就是曾国藩三次拒绝出兵的实际情形。他不敢违抗皇帝的权威，又坚持以事情的轻重缓急为根本，比较起来，他重视事情本身的轻重缓急，甚过皇帝的权威。所以咸丰帝不大喜欢他。

咸丰四年八月，曾国藩收复武昌，咸丰帝大喜，任命他为湖北巡抚，这样曾国藩就有了地方实权。不料一个大臣插嘴说："他一个书生，振臂一呼，就能打这样的胜仗，恐怕不是国家的福啊。"咸丰帝一惊，听懂了言外之意，赶紧收回任命，改曾国藩为兵部侍郎。曾国藩湖北巡抚当了七天就被撤销了。

从办团练以来，曾国藩的处境一直不顺，被士兵追杀，坐困江西，一会儿去四川，一会儿援浙江，飘忽不定，就是因为他总是得不到地方实权，不论粮饷、人事、赏罚，事事要跟地方商量，处处不得方便，遇到很多不该有的困难。

原因在哪里呢？个人无力改变环境，却能够选择顺应环境。曾国藩就错在不想顺应环境。他要成就大事，必须得到朝野最广泛的支持。但是他对皇帝尚且不肯妥协，对一般大臣就更不轻易妥协了。这样他的人际关系就处理不好，讨厌他的人就会给皇帝打小报告，给他找麻烦。试想一下，如果一个人处处被刁难，他如何成就大事？

曾国藩也并非不懂中庸之道。咸丰三年十二月，他给朋友写信说："我当官也有一些年头了，饱阅京城风尘。现在我就是要变为慷慨激烈，斩灭肮脏之气，努力改变三四十年来不黑不白、不痛不痒的坏习气，矫枉过正，难免会违背中庸之道，流于偏激，这是我的苦衷啊。"

咸丰七年二月十一日，正是曾国藩坐困江西的时候，老家突然来了一封信，说他父亲去世了。曾国藩立即奏报请假，不等批复，就带着他的弟弟，于二月二十一日从江西出发，八天后回到湖南老家。

他是前线的军事指挥官，不等上头批准，就离开军营，按理是要获罪的。由于湘军的功勋，也由于湖南巡抚骆秉章、湖北巡抚胡林翼多方说情，咸丰帝答应给他三个月假，还要他假满之后，仍回江西前线。至于擅自回家一罪，咸丰帝难得装一个糊涂，不予追究。

五月二十二日，三个月假满了，曾国藩又给咸丰写信，恳请在家终制，就是要在家守孝。他跟皇帝唠叨说："我在京十四年，在军五年，二十年间，祖父、祖母、父亲、母亲先后谢世，我都没有为他们守孝，寸心愧负，实为难安。又两次夺情，古来从不曾有过。观天下大局，南京内乱，湖北肃清，水师精劲，各路皆有起色。添臣一人，未必有益，少臣一人，不见其损。所以我恳请在家终制。"

咸丰帝却不同意，要他马上回前线，并答应等九江克复、江面肃清之后，就赏给假期，让他回家守孝。曾国藩只得说出实情。六月六日，他跟咸丰帝写信说："现在办事艰难，我害怕误了大局，还是恳请在籍守制。"他列举了三大困难：

一、我身为兵部堂官，权力还不如提督、总兵。将士跟随我数年，虽然保举至二三品，哨长仍然只领哨长薪水，队长仍然只领队长薪水，空有保举之名，而无保举之实。甚至要保举千总、把总这么小的官职，也必须跟巡抚婉言协商。

二、我没有地方权力，处处受到牵制。我是客官，只管军事，筹饷、捐款等事，由地方官专管，他们做得不妥，甚至以断饷要挟，我都无可奈何。

三、我没有钦差大臣职衔，只有帮办团练的身份，镌刻木质关防，又更换太多，结果经常被视为伪造。李成谋战功卓著,已保至参将(正三品),竟在湖南芷江县遭到刑辱,因为他出示我的印札,却被当成伪造。周凤山历备艰苦,已保至副将(从二品),却在长汀县被关押,也是因为他们怀疑我的印札是假的。

以上三点,事情虽小,关系甚巨。我仔细察看现在局势,除非位任巡抚,否则不能治军。

原来,曾国藩不想回前线,真实目的不是要守孝终制,而是因为没有实权,要求咸丰帝给他江西巡抚的职位。

咸丰帝自然看懂了他的意思,他也有自己的立场,他要坚持祖训,不给汉人地方实权。那时太平天国已开始衰落,即使没有曾国藩,似乎大局也无妨,咸丰帝就顺水推舟,批准了曾国藩的请求:"江西军务渐有起色,汝可暂守礼庐,仍应候旨。"

这下曾国藩就亏大了,陷于进不得、退不得的境地,就在老家待了一年四个月。

这一年多,外面形势变化很大。天平天国内讧之后,石达开又率兵出走,力量由盛而衰。湘军在胡林翼指挥下,也收复了九江,包括江西省大部,整个形势朝清政府一边倒过去。杨载福、李续宾赏穿黄马褂,官文、胡林翼加太子少保衔。曾国藩却不过是一个在家守孝的在籍侍郎。

这下他着急了,因为他预言,也许只要一年,太平天国就会被镇压下去,那么他就没有出头的机会了。

他伸手跟皇帝要权力,即使是全出于公心,也不符合儒家礼制,因此被舆论大肆攻击,患下了不寐之疾,再也睡不好觉。

被舆论深重攻击,又担心失去机会,这引得曾国藩深思,反省自己过去的种种行为,开始悔悟了。在家无事,也有时间、有心情、有环境来反省。所以,咸丰八年四月初九日,他给江西前线的曾国荃写信说:"兄回忆往事,时形悔艾。"

反省的效果非常明显,虽然对清政府的看法没有改变,但在做事方法上,却明显变化了。

同治六年(1867)正月初二日,他给曾国荃写信,总结自己过去的行为说:

"兄昔年自负本领甚大,可屈可伸,可行可藏,又每见得人家不是。自从丁巳、戊午大悔大悟之后,乃知自己全无本领,凡事都见得人家有几分是处。故自戊午至今九载,与四十岁以前迥不相同。大约以能立能达为体,以不怨不尤为用。立者,发奋图强,站得住也。达者,办事圆融,行得通也。"

"吾九年以来，痛戒无恒之弊，看书写字从未间断，选将练兵亦当留心，此皆自强能立功夫。奏疏公牍再三斟酌，无一过当之语、自夸之词，此皆圆融能达功夫。至于怨天本有所不敢，尤人则常不能免，亦皆随时强制而克去之。"

文中说的丁巳、戊午两年大悔大悟，就是咸丰七年、八年，他在家深刻反省。反省的结果，做人坚持内方外圆，做事秉持中庸之道。

咸丰九年四月二十三日，他跟曾国荃说："余此次再出，已满十月，而寸心之沉毅愤发、志在平贼，尚不如前次之坚，至于应酬周到，有信必复，公牍必于本日办毕，则远胜于前。"

他幡然悔悟的是什么？是对自己的过去全面否定吗？不是。他仍然坚持着自己认为正确的东西，但在做事方法上，却做了极大的改变。他跟郭嵩焘说："国藩昔在湖南、江西，几于通国不能相容，咸丰六、七年间浩然不欲复问世事。然造端过大，本以不顾生死自命，宁当更问毁誉？以拙进而以巧退，以忠义劝人而以苟且自全，即魂魄犹有余羞。"

他反省自己，发现了一个大缺点：第一次出山，练兵平贼，他的想法是，生死都不顾了，也就不管毁誉，结果看来效果并不好，不仅得不到支持和同情，甚至招来辱骂和责难，因为他背离了儒家的中庸之道。伸手向皇帝要权力，即使出于公心，也不符合儒家的君臣观念。

坐困江西的时候，曾国藩一心想着为朝廷灭贼，自己在前线冲锋陷阵，甚至命都不打算要了，而后方那些握着权势的人，却处处诟病他、责难他，搞得他非常绝望。他甚至跟好朋友说，假设现在我就死了，你帮我写墓志铭的时候，一定要为我喊冤叫屈，帮我讨回一个公道，否则在九泉之下，我也不会瞑目。曾国藩以为，自己在前头愤志杀贼，却被官场刁难，使他百不遂志，所以觉得委屈，又被小人诬蔑中伤，更是觉得冤枉。从为公来说，曾国藩说的似乎并不为过，但外部环境如此，光发牢骚，并不能改变他的困难处境。

经过一番深刻反思，他醒悟过来，那些年他过于偏激，既然不能改变环境，那就只能融入环境。这样一来，他彻底地运用中庸之道。

第一次带兵，"力办此巨贼"，只想成功，越快越好，所以十个月打到了九江，然后有湖口惨败。这次复出，他变得圆润了、通融了，并不急于求成、事事赶快，而愿意"听之在天"。

过去他锐意讨贼，用心专一，以"不怕死、不爱财"为口号，毁誉荣辱都不管，结果呢，得到的支持少，得罪的官贵多，事情极不顺畅。复出以来，放弃"事求可、功求成"的企图心，事无大小都认真应付，官场应酬则更加周到，尽量不惹来浮议流言，混迹官场的本事大大增强了，人就变得越来越中庸，甚至百般忍让。据传，有一个官居极品的高人指点他说，关键不在于大臣怎么说，而在于皇上怎么听，不外乎是仔细揣摩皇上心思，知道皇帝怎么想了，就能投其所好。

一方面是他官场术成熟的表现，处处委曲求全，另一个方面也是他对中庸之道的现实理解，舍小而就大。清朝后期的官场环境，曾国藩没有力量改变，他必须融进去，才能舒展大志，做一点事情。以前他与官场处处不合，改变之后呢，大体能与官场相安。镇压太平天国之后，大名之下，全身而退，没有遭到文种、韩信那样的结局，跟这次反省有莫大关系。

这一年四个月时间成为他做人行事的一个转折点。这个转变的现实结果是什么呢？在衡阳练兵的时候，他三次拒绝出兵，因为他坚持以事情的轻重缓急为根本，而不顾皇帝的权威。尽管他说服了咸丰帝，却让皇帝不喜欢。复出之后，他也遇到两次情况，都是皇帝要他出兵救援，一是援救浙江，一是北上勤王。

咸丰十年二月、三月，李秀成带兵攻打浙江、苏州、杭州等地，目的是想调动清兵江南大营去救，好杀个回马枪，一举踏平江南大营，解除它对南京城的威胁。江南历来富庶，是清政府重要的财富基地，所以咸丰帝慌了，要江南大营派兵去救，却不知道太平军的真实意图。江南大营本有四万清兵，在咸丰帝的命令下，派出一万三千人去救杭州。李秀成迅速回师，与陈玉成配合，不过半天，就击溃了清兵坚守了两年的江南大营。

曾国藩当时正要攻打安庆，也接到命令，要他去援救苏州、常州。但他手下只有一万人，兵力单薄，就没有去。这既是因为曾国藩重视安庆重视上游，不想分兵去救江南，也因为他无兵可分。

咸丰十年四月，原两江总督何桂清革职拿问，咸丰帝让曾国藩做两江总督，大江南北水陆各军都归其节制，并要他赶紧派兵救援浙江、苏、常。这样一来，曾国藩就没有理由拒绝了。

虽说他已经节制江南诸军，真正能打仗的，其实只有湘军，最多也不过五六万人。他的战略全局观是，宁可丢掉下游，也不撤安庆之围，而要在安庆与敌人决战，围点打援，消灭敌人的有生力量。安庆是整个战略的根本所在，下游丢不丢、保不保，其实是次要的事情。

安庆之围绝对不能撤，但皇帝的命令又不能违抗，能不能两边兼顾呢？还要像在衡阳练兵的时候那样，坚决拒绝吗？

曾国藩施行了中庸之道。

安庆之围坚决不撤，他把重兵都留在安庆。但为了应付皇帝的命令，为了表达自己的感谢之心（咸丰帝终于给了他地方实权），也为了给江浙士绅一点希望，他决定亲自带兵去援救浙江、苏、常。

他计划带一万三千人马，从皖南出发，分三路进兵，第一步进驻祁门，肃清皖南之后，顺势进入浙江，一并援救苏州、常州。这就是曾国藩祁门历险的起因。

不过，他摆出那个架势，只是做出来给皇帝看的，并不真想去浙江、苏、常，因为他的重点和中心仍然在安庆。他选择从皖南进兵，表面看，那是陆路援救浙江、苏、常的唯一路线，根本目的还是在声援安庆，既可以吸引、阻挡太平军，又能够沟通江西、安徽、浙江三省的联系。

咸丰帝要他派水师从长江越过南京去救苏、常，太平天国在长江已经没有力量，越过南京去救苏、常完全做得到，曾国藩却不派水师，因为杨载福的水师要用来攻打安庆。但他也给出建议，请求抓紧筹备淮扬、宁国、太湖三支水师，作为攻取南京、援救江浙的预备力量。

就这样，他来到了祁门，却在那里徘徊不前，客观上因为太平军往来攻占徽州、宁国、景德镇等地，他被困在那里，主观上也跟他的重心在安庆有关系。他跟皇帝解释说："各路肃清，后方坚固，这才是进军浙江的稳妥办法。"咸丰帝也认可了他的解释，认为他老成持重，不过仍然要他设法进兵，救江浙于水火。

曾国藩在祁门历险，差点丢了性命。如果军事顺利，是不是就会进入浙江呢？他一定会想出别的办法来应付朝廷，而全力保证安庆战场不受影响。

他亲自带兵，固然没有必要，目的在掩人耳目，谁还能说他在变相抵制皇命呢？正应和了他复出时"消除浮议流言"的官场哲学。

李秀成攻打浙江的时候，江南大营总管是和春。他得到情报，对太平军声东击西，目的却在江南大营的战略意图有所察觉，所以他对援救浙江并不积极。但是，咸丰帝却多次命令他出兵救援，又让他兼办浙江军务。和春没有办法，只好调出一万三千人。江南大营的力量被削弱，也就更容易被太平军攻破。

两相对比，可知曾国藩中庸之道的高明。

中庸之道与折中主义并不相同。中庸之道不是两边平均使力，是在保持大势稳定的情况下，而有所侧重。和春就是折中主义，结果既不能援救浙江，也不能保护江南大营，犯了分兵的错误。曾国藩也分出了一万人，重点仍然安庆，从皖南这边与安庆战场遥遥呼应。事实也证明，他在祁门遇险，也有效阻挡了李秀成的进兵道路，并牵制了太平军力量。唯一遗憾的是，李秀成不知道他在祁门，只有三千护兵。

北上勤王一事，也达到了中庸之道的要求，既没有分兵北上，也没有违抗皇命，虽然耍了手段，却是中庸之道的高明办法。

曾国藩没有责怪咸丰帝东一枪、西一枪，跟着太平军的屁股转，而是执两用中，把相互对立的情况巧妙地应付过去。跟三次拒绝出兵相比，他的做事哲学确实有了一个明显变化，那就是遵循中庸之道，不偏执，不激进，也不平均主义，而是两边有情，侧重一点。

尽管中庸之道没有解决他的全部困难，但效果显著，其一就是保住了他们曾家的命运，没有遭到大功之后被屠杀的结局。复出之后，他以中庸之道，对清政府采取退让之势，过去的刚健气势没有了，却对整个湘军集团的命运有利。大概也正是这种中庸到处处退让的心态，导致了他在天津事变中，毫无道理地沦为卖国贼。

似乎可以这么说，在中庸之道上，他前期偏左，尽管见识高明，也打了不少胜仗，却不被信任，还招致一身责难；中期数年基本能恪守中庸之道（咸丰八年至同治五年），也与他一生的辉煌顶点相应，安庆打下来，南京打下来，并规划出剿灭捻军的河防大局（李鸿章基本沿用了他的办法）；晚期偏右，处处退让，总以不得罪朝廷为标准，结果搞得在天津事变中落了个卖国贼的骂名。

这个说法当然有些牵强，但在他所处的那个环境，能做到这些，已经非常不容易了。难怪有人说，他的一生，十分之四在与太平军战，十分之六在与文法吏战。

人们常说性格决定命运，曾国藩复出之后，性格并没有变化，他还是他，变化的是他的做事方法。这不是来自性格，而是来自观念和思想。所以说，性格决定命运这句话是不靠谱的。不过，性格能在一定程度上影响人们的决定，并进而影响到人们的命运，却是真的。

曾国藩给皇帝写奏章，从不用奴才自称，同时的许多人，却卑躬屈膝，自称奴才，可知曾国藩的自我秉持态度。

古书中记载，周公庙里有一种祭器，常倾欹不正，名字就叫欹器。

孔子去周公庙拜谒，看到这个物具，不知道是什么，就问守庙人："这是什么东西？"

守庙人说："欹器。"

孔子说："我听说这个欹器，太满了就倾斜，不满也倾斜，唯有不多不少，才能平正。"

孔子让学生倒水验证一下，果然像他说的那样，水装多了，它就倾斜，把水倒出来；水装少了，它也要倾斜，水也倒出来。唯有不多不少，它才能平正，水也不倒出来。

孔子因此感叹，世上没有"满而不覆"的道理。告诫学生所谓的持满之道，就是"聪明圣知，守之以愚；功被天下，守之以让；勇力抚世，守之以怯；富有四海，守之以谦"，是"挹而损之之道"。

欹器后来就被古人当做中庸之器。所谓中庸，就是秉持正道，不偏不倚、不多不少，凡事把握住一个度。欹器告诫后人，为人太满就会招致覆灭，要懂得持盈保泰的道理。为人处世，切记不要凭借聪明、勇力，夸耀功劳、富贵，而要懂得谦和退让，时时谨慎圆融。老子也说，刚强易折，柔软方可长久。

做人做事遵守中庸之道，大抵不是坏事。古人云，勿多言，多言则多败；勿多事，多事则多患。孔子读到这话，就跟学生说："小子识之。行身如此，则岂有口祸哉！"古人还说："君子知天下之不可上也，故下之；知众人之不可先也，故后之。"都是做人做事的金玉良言啊。难怪曾国藩说："吾亦不甘为庸庸者，近来阅历万变，一味向平实处用功，非委靡也。位太高，名太重，不如是，皆危道也。"

曾国藩能在复杂的环境中取得成就，并且最终功成身退、善其末路，多得益于他能把握住度，圆融处事的中庸之道。

## 湘军战例：苏南之战

攻克安庆三个月后，曾国藩才从一份私人信件中得知，朝廷出大事了！原来早在攻陷安庆前的半个月，咸丰皇帝就病死在了承德避暑山庄，临终遗诏令载垣、端华、肃顺等八人为"顾命八大臣",执掌朝政。当时继承皇位的载淳只有六岁,清政府的大权实际上落在了肃顺等人手里。但没过多久,载淳的生母慈禧太后就与恭亲王奕䜣一起发动了宫廷政变,肃顺等三人被杀,其他大臣也分别予以流放或革职。慈禧太后垂帘听政,任命恭亲王奕䜣为议政王,并将载淳皇帝的年号由"祺祥"也改为"同治",实际上掌握了清王朝的最高权力。

对于这场政变,曾国藩先是一惊,继而不禁为之狂喜起来。他本来就很敬佩恭亲王奕䜣的才能,对他的对外投降政策也称赞不已,而对肃顺虽然心存感激,但对于他的骄横跋扈和独断专行却早已经心存不满。事态的发展正如他所预料的那样,慈禧上台后,一改过去咸丰皇帝那种谨小慎微的做法,采取了更加灵活的统治策略。为了迅速镇压太平天国等农民起义,她更加倚重汉族地主武装。由于在搜查肃顺家时,没有发现曾国藩和其有勾结的证据,因此对曾国藩极为信任。1961年11月,她下诏任命曾国藩统辖苏、皖、浙、赣四省军务,所有四省巡抚、提督以下的文武官员都归他节制,这种待遇在清朝之前的历史上,是绝无仅有的。同日,又任命左宗棠督办浙江军务,沈葆桢为江西巡抚,李续宜为安徽巡抚。在此前后,又任命委派了一批汉人官吏,这样,清王朝的半壁江山,渐渐归于以曾国藩为首的军阀政客集团的掌握之中了。

在那拉氏政变的鼓舞下,曾国藩决心对太平军展开更大规模的攻势,他把两江总督的衙门也由东流搬至安庆,将注意力都集中在了天京之上。事实上,攻下安庆之后,天京上游就要塞尽失,它所依靠的只有下游的苏浙一带了。曾国藩认真考虑了当时局势,认为湘军从西线顺江东下,威逼太平天国首都天京,分兵援沪,由下捣上,就可以造成东西两线互相配合形成分进合击之势,逼迫太平军陷于两面作战的困境。不久,三路进兵计划就最终确定了:一路由左宗棠率领进攻浙江地区;一路由李鸿章率领进攻江苏的苏州、常州地区;为了独占头功,最后一路派曾国荃率兵进逼天京,相机围攻。这样的分进合击,就使太平军陷入首脑被困,四肢被制,顾此失彼的绝境之中。攻陷天京,彻底消灭太平军,就都在自己的掌握之中了。

咸丰十一年十月,清廷以浙江全面告急,命左宗棠督办浙江军务。左宗棠率湘军六千余人开进浙江,连下开化、常山等城镇,于四月五日攻占浙江重镇衢州,在浙江站稳了脚跟。此后左宗棠与英、法等国军队配合,分兵两路,一路沿寿昌、严州前进,一路沿龙游、金华、浦江、诸暨前进,步步进逼,使太平军陷入两面作战的被动局面。1863年9月下旬，左宗棠的湘军与德克碑率领的常捷军攻陷富阳。年底海宁守将蔡元隆叛变投降，接着桐乡守将也于正月叛变，杭州背面藩篱尽失，只余下西面余杭一条通道。二月左军连续发起猛攻，太平军主帅陆炳文产生动摇，弃城而走，杭州失守。至此，除湖州、嘉兴之外，浙江又重新归入清王朝的统治之中了。

左宗棠入浙两月左右，曾国藩又派出他的得意门生李鸿章，率领新建立的淮军援救上海，攻取苏州、常州。这里就有疑问了：在创办淮扬水师期间，李鸿章曾因李元度失徽州向曾国藩求情，遭到严辞拒绝后，一怒之下愤然离开曾国藩幕府，这会儿怎么又回到曾的麾下并被委以重任了呢？

说来话长。那次李鸿章意气用事离开曾国藩之后，一直在江西游荡，眼看着日子一天天地过去，他既找不到另可投靠的人，又不敢回去再见曾国藩，整个人灰头土脸的。后来曾国藩的好朋友郭嵩焘见李鸿章无事可做，便建议他再去投奔曾国藩。李鸿章见实在没有办法，只得厚着脸皮，重新投在了曾的门下。曾国藩对李临危逃脱，置自己于不顾一事仍有怨气，虽明知道他不是个能与自己共患难之人，但一来二人有师生旧情，二来李鸿章又实在乖巧，难得是个人才，期间又没有另投别人门下，便欣然将其留下，仍然委以重用。

当时的军事态势，太平军两破江南大营后，张国樑战死，和春不久也吐血而亡，清政府在整个长江下游地区已失去最后一支经制军（即国家的正规军）主力。太平军采取西线防御、东线进攻的战略，击溃东线清军，进克浙东、浙西大部分地区。江南豪绅地主，纷纷逃避到已经形同孤岛的上海，面对太平军的凌厉攻势，惶惶不可终日。为了免遭灭顶之灾，在沪士绅买办一面筹备"中外会防局"，依赖西方雇佣军保护上海；另一方面派出候补知县华翼纶由上海至安庆求援，继而又派出钱鼎铭等为代表，前往安庆请曾国藩派援兵。钱鼎铭先动之以情，每日泣涕哀求，称江南士绅盼曾国藩如久旱盼甘霖；继而晓之以理，说上海每月可筹饷六十万两，上海士绅自愿捐饷，这对时感缺饷的湘军来说，无疑是一大诱惑；同时，钱鼎铭还利用其父亲钱宝琛是曾国藩和李文安（李鸿章之父）同年的关系，走李鸿章的门路要其说动曾国藩，李鸿章答应了他们的请求，多方劝说曾国藩立即派兵助守上海。同时清政府接受大学士、常熟人翁心存的上疏，颁发谕旨命曾国藩速遣大将东下江南，以慰乡民之望。至此，上有朝廷谕旨，下有江、浙、沪官绅的坚请，再加上战争的态势所迫，曾国藩终于痛下决心拨兵援沪。但在决定由谁领兵的问题上，可谓一波三折。

一听到上海来人请兵的消息，名将吴坤修就跑到曾国藩处毛遂自荐，请求派他募勇六千赴上海救援，结果遭到当场拒绝。经过几天的考虑，曾国藩决定派他的胞弟曾国荃和得意门生李鸿章带湘军两千、淮军四千奔赴上海，另派黄翼升率淮扬水师四千与之配合。如此安排，曾国藩是有深意的。在他看来，这样一可为家弟谋一肥缺，二可借机创立新军。由于湘军只收湖南人，连年征战，兵源愈来愈匮乏，只能另谋新路。而淮、徐一带民风强悍，尤其是"兵、匪、发、捻"交乘的皖中腹地，民间纷纷结寨自保图存，百里之内，互为声援。若以湘军营制编练成军，战斗力肯定要强于淮军。实际上，自安庆一战之后，湘军锐气大减，士气日趋低落，战斗力下降严重。曾国藩考虑到将来一旦湘军不可用，即可用新练之军取而代之。

此时的李鸿章，手中没有可以直接控制和指挥的一兵一卒，而曾国藩的湘军因全力防"剿"各地太平军，没有充分的兵力可供调拨。于是，曾国藩让李鸿章先行回安徽招募淮勇，用以组建援沪之师。李鸿章就是在这种特殊的政治、军事条件下，着手组建了继湘军之后晚清另一支地主军阀武装——淮军。

曾国藩的如意算盘也有落空的时候，他本来打算让曾国荃充任主帅，以李鸿章新建的淮军、黄翼升的淮扬水师为辅，率八千陆兵、五千水兵，以保上海"膏腴之区"。但曾国荃却并不领情，安庆城破之后的缴获已经让他尝到了不少甜头，而他听说天京城内珠宝如山、美女如云，贪财无度的他无论如何也不肯放弃这次进入天京的机会。因此不论曾国藩怎么催促，他都无动于衷，尽量拖延时间。曾国藩无奈，又写信请湘军宿将陈士杰出山，但陈也以"母老"力辞。本来以为是件美差，却出乎意料地碰了两次壁，曾国藩心情极度郁闷，只好改变原来的计划，这才找到李鸿章。李倒是欣然答应了，于是就有了上文所讲的三路进军的计划。李鸿章率淮军两千五百人、黄翼升率水师四千人赴沪。曾国藩怕这只仓促成军的队伍不堪一击，又特派太平军叛将程学启开字营一千人、原属霆、吉等军的郭松林、杨鼎勋等六营三千人随淮军入沪。李鸿章拥有了兵权，开始从一个怀才不遇的儒生，一个手中无兵无权的幕僚，踏着太平天国将士的鲜血最终挤进了清王朝封建统治集团的核心，成为一个令朝野刮目相看的重要人物。

淮军既已组成，如何从安庆开拔到上海就成了一个棘手的问题。安庆、上海两地不仅相距遥远，而且间隔太平天国控制区，要突破太平军防线，千里跃进上海，其艰险程度可想而知。曾国藩本想让李鸿章从镇江出发，穿过太平军的控制区，由陆路开赴上海，但李鸿章不乐意。最后钱鼎铭等出银18万两，雇得洋商轮船七艘由上海开到了安庆，才改为由水路东下，直赴上海。1862年4月5日至6月上旬，李鸿章统率的淮军13营共6500人，分三批由安庆顺江而东，躲过太平军的监视，抵达上海，开辟了一个对太平军作战的新战场。

李鸿章到达上海刚半个月，清廷就正式任命他署理江苏巡抚，仅仅过了7个月，又由署理而被实授为江苏巡抚，从此青云直上，其权势几乎与恩师曾国藩不相上下。此时的李鸿章只有四十岁，却肩负重任，但他的表现并没让曾国藩失望。他利用南汇太平军守将叛降的机会，顺利收复南汇、川沙。太平军李秀成自进入苏南之后，攻势甚锐，接连挫败清军、英法军和常胜军，四月先在南桥镇毙卜罗德，继而攻陷嘉定、青浦等地，进逼上海。李鸿章的部队刚到不久，驻扎在新桥的程学启部就与太平军遭遇。李秀成风头正劲，乃命自己的精锐猛扑，尸首把壕沟都填满了仍进逼不已。程学启知道援军马上就到，也一下子有了底气，于是枪炮齐鸣，同样没有丝毫要退缩的意思。就在双方鏖战之时，李鸿章率七营援军增援，程学启奋起猛击，在新桥等处力挫太平军，淞江解围，淮军逐渐站稳了脚跟。

与此同时，曾国荃、彭玉麟水陆两军也于五月初进抵天京城下。天王数次严令李秀成回援。李秀成迫于君命，除留少数部队防守青浦、嘉定等地外，其他大部分撤离了上海。曾国藩三路同进，使太平军陷于顾此失彼的被动局面的战略，已经初步达到了预定的目的。李鸿章抓住这一有利的形势，积极扩充部队力量，更换旧式武器，再加上六月上旬抵达的淮扬水师，实力大增。

七月，李鸿章派程学启、郭松林等会同常胜军攻嘉定青浦，力克南桥镇。不久李秀成遣慕王谭绍光率十万众大举进犯，距上海仅十余里。当时上海的驻军只有三千，其他部队都分散在百里之外，形势十分危急。李鸿章急令刘铭传部由金山卫、常胜军由淞江火速赴援，并密令李鹤章、程学启断敌后路。程学启部到达七宝时，被谭绍光以三万之众团团围住，程学启苦战多时，太平军才稍稍退却。此时李鸿章亲自督军至虹桥，太平军沿河设垒，严阵以待。李鸿章乃策马疾驰而过，与程学启部分道夹击，太平军溃退回吴淞江北。此时淮扬水师自青浦乘潮水而入，趁夜间风雨大作，毁太平军北岸营垒七处，太平军退却。刘铭传又败之于野鸡墩，太平军被迫退守嘉定。

这期间，常胜军分兵攻下了宁波，继而又乘船渡海拿下余姚。在接下来攻慈溪时，常胜军头子华尔身先士卒，结果被炮击中，穿胸而亡。李鸿章让美国人白齐文带领常胜军。英法军为雪先前嘉定失守之耻，便和李鸿章相约一起攻城。九月初，在绝对优势的炮火轰击下，嘉定城墙被轰塌了数十丈，太平军四散逃亡，嘉定遂克。

嘉定失守后不久，慕王谭绍光害怕苏州不保，欲图先发制人，调集大军反攻，把淮军四个营围困在了四江口。程学启派余下各营援救，却在两天之内，营官大部分受伤，十三位将领阵亡，士兵死伤惨重，几乎全军覆灭。李鸿章紧急增援，并伙同常胜军近两千人大举反攻。太平军大败，折损一万余人，全军撤回昆山。此时天京、浙江战线日趋紧张，太平军再也无力大举进攻上海，湘淮军趁机大举进犯苏常太平军根据地。

太平军一处于劣势，以前归附的各部就都开始另寻出路了。长期以来，常熟守将钱贵仁、骆国忠与伪装归附的长洲团练头目徐佩瑗都心怀鬼胎，图谋叛乱。1862年，李鸿章利用早就与太平军暗约里应外合的徐佩瑗等人密谋策划，蓄意制造太平军内乱。与此同时，李鸿章加紧对东线太平军进行瓦解工作。谭绍光发现有异，逮捕了徐佩瑗。福山与狼山夹江对峙，并设有炮台，整个长江水面都被太平军水师控制了，淮军无法攻取。但见太平军连连失败，淮军日盛，骆国忠就与李鸿章私下联系，想以献出福山、狼山以及水军为条件，将功折罪。这真是天大的好事，十余万强敌不战而降，李鸿章自然是求之不得。于是骆国忠先率五万水师出降，并杀死忠于太平天国的将领二人和兵士五百余人，李鸿章选了一万二千精锐留在军中，其余分拨于各处，围困苏州。骆国忠的叛变，不仅使太仓处于东西夹击的地位，且严重威胁苏南根据地首府苏州的安全。

福山守将胡经元、江胜海原来答应一同出降的。但怎奈下面人不从，主将侯得龙鼓动将士抗命，胡经元、江胜海只好答应不降。李鸿章大怒，命骆国忠率部征讨。昨日的弟兄，今日却为了各自的功名在城内厮杀起来。淮军在后面督战，怯敌避战者均杀无赦。两军正在血战之时，胡经元、江胜海带着死党从城里杀起，侯得龙等首领都死于叛徒之手，福山陷落，残部突出重围驾船逃走。许浦、白茅、徐泾等营垒全都处于清军的炮火之下。

福山陷落后，苏州门户洞开，于是慕王谭绍光、邰永宽率兵向叛军杀了过来。当淮军和常胜军进至南码头时，凭河据守的太平军依托工事进行阻击。常胜军以洋枪和炸炮猛烈射击，太平军被迫退入城中。15日上午，常胜军头目奥伦督军用大炮轰塌了南门城墙，淮军立即渡过浮桥冲锋，城内太平军伏兵骤起，用千余洋枪火力封锁城墙，清军死伤惨重，太平军赶在清军援兵到来之前收复了福山。

骆国忠等连忙逃往常熟，由于太仓还在太平军手中，淮军无法从陆路救援，李鸿章便调派常胜军五百人，取道水路救援。福山港已被太平军占领，常胜军到达后却无法上岸，被太平军打了落花流水。清军声援隔绝，淮军难以进取，李鸿章命潘鼎新、刘铭传、张树珊这三位大将从陆路进取，水师黄翼升齐头并进，企图打通增援常熟的陆路通道。

福山城小却坚，清军久攻不下。太平军围攻常熟，骆国忠率部死守，与太平军展开殊死搏斗，他深知太平军对于叛徒是绝不手软的，城破之后自己和部队没有一个能活着出去。太平军上用云梯，下挖地道，常熟危在旦夕。拼杀数月，双方死伤都不下一二万。此时淮军猛攻福山，吸引太平军分兵救援，只留下了数千人守营。骆国忠趁虚出城，夜袭太平军大营，杀了主将朱一点，太平军大败。福山也遂被清军攻破。太平军围攻常熟七十余日，谭绍光见久攻不下，且对方军队越聚越多，不得已下令撤围。

淮军和常胜军占领常熟之后，李鸿章又令淮军加紧进攻太仓，并派人入城策反。太平军守将蔡元隆将计就计，约定于4月26日"献城"。李鸿章命程学启、李鹤章率领一千五百人前往受降，到达城外后，太平军一千多伤残兵出城做迎接状，突然四周伏兵骤起，淮军大量被歼，李鹤章也险些送命。5月2日，戈登率领常胜军二千八百余人协同淮军猛攻太仓，先以大炮猛轰四个多小时，然后向炸塌的城墙口冲锋，反复三次，蔡元隆部经顽强抵抗后撤出。淮军入城后大肆屠杀，遇害者万余人。

5月4日，淮军及常胜军共约二万余人乘胜攻打昆山，守将刘肇均等率所部一万二千人依托坚固的防御工事，顽强抵御。不久，李鸿章亲临昆山督师，他采纳戈登的建议，于5月30日与戈登同乘英军提供的"海生"号战舰，率军一举攻占昆山西面的正仪，然后回军东向。谭绍光立即带兵救援，程学启猛攻其后方，谭绍光害怕归路被断，急忙回军，结果中了湘军的埋伏，太平军死伤二三万人。次日又有七八千人向西撤退，戈登率炮船跟踪追击，太平军损失严重。6月1日，太平军全部西撤苏州，昆山遂陷，枪弹制造厂随之落入淮军之手，给后期太平军的军械供应造成了极大的困难。

这样，苏州北、东两面就完全暴露出来了，李鸿章开始考虑进取苏州之计。在他看来，苏、常为天京的根本，物产丰富，太平军必然拼死力争。但自身的兵力仅四万余人，且分布于自常熟至金山卫绵延百里的地区之内，再加上江南河渠密布也不利于大规模用兵。这样的形势下，他决定采取"剪苏州枝叶，而后图其根本"的方针，并拟订了一个"以剿为堵"的三路进攻计划：中路从昆山直趋苏州，由程学启部担任；北路从常熟进攻江阴、无锡，由李鹤章及总兵刘铭传部担任；南路从泖淀湖攻吴江、平望、太湖，切断浙江太平军进援之道，由总兵李朝斌率所部太湖水师十营担任。此外，由黄翼升率淮扬水师往来策应，常胜军则驻昆山为总预备队，专备后路支援。

鉴于苏南形势危急，刚由皖北回到天京的李秀成于7月7日到达苏州，布置防守事宜。他自离开天京后，下苏杭，入浙江，都是富庶之地，却被主理军务的洪仁达调来调去，二三十万精锐大军只剩下三四万饥兵，还不知道下一步该怎么办。他本是打算出来扩大战果，威逼上海，规复浙江的，最起码也要保住苏杭地区，这样太平天国就可以有个稳固的粮食基地。他估摸着只需一年，就可以兵精粮足，立于不败之地，天京也可以保住。因为天京固若金汤，只要有粮，清军是很难攻取的。忠王极力想争取这个时间，但洪秀全却并不给他机会。洪天王不是九道金牌，而是每日三道圣旨送到他帐前，严令他班师勤王。李世贤早就回到了溧阳，奉劝忠王不要事事听从天京之命，洪仁达尽是胡来，四五十万大军都折腾没了，还是回到苏州为宜。忠王于是率残军回到苏州，诸王看到这种状况心都凉了。忠王选择精锐二十万勤王，回来成了帮叫花子，瘦成了一把骨头，这仗再打下去怕是没什么希望了。

令李秀成喜出望外的是，白齐文居然在上海纠集了二百多个英美退伍军人，驾着汽船前来投奔。这个白齐文不是别人，正是原来常胜军的头领。先前曾国荃的雨花台大营被围，李鸿章便派他前去解救。但常胜军还没到，太平军就已经退去了。李鸿章便下令回军，没想到这白齐文居然撂挑子，躲在松江城里要饷。未果，竟然痛殴道员杨坊攫，索得白银四万两后扬长而去。这还了得，李鸿章大为恼火，这一告就告到了英国提督史蒂夫那里。于是白齐文便丢了官职，还被勒令回国。这会儿估计又是没钱花了，所以才搞了这么一出。太平军接连的颓势，投降之风就像瘟疫一样蔓延开去。这会儿难得有人归附，还是些高鼻子蓝眼睛的洋大爷，李秀成自然大喜过望。他充分发挥"师夷长技以制夷"的精神，让白齐文演练新兵，以抵御常胜军。

七月，李鸿章率李朝斌的太湖水师，沿吴淞西上，与程学启会师后，拔除了太平军沿湖的诸多堡垒。与此同时，刘铭传分兵攻打江阴，作为战略配合，编修刘秉章与道员潘鼎新则助攻枫泾镇。浙江嘉善的援军赶到，大军绵延三十里，三路并进，遂克枫泾。刘秉章由枫泾进军西塘，会同水师和英国人的大炮，西塘遂下，太平军退往嘉善。八月，刘铭传开始围攻江阴，李鹤章调拨张树珊、郭松林等协同作战。淮军先用洋枪洋炮轰击，消灭了太平军百余座沿湖工事，再加上城中有内应，江阴遂克，广王李凯顺坠水而亡。

既得江阴，程学启随即发兵进军苏州，守将谭绍光屡次出师抗击，却接连败绩。鉴于苏南形势日益恶化，李秀成劝洪秀全撤离天京，洪天王指责李秀成不忠，有自立之心，李秀成觉得很委屈，连死的心都有了，于是将老母妻儿全都送入天京为质，以示没有二心，洪秀全才勉强允其再次离开天京，但限期四十天回京。9月23日，李秀成再次抵达苏州，本欲召集各镇将商讨对策，以求各部齐头并进，合力解除天京之围，但常州守将陈坤书、无锡守将黄子隆均未应约前来，也未发兵会师，李秀成只得将驻苏州的郜永宽等部调往苏州、无锡交界处，与李世贤部相衔接，以确保苏州后路安全。

程学启分析了当时的形势，苏州城大，四面临水，宝带桥是苏州的要地，于是开始猛攻，经过反复争夺，攻下了宝带桥。李秀成见要地失守，急令白齐文以西洋炸炮回击清军，清军阵亡数百人。这时候，先前投降的太平军将领周寿昌率领敢死队焚毁其汽船一艘，白齐文这才退走。9月24日，李鸿章命郭松林等部进占无锡东面的东亭镇，前锋抵达无锡南门外。侍王李世贤列队数十里迎击，皆败走。李秀成率军来突击，斩敌甚众，把清军围困在了大角桥附近。清军使用火箭，烧掉了太平军的长龙炮船，会同陆续到达的援军，太平军大败，李秀成之子和祥王黄隆芸皆溺水而亡。李秀成转而又攻打宝带桥，无功而返。不久，程学启、戈登会同水师攻克五龙桥。不久，清军进抵吴江城下时，太平军守将开门出降，苏州的南面援路断绝，太平军的颓势越来越明显。李秀成于是把无锡、溧阳、宜兴等地的力量，共八九万人，船千余只，汇集到一起，并亲率自己的精锐部队数千连营并进，试图做最后一击。

太平天国到了后期，良将匮乏，李秀成只能疲于奔命。自10月下旬至11月上旬，李秀成督军连日向围攻无锡的李鹤章、刘铭传等部淮军发起进攻，交战于后宅、梅村、坊前、安镇一带。面对太平军的进攻，淮军先以坚壁不战挫其锐气，继而以风滚营并进遏其锋芒的方针，不慌不忙地对付太平军。而中路淮军和"常胜军"则由浒墅关一带抄袭李秀成部后路，使其无法集中力量进攻围困无锡之敌。因此，李秀成部出击半个月，非但未能解除苏州、无锡之围，反而损失不少兵力。

苏州城四面环水，太平军凭河修筑长墙，墙内又筑石垒、土营数十座，南自盘门，北至娄门，联络一气。城内广挖地洞，上面覆板堆土，以抵御炮火的轰击。由于太平军设防相当坚固严密，因此，程学启、戈登率部围攻两月，进展甚微。11月27日，淮军在护城河上偷架浮桥，调集炸炮，水陆配合，越河进攻。经过激战，城外东、南、西三面的防御工事全被毁坏，淮军直逼城下。李鸿章下令急攻，淮军发了疯似的抢登城墙。李秀成、谭绍光身先士卒，挥刀与淮军肉搏，淮军才稍有退却。此时的苏州城已经开始断粮，城内人心不稳。天京又告急，李秀成被迫回师。

李秀成见苏州城危，于11月30日撤离，由谭绍光坚守危城。面对黑云压城之势，谭绍光没有丝毫的退缩，但郜永宽等发生动摇，私下找到淮军议降，淮军则以生擒李秀成或斩杀谭绍光作为纳降条件。12月4日，郜永宽等八人将慕王谭绍光杀害，携其首级开城投降，苏州城遂破。但三天之后，郜永宽等八人均被李鸿章处死。

12月12日，无锡失守，黄子隆被俘，不久遇害。淮军攻陷苏州、无锡后，遂分兵两路：一路进窥浙江嘉兴；一路准备进攻常州。12月15日，李鸿章到达无锡，对进攻常州作了部署，决定由东北、东南两个方向展开进攻。接着，提督刘铭传率部抵达常州西北的陈都桥、羊头桥、西施桥，前锋进抵孙村，与常州城仅一河之隔；总兵周盛波等部从无锡出发，经戚墅堰进抵常州城东十五里的擂鼓桥、白家桥，前锋抵三里桥一带。至此，常州城南、东、北三面已被淮军包围，只剩西面可外界联系。但不久，常州西北奔牛镇的太平军守将邵志纶投降，西路交通也岌岌可危。1864年2月，戈登率"常胜军"自昆山出发，经无锡攻宜兴，以截断浙江太平军北援之路。3月2日，宜兴失守；8日，溧阳守将叛降，常州南路也被淮军彻底截断。

3月8日，太平军常州守将陈坤书曾会合自句容、丹阳来援的林绍璋、陈承琦等部援军，对奔牛镇之敌进行反击，结果却落败而归。于是，太平军陈承琦、李士贵等率部自常州渡江东进，占领周庄、华墅、杨舍等地，18日又占福山，20日又往攻无锡。李鸿章大为震动，急调郭松林部和"常胜军"回救，并从常州外围调李鹤章部回守无锡，调张树声等率三千人驻扎江阴南面的青阳，从嘉兴前线调郑国魁水陆三营驰援常熟。3月下旬，清援军赶到常熟外围的顾山、王庄一带，与太平军展开激战。太平军被迫撤常熟之围，退至江阴境内。31日，陈承琦部于江阴东南的华墅袭击回援的"常胜军"，使其"全队八百人覆没"。太平军缴获洋枪四百余杆。4月11日，李鸿章督令各路援军对华墅进行反扑，太平军予敌以重大杀伤后退回常州、丹阳。

太平军陈承琦、李容发部深入敌后作战，打乱了淮军的进攻部署，迫使李鸿章不得不从前线抽调部队回援，减轻了对常州等地太平军的压力。可是，这支部队深入敌占区后，仍热衷于围攻城市，并与回援之敌进行正面对阵，而没有坚持游动作战，因而最后仍难免被敌人击败。淮军在肃清突入江阴、常熟、无锡境内的太平军之后，又聚集于常州外围。4月22日，淮军水陆协同，攻占了常州西南的陈渡桥，太平军通往金坛、丹阳之路均被切断。23日，常州城外的要点尽失，太平军全部退入城内。27日，大南门、小南门和北门城墙被淮军轰塌数处，太平军顽强抵抗，多次击退敌之冲锋。后淮军在城壕外构筑长墙，移近炮位，并在晚间于护城河上偷架浮桥。5月10日，淮军发起总攻，以大炮对准旧缺口猛烈轰击。至11日，南城、北城各被轰塌十余丈，淮军由缺口冲入。太平军与突入之敌展开激烈的巷战，淮军付出了重大代价才占领常州城。陈坤书被俘后惨遭杀害。4月25日，清军提督鲍超部陷金坛。5月13日，清军提督冯子材部陷丹阳。至此，苏南各城全部被清军攻陷。

# 第十一章 兵 机

**原文精选**

大约用兵无他巧妙，常存有余不尽之气而已。

用兵之道，最忌"势穷力弱"四字。

悬军深入而无后继，是用兵大忌。

危急之际，尤以全军保全士气为主。

古人行师，先审己之强弱，不问敌之强弱。

兵事决于临机，而地势审于平日。

夹击原是上策，但可密计，而不可宣露，须并力而不宜单弱。须谋定后战，相机而行，而不可或先或后。

凡危急之时，只有在己者靠得住，其在人者皆不可靠。

### 按语：临阵机变

兵机，指胜负的契机。军事成败重在临阵机变，而不能一味死守预设的方案。临阵机变靠的不是运气，而是对各种复杂情况的综合决策，可以靠直觉，也可以靠经验，没有固定的模式。临阵机变也不能作为乱战瞎斗的借口。曾国藩的用兵思想，重慎战，重稳战，以"结硬寨"，"打呆仗"为特征。但是，他从来都重视临阵机变，平日千算万算，全都靠临阵那一搏。他自己带兵，三战三败，是因为他自己有迂缓的毛病，做什么都慢吞吞的，完全不适合临阵机变。三战连败证实了他的毛病以后，他再也不亲临前线了，而在后方运筹帷幄。

军事成败要求准确、迅速、果断地把握机会。人类社会的各种成败，其实都要求人们能够对时机做出正确的预见和把握。也不妨可以这么看，正是因为曾国藩灵活顺应了社会大环境的变迁，准确地把握住机会，所以才获得巨大成功。兵机胜负与人生成败，道理有相通之处。追逐天下大势，方可成就伟业。

我们无法选择时代，却可以顺应时代。我们无法主宰潮流，却可以跟随潮流。凡有大作为的人，无不是乘时而动。逆时而动，逆流而行，或错过良机，都难以成就大事。即使追求一般的成功，也应该抓住机会。

### 湘军人物故事：曾国藩如何把握机会

同治六年，那时曾国藩已经功成名就，有一天他对他的幕僚赵烈文说："成就大事，往往运气占六分，人事占四分。"赵烈文回答说："老师说得对。《易经大传》也讲，先天而天弗违，后天而奉天时。""奉天时"就是"乘时"，就是要抓住机会。六分运气（天时），四分人事，可见曾国藩认为，要成就大事，"乘时"比主观努力还重要。

如果你想成就一番事业，又快又好的办法就是乘时。唯有立在时代潮流的浪尖上，才最容易夺取功名。

曾国藩生于1811年，比辛亥革命早100年。他那个时代，成功的标准几乎只有一个，就是做大官、做清官、做好官。对普通人而言，要做官唯一的途径就是参加科举考试。通过秀才、举人、进士的三级选拔，成为国家的预备官员。

曾国藩从7岁开始，在父亲的私塾里读书，为科举考试而努力。这是他在社会和家长的安排下，被动地追逐人生目标，可谓被动乘时。

19岁那年，他和弟弟离开老家，去衡阳读私学。

据一份不十分靠得住的资料说，有一次，老师让他背书，他怎么也背不流畅，老师骂道："你将来要有出息，我给你打伞！"

这话对曾国藩刺激很大。考中进士、衣锦还乡之后，要去答谢师门，他特意带了一把伞，告辞出来，跟老师说："糟糕，老师，我把伞落在你家了。"

等老师取过伞来，曾国藩说："谢谢老师给我拿伞。"

看曾国藩走得远了，老师回到屋里，猛然想起数年前的话，满脸愕然。

老师的刺激，大概是曾国藩发愤读书的开端，但还说不上是有志于学。因为受到刺激而发愤，这种事经常有，但结果如何，还要看你怎么努力。有愚而不能知者，有知而不能行者，有行而终见弃者。有决心，无毅力，行百里而九十者，都无法成就大事。

曾国藩22岁考中秀才，之后他去了长沙，到著名的岳麓书院深造。岳麓书院相当于今天的湖南大学，是当时湖南省的最高学府，后来毛泽东也在那里读过书。去长沙的第二年，曾国藩考中举人。同年深秋，他动身去北京参加朝廷的会试，可惜没有考中。不过曾国藩并不在意，因为他没有想一举成名。他在北京一待两年，收获很大，开阔了眼界，也结识了不少人。后来钱花得差不多了，就准备回家。他在路上借了一笔债，还典当了衣物，凑钱买了一套二十三史。

这次北京之行，让曾国藩开始立志于学问。回湖南后，他发愤苦读，一年没出门。两年后再去北京，终于考中进士。当时他27岁。

曾国藩的情况就是这样，老师的伤害不过是一种刺激，24岁开始进入自觉状态，主动、积极地参加科举考试。这时他对乘时的认识还是模糊、盲目、初级的，要等到30岁上，才对乘时形成完整、全面、深刻、理性的认识。

称其为乘时，并不是牵强附会。那个年代，他不参加科举考试，很难成就大事。洪秀全考了十四年，没有成功，要不是后来在广西起义，恐怕一辈子都默默无闻；左宗棠考了三次没中,一怒之下,不考了,要不是洪秀全造反,他大概要当一辈子教书先生。

曾国藩参加科举考试是为了功名,他写过一句诗:古来名利客,谁不到长安。

古代的"功名"跟现在说的有所不同。经由理学家和历朝皇帝的倡导,古代士大夫的"功名"被表述为:为天地立心,为生民立命,为往圣继绝学,为万世开太平。正是这种功名心支撑着中国文人两千年来的奋斗意志:修身,齐家,治国,平天下。这其实是个很崇高的理想,而要实现这个理想,最传统的手段就是当上大官。要当大官就必须有名望。而要提高名望,就必须做好学问。所以说治学是追求功名的唯一选择。

考中进士之后,曾国藩入翰林院深造。翰林院是读书养望的地方,为国家储备人才,为朝廷培养高级干部,除了读书编书之外,一般没有具体任务。虽说可以做官,但是官大官小,名高名低,还要看各自的造化。曾国藩在翰林院一开始努力的方向是做文章。本来他对做文章很有信心,不免沾沾自喜,结果却发现,不少人写文章比他强很多,他追都追不上,这使他很伤怀。看来想靠文章功成名就是做不到了,必须另找出路。曾国藩决定继续读书。

问题是,读什么书,又该怎么读,曾国藩并无头绪,就找名人著作来读。30岁那年夏天,他去琉璃厂买来《朱子全书》。三天之后,又去向当时名气很大的学者唐鉴请教。唐鉴是他的老乡,湖南长沙人,官至太常寺卿(三品),后来加恩赏二品卿衔。唐鉴一席话,如醍醐灌顶,点醒了曾国藩,让他明白了很多事,原来治学的方向也就是仕途的方向,要做好官,还必须有大学问。那正是他的人生理想,既能读书,又能有所成就。从那一刻起,他算是真正自觉地乘时了。

唐鉴告诉曾国藩,程朱理学是经世致用的学问,应该熟读《朱子全书》,并且身体力行。按照唐鉴的说法,"为学只有三门,曰义理,曰考核,曰文章"义理(理学)才是治学的根本,考核(考据学)关注末节却丢失了精华,要做好文章也必须熟悉义理。至于经世济民的大学问,它已经包含在义理之中了,无非再多看些史书,借鉴古人的成败,了解历代典章制度。

之前曾国藩为了考科举一直埋头研习八股文,所以这些道理他闻所未闻、见所未见,突然有人说起,听得他心都亮了。曾国藩在日记里,在给兄弟的家书、朋友的信札中,反复述说这种耳目一新的感受,说他看到一种茅塞顿开、豁然通达的新气象。

也正是经过唐鉴点拨，曾国藩才真正踏入治学门径。从此之后，曾国藩彻底明白做学问与经世治国之间的关系，辨明了自己的人生方向。

这就是曾国藩想有一番作为的自觉乘时。那时他30岁。

这之后曾国藩就从文章转到理学上来，他先把《朱子全书》读完、读懂、读透。第二年冬天，在倭仁的指导下，曾国藩又开始修习检身之要。那是一种静坐功夫，把读书和修身结合起来。具体做法就是静坐思考与写日记，把每天的行为、欲望，一点一滴都记下来。在静坐的时候，一日三省吾身，通过反省发现并改正自己的过错。

以朱熹为首的理学家们认为，通过这样的修炼，就能把学术、心术、治术贯通一气。他们认为学问提高了，道德也就提高了，治理国家的本领也能提高。

曾国藩开始用理学家的修行办法来要求自己。每天静坐一个小时，记下各种不正确的欲念行为，传给朋友、同事看，请他们提出意见。他也经常去拜访倭仁，像弟子一样虔诚。曾国藩有天分又很勤奋，倭仁也乐意帮他，给他写了很多批语。

曾国藩修身功夫却做得不怎么好，常常静坐一会儿就睡着了，等到醒过来，就在日记里痛骂自己，过了十几天才渐渐适应。他身体本来就虚弱，这一修身静坐，凡事检讨，搞得他很紧张，不过两个来月，就患上了失眠症。又坚持了二十几天，结果吐起血来。

很快，曾国藩就因为个人的身体状况，放弃理学家的修身方法，转而把精力放在自己感兴趣的文章上面。静坐修身不搞了，写日记这门功夫却坚持下来，一直写到他过世的前一天。读书的范围也大大扩展，什么理学、考据、经济、词章，凡是好书，他都看，只是仍然最偏爱诗文。他的学问之路其实在朝自己的方向发展，抛开门派之别，是一条全面发展的道路，所谓采众家之长也，"务为通儒之学"，通儒就是什么都精通的大学问家。

而这一时期，他所交往的那些学问朋友，都在京师有一些名气，也都是做官的。倭仁官至大学士，正一品，还是同治皇帝的老师。唐鉴官至太常寺卿，后来授正二品衔。吴廷栋官至刑部侍郎，正二品。后来他又结识了权臣穆彰阿，得到他的提拔和赏识。

与他们交往，不仅增长了曾国藩的见识，更让他在士林与官场获得一种良好的名声，这给他的官运铺出一条道路来。曾国藩27岁进翰林院，29岁定为从七品，一直到32岁初，还是从七品。不过，32~37岁五年之间，却节节高升，连越十级，官至正二品，比今天的省长部长都还高两级——就算古代讲究破格提拔人才，也很少有人升迁这么快。究其原因，固然因为曾国藩有天分，很努力，但也跟他争取名士指点、得到权贵提携有莫大的关系。

而他在学问上所获得的名声，以及在钻研学问时发展起来的远见卓识，也成为他后来仕途的基础。

曾国藩无意中把治学的方向从文章转到理学上来，再主动向唐鉴请教，向倭仁请教，积极与各类士人交往，更结识了权臣穆彰阿，为做大官铺出道路来，终于完成生平第一次乘时。

如果不是太平天国运动，可以预见曾国藩的政治前途，大概有两个：一是成为显贵学者，既有学问，又得富贵；二是如果赶上一个好皇帝，还能成为一代名臣。

1850年2月25日，道光帝死了，咸丰帝上台。咸丰帝当时才19岁，即位二十余天，大概刚办完父亲的丧事，就下令征言，要各大臣针对时政，据实直陈，封章密奏。曾国藩似乎看到了希望。这希望一是为挽救贫弊、混乱的国家，二是实现个人的政治抱负，也就是他的功名心。如果运气好，他将成为一代名臣——有雄才大略的皇帝，才有功名巨伟的臣子。

他一连给咸丰帝写了十四封奏章，最重要的有三封。

一是谈人才问题。他看到那些做官的，个个贪财怕死，不干实事的多，有气敢往的少，一旦将来有事，国家就没有人才可用，建议要重视人才的选拔、培养、考察。曾国藩的看法是对的，太平天国都占领江南半壁江山了，咸丰帝也没找出一个能够与之相抗的人才来。

二是《议汰兵疏》。他在兵部待过，知道全国绿营兵已衰朽，又听说广西兵乱爆发之后（洪秀全1851年1月11日在金田起义），广西三万七千兵，竟无一人可用，因此提出三项建议，就是裁兵、节饷、训练，通过减少数量、加强训练来重铸战斗力。咸丰帝只是嘉勉了他，却没有动静。眼看大局已坏，现在却报国无门，曾国藩着急、愤懑、愁苦，对新皇帝有些失望了。

大概一个半月之后，他又上了一封奏章。这回不是建议，而是批评，批评年轻的皇帝谨于小而忽于大：某大臣小步跑失检被参，某大臣道旁叩头不当被参，这种小事皇帝也要管，而像广西兵乱那么大的事情，却连一张军事地图都不挂出来研究；自从征言以来，大臣的奏章不下百余，都以"毋庸议"了之；选拔人才时，只看毛笔字写得漂亮与否,而不看文章思想。

　　这封信言辞激烈,批评直切,稍微歪曲一下,就会变成一篇诋毁文章,把皇帝说成是一个思想浮浅、流于形式的骄矜之人。咸丰帝看了,勃然大怒,当场就把信扔到地上,要治他的罪。幸好咸丰帝的老师在场,苦苦劝说,才熄灭怒火,转而"优诏褒答",显示了皇帝的宽宏大度,成为一时盛传的美德。

　　曾国藩逃过此劫,原因何在?无非是有人说情。说情的有两个人,一是皇帝的老师,他叫祁寯藻,跟穆彰阿政见不和,官至大学士,正一品,曾国藩还写过二百六十个一寸见方的大字送给他;另一个人叫季芝昌,官至闽浙总督,从一品,是曾国藩中进士的主考官,跟他是师生关系。

　　这一回乘时不成功,原因在于他对咸丰帝存有幻想,希望他是一个励精图治的好皇帝。

　　做事情有一个重要法则,就是确认前提的真实性。咸丰帝下令征言,决心大,却不能执行。一是限于他的政治经验,二是他缺乏康熙那样远大的政治胸怀和宽广的用人雅量。康熙用旗人,也重用汉人。按照一般情形,既然你曾国藩提出了裁汰兵员,加强训练,那就着你去办妥此事,我作为皇帝,在人力、财力、物力方面多多支持你就是了;由于你是汉人,不大放心,就想办法分你的权,限制你、监督你。咸丰帝却没有那么做,一来当时局面还没有坏到生死存亡的境地,洪秀全还没有直接威胁京师,二来咸丰帝才19岁,对自己颇有信心,白莲教都可以镇压,广西乱匪自然也可镇压。事实证明他的信心是盲目的,他既没有看透清朝内部的腐败衰朽,也不了解洪秀全的声势。咸丰后期,这种情况才得到改变,因为朝廷已经无人可派,也无兵可派,只有依靠曾国藩和他的湘军了。

　　对曾国藩个人来说,尽管冒了遭遇不测的风险,却是一个胜利。信是写给皇上看的,当然要深思熟虑之后才动笔,因此能够较早思考用兵与建军问题,那对后来创建湘军肯定有帮助。不过,要等到在湖南办团练时,他才决定重起炉灶,别开世界,另外建设一支军队。

　　归结起来,曾国藩这次乘时有三点值得注意。

　　一是直言敢谏。有些大臣是官场上的老狐狸,咸丰帝年轻气盛,一时看不明白他的底细,就来个装傻、沉默。官气太重,固然可以坐稳你的官,却不能成就大事。要想成就大事,就得有某种胆量。

二是能说出有效的解决办法。凭着个人勇气，一通乱说，说不到点子上去，还不如不说。这要求有胆有识，方可成就大事。

三是看咸丰帝不喜欢，立刻就不说了。这就是官场上的见风使舵，也算察言观色、见机行事。留得青山在，不怕没柴烧。不像屈原，楚怀王不听，就着急，就乱骂，他本来有能力挽救祖国，却因为不懂得适时沉默，反而被小人陷害，结果被贬到江边去发牢骚，固然写成千古不易的名篇，却没能挽救他的国家。冒死直谏的人，可视为忠臣，未必能称明智。

总之，既然咸丰帝下令征言了，就应考虑及时跟进，不能等待、观望。至于说如何进言，要讲究方法、技巧、策略，一是要敢说，二是要能说，三是要灵活变通，是继续说、还是停止不说，视具体情况而定。此后，曾国藩再也不直接说皇帝的坏话了，写奏章也小心用词。这也算他的一个收获吧。

咸丰二年（1852），曾国藩得到去江西做主考官的差使，立即收拾东西，从北京南下。一个月后，走到安徽太湖县境内，得到家人来报，说母亲去世了，曾国藩就掉转船头，回家奔丧去了。他原本打算走水路，由长江转入湘江，再到长沙。但是路过武汉时，湖北巡抚告诉他，长沙已经被太平军包围，就改从陆路回了湘乡白杨坪。

儒家以孝治国，凡死了父母的人，一般要在家守孝三年。如果是当官的，也要放下手头的工作，回家守制，这叫丁忧。情况特殊时也可以不回家，但要经上头批准。曾国藩急急回家奔丧，就是这样。

他回到家中，办完丧事，不过才三个多月，就接到皇帝命令，要他在湖南省帮办团练。

他在乡下歇着的时候，全国形势发生了很大变化。洪秀全的起义部队节节胜利，于1852年12月开始攻打武汉。从武汉北上，可以直达北京。咸丰皇帝终于意识到事态严重，赶紧调集大军围追堵截，还迅速命令各在籍大臣帮办团练。曾国藩是第二个被任命的地方团练大臣，可见咸丰帝还记得这个触怒天威的人。

曾国藩很为难。他想做一个孝子，就不宜在母丧期间外出公干、墨绖从戎（绖，丧服中的麻带，在首为首绖，在腰为腰绖）。一年前，江忠源墨绖从戎时，他还极力反对，现在轮到自己了，理当拒绝。所以他就给咸丰帝写奏章，请求在家守孝，不去办团练。

奏章还没来得及发出，湖南巡抚就来信说，武昌已经失守，湖北巡抚也战死了，形势非常危急。当夜,曾国藩的朋友郭嵩焘也登门拜访,他是受了湖南巡抚的委托,专程来劝说曾国藩的。

郭嵩焘跟曾国藩说:"您本来有澄清天下之志,现在不乘时而出,却拘守孝道,如何对得起君王父母?而且墨绖从戎,本来就是古制。在家守孝是古制,墨绖从戎也是古制,还犹豫什么呢?"他又去动员曾国藩的父亲,老头子深明大义,只说了一句话:"郭嵩焘的话是对的。"

曾国藩决定出山,奏章就没发出去。

不过才四天,曾国藩就完全改变了想法,主要有两个原因:

一是形势急转直下,不容他安心山林。最初,他跟咸丰帝一样,都轻视了洪秀全,只当是毛贼闹事,无关大局,所以劝江忠源以奉守孝道为先。现在,太平军距他不过几百里,湖北不保,湖南也就危险,何况湖北巡抚也战死了,这个人他也认识,就不能不感到震动:广西乱匪来势凶猛,绝对不是什么小毛贼。如果在家守孝,既无法保全自己,也无法实现忠孝两全的理想,他当然要出山。

二是曾国藩个人的考虑。他是一个热爱荣誉的人,功名心非常旺盛。"公本有澄清天下之志",这未必是郭嵩焘的恭维话。郭嵩焘本在京师翰林院读书,两人一直有往来,所以他明白曾国藩建立功业的志向。如果只是危害乡里的小毛贼,曾国藩大概是不屑于亲自动手的,这也是他在家服丧时编写《保守太平歌》的初衷。现在太平军从广西打到了湖北,连湖北巡抚都战死了,哪里还是什么小毛贼?镇压下这次叛乱,就能留名青史,功成名就,这也促使他下定决心。

皇帝的命令,父亲的批准,还有湖南巡抚与郭嵩焘的劝说,是曾国藩最好的下阶石。即使没有郭嵩焘,随着形势发展,他应该也会出来。

结果如何呢?一方面他确实吃了很多苦,在长沙被士兵追杀,打了不少败仗,又三次自杀未遂,被咸丰帝冷嘲热讽,在江西、在祁门还差点丢了老命;另一方面,他十年辛苦没白费,最终镇压了太平天国运动,成就盖世功勋,获得圣贤美誉,名垂史册。

这里简单勾画一下他镇压太平天国的经过。

咸丰三年(1864),他以团练大臣的身份在长沙和衡阳练兵,创造性地把团练分成团与练两个概念,为自己编练军队找到理论依据。别人以为他的湘军不过是民兵,事实却证明,他的民兵不仅镇压了太平天国,淘汰了清朝的正规军,还影响到中国20

世纪初期三十年的政治格局。

咸丰四年，开始带兵出征，尽管有岳州之败、靖港之败，却也为清政府第一次打了大胜仗，连续攻克武昌、黄州等城，出兵才十个月，就打到九江来了。

咸丰五年至咸丰七年，有湖口惨败，水师被分割，炮船损害严重，陆军也被一分为四，塔齐布死了，罗泽南死了，都是他的心腹大将。他本人也坐困江西。如果不是石达开被调回南京，曾国藩能不能活下来，都是一个问题。

咸丰八年，从老家复出。

咸丰十年，授两江总督，全权指挥大江南北水陆各军，成为整个清朝权力最重的汉人。

咸丰十一年初，在祁门镇数次遇险，老命都差点没了，却轻松活过来，赶紧移驻到长江边上去。从那之后，再也不亲临前线。也是他亲自带兵而"三战三败"的最后一次。

咸丰十一年八月，攻克安庆。太平军精锐损失惨重，陈玉成也在城破不久被害。整个战事明显朝曾国藩一边倾斜。曾国藩的名声更隆、权力更重，身兼六位地方大吏之职责。

同治三年，攻陷南京，轰轰烈烈的太平天国运动宣告失败。为了不落一个功高震主、功成身死的悲惨下场，曾国藩主动裁撤湘军，解除清政府对他的疑惧，结果皆大欢喜，清政府不用担心他造反，他也保住性命，保住圣贤名臣的美誉。

后来剿捻军、办洋务，都是以镇压太平天国为基础的。

应命出山办团练，这是曾国藩一生最重要的一次乘时，也是不容错过、无法再来的一次乘时。这种机会只有一次，他把握住了。

不仅他，胡林翼、左宗棠、李鸿章、江忠源，甚至连薛福成等人，都是因为参与到这次军事镇压活动中来，才能够建立功勋、留名史册。尤其是左宗棠，40岁了，还不过是个秀才、湖南乡下的教书先生，如果不是这次乘时、参与镇压太平天国，有谁会知道他？他不参与镇压太平天国，也就不可能有后来的收复新疆的功勋，更得不到民族英雄这个荣誉。收复新疆是湘军唯一一个有民族气节的壮举。40岁之前跟他一样命运的，多如牛毛，而能像他一样功勋彪炳的，历史上可没有几个。

如果曾国藩坚持要在家守孝三年，结果会怎样？一种可能性是死在混乱之中。他是朝廷二品高官，目标过大，难以藏身。不过，他不会选择坐以待毙的，他不会那么傻。以他的为人和性情，即使咸丰帝不命令他出来，形势也会逼他出来，或者说他自己也会主动出来。

"乘时"还要考虑三点：一是是否看得清大势；二是看清之后，敢不敢去参与，有没有无所畏惧的决心和破釜沉舟的勇气；三是能不能做成。"重在参与"往往是安慰失败者的话，很多时候结果比过程更重要。

### 领导与管理：临阵机变与决胜之道

下文两个军事案例，能体现将领抓住兵机对战斗胜负的深度影响。

第一个军事案例是平型关战役。

1937年9月，林彪率领一一五师两个旅越过五台山，向平型关一线进发，与阎锡山的部队会合，任务是配合国民党军队防守平型关，阻止日军从华北侵入山西——华北平原往西，翻上太行山就是山西。

日军从灵丘县攻平型关，只有一条土路可走，我是专门去看过的，现在仍然是土路，很不好走，我的车也在那里第一次被扎胎。关下的一段路，长五六公里，地形险要，两面山丘夹峙，高数十丈，路在沟底，崎岖不平，只能供一辆车通行，非常适合打伏击战。

地形有利，红军又擅长伏击，若集中优势兵力，一定能打个歼灭战，所以林彪决定要打。

那个时候，日本鬼子很嚣张，还没吃过败仗，号称"皇军不可战胜"，武器精良。八路军这边，改编之后，尽管枪支弹药做过一些补充，但基本上保持着红军的老样子，也没有跟鬼子作战的经验。

毛泽东看了林彪发去的作战电报，考虑再三，基本意见还是不打，建议等等再看，并提出："如敌南进……，依情况逐渐南移"。毛泽东的意见以当时的中国大局为基础。蒋介石的军队不断溃败，日军气势强旺。八路军从长征走过来，刚刚松了一口气，不论数量、装备等，都不足以与鬼子硬拼，"红军在决战问题上不起任何决定作用"，当以保存与壮大军事力量、创建敌后根据地、消耗日军有生力量为主要任务，坚持山地游击战的原则。

毛泽东这个意见基本上是暂时放弃了运动战。在红军时期，我军毫不放弃有利条件下的运动战,尽管是劣势装备,也经常整团整旅地围歼国民党军。毛泽东告诫由红军将领转变过来的八路军将领说,目前的情况跟过去不同,过去那样的好味道就不要再想了。

林彪再一次察看了地形,认为地形、时机都有利于我军伏击日军,副师长聂荣臻也赞同,就再一次下定决心,要伏击日本鬼子一回。在电告中央的报告中,他们又谨慎地说道,如果"失去运动战之可能时",就迅速撤出战斗,以保存军队力量。

作为军事指挥官,林彪无疑是杰出的,既领会到毛泽东的战略全局观,又能灵活制订战斗方案,与中央意见保持高度一致。他设计了进退两个策略:集中优势兵力,确实有利,就坚决打击日本鬼子;如果不利(而不是失利),就迅速撤出战斗,也就是毛泽东的"打得赢就打,打不赢就走,保存军队力量"的思想。但要承认,毛泽东的游击战思想,并不是在一开始就得到了完全的理解和拥护。中间的根本差别在于,毛泽东要从政治、军事、经济多个角度考量当前形势和八路军的任务,而诸位将军如彭德怀、林彪、刘伯承等,身在职业军人的立场,看着有敌人而不能打,自然难受。

林彪在脑袋里把战斗演练了好多遍,想得头发晕——那时他才30岁,已经使用健脑器。战斗方案是:待敌人我伏击圈,侧击敌后翼,截头、断尾、折腰,把敌人分割成几段,四个团对一个团,打歼灭战,独立团与骑兵营阻敌援军。原定是与国民党军协同作战,林彪深知他们的德行,也设计了友军中途变卦、不来参战的作战方案。如果没有那段细心,平型关战役可能不会胜利。

头天晚上,我军就进入预设阵地埋伏起来。那天夜里还下了一点小雨。1937年9月25日早晨7点半,日板垣师团的辎重部队四千人,晃晃悠悠走进我伏击圈,无丝毫警觉。他们太嚣张了。

林彪命令发起攻击,手持望远镜观察战斗情况。战斗并不是一帆风顺。长沟北面有一个秃山高地,没有配置守军。日军刚开始被打晕了,清醒过来之后,就迅速组织反扑,往那块高地爬去。如果他们占领了高地,我主攻团及师部就暴露在敌人火力之下,幸好日军只派出了小股部队。林彪命令立刻抢占高地。我军两个营突破敌人火力,冲过公路,刚刚抢上高地,敌人也爬上来了,一阵短兵交锋,打退了鬼子。后来这个高地成为双方反复争夺的阵地,可见日军很快就把握住了山地战中高地的重要性。

林彪在望远镜中看到,鬼子被打晕、打散之后,失去了指挥,就三人一组,背靠背，成三角形，我十几个战士都打不垮。毙敌三人，我军也要付出同等代价。我军战士也犯了一些错误，对鬼子喊"缴枪不杀，优待俘虏"，鬼子哪里听得懂，只管开枪。卫生员去救助负伤的鬼子，或被咬掉耳朵，或被刺刀捅死，或牺牲在鬼子的自杀手榴弹下。林彪赶紧下令："不放下枪，就彻底消灭！"敌人有六架飞机增援，轰炸时，我军战斗队列就有点涣散，防线出现松动。这些都写进了林彪对平型关战役的总结里，供八路军学习。

阎锡山的部队果然没有来，如果他们出击，鬼子将被牢牢锁死在那条山沟里。林彪知道，单靠——五师四个团，难以全歼鬼子，就放弃了全歼计划，而在山沟底部的公路东翼侧击，把鬼子截成几段，分割开来，能逃的让他逃，逃不掉的就彻底歼灭。秃山高地在公路西侧，没配守备，最初的目的是放鬼子从那边走，钻进阎锡山的伏击圈。

战斗一直从早上打到下午。我军攻击部队三个团（另有一个团做预备队），把一千名鬼子封锁在那段山沟里，全部歼灭。另三千鬼子从我预留的口子窜出，沿国民党防区往西北方向逃走。

我军三个团九千人（这个数字是我估算的，误差不会超过五百），鬼子四千人，符合集中优势兵力的原则。围歼山沟里一千鬼子的，是六八六团三千人，仍然是集中优势兵力。林彪很清楚，单以我九千人围歼鬼子，并不是如意算盘，第一次对日作战，他不敢托大。三面围歼，放敌一条生路，鬼子不会做困兽犹斗。

战斗结果如何呢？毙敌一千余名。我军伤亡一千五百人，团级干部三人，营级干部五人。单从数字看，我军的代价比敌人还高，可以想见毛泽东决策的正确：由于敌强我弱，以保存和壮大军事力量、开展山地游击战为当前的主要任务。战前，林彪根据与国民党作战的经验，估计我军伤亡当在一二百人；如果估计伤亡是一千五百人，还会有平型关大捷吗？然而，代价虽然大，却很值，这次大捷振奋了中国的人心，带来胜利的希望。

第二个军事案例是百团大战。

百团大战是彭德怀指挥的，当时他是八路军的副总指挥。

1939年12月，情报显示日军在大规模筑路挖沟，路比地面高5尺，两边的沟深8—10尺，这是与以往不同的。到1940年4月，各个地方都报告了同样的情况。这引起了八路军总部的警觉，日本鬼子要做什么呢？最后确定为，日军企图加紧囚笼政策、分割、限制、隔离我根据地,消灭八路军。同时有情报证实,日军正大批进入山海关,有攻占西安、切断我西北国际交通线的意图。西南的国际交通线缅甸公路,英法两国迫于日本压力,已经被关闭。一旦被孤立,国内人心就会动摇。在侦察、研究、分析了四个月之后,总部决定破坏敌人的修路企图,搞一个交通大破袭战。

1940年7月22日,战役预备命令发到各部,并发往中央,抄送毛泽东。毛泽东并没有立刻回电,彭德怀判断毛主席是默许了(后来证实,毛泽东之所以没有回电,是因为他当时在医院养病,王稼祥忘了把电报给他看)。

战斗于1940年8月20日开始,投入22个团,对正太路(正定至太原,是连接河北平原到山西的大动脉,翻太行山,经娘子关进入山西,并与北平—武汉铁路相连)进行大规模破坏,同时破坏平汉、同蒲、北宁等多条铁路、公路。战斗发起之后,由于是遍地开花,日军一开始根本弄不清楚情况,两三天后才搞明白,赶紧调兵,组织反扑,明显落后于八路军的攻击节奏。期间,我军两度攻占娘子关。那时娘子关已被日军占领三年,看到红旗飘扬在关头,老百姓兴奋得流下泪水来。

八路军总部8月22日统计战果,发现攻击部队竟然多达105个团,都是主动参战的,包括一些只有几百人的县大队或县独立团,百团大战的名称即由此而来。8月末,大破袭战第一阶段胜利结束,消息传到延安,群情振奋,毛泽东发来电报说:"百团大战真是令人兴奋,像这样的战斗是否还可组织一两次?"

整个战斗分三个阶段进行,前后共计105天,大小战斗1824次,日军伤亡20645人,我军17000人。日军在华北的交通线遭到严重破坏,正太路数月不能通车,井陉煤矿半年不能产煤。由于这次攻击突然,战斗范围广,参战兵力多(四十万人),日军受到极大震动,华北司令官都被撤换了,换成了著名战犯冈村宁次。

好消息赢得了全国的掌声,极大地鼓舞了军民的抗日斗志。蒋介石也发了嘉勉电,刊登在1940年9月13日的《新华日报》上。但是蒋介石的嘉勉并非真心:解放后,在国民党政府军委会新闻检查局档案里查到另一份密令:"查近来报上常有记载'百团大战'字样……此项名词及有关新闻,以后绝对禁止登载……"而且,在1940年11月,蒋介石停发了八路军的薪饷和弹药供应;在1941年1月,制造了皖南事变,叶挺被捕,项英牺牲。

日军遭到重创后,开始了大规模的报复性扫荡,"讨伐重点必须全面指向共军",抗战最为艰苦的两年到来了。冈村宁次设计了全新的围剿战术,残酷而复杂,清乡、蚕食、扫荡，烧光、抢光、杀光，给我军民造成极大痛苦。1941—1942年，在日军的残酷扫荡下，我华北敌后抗日根据地由1939年春的103个县缩小到6个县，根据地人口由4000万减少到1300万，战士减员1/3。八路军总部也遭到重大损失，左权副总参谋长殉国，年仅37岁，与林彪同岁，是我军在抗战中牺牲的最高将领。还牺牲了有其他许多重要干部。

彭德怀本人也一度处于十分危险的境地。1942年9月25日，在突围的山坡上，大家突然看到，一匹红马冲在头里，后面紧随十余骑，冒着敌人的火力往岭头冲，冲过岭头就是安全地带。日军注意到了为首那匹枣红马，立刻把火力对准了他。那人正是彭德怀。警卫员在后面扯破喉咙喊："十一号，下马！十一号，下马！""敌人射击！快下马！"彭德怀伏在马背，头也不回。大家屏住呼吸，都看着那马那人，在枪林弹雨中奔驰，一时忘了自己也正在危险中。大红马冲上岭头，胜利地奔山下跑去了，大家一片欢呼："好了，好了，彭老总冲出去了！"并跟着往岭头跑。

左权就牺牲在不远的另一个十字岭上，被一发炮弹击中。

后来，彭德怀几次因为百团大战而遭到严重的不公正批判。早在延安召开的党的七大会上，康生就第一个站出来，拿百团大战向彭德怀开炮。庐山会议之后，百团大战更被认为是从军事上、组织上、政治上都是错误的。到"文革"时期，百团大战竟成了彭德怀的"历史罪行"。批判他没得到军委的批准命令，就擅自发起百团大战；百团大战过早暴露出我军实力，把日军吸引过来，导致敌后根据地的重大损失，也帮了蒋介石的大忙；皖南事变新四军牺牲八九千人，就是百团大战引起的。这些罪责都落在了彭德怀的头上。

百团大战究竟该不该打？

确实，日军加大了对敌后根据地的报复扫荡，但这绝不是百团大战引起的。日本侵略者在一开始就没有对中国军民手软，难道因为侵略者要报复，我们就要老老实实、不断退让？那是亡国奴的声音。难道你老老实实了，日本就不侵略了，就退回去了？笑话。忘掉了南京大屠杀吗？

但是百团大战确实过早暴露了我军实力。这是一个问题，彭德怀也对此做了检讨。毛泽东把游击战从战术层面提高到战略层面，就是因为当时日军太强，而我军太弱，还要分出精力来防止蒋介石搞小动作。光有决心是赶不走日本鬼子的。如何才能保护自己并壮大力量？

毛泽东预见了中日之战是持久战，所以主张游击战，以保存和发展我军力量为现实任务。侵略者在初期攻势强悍，我军只能在间隙中谋生存。在与敌相持过程中，日军消耗大，我军则以游击战骚扰对方，同时发展和壮大力量。战争后期，日军远离本土作战，资源枯竭，就得不偿失了。那样的买卖谁能长期做下去呢？经过相持阶段之后，双方力量彼消我长，就可以对敌发起主动攻击了。

　　所以说百团大战这一仗肯定要打，就是看什么时候最合适。后来的情报证实，日军大规模修路，直接意图并不是围剿八路军，而是进攻中原，打通粤汉路（湖北至广东）和湘桂路（湖南至广西），为发起太平洋战争做准备——1941年12月7日，日军偷袭珍珠港，美国对日宣战，德国也对美国宣战，由此开始了太平洋战争。如果百团大战晚半年，等日军进攻长沙、衡阳、桂林之后，兵力更加分散，我军再发起大破袭战，对日军的打击会大得多，破坏效果也大得多，日军组织反扑、报复也要困难很多。

　　但是当时对彭德怀发起的那些恶意的批评意见，不过是存心要整人害人的伎俩，犹如病菌突然遇到了一个合适的环境，所以膨胀起来。

　　1941年6月22日，德国进攻苏联。同年7月，日本关东军集结七十万人，在我国东北大搞军事演习。斯大林担心腹背受敌，致电毛泽东，希望八路军在长城一线发起攻击，牵制日本鬼子。1941年也正是八路军最为艰苦的时候，平均每个战士只有七发子弹，机枪很少，爆破用的黄色炸药几乎没有，跟日本鬼子硬拼，绝无胜利的可能，也达不到战斗效果。没有了八路军的威胁，日本鬼子少了后顾之忧，正好可以大举进犯苏联。

　　问题是，斯大林是全世界无产阶级的领袖，不照他的要求行动，可能遭到误解。是硬着头皮上呢，还是保存我军力量？

　　毛泽东左思右想，咬牙说了"不"，同时命令八路军用尽各种可能，破坏日军交通，小规模扰敌，骚扰鬼子后方……用这样一些办法，既从侧面牵制鬼子，达到援助苏联的目的，又能保存我军战斗力量。盲目蛮干，除了无谓的牺牲，能得到什么呢？

　　以上事实涉及了共产党、国民党，还有苏联各方的诸多高层领导。正是由于他们坚持以客观现实为基础的临阵机变法则，才取得劣势条件下的若干成绩。林彪、聂荣臻考虑了阎锡山的部队不来参战的情况，其实是临阵机变的动态把握。

## 湘军战例：攻陷南京之战（上）

安庆一战，湘军取得了决定性的胜利，此后，便几乎控制了整个南京上游，取得了沿江东下的主动权。1861年9月，曾国藩进驻安庆，就近筹划一场以南京为主要进攻目标，围歼太平军的大规模的军事行动。

这段时间，清廷内部正风云变幻。先是咸丰皇帝病逝，肃顺等大臣奉命执掌朝政，辅佐六岁的小皇帝载淳。两个月后，载淳的生母慈禧勾结恭亲王奕䜣，发动政变，将肃顺等三人处死后，开始执掌朝政。政变后的清王朝与洋人的关系更加亲密，对于外国侵略者提出的要求几乎是有求必应，导致中国进一步半殖民地化。

但是，这场政变却正合曾国藩集团的胃口。因为慈禧更加信任和放手任用汉族地方官员，一些地方军政大权都大胆地交到了他们手里。朝廷任命曾国藩管辖苏、赣、皖、浙四省军务，左宗棠为浙江巡抚，沈葆桢为江西巡抚，李续宜由湖北巡抚调至安徽巡抚。在次前后，又任命骆秉章为四川总督，刘长佑为广西巡抚，李鸿章署理江苏巡抚等。渐渐地，东南数省，清廷的半壁江山，都交付给曾国藩集团——以曾国藩为首的汉族政客集团，进行统管。慈禧和奕䜣的上台，使得这个集团的势力日益壮大。

在慈禧政变的鼓舞下，曾国藩对太平天国的剿灭，投入了更大的热情和力量。

10月初，在水师的配合下，安庆湘军陆师沿江东下，先后攻陷池州、铜陵、无为、东关等地。后来，因为兵力不足，只好暂停进军。为解决兵力不足的问题，曾国藩命曾国荃回湖南招募湘勇。随后，又命李鸿章回皖北招募淮勇。

本来，曾国藩编练的湘军一概只收湖南人，无论在哪里作战，都必须经常回湖南招兵，以扩充部队。这样做有利于军队面貌保持一致，便于组织，易于统一作战，但缺点也显而易见，一是征战的地点离湖南日行渐远，二是湖南兵源日益缺乏，给后期招募新兵带来了很大困难。曾国藩发现，安庆一战后，湘军暮气日重，而皖北一带人们性格强悍，如果用编练湘军的制度编练一支新军，军队战斗力肯定不会比湘军差。所以，才有让李鸿章回皖北招募淮勇的决定。

当然，这次曾国荃和李鸿章分别回乡募勇，更是为接下来进兵南京、全面作战进行充分准备。从战争策略上来说，这属于"欲拔本根，先剪枝叶"的稳妥方针。曾国藩认为，用兵之道，可进而不可退。如果急于进攻南京，很有可能无功而返，还不如先扫清后路、旁枝，稳而后进。

湘军从攻陷安庆，到全线东进，大约用了半年多的时间。然而，在这段时间，太平天国的领导集团，居然毫无作为。

陈玉成因为安庆失守，遭到革职处分，从此退守安徽庐州。他为了招兵买马，早日"光复"安庆，便派出扶王陈得才、启王梁成富等率部远征河南、陕西，却反而使皖北的兵力更显单薄了。在此情况下，多隆阿部迅速攻下桐城、舒城，逼近庐江。此时，陈玉成急得直跺脚，连连飞信给陈得才等，约他们面议进攻计划。只可惜，这些信件全部被清军截获，无法到达目的地，导致无人回救庐州。

陈玉成率军抵抗了一段时间后，军粮日益匮乏。刚好这时，苗沛霖派人请陈玉成放弃庐州，转去寿州，和他共同进攻开封。陷入困境的陈玉成以为看到了一根救命稻草，他想依靠苗沛霖的赞助，做下一步打算，便不顾部属的劝阻，毅然决定赶赴寿州。然而，这又是一个错误的决定。

苗沛霖虽然因为逃避繁重的赋税，而经常和清朝地方政府作对，但是在太平军兴起以后，又受清政府的命令督办团练，镇压太平军和捻军，是一个没有坚定立场的人。1861年初，苗沛霖因与地方官绅不和，便率兵十万，攻破寿州城。太平军在安庆失守后，处境日益艰难，因此便利用苗和清政府的矛盾，拉拢他的势力。太平天国曾派出专人，与苗联系。苗表面上答应了封他为奏王，加盟太平天国的请求，但私下里却仍然和清政府保持联系。此时，苗沛霖已经被清政府钦差大臣胜保成功招抚。

无辜的陈玉成刚进入寿州，便被苗诱捕，押至胜保军营……于1862年6月，在河南被害，年仅26岁。这位太平天国后期的主要将领，英勇善战，屡立战功，然而却没能英勇地死在战场上，而他的牺牲和庐州的沦陷，使得太平天国的西部防线完全瓦解，暂时只能依靠李秀成等新开辟的苏浙根据地支撑危局。

1861年7月中旬，李秀成率部从湖北全线后退，行军经过江西瑞州、临江，并于一个月后，进围抚州。幸好鲍超部的及时救援，而撤围东走。一路上收集脱离石达开的部分军队，散落的天地会成员，李秀成部一度膨胀到70万人，东走浙江。

李秀成进入浙江之后，与已经率先入浙的太平军将领李世贤，共同商议作战计划。紧接着，从台州、宁波、临安、余杭，一直到杭州，浙江各大城市纷纷被太平军攻陷。

在江南形式大好的情况下，太平天国领导们并没有集中力量，采取有力的对付湘军的军事措施，阻止湘军的东进，挽救危局，反而赞同李秀成再次进攻上海。其实，这个时候用几十万军队进攻上海，在东线开辟第二战场，对于改变太平军面临的严峻态势来说，并没有什么意义。这样，太平军在西线濒临崩溃的时候，仍然不能在东线有所作为，对整个战局造成极为不利的影响。

1862年1月，李秀成统率江南各路太平军，合围上海。这时驻防上海的清军，大部分是一些从苏南败退的残兵败将，战斗力远远不敌太平军。如果只是和清军作战，那么上海十有八九会被攻下。然而，上海当时也是英法租界，清政府请求他们派军镇压太平军，以维护他们的经济利益，他们没有理由不答应。不久，英法公然以太平军进军上海，影响租界贸易为借口，撕破"中立"的假面具，正式向太平军发起进攻。

就这样，太平军的东西两面战场都陷入了不利地位，形势异常严峻。而这个时候，湘军全面进攻的战略布局已基本完成，曾国荃和李鸿章也已招募新兵归来，重新投入战斗。

1862年春，湘军兵分8路，开始对以南京为中心的太平军占领区发起向心猛攻。

这8路湘军从北往南，分别为：李续宜部从湖北进驻六安，成大吉、萧庆衍部从河南固始进攻安徽颍州，意在控制皖北；多隆阿部进攻庐州；曾国荃部沿长江北岸东进；曾贞干率五千人由池州、铜陵进攻芜湖；而彭玉麟率领湘军水师顺江东下，配合两岸陆军进攻；鲍超部由江西进入皖南，经青阳攻宁国（今宣城）；左宗棠部由江西进攻浙江；张云兰部则固守徽州；李鸿章率领淮军进抵上海，会同英法军队和洋枪队进攻上海周围的太平军。

西线的太平军在湘军的全面进攻下，节节败退。截至5月底，北路的庐州，长江南岸的巢县、含山、南陵等地，皖南的青阳、太平、泾县等地，浙西的江山、遂安等地，都已经划入到湘军的势力范围内。

8路湘军中，属曾国荃部进攻最猛。5月中旬，曾国荃听说多隆阿已经攻陷庐州，立即率15营从西梁山渡江，会同彭玉麟、曾贞干水陆各军，攻占当涂、芜湖，并乘胜攻夺东梁山、金柱关、大胜关、三汊河等沿江城镇要隘，直逼南京城下。5月30日，曾国荃率军进驻雨花台，彭玉麟率水师进泊南京护城河口，曾贞干也率军赶到。这样，南京再一次处于清军的包围之中。

湘军曾国荃部迅速进抵南京城下，实在让洪秀全等始料不及。在极度惊恐之下，洪秀全急忙下旨命李秀成回援。

此时，李秀成正在率领大军在上海郊区与英法侵略军、洋枪队及李鸿章的淮军大战。接到天王的指令，李只好撤淞江之围，回苏州急招众将商讨回救南京之策。结果众位将领一致认为，以目前的兵力无法战胜湘军，两年后再去解救南京之围比较合适，现在只要往南京城内多运些粮食和弹药物资就好了。其实，从上一次太平军合围武汉，李秀成故意拖延时间这一点，就可以看出他的无组织、个人主义倾向。这次更明显了，中央有难，他还觊觎地方的小利益，不想及时回援。

可是，火烧眉头的洪秀全怎么可能同意这种意见。他眼看天京外围形势越来越严峻了——西南屏障宁国府被敌攻破，杨辅清、洪仁玕从皖南回援天京，夜袭湘军，也被湘军击退。于是，连下严令，催促李秀成率军赴援。

李秀成无奈，只好在上海留下少数兵力与敌军周旋，本人则亲自率兵，赴援上游，解南京之围。不过，虽然服从命令回援南京，但李秀成还是有点心不甘情不愿。

9月14日，李秀成由苏州出发，督率13王，率领20万大军，在东坝会齐后，浩浩荡荡地回援天京。回援部队在东坝会集后，分路进扎方山、板桥一线。一路由杨辅清、黄文金率领，攻打宁国，阻止鲍超增援；二路由陈坤书率领，进攻芜湖、金柱关，企图断曾国荃粮道；三路为主力部队，由李秀成亲自率领，围攻曾国荃的雨花台大营。

从10月13日起，李秀成率领援军主力部队，与南京城内太平军互相配合，连日猛攻曾国荃湘军。当时，湘军坚壁固守，等太平军逼近，突然排炮轰击。不过，太平军也很聪明。他们听到炮声，便立刻卧倒，等炮声一断，马上又杀声四起，日夜进攻，打得异常激烈。随后，李秀成部分兵两路，向曾国荃围军的东西两翼发起猛攻。

10月15日，西路太平军的上千人部队冲上江心洲，企图抄湘军后路，截断其运道。曾国荃为确保运道畅通，下令连夜筑垒十多座，与太平军在洲上对峙。紧接着，东路太平军则集中洋枪洋炮猛攻。湘军固守营垒，抛掷火球，拼命抵抗。

后来，李秀成采取更有效的进攻手段，下令进攻士兵每人各背负一块竹板，蛇形而进，紧逼湘军后部。当时，只见壕墙外开花蹦炮，横飞入营，烽火蔽天，流星匝地，而太平军匍匐前行至壕墙，迅速用草束填壕，汲汲欲上。曾国荃见状，很是着急，干脆亲自督战，不料被飞来弹片击伤左颊。

几天后，李世贤率援军赶到，加强了太平军东路的攻势。东路太平军再次更改进攻手段，用填满土的箱子，并排堆砌到湘军的壕墙边，明防炮弹，暗凿地道。见此情况，湘军急忙用火箭喷射，并以精锐部队突出反击，来破坏太平军挖掘地道。

一天，湘军侦察兵发现太平军西线阵营散漫，便在抓紧时间，对西路太平军实施三路反击。当时，太平军还正在琢磨进攻方式，没想到湘军会突然发起反击，搞得措手不及，以致12座营垒被毁，不少兵员伤亡。

曾国藩听到李秀成大军日夜猛攻曾国荃雨花台大营的军报，万分担忧，连夜失眠，脾气也变得很暴躁，动不动就向部下幕僚发火。此时，围攻南京的布战已经基本完成，他实在是没有地方调援兵，只好派赵烈文赶去上海向李鸿章求援，又写信给丁忧在家的李续宜，请求他效仿胡林翼"闻变即出"的例子，百日之后迅速出山，助自己一臂之力。但是，这些援兵一时半会儿都不能赶到，他自己只好又从安庆抽调一些援兵。

后来，正当东路太平军的猛攻让湘军十分吃紧时，驻防扬州的钦差大臣都兴阿派来5营援军，驻防芜湖的湘军王可升派出3营援军，曾国藩也从安庆派出400名援军。各路援军在28日前后赶到，使围城湘军的力量得以加强。

11月3日，太平军在湘军雨花台大营附近，新挖多处地道，对长壕进行轰炸，并乘势冲杀，纷纷冲入壕墙缺口。不过，湘军早就有所准备，等尘土落下，纷纷冲出营垒，奋力抢堵。这样，反复攻守几个回合，太平军还是不得进入。

第二天，太平军东西两路全面开攻。西路太平军决长江之水，淹湘军通道，企图割断敌军粮运。为保护粮道畅通，湘军水师出动舢板等小船，驻守双闸，与陆军配合作战。同时，东路太平军继续挖掘地道，对湘军壕墙发起进攻。面对太平军的地道战，曾国荃想了一个更毒的招儿，他干脆改守为攻，与敌军对挖，等地道一挖通，就放毒烟，灌秽水，或者用木桩堵洞口。这样，任凭太平军怎么挖，湘军都能有效堵截，导致太平军的地道战连连失效。

半个月后，曾国藩又从芜湖调到2营援兵，加强南京外围的湘军兵力。兵力增强让曾国荃信心倍增，马上开始策划反攻事宜。当然，这次反攻还是从敌军势力稍弱的西路下手。结果是湘军战胜，反击成功，直追太平军至板桥、半首山一带。东路太平军见到西路溃退，也分两路撤退。

在李秀成的主力部队艰苦奋战的时候，太平军的另外两路援军也在不同的战场激战。不过，他们的工作同样完成得不理想——杨辅清、黄文金一军没能攻下宁国，仅达到了阻援的目的；陈坤书一军也被湘军水师击败，没能切断湘军粮道。

就这样，一个多月下来，李秀成等都未能攻破曾国荃雨花台大营。他从雨花台撤围之后，又搞了一次"扫北"，结果退回南岸时遭遇湘军水师的突然袭击，伤亡十几万人，兵力大损。至此，十三王回救南京的作战宣告失败，而太平军也再无力组织对天京的大规模救援了。

曾国荃的这次坚守和反击，虽然打得还算漂亮，但却让其曾国藩等人伤透了脑筋。其实，此前曾国荃部刚刚驻扎雨花台时，曾国藩和其他官员就担心曾国荃的急功冒进，会影响这次围攻天京的整体战局。曾国藩在制订围攻南京的计划时，采取的仍然是围城打援的老办法。也就是，曾国荃主围，鲍超等部主援。可当时，鲍超部被阻于宁国；左宗棠部远在浙江；多隆阿部队正在赶赴陕西途中，对曾国荃部都不可能起到直接支援的作用。这样，只有曾国荃一军直逼南京城下，怎么看都犯了孤军深入的禁忌。

所以，在曾国荃进扎雨花台前，曾国藩就写信给弟弟，令其原地驻扎，不要急进，等待多隆阿军到来再说。然而，信还没有寄到，曾国荃就已经驻扎雨花台了。

而这个时候，一场突如其来的瘟疫席卷了江南的湘军各军，给湘军带来了前所未有的打击，曾国荃部也未能幸免。几个月下来，曾国荃营中死亡人数就达到近三成，久病不愈的也有四五成，而真正能出阵打仗的只剩了两三成，这不得不让曾国藩更加担心，担心这个固执的九弟能不能撑下来。

不能不提的是，在这场遭难中，曾国藩最小的弟弟曾贞干也不幸染上恶疾，不治而亡。噩耗传来，他悲痛万分——曾贞干是在围剿太平天国的战争中，牺牲的第二个弟弟，当初再次入伍，曾贞干信誓旦旦地说要为亡兄复仇，而如今，战争还没有最后胜利，曾贞干就不幸离世，这让他这个兄长如何不为之悲痛。

幸好这段时间，太平军忙碌于其他战场，李秀成部的援军又姗姗来迟，这给曾国荃部留足了恢复战斗力的时间，等到敌军一到，曾国荃部已经深沟高垒，以逸待劳，军队士兵也已整装待发。不过，曾国荃的贸然疾进，孤军深入，还是导致后来曾国藩为他搬援兵时，困难重重，无限担忧。

在曾国荃部打败李秀成等援军之后，曾国藩的智囊团都一致认为曾国荃不是能攻克南京的人物，认为他应该撤兵，改攻他路。于是，曾国藩一再催促他撤兵，不料，曾国荃和杨载福都不肯退兵，坚守雨花台。

曾国藩也拿这个弟弟没有办法，只好亲自到前线走一趟，想着等巡查前线各营的情况之后，再酌情处理。1863年3~4月，曾国藩用了一个月的时间，亲自对曾国荃的雨花台大营和巢县、无为等地的湘军营地壕墙进行检查，对检查结果甚为满意。他在确认围城湘军营盘坚固，各部之间关系协调之后，才放心地撤销了退兵的命令。

为了解决围困南京部队兵力不足的问题，曾国藩陆续增招新兵，使曾国荃的部队人数很快增加到三万以上。同时，还向南京城下派去了助攻部队——李续宜部下的毛有名、萧庆衍及叛徒韦俊等军一万五千人。这样，围城湘军陆军人数就达到了五万，兵力厚实了一倍。

在此情况下，曾国藩开始策划集中兵力对南京发动新的攻势。他先调鲍超率军攻占江浦，随后，又命鲍超部与水军联合，攻陷太平军坚固设防的九洑洲。这样一来，南京和下游联系的唯一通道和粮食供应线被切断了，湘军基本上实现了南京的完全合围。

从雨花台败退的这段时间，李秀成正在执行进兵北行的任务。

因为李秀成没能解南京之围，洪秀全给他一个"严责革爵"的处分，并命他进兵北行。进兵北行这一计划，具体说来，就是让李秀成率军过江以后，由舒城、六安，攻克英山、霍山、麻城、宋埠，然后分兵，一出黄州，一出汉口，企图以调动南岸湘军北援，解南京之围。

看来，太平天国这次实在是没招儿了，只好继续沿用"围魏救赵"的老计策。可惜，这一计策太久了，曾国藩一看李秀成部的动向，就猜得八九不离十了。经历了太平军的二破江南大营和第二次西征之后，老谋深算的他怎么可能轻易为之所动呢？刚好此时，湘军又缴获了太平军此次行军的秘密文件。这下，对于接下来的战事安排，曾国藩表现得更加从容。

1862年12月，李秀成先派林绍璋、洪春元等率领数万人先行。大半年下来，林绍璋等部已经攻占了巢县、和州、铜城闸、运漕镇、东关等要地，并在此等待主帅李秀成的后续部队的到来。

曾国藩为了阻截太平军西进，从芜湖调5营渡江进援无为，又从安徽、河南等地调兵15营取道舒城，赴援无为。1863年1月，湘军萧庆衍部攻陷运漕镇，在运漕河一线与太平军相持。

2月底，太平军李秀成、陈坤书等率第二批部队数万人，渡江西进。在攻占浦口之后，进抵巢县，准备取道无为西进。不料，曾国藩早有准备，在这段时间里，他已经从各地调集了万余名湘军，明显加强了这一地带的兵力。以至于太平军在接下来的攻城战役——庐江、舒城、六安城——中，都没能得手。

不久，李秀成便发令撤围，从六安向东，返回皖北。皖北本是鱼米之乡，然而，由于多年战乱，已是一片荒凉。太平军无法在此获取食物，一路上只能以野草充饥，不少士兵饿死。

正当李秀成从六安折回南京之际，留守和州、含山、巢县一带的太平军部队，在湘军的水陆合攻之下，纷纷败退，并与6月上旬退守江浦、浦口。

李秀成部从六安折回南京后不久，湘军李鸿章部便准备围攻苏州。这时，洪秀全纷纷传令各将领回援苏州。听到李秀成等回援苏州的消息，李鸿章马上写信给曾国荃，建议他力攻上游，以牵制李秀成部。而曾国荃想得更远，他认为李秀成回援苏州固然令人担忧，但如果直接进犯里下河，那对这次南京之围的影响会更大。于是，他当即决定猛攻南京，这样，不仅让李秀成不能回援苏州，也不让他东下里下河地区。

很快，曾国荃率军攻占了雨花台急聚宝门（今中华门）外的各个石垒。此时，李秀成部才离开南京不久，洪秀全只好紧急将他召回。这一切都在湘军的预料之中，于是，早已布置好，极力阻止李秀成部的回救。李秀成部太平军只好在九洑洲炮台的掩护下，冒着清军的炮火逐日南渡，不少士兵在江中被击毙。12天下来，一共只有1.5万兵将南渡成功。

随后几天，湘军陆续攻陷浦口、江浦、九洑洲等地。太平军又损失2万以上兵力。这样，长江北岸全部被清军占领。

李秀成率领北上的太平军，是当时太平军中的精锐部队，但因为种种原因，最终非但未能实现"进北攻南"的计划，还导致了"赔了夫人又折兵"的窘迫结果，进一步削弱了太平军的军事实力。这样一来，解围南京的希望就更加渺茫了。

与此同时，苏南战场和浙江战场也在淮军、洋枪队和左宗棠部湘军的进攻下逐渐瓦解。

至此，湘军的围攻圈越来越小，几乎已经缩小到圆心地带，南京已然变成一座在敌人紧紧包围下的孤城。

# 第十二章 战 守

**原文精选**

故善用兵者,每喜为主,不喜作客。

师行所至之处,必须多问、多思。

交战宜持重,用兵宜迅速。

军旅之事,守于境内,不如战于境外。

防边之要,不可处处设防。若处处设防,兵力必分,不能战,亦不能守。惟择其紧要必争之地,厚集兵力以守之,便是稳固。

有进战之营,必须留营作守。其留后之兵,尤须劲旅。

## 按语：攻战防守必须因时制宜

此章论述攻占与防守的方法。曾国藩以主客论攻防，认为善用兵者，既要懂得"先发制人"，又要明白"以主待客"。用兵作战时要"审定乃行"，根据实际情况决定，不能贸然行动。他在此基础上提出防守三法：一为深沟高垒；二为哨探严明；三为痛除客气。胡林翼主张"稳扎猛打，合力分枝"。认为交战应稳重，进兵应迅速；合理安排兵力，要有所取舍，在紧要必争之地集中优势兵力进攻或者防守。蔡锷将他们的攻守策略总结为"因时制宜之法"。

## 湘军人物故事：曾国藩攻战取胜之道

曾国藩与太平军的战斗，主要不是野战，而是一个城池一个城池的争夺战，九江、安庆、南京三地的攻防战斗最为惨烈悲壮。《曾胡治兵语录》十三篇，其实只有"兵机"、"战守"两章论及军事战斗最多、最直接。所以这里也以讨论曾国藩的军事思想、战术特征为主。

1. 战略上的远见

（1）金田起义之初，敏锐地感到广西事变的严重性

由于地方官的弥缝敷衍，清政府对广西事变的反应很迟钝，对拜上帝会则知道得更晚。开始，清政府的主要注意力一直集中在遍地开花的天地会方面，直到金田起义前夕，清军与拜上帝会教徒打了一场大战，清政府才注意到它的存在。这以后清军对太平军连战连败，清政府才集中主要兵力对付太平军。不过这时他们对太平天国的内部情况仍不甚了解，往往称拜上帝会为"天地会"，把韦昌辉当成主要领导人，还不知道有洪秀全这个人物。战争初期，前线的清军内部不和，朝廷也一片慌乱，咸丰帝四顾无人之际，只好派出与自己关系最亲密的大臣赛尚阿去前线。赛尚阿到广西后，清军内部不和的问题仍然无法解决。各路清军围困永安城半年，指挥不统一，行动难一致，未能攻克城池。1852年太平军从永安成功突围北上，把起义的烈火烧向长江流

域。由于清廷的反应迟钝和绿营的腐败,清军未能在太平军初起时将其扑灭。而这一时期,曾国藩却十分清醒,他为全国四处烽火、清政府财政拮据、军队腐败,根本无力应付这场战争而忧;他更为对于这种极为紧迫的情况,清朝当权者却浑然无知而忧。1851年4月他上《议汰兵疏》,提出裁兵、节饷、加强训练三项措施,企图首先从军队着手,打开一个新局面。他在列举军队腐败状况后说:"医者之治疮痈之甚者,必剜其腐肉而生其新肉。今日之劣弁羸卒盖亦当量为简汰,以剜其腐者,痛加训练以生其新者。"主张"兵贵精而不贵多"。这里已有军制改革思想的一些萌芽。

(2) 重视水师建设,肃清江面,夺水上之利

清朝绿营水师分为外海和内江两部分,外海水师驻广东、福建沿海,内江水师驻长江沿岸各要隘。至咸丰初年,外海水师尚存,而内江水师久已废弛,两湖三江一带无炮无船。而太平军方面,自1852年12月在益阳、岳州得民船万只,千船百舸,蔽江而下,千里长江已是太平军的天下,太平军能迅速击破武汉、金陵,实赖水师之力。当时郭嵩焘给江忠源去信,建议建立水师,江又写信给曾国藩说:"方今贼据有长江之险,非我造船筏,广制炮位,训练水勇,肃清江面,沿江各省恐无安枕之日。"曾国藩当时也认识到对太平军作战时没有水师是很被动的,"我以陆攻,贼以水去",根本无法接战。太平军凭借水师优势,不时袭击沿江地区,获取军需,清军防不胜防,处处挨打。

1853年9月,曾国藩开始筹建水师,至1854年2月基本建成了当时中国技术最先进的、装备最优良的内河水师。在以后的战斗中,曾国藩特别注重消灭太平军水师。1855年12月1日,湘军发起田家镇战役,焚毁太平军船只近五千只,"百里内外,火光烛天,皆该逆历年所掳民船,同归浩劫"。田家镇之役,太平军水师损耗殆尽,西征计划亦受重挫。从此湘军水师在长江中的绝对优势地位再没有动摇过。即使后来湖口之战后,湘军水师被分割为两部分也仍然如此。湘军水师在作战、保障陆师后勤供应方面,贡献突出。筹建精锐水师是曾国藩战略上的得意之笔。

(3) 上疏攻克武汉后即东下有"三可虑"

1854年10月13日,湘军轻取武汉。武昌守将黄再兴、石凤魁等人不习战事,夜间弃城率精壮逃往田家镇,来不及撤走的太平军水陆官兵,牺牲惨重。占领武汉后,曾国藩原打算好好经营一下湖北,休整部队,再以两湖为基地,进取江西、安徽,稳扎稳打,一步步地攻向金陵。10月21日,他上疏朝廷,提出攻占武汉后立即东下有

"三可虑"：一是经过从岳州到武汉的一系列战斗之后，湘军人员、物资均有很大损耗，需要休整和补充，不然战斗力难以巩固，更不用说提高；二是太平军虽受重创，但仍有相当实力，又以湖北、江西为补给地，若孤军深入，稍遇挫折就可能陷入太平军包围之中；三是湖北湘军占领地区的经济未及恢复，尚无法供应粮饷，湘军东下攻取江西、安徽，仍需湖南供给。古语说："取粮千里外，将士有饥色。"由于运输线较远，有可能因粮饷缺乏而导致出现军士溃散、前功尽弃的局面。应该说，这些考虑是有战略远见的，也说明曾国藩在一系列胜利之后，头脑还清醒。但是咸丰帝急于求成，"由九江、安庆直捣金陵"的主观愿望过于强烈，也低估了太平军的力量，因而拒绝了曾国藩的意见，令其迅速全师东下。这一错误决策完全打乱了曾国藩的计划，迫使他远离后方，轻兵冒进，为以后数年之内，湘军陷于进退维谷的困境，埋下了伏笔。

（4）拒绝西防东征北援，专图安庆

咸丰八年六月曾国藩结束守制，奉命督军援浙，拦击石达开。但石达开用兵十分灵活，当时湘军已进至赣南，还没有一兵一卒进入浙江，就已三面受敌。为改变湘军在江西战场上的处境，曾国藩于咸丰九年正月上了一本著名的《通筹全局折》，指出："就全局观之，则两利相形，当取其重；两害相形，当取其轻。又不得不舍小而图大，舍其枝叶而图本根。"在这一战略思想指导下，他决定将湘军抱成一团，集中打向赣北，夺回景德镇，进而谋取安徽。在这以后的两年时间里，为实现这一计划，曾国藩曾经三次婉拒君命。

一是婉拒西防。咸丰九年六月，石达开有入川迹象，曾国藩获旨率部"赴四川夔州扼守"。接旨后，他与弟曾国荃商量说："欲即溯江为夔府之行，则弟与凯章所率之万人自须全数带去，而景德镇一松，抚、建必陷，临江、瑞、宁，在在可虞。是未救无事之蜀省，先失初定之江西。"故欲"不为此行"，经十多天的思考和审时度势，他决定拒绝西防，并上奏皇帝详述了自己的考虑。

二是婉拒东征。咸丰十年三月，太平军再破清军江南大营，张国梁、和春败死，四月，太平军相继占领苏、常，并向浙江进攻。同月，曾国荃率军进围安庆。

江南富庶之地，是清廷的重要财源和饷源，加之浙江兵力单薄，浙江巡抚王有龄慌了，他上疏要求派出"才全德备之臣，如唐之裴度、明之王守仁者，禀受方略，仗钺专征"，实际上是指明要曾国藩出征。清廷接奏章后也认为"为今之计，自以保卫苏、常为第一要务",因令曾国藩"统领所部各军,探明道路,赴援苏常,以顾大局"。但在曾国藩眼中,真正的大局在安庆,因此不想舍安庆而救浙江,朝廷为此连发八道谕旨!曾国藩最后上了一本《苏、常、无锡失陷,遵旨通筹全局,并办理大概情形折》,说明了不赴下游驰援的原因。

　　三是咸丰十年春夏之交,英法以"修约"为借口发动第二次鸦片战争,咸丰帝逃往热河,逃亡途中他令曾国藩选精兵三千,交鲍超带领,"兼程前进,克日赴京,交胜保调遣",此后又催促三次。而此时,正是安庆战事的危急关头,李元度刚大败于徽州,祁门大营危急,各路败兵又纷纷索饷,"纷纷多事,目不暇给"。北援与否,确实给曾国藩出了一道难题。不北援,则于君臣大义有亏,卖国贼的头衔也会不期而至,如胡林翼所说:"士女怨望,发为歌谣,稗史游谈,诬为方册,吾为此惧。"若北援,又"缓不济急","无益于北,有损于南"。最后他们采取李鸿章的妙计——"按兵请旨,且无稍动",利用奏章和谕旨往返的一个月时间,有意拖延,在奏章中提出一些其实自己就可以解决的问题,如谁领兵前往这些小事,让皇帝作决定。后来由于"和议"已成,北援一事遂不再提。

　　从婉拒北援一事上,也可以看出曾国藩"攘外必先安内"的思想。当时曾国藩意识到:西方列强尚无推翻清政府,更无占领中国的企图,无非是"金帛议和",割地赔款而已。因此心腹之患在太平天国,必先剿灭。安定国内之后,再实行洋务、练兵、吏治等强国举措,以"勤远略",使"中外永绝窥视之心"。应该说,曾国藩是成功地沿着"攘外必先安内"的思想路线走的。但是到蒋介石时局势却大不一样,日本侵略者有并吞中国之心,这时再强调"攘外必先安内"便本末倒置了。

　　曾国藩之所以多次婉拒君命,是因为他有一个专攻安庆的战略主张。他在奏折中称:"自古办窃号之贼与办流贼不同,剿办窃号之贼,法当剪除枝叶并捣老巢。今之洪秀全据金陵,陈玉成据安庆,私立正朔,伪称王侯,窃号之贼也。"他认为安庆不克,则皖北无法收拾,"江南之贼粮不绝"。因此,"欲廓清诸路,必先破金陵;欲破金陵,必先去金陵之屏障"。在他看来,金陵历久不克,主要原因在于有安庆等据点作屏蔽。若全力进攻安庆,陈玉成必以全力来救,届时围点打援,实施战略决战,可望消灭陈玉成部。如能攻克安庆,消灭陈玉成部,金陵的攻克也只是个时间问题了。咸丰十年四月,在湘军历史上具有里程碑意义的宿松会议上,曾国藩"与胡中丞熟商江南军事",胡林翼说过一句很重要的话:"凡事皆须精神贯注,心有二用则不成。"

他俩取得了"安庆之围,绝不可撤"的共识。

当时太平军也很重视安庆这个战略重地,因为它既是天京的屏障,又是粮食等物资的供应枢纽,还是与捻军联络的据点。湘军以八万主力来攻,太平军也以主力来救,双方围绕安庆投入各自的精锐力量,战争规模与激烈程度,不仅在太平天国历史上是空前的,在中国近代史上也是少有的。太平天国干王洪仁玕看破湘军后方空虚的弱点,建议攻敌所必救,乘虚直捣江西、湖北,夺取武汉,以分散敌人兵力,解安庆之围。可惜在具体实施这个计划时,陈玉成本可轻取武汉,而竟为避免与外国人冲突而不取;李秀成沿途招兵买马,拖拖沓沓,致使南北配合失期。李秀成未能加入安庆外围决战,致使最后安庆战役以太平军失败而告终。

曾国藩对太平军的回援战略看得很透,即使在武汉十分危急时,他头脑也十分清醒,坚持不可撤围。咸丰十年五月,洪仁玕建议用"围魏救赵"之计,攻江南大营所必救湖、杭二州,诱清军赴援,然后迅速回师,一举功破了江南大营。因此曾国藩说:"群贼分路上犯,其意无非援救安庆。……去年之弃浙江而解金陵之围,乃贼中得意之笔。今年抄写前文无疑也。"他反复强调了坚守安庆外围阵地的重要意义:"无论武汉之或保或否,总以狗逆(指陈玉成)回扑安庆时官军之能守不能守,以定乾坤之能转不能转。"

咸丰十一年八月一日,安庆被湘军攻克。争夺安庆一役,太平军死亡三万余人,城内守军也有一万多人被杀,陈玉成的主力损失殆尽。关于这一战役的后果,洪仁玕后来写道:"我军之最大损失,乃是安庆落入清军之手。此城实为天京之锁钥而保障其安全者,一落在妖手,即可为攻我之基础。安庆一失,沿途至天京之城相继陷落,不可复守矣。"从洪仁玕的这段话,也可以看出曾国藩专图安庆的战略是很高明的。

(5)开辟第二战场,使太平军首尾难以兼顾

1860年5月(咸丰十年四月),左宗棠回湖南招兵买马,又吸收了王鑫旧部,共得五千八百人,号曰楚军。9月,他率军战江西。1862年2月,李鸿章奉曾国藩之命,在安徽也组建了一支军队,号曰淮军。当时苏南地区先后被太平军占领,清廷只剩镇江、上海、宝山、松江四座孤城。江苏巡抚薛焕株守上海,一筹莫展,唯知"遍召画工,日写丹青以自娱"。他手下虽有四万兵勇,却"尽皆乌合,见敌即溃",只好向曾国藩乞师求援。1861年11月,钱鼎铭来安庆"叩头乞师,情辞哀迫","久住不去,每次涕泣哀求",他还许愿每月接济湘军10万两银子。曾国藩遂将李鸿章部用洋

船输运至上海，先坚守上海，然后以此为基地，转战江苏全境。后来的事实证明，曾国藩把左、李荐为巡抚，作为安插在江浙的两个钉子，他们为清廷钉住了这两个战略要地，使太平军后期名将李秀成首尾不能相顾，遂渐将太平军压缩到以天京为中心的小块地方。

当时曾国藩嫡系曾国荃部五万人马，牢牢地盘踞在雨花台，监视天京。1862年10月，李秀成撤上海之围，猛扑雨花台，战46天，不利。又实施"进北攻南"计划，无奈湘军坚壁清野，太平军损兵十余万，次年6月回到天京。左、李二人利用太平军主力转战于天京外围，无暇顾及江、浙之机，迅速扩大占领区域。左部于1863年以后连克绍兴、富阳，进逼杭州。经过一年多的争夺，于1864年4月攻陷杭州，完全控制了浙江；李部于1862年秋后也频频发动攻势，次年1月，太平军常熟守将骆国忠叛变，李部连失太仓、昆山等地，7月失吴江，9月失江阴，11月李秀成援无锡失利。这时，太平军守苏州的郜永宽等八个将领动摇变节，刺死东线总指挥谭绍光，开城投降，接着无锡失守。到1864年4月，太平天国的大据点，只剩天京、常州、湖州三处。

1861年9月攻克安庆后，湘军已处优势地位，左、李二人转战江浙，更使李秀成陷入多线作战的不利地位，形成"独木难撑"的困局，天京之围，终不得解。

2. 战略上的慎重

(1) 兵不练就，决不出师

1853年9月、11月，清廷两次下令曾国藩率兵增援湖北，以救武汉之危；12月，太平军骁将胡以晃进攻庐州（今合肥），清廷又令曾国藩率船炮兵勇赴安徽救援。然而这年9月，曾国藩刚移驻衡阳，所部仅为一些官勇，10月开始创建湘军陆师，11月筹建水师，次年2月水陆军才基本练就，可以一战。

曾国藩深知太平军兵多将广，战斗力强，绝非一般农民起义队伍可比，没有一支劲旅是不能贸然应战的。况且太平军水师，千船百舸，没有一支得力的水师与之抗衡，甚至连兵力调动和粮饷供应都会发生困难，更不用说打仗了。因而，曾国藩打定主意：船要精工良木，坚固耐用；炮要不惜重金，多购洋炮。兵不练就，决不出征。他给朋友的信中说："剑戟不利不可断割，毛羽不丰不可以高飞。""断不敢招集乌合，仓卒成行，虽蒙糜饷之讥，获逗留之咎，亦不敢辞。"

对咸丰帝的两次命令，曾国藩都直言回奏，说明了不能草率出兵的原因。他在第二篇回复的奏折中,慷慨激昂地表示:"臣自度才智浅薄,唯有愚诚不敢避死而已,至于成败利钝,一无可恃。皇上若遽责臣以成效,则臣惶悚无地,与其将来毫无功绩受大言欺君之罪,不如此时据实陈明受畏缩不前之罪。"又进一步倾诉道:"伏乞圣慈垂鉴,怜臣之进退两难,诫臣以谨慎,不遽责臣以成效。臣自当殚尽血诚,断不敢妄自矜诩,亦不敢稍涉退缩。"咸丰看了奏折,为其"血诚"所感动,再不催促。曾国藩更以十倍的努力,加紧了出征准备。

曾国藩兵不练就,决不出师的原则,也使他失去了政治上强有力的后台吴文镕和重要的军事助手江忠源。吴为湖广总督,黄州危急时向曾国藩求援,后得知曾的难处后,虽自知必死,仍令曾国藩万勿草草而出。他是曾国藩的老师,又是其重要的政治后盾。江忠源守庐州,他危在旦夕时,曾国藩仅派一千士兵由陆路赴援。结果吴、江两人均兵败而死。曾国藩不轻易出省作战的方针,使他付出了个人情谊、政治后盾和军事人才上的重大代价。

太平军夺取庐、黄二州后,进围武汉,咸丰帝乃于1854年2月25日下令曾国藩东征。此时湘军已初具规模,曾国藩乃奉命东进,开始了他十多年的征战生涯。由于湘军准备比较充分,9月就攻取了武汉。曾国藩的慎重挽救了正在创建中的湘军,不然,草草而出,以卵击石,怎么会有以后的辉煌?

(2)雨花台进退之争,力主稳慎

1861年9月,曾国荃攻陷安庆,之后他回湖南停留了几个月,召募了七营新兵,次年3月回到安庆,随即率军沿江东下,一路连战连胜。6月在彭玉麟掩护下,进驻金陵外围的雨花台。对弟弟的神速进兵,曾国藩"既以为慰,又以为惧"。他忧惧的是,雨花台紧邻金陵,而"金陵地势宏敞,迥非他处可比。进兵之道,不可孤军深入"。此时曾国荃已成一支孤军,多隆阿远走陕西,赴援雨花台的鲍超又被李秀成派出的杨辅清大军阻截于宁国一线,曾国藩又别无他兵可调。因此他力劝曾国荃退出雨花台。

他对曾国荃说:"贼势犹盛,不可遽图,百足之虫,死而不僵",而今"弟军合水师不过二万,孤军深入,诸将帅皆以为不可,人人代为危虑"。又说"外间议弟处新营太多,兵不可靠,几于众口一辞"。曾国藩还写信给曾国荃的部将,"书告诸将,吾弟轻踏死地,必无万一之幸,诸将务告全军,毋从俱死"。可见曾国藩对屯兵雨花台的前景是悲观至极的。曾国荃在回信中说:"诸军士自应募起义,人人以攻金陵为志,今不乘势薄城下，而还军待寇，则旷日持久，非利也。且金陵为贼根本，拔其根本，即枝叶不披而萎。金陵恃江南北各城为屏蔽，江南北各城亦恃金陵为应援。克其一城，移军他往，贼又随踞之；徒使我疲于奔命，贼则旋走旋据，是攻夺无已时也。今以一军直捣金陵，苏常各贼闻金陵事急，必来应援。彼时遣别将间袭苏常，吾因而乘之殄寇巢穴，在此一举也。"其实曾国荃所言，也很有道理，如此可使太平军首尾不能相顾，后来的事实已证明了这点。应该说，这与曾国藩"舍枝叶而图本根"的战略思想也是一致的。只是这种孤军深入，与曾国藩招招求稳的思想不合拍。清军江北、江南大营，刚刚覆灭不久，前车之覆，可为殷鉴！而曾国荃只有两万人马，后来陆续增兵，也不过5万，周围几百里内，没有援军可到，屯兵雨花台，实在很冒险。

　　三个月后，李秀成回援天京，猛扑雨花台46日，因供给困难撤围。曾国藩立即要求其弟借追击之名，赶快撤出，"以追为退"，但曾国荃"决计不退"。1863年3月曾国藩亲往雨花台，视察防务，认为"稳如泰山"，遂不再提退兵之事。

　　（3）剿捻办"河防"，以稳慎制胜

　　1865年6月，曾国藩奉命北上剿捻。在军事上，他先搞了个"重点设防"，即在捻军的根据地及主要活动地区十三个州府设置重兵，建立营寨，聚集辎重，企图以点制面。但这无异于守株待兔，捻军仍然乘虚蹈隙，"发如飘风，集如骤雨"。当时有人指出，骑兵之力不出百里，步兵之力不出十里。而点与点之间往往相距几百里，虽有游击的骑兵，亦无以制胜。于是曾国藩提出河防之策以图补救。

　　河防，就是在黄河设置水师，在运河沿岸构建长墙和堡垒，进一步限制捻军的活动范围，同时防止其进入京城周围地区及"齐、苏膏腴之地"。后来他又接受刘铭传的建议，在河南境内的沙河、贾鲁河布置河防，河床浅的"挖壕守之"。这样，原有重点设防的13个点，现在又有河防的"四线"，点线结合，形成一个三角形战区。曾国藩满怀信心地说："各分防地，层层布置，或者渐逼渐紧。"他力图将捻军驱至河南西南部"山多水多之处"，加以歼灭。这个方案，是曾国藩"以静制动"的稳慎战略的反映，对捻军的流动作战，确实造成严重的困难。但他的河防之策一出，"闻者皆笑其迂"，诸将在指挥士兵挖战壕时，大多"掩口笑之"。

　　事实上，后来李鸿章与左宗棠接办剿捻军事，他们的战略，无论是"扼地兜剿"也好，"长围圈剿"也好，都是曾国藩以静制动、先防后剿的战略思想的继承和发展。曾国藩的河防，也为左、李二人的胜利打下了物质基础。

3. 战术上的特点

（1）审时度势，知己知彼

1862年4月，曾国荃部将南渡长江以攻金陵时，曾国藩指示说："以弟军目下论之，若在下游采石渡江，隔断金陵、芜湖两贼之气，下窥秣陵关，是为得势。若在上游三山渡江，使巢、和、西梁留守之师与分攻鲁港之兵隔气，是为失势。"这是讲在用兵地点上的审势。"至于进兵金陵之早迟，亦由弟自行审察机势。机已灵活，势已酣足，早进可也；否则不如迟进。"这是讲在用兵时间上的审势。

审势，就是指挥人员在作战中审时度势，以保持优于敌方的气势。曾国荃两万人马屯于雨花台时，曾国藩曾教他"缩营坚守"。因为"凡用兵最重气势二字，兵勇之力，须常留其有余，乃能养其锐气，缩地固守，亦所以蓄气也"。咸丰三至五年，向荣屯兵金陵城下，兵不满三万，一方面与城内太平军相持，而又分兵援庐州、宁国，攻镇江、芜湖，朝野内外皆称向荣所部为天下劲旅。独曾国藩不以为然，因为向荣不善审势，"不能从大处落墨，空处着笔也"。不出所料，咸丰六年江南大营被攻破，向荣败走丹阳。

审势又以审力为基础，审势在后，审力在先。所谓审力，即"知己知彼之切实功夫也"。咸丰五年，湖口之战后，湘军水师被分割为外江、内湖两部分，仅能自保；陆师攻九江，亦坚城难下；曾国藩驻南康，一筹莫展。太平军乘机三克武汉。八月，罗泽南至南康、湖口一看，"知其力不足以图功"，便向曾国藩提出赴援武汉胡林翼，武汉得手，则江西战事可望扭转。多年之后，曾国藩还提到这件事，盛赞道："有识者皆佩服罗山用兵识时务，能取远势。余虽私怨罗山之弃余而他往，而未尝不服其知兵也。"

看明地势，有利于知彼知己，也有利于指挥人员决策和审势。1857年12月，曾国荃围攻江西吉安时，曾国藩教他说："去吉城三四十里，凡援贼可来之路，须令哨长、队长轮流前往该处看明地势，小径小溪、一丘一洼，细细看明，各令详述于弟之前，或令绘图呈上。万一有出队迎战之时，则各哨队皆已了然于心。"1861年5月，安庆战事已白热化，曾国藩又教弟看地势不宜带队伍，"凡看地势、察贼势，只宜一人独往，所带最多不得过五人。如贼来追抄，则赶紧驰回，贼见人少，亦不追也。若带人满百，贼来包抄，战则吃亏，不战则长贼之气焰，两者俱不可。故近日将官看地势者，相戒不带队伍"。

1854年8月，曾国藩率湘军攻克岳阳，他在给诸弟书中，分析了"敌我水战之短长"，他说："大抵贼于水战一事，极为无能。渠所用者民船，每放一炮全身震破；所掳者原为水手，皆不愿在贼中久住。又以所掳之百姓，令其勉强打桨，勉强扶舵，皆非其所素习。……唯贼中所擅长制胜者，在渔划百余号，每战回出围绕，迷目惊心。此次余亦办得小渔划百二十号。行走如飞，以后我军见贼小划，或不致惊慌耳。"太平军水师中，人员成分复杂，炮船不堪使用，是一大弊病。后来石达开指挥湖口九江之战，虽大败湘军水师，但太平军水师始终没有振作起来。曾国藩吸取太平军用民工于军于民都不利的教训，在湘军中增设长夫，士兵专门打仗，长夫则挖战壕搞后勤。

　　1867年1月，曾国藩与沅弟书中谈到太平军陆师的两大长处，他说："与此贼战，有两难御者，一则以人多虚张声势，红衣黄旗漫山弥郁，动辄三四万人不等；季洪岳州之败（注：季洪即曾国葆，败后被裁，回家数年不见客），梧冈（即周凤山）樟树之挫，皆为人多怕震眩也。一则以久战伺暇隙，我进则彼退，我退则彼又进，顽钝诡诈，揉来揉去，若生手遇之，或有破绽可伺，则彼必乘隙而入；次青在抚州诸战是也。二者皆难于拒御，所幸多则不悍，悍则不多。盖贼多有裹胁之人，彼亦有生手，彼亦有破绽，吾转得乘隙而入矣。"这里对太平军陆师的长处作了精当的分析，但是优劣又是可以转化的，曾国藩对敌之长处认识越深，就越能找到制胜之术。湘军的大多数胜仗，都是以人数上处于劣势的兵力取得的。湘军人数最多时不过三四十万人，而太平军则"有众三百万"，精锐之师亦不下百万。结果此消彼长，一胜一败，使人懂得了"没有永远的优势，也没有永远的劣势"的道理。

　　1863年3月，曾国藩从雨花台前线视察归来，认为曾国荃所部壕墙坚固，遂撤销退兵之议。他回到安庆后就给皇帝写了奏折，报告"可喜之端"道："昔年粤贼所至，筑垒加城，掘壕如川，坚深无比，近亦日就草率；而官军修垒浚壕，今实远胜昔日。贼中群酋受封至九十余王之多，各争雄长，苦乐不均，败不相救。"李世贤、杨辅清、黄文金、古隆贤、刘官方等既失城池，又"不甚服伪天王、忠王之调度，其行径亦与流寇相近"，而湘军于"三江两湖，水陆各营，颇能和衷共济，呼应相通"。这段话是比较符合实际情况的。太平天国政治上的腐败，军事上的日薄西山之势，从中可窥一二。

　　1865年6月，曾国藩奉命督率各军赴山东一带剿捻。在此之前，僧格林沁一味凭勇苦战，实行"蛮牛战术"，已败死于山东曹州，捻军声势大振。对于僧王的失败，曾国藩早有预言，他说过："此于兵法，必蹶上将军。"曾国藩初出攻捻时，也不知捻军"伎俩究竟如何"，但他根据"谋定而后动"的原则，立足一个"稳"字，先对捻军特点进行研究，然后再思对策。

1867年1月，曾国荃在给兄长的信中说："此股贼之难击，比发逆十数倍，恐一时万难荡平。""捻逆虽不善攻，而人马最多，颇亦善围。（我军）步队二三十营扎为一处，贼马左右前后皆是，故文报粮草常有不通之时。"由此可见捻军十分善战。就在写这封信的前一天，曾国藩也给这位老弟寄出一信，详述了他对捻军特点的认识：

"此贼故智，有时疾驰狂奔，日行百余里，连数日不少停歇；有时盘于百余里之内，如蚁旋磨，忽左忽右。贼中相传秘诀曰：'多打几个圈圈，官兵之追者自疲矣。'僧王曹州之败，系贼以打圈圈之法疲之也。

吾观捻之长技约有四端：一曰步贼长竿，于枪子如雨中冒烟冲进；二曰马贼周围包抄，速而且匀；三曰善战而不轻试其锋，必待官兵找他，他不先找官兵，得粤匪初起之诀；四曰行走剽疾，时而数日千里，时而旋磨打圈。

捻之短处亦有三端：一曰全无火器，不善攻坚，只要官吏能守城池，乡民能守堡寨，贼即无粮可掳；二曰夜不扎营，散住村庄，若得善偷营者乘夜劫之，胁从者最易逃溃；三曰辎重妇女骡驴极多，若善战者与之相持，而别出奇兵袭其辎重，必大受创。"

基于这一认识，曾国藩制定了"以静制动"的攻捻策略，其继任者李鸿章、左宗棠正是以此战略消灭捻军的。他的战略思想，他的河防与清圩，为李、左的胜利打下了坚实的基础。

（2）招招稳慎，讲究以静制动，"以主待客"

战争的目的是消灭敌人，但首先必须要保存自己。曾国藩的战术思想是招招稳慎，下稳慎棋，把保存自己放在首要的地位。

1857年，曾国荃刚组建吉字营攻打吉安时，曾国藩针对他"初生牛犊不畏虎"的心境，劝他"到吉安后，专为自守之计，不为攻城之计"，"不求近功速效"。几个月后，在家守制的曾国藩又给围攻吉安的沅弟赠送了一副对联，联曰：

打仗不慌不忙，先求稳当，次求变化；

办事无声无息，既要精到，又要简捷。

1861年12月，他告诫围攻安庆的沅弟"总以自固为主，不必急救破城"，"只要多（隆阿）军壕墙站得住，弟军后壕守得稳，安庆终有可克之理"。1863年12月至金陵攻克之前的半年中,他五次告诫屯兵金陵城下的沅弟,要他"无贪功之速成,但求事之稳适","专在'稳慎'二字上用心","不求奇功,但求稳着"。

曾国藩高度评价汉景帝时期周亚夫的深沟高垒。公元前154年,周亚夫平定七国之乱时,让梁国与精锐的吴楚大军接战,自己却在昌邑深沟高垒,作壁上观,只出轻兵至淮泗口,绝吴军粮道。吴楚军与梁军大战后,锐气已挫,且饥疲不堪,勉强向周亚夫军挑战时,周亚夫又坚壁不出,只得引军而去。这时,周亚夫立发精兵追击,一举而破吴楚大军。曾国藩盛赞周亚夫这种深沟高垒、后发制人的战术。并说:"国藩久处兵间,虽薄立功绩,而自问所办,皆极拙极钝之事,与'神速'二字几乎违背。"他之所以这样做,因为他认为:"兵,犹火也,易于见过,难于见功。"与其因求神速而见过,不如以求稳慎而渐缓见功。他很佩服曾国荃的两句话:"稳扎稳打,机动则发。"称之"良为至论"。

要求部下"不轻言战","宁可数月不开一仗,不可开仗而毫无安排算计"。他称赞李续宾的"不轻进、不轻退",说他"用兵得一'暇'字诀,及其临阵,熟虑审慎"。

曾国荃统兵在吉安前线时,他叮嘱说:"凡与贼相持日久,最戒浪战。兵勇以浪战而玩,玩则疲;贼匪以浪战而猾,猾则巧。以我之疲制敌贼之巧,终不免有受害之日。"1862年,他又叮嘱在金陵前线的曾国荃:"总以'不出壕浪战'五字为主。""弟坚持不浪战之意,甚是甚是。凡用兵须蓄不竭之气,留有余之力,《左传》所称再衰三竭,必败之道也。弟营现虽士气百倍,而不肯浪战,正所谓留有余之力也。"

曾国藩所说的"浪战",是指不知敌我,缺乏准备的轻率举措,这种战斗往往无胜亦无大败。浪战不仅使士卒疲困,也使他们把战争视为儿戏,给敌方以可乘之机。与其如此,不如充分准备,一战而胜。这与毛泽东"伤其十指不如断其一指"的歼灭战思想是一致的。

牵连出战,约期打仗,曾在湘军中盛行一时。这固然反映了湘军的团结,没有绿营"胜不相让,败不相救"的恶习,但这样做是很危险的。当时没有先进的通信手段,甚至在军官中手表都未普及,计时不准确,因而很容易因技术问题而出现漏洞,为敌所乘。1857年11月曾国藩给沅弟的信中说:"进兵须由自己作主,不可因他人之言而受其牵制。非特进兵为然,即寻常出队开仗,亦不可受人牵制。应当战时,虽他营不愿,而我营亦必接战;不应(当)战时,虽他营催促,我亦持重不进。若彼此皆牵连出队，视用兵为应酬之文，则不复能出奇制胜矣。"六天后曾国藩又在信中提到"牵连出队之弊"，认为这样做，"一遇大敌，必致误事"。"此营出队之时，本未通告彼营，一遇贼匪接仗，或小有差挫，即用令箭飞请彼营前来接应，来则感其相援，不来则怨其不救。甚或并未差挫，并未接仗，亦以令箭预请他营速来接应，习以为常，视为当然。彼营则恐惹人之怨，又虑他日之报复，于是不敢不去，不忍不去。夫战阵呼吸之事，若尽听他营之令，牵连出队，一遇大敌，必致误事。"因此在曾国藩看来，牵连出队会助长请援方的依赖思想，打乱出援方的原有计划部署。这样既不利于出奇制胜，也难以搞好协同。作战中情况瞬息万变，战机稍纵即逝，如此不仅难以制胜，甚至自身的生存都有相当大的危险。

约期打仗属于牵连出战的一种情况，一般以"号炮、排枪或冲天火箭"为信号，这与持令箭请援的本质是一样的。曾国藩指出："两军相隔在五里以外，不可约期打仗……每每误事。"援军如果误点或违约，将造成战局的很大被动；更加危险的是，如果敌人知道了暗号，稍加利用，就可能会使援军钻入圈套，陷于埋伏之中。从这个角度看，令箭请援还稍微安全些。

曾国藩提出了"以静制动"的原则。他曾高度评价太平军"林启荣之守九江，黄文金之守湖口"，二人皆能以"悄寂无声为贵"。曾国荃围攻安庆时，曾国藩反复开导他"总作一坚守不战之计"，"不分心攻城，专主坚守后壕"。他的理由是："贼以积劳之后远来攻扑，我军若专守一'静'字法，可期万稳。"他甚至认为，在挂车河一带打援的多隆阿部也应做"坚守之计，任贼搦战，总不出队与之交仗，待其晒过数日之后，相机打之"，因为陈玉成援军"军行太速，气太锐，其中必有不整不齐之处，唯有一'静'字可以胜之"。这一"静"字法，实为《孙子兵法》中"敌疲我打"、"击其惰归"的具体应用。

在"以静制动"原则的指导下，曾国藩还创造了挖壕筑墙的战法。最初，这只不过是湘军的自卫办法。1856年8月石达开率大军援救武昌，胡林翼、李续宾兵少力单，遂用筑垒挖壕的办法，内困武昌，外抗援军，使石达开无计可施，终于在当年12月乘天京内乱之机攻陷武昌。从此湘军引为成功经验，用这种办法对付能攻善守的太平军，使太平军无法发挥善于打运动战的长处，屡遭挫败。湘军用这个办法，攻下了武昌、九江、瑞州、吉安、安庆。曾国荃围金陵，也在雨花台用此办法顶住了李秀成的46日围攻。

关于壕沟的具体情况，在曾国藩给沅弟的信中多次谈到："九江修壕六道，宽深各二丈。"安庆有"内壕外壕，约计七十余里……地段太长，深以为虑"。可见工程浩大，壕沟不止一道。内外壕可以相互支援，即使攻破一壕，也不至全盘崩溃，仍可相机收复。

由于壕沟宽深各达两丈，因此攻壕难度很大。攻克安庆之前七日，曾国藩给季弟的信中说："闻贼备布袋、草靶，此二者皆余阅历之事。余攻九江，办布袋万个，为填壕之用，令每人装土于袋，负之丢于壕中……千余袋尚不能填得一丈宽，而千余人断不能站在一处。每处数十人，竟未能填一尺厚，是日伤人最多，此布袋之难用也。攻瑞州时，刘峙衡以稻草填壕，已填一丈宽，过壕十余人矣。贼以火蛋抛出，稻草悉燃，烧死数十人。第二次用湿稻草，贼以枪炮击之，官兵亦不如前次之踊跃，遂不能过壕。瑞州壕深不盈丈，尚且如此，此稻草之难也。"

可见用布袋、草靶均难攻壕，李秀成后来围攻雨花台时，用的就是湿稻草，与刘峙衡攻瑞州相似，也是被枪炮所阻，未能过壕。在战斗中，太平军将士十分英勇，以血肉之躯，前赴后继，其视死如归的精神，令敌人胆寒。但损失实在太大，与湘军的伤亡比例几乎达到100∶1。

曾国藩提出了"以主待客"的原则，他说："须人打第一下，我打第二下。"这是讲在具体战役中，谁先动手，谁为主，谁后动手，谁为客。曾国藩认为："古之用兵者于'主客'二字最审也。"何为"主客"，他举例说："守城者为主，攻者为客；守营垒者为主，攻者为客；中途相遇，先至战地者为主，后至者为客；两军相持，先呐喊放枪者为客，后呐喊放枪者为主；两人持矛相格斗，先动手者为客，后动手者为主。"他主张"以主待客"、因为"主气常静，客气常动。客气先盛而后衰，主气先微而后壮。故善用兵者，最喜作主，不喜作客"。为此他举例说："凡扑人之墙、扑人之壕，扑者客也，应者主也。我若越壕而应之，则是反主为客，所谓致于人者也。我不越壕，则我常为主，所谓致人而不致于人也。"

以主待客，既可以逸待劳，蓄锐待敌，又可静以审势，伺机破敌。这种稳健的战术思想与孙武所说的"致人而不致于人"是一致的。毛泽东也曾经以两个拳师为喻，说是先动手的那位气势汹汹的拳师，恰恰最终被打败。在国共内战中，无论是在战略上还是在战术上，毛泽东都成功地运用了"以主待客"、"致人而不致于人"的原则。苏东坡在评论项羽的失败原因时也说："项籍唯不能忍，是以百战百胜，而轻用其锋。

高祖忍之，养其全锋而待其敝。"项羽之败，与全失主客之势有很大关系。

根据"以主待客"的原则，胡林翼最先在安庆之战中提出围城打援。在这以前，围城是重点，打援则为攻城服务。在安庆战役中，则把重点放在打援上，有计划地逼使对方进行战略决战，以歼灭太平军的有生力量。为此曾胡二人集中了所能调动的几乎全部兵力，造成湘军在安庆地区的显著优势。陈玉成等军远道而来，急于求战，湘军深沟高垒，坚壁不出，伺其破绽，忽出重兵，予以打击。陈玉成精锐刘玱林所部四千人就是这样被消灭的。

为达到围城打援和攻克城池的目的，围城本身也是很重要的，曾国藩在与沅弟的信中多次谈到围城之法，其要点有：

一是扎营不可离城太近。因为这样做，"一则开仗之势太蹙（紧迫之意），一则军事宜隐宜诡，不宜使敌人丝毫毕知也"；

二是围城须严密，要使敌人"无粒米勺水之接济，无蚍蜉蚁子之文报"，则敌人迟早会"迫不可忍"。曾国荃颇善围城，太平军称呼他为"曾铁桶"。但他也无力防止李秀成出入金陵城。因为金陵"城大"，"兵少尚不能合围，弟之力量只此，亦无可如何"；

三是不在于日日苦战。曾国藩指示围困金陵的沅弟说："以后若非贼来扑营，似不必常寻贼开仗。盖贼之粮路将绝，除开仗别无生路；我军以断粮路为要着，不在日日苦战也。"当时部分洋商为重利所诱，私自运输粮食接济金陵城内的太平军，曾国荃对部下说："西人商船不准在金陵水面停泊，不准接济贼匪，倘该商船犯禁前往，则我国亦唯有开炮轰击之一法也。"居然要对洋船开炮，可见此断敌接济的决心之大。

曾、胡湘军人数一直不多，起初不过近二万人，最盛时也不过三十多万，而太平军人数则长期保持百万以上，即使在金陵失守的前夕，各路太平军也有三十万人左右。因此，湘军本钱有限，不能轻易冒险，自然趋于求稳。从另一方面来说，湘军无论是军事素质、武器装备，还是物质供应诸方面都要优于太平军。一般来说，在兵员素质和装备上处于劣势地位的军队往往要借助机动灵活和人数众多来弥补其不足，而稳慎的战法恰恰是其克星。所以蔡锷评论说：曾、胡之所以如此，是因为当时他们的敌手并非精锐之师，人数众多，武器落后，信息不灵。打仗主要是凭体力和勇气，攻击力相对薄弱，很容易受到地形地物的局限，进攻难以收效。所以战术偏重于攻势防御，是有合理内核的，适应了当时的技术条件。

1861年5月他给沅弟书中说:"历次以来,凡围攻最紧之处,余亲身到场,每至挫失,屡试屡验。余偏不信,三月攻徽(州),又试往一行,果又验矣。此次余决不至安庆,盖因此故。"

舞刀弄剑,躬亲矢石,非曾国藩所长,他亲自指挥一个具体战役,多吃败仗。他自1864年以后,基本上没有"亲临前敌,亲自督阵",而"不得不自藏其短,使诸将展其才"。他声称:"鄙人教练之才,非战阵之才也,将将则胜。"然而从另一方面来看,湘军的征战主要是由曾国藩指挥的,特别是胡林翼死后,几乎全由他一人筹画,并节节取得胜利。可见其战略战术确实高人一等。

(3) 稳慎之中有变化,轻重兵灵活运用

曾国藩原本是一书生,咸丰四年正式带兵作战以后,才真正接触到军事。在这之前,他的军事知识最先是从史书中学来的,而《资治通鉴》对他的影响最深。这与满人的兵法权谋,最初是学自《三国演义》相似。曾国藩曾经赞叹说,《资治通鉴》一书"好叙兵事所以得失之由,脉络分明,……实六经以外不刊之典也"。他还对这套书中所述兵事战例,作过一些点评。可见,从古战例中熟悉战争,是曾国藩学习军事的主要途径。但他读书并不迷信书,鉴古而不泥于古。曾国藩更从军事实践中学到许多知识,并把两种知识结合起来,形成了他既求稳慎,又讲求机动灵活、变化多端的军事思想。

曾国藩在赠给沅弟的一副对联中说:"打仗不慌不忙,先求稳当,次求变化。"在这里已经说明了稳慎与变化的关系,二者有主次之分,先后之序。在做到稳慎的基础上,尽力追求变化。在追求变化的时候,曾国藩提出要注意八个字:"虚、实;奇、正;重、轻;呆、活。"

为求灵活多变,曾国藩提出"虚虚实实"之法。他说:"兵法最忌'形见势绌'四字,常宜隐隐约约,虚虚实实,使贼不能尽窥我之底蕴。若人数单薄,尤宜知此诀。"虚实结合,主要表现在示弱上,正如《孙子兵法》所说:"形人而我无形,则我专而敌分。"曾国藩对此的理解是:"凡用兵之道,本强故示弱者多胜,本弱故示强者多败。"他在《陆军得胜歌》中说得更具体:"起手要阴后要阳,出队要弱收队强。初交手时如老鼠,越打越强如老虎。""起手要阴","如老鼠",是用兵之"虚",都属于"本强故示弱",是为了麻痹敌人,以待可胜之机;"后要阳","越打越强如老虎",就是有可胜之机时,发挥自己的实力,战胜对手,这是用兵之"实",也是"虚"的目的。曾国藩也有"本弱而示强"的时候，剿捻时他曾上演过一出空城计，这在后面将要讲到。

曾国藩又主张"奇正互用"，"忽正忽奇"。他曾赞扬吴坤修率彪字营和义武营攻打新昌时，"有重兵以镇守，有轻兵以雕剿，正合古人奇正互用之法"。何为奇正呢？他举例说：

"中间排队迎敌为正兵，左右两旁抄出为奇兵。屯宿重兵，坚扎老营，与贼相持者为正兵；分出游兵，飘忽无常，伺隙狙击者为奇兵。意有专向，吾所恃以御寇者为正兵；多张疑阵，示人以不可测者为奇兵。旌旗鲜明，使敌人敢犯者为正兵；羸马疲卒，偃旗息鼓，本强而故示以弱者为奇兵。建旗鸣鼓，屹然不轻动者为正兵；佯败佯退，设伏而诱敌者为奇兵。"

一般来说，在战场上，以正兵为主，奇兵为辅。但是根据战场形势的变化，有时候要改变用兵方向，或者说，主要的着笔之处，不在正兵，而在奇兵。这是因为"凡战者以正合，以奇胜"，出其不意，攻其不备，才能制胜。曾国藩很重视用奇兵，好从敌人所不经意处下手，他说："凡行军最忌有赫赫之名，为天下所指目，为贼匪所必争。莫若从贼所不经意之处下手，既得之后，贼乃知其为要隘，起而争之，则我占先着矣。"曾国荃进占雨花台之后四个多月，曾国藩劝他退出雨花台，不声不响地占领太湖西岸，站稳脚跟。此地"战船处处可到，而环湖十四府州县处处震动。贼则防不胜防，我则后路极稳"。当时太湖沿岸不为李秀成所重视，用兵于此，可收出其不意之效。

曾国藩很重视重兵与轻兵、呆兵与活兵的使用。对这四者他解释说："进退开合，变化不测，活兵也；屯宿一处，师老人顽，呆兵也。多用大炮辎重，文员太众，车船难齐，重兵也；器械灵活，马驮辎重，不用车炮轿夫，飙（暴风之意）驰电击，轻兵也。"他认为四者缺一不可，但"宜多用活兵，少用呆兵；多用轻兵，少用重兵"。或者"半活半呆，半轻半重，亦有更战互休之日"，"更番互换，乃能保常新之气"。

他还讲过两句"军务要语"，一是"坚守已得之地"，二是"多筹游击之师"。前者为重兵、呆兵之用，后者为轻兵、活兵之用。他批评向荣、和春、张国梁的江南大营之败，在于"以重兵株守金陵城下，不早思变计"，即不知"从大处落墨，空处着笔"，不知运用轻兵、活兵。

1862年6月，曾国荃进兵雨花台，曾国藩极力反对，后来多次劝他退兵。这既有战略上求稳慎的考虑，怕沅弟重蹈向荣、和春之覆辙；也有战术上多用轻兵、活兵的考虑。他指出："以数万人全作呆兵"，"若长扎雨花台，以二三万劲旅屯宿该处，援贼不来，则终岁清闲，全无一事；援贼再来，则归路全断，一蚁溃堤"。说这话时，李秀成已解围失败，去"扫北攻南"了。曾国藩主张沅弟向太湖方向"不经意处退兵"，"以追为退"，待在太湖办成水师之后，陆师无后顾之忧，再进军金陵，也"不过数月之事，未为晚也"。

这个退兵策略的核心，是把屯于坚城之下的重兵、呆兵，部分变为轻兵、活兵。后来沅弟"决计不退"，曾国藩又要求他"筹出一支结实可靠之活兵在外纵横驰击"，指出"专以合围攻坚为念，似非善计"。曾国荃最终没有退兵，但仍取得攻取金陵的胜利，这并非曾国藩少用重兵、呆兵，多用活兵、轻兵的失策，而是由于太平军已成强弩之末。再加上曾国藩派出鲍超等部不断驰击于长江两岸，牵制了太平军，使多数太平军不能到达金陵外围，力量最强的李秀成部也因"扫北攻南"折师十余万，元气大伤，对雨花台再难以发动大规模进攻。这一系列因素，才使曾国荃得以转危为安。

(4) 自愧"儒缓"，不善奇兵

曾国藩在战略战术上有得意之笔，但也不乏失误之处，其用兵谨慎，求稳当，有时也造成其战术上"儒缓"的弱点。

有一次，友人周腾虎在与曾国藩畅谈时，直率地指出他的弱点是儒缓，即胆子小与效率差。这两个字入木三分地刻画出曾国藩的致命弱点。曾国藩也自我评论说："余性鲁钝，他人目下二三行，余或疾读不能终一行；他人顷刻立办者，余或沉吟数时不能了。友人阳湖周甫腾虎尝谓余'儒缓不及事'，余亦深以舒缓自愧。"他又进而认为自己"儒缓"，不宜从政从军，"凡儒者多务为舒缓，而不能应机以趋事赴功"，在给家人的信中也说，"行军本非余所长，兵贵奇而余太平，兵贵诈而余太直"。

曾国藩的"儒缓"，与他本性"鲁钝"是有关系的。他在七八岁时还不太爱说话，当时他比较胖，别人就给他取了个浑名，叫"肉哑巴"。求学时期，他的才思并不敏捷，和弟国潢一起从汪觉庵读书时，不爱回答问题，汪老师对他的诗文只用"也好"二字敷衍。十岁的国潢比他小九岁，却伶俐得多。但曾国藩"极善苦思"，也许这才是他学有所成的主要原因。另外，曾国藩死后，社会上有曾国藩系蟒蛇精投胎的说法，姑且不论其迷信色彩，就假定是这样，那么蟒蛇可能正与"儒缓"二字相配。梁启超也评价曾国藩"在并时诸贤杰中，称最钝拙"。

曾国藩的"儒缓"在军事上的表现是：行军迂缓，用兵呆板，不善于打运动战，尤其不能亲自带兵打仗。他自己也承认，"古人用兵，最贵变化不测。吾生平用兵失之太呆"，"控地道则更呆"。造成他战术上这种弱点的原因，一则与性格因素有关，这在前面已经谈到；二则与其稳慎的战略战术思想有关。真理跨越一步，便是谬误。过于稳慎，则未免儒缓。可以说儒缓是稳慎的伴生物，就像刚出土的玉石必然包裹着泥土一样。

我们可以从剿捻中看到他的"儒缓"：他接到北上剿捻的上谕22天之后，才勉强登舟北上。一开始，就显示出了与僧格林沁急躁轻进完全不同的作风。在行军中，僧王每日行七八十里或百余里，将士"饥饱不均，有连日不得一餐者"。而曾国藩统率下的湘淮军则自己"支帐埋锅造饭，不向州县索米供应，略师古法，日行仅四十里，少或二三十里"。简直有点像在爬行。但就靠这种"儒缓"，曾国藩及其继任者却消灭了捻军，由此可见，其"儒缓"在一定程度上，是与当时的技术条件相适应的。不妨可以说，"儒缓"并不全是弱点，只有对战局不利，与实际情况相违背的"儒缓"，才是弱点。如果把曾国藩的那套办法，不论是稳慎也好，儒缓也好，运用于当代的战争中，恐怕会处处碰壁，因为技术条件等情况发生了根本性的变化。

## 领导与管理：先做重要的事情

### 做事要有先后次序

一个领导和管理者要处理的事情往往很多，而时间却很有限。他们大部分时间都得用来处理一些琐事，类似于应酬、调解、收拾残局之类，所以不管他们怎么善于利用时间，总会发现时间不够用。这种情况下，想要提高工作效率，就应该拒绝掉一些琐事，抽出一整段的时间（关于"怎么充分利用时间"，请见第九章），集中精力先完成重要的事。

对大多数人来说，一段时间里想要做好一件事已经很不容易，同时做好多件事自然更难——当然通过一定的统筹安排，也能做到。不过如果想要最大限度地发挥一个人的才能，最好的办法就是让他的才能都集中在一项任务上。据说莫扎特可以同时创作几部作品，而且写出来的曲子都是杰作。不过除了他这种五岁就能独立作曲的天才，其他一流的作曲家，像巴赫、海顿等人，都是写完了一首曲子之后才开始写另首曲子。对作家来说，有时为了集中精力写作，连自己的日常生活都得身边的人来替他操心，因为他根本顾不上。据说托尔斯泰的妻子就兼职他的生活"保姆"。很显然，莫扎特那种天才的工作方式，普通人是无法借鉴的。

伯利恒钢铁公司是美国第二大钢铁巨头，它还是个名不见经传的小钢铁厂时，它的总裁查理斯·舒瓦普向效率专家艾维·利请教，该怎么把公司管理好。艾维·利交给他的办法很简单：在一张白纸上写下每天要做的六件事，然后用数字表明这些事对公司的重要性次序。等要开始工作时，拿出这张纸，只看第一项，不管其他项，然后着手开始办这件事，等到完成了，再开始第二项——就算一整天只完成第一项也没关系，因为他至少把最重要的事做好了。

这次会面一共不到半个小时，但是查理斯试验了这个方法后，写信给艾维说：这是他一生最有价值的一堂课。

后来查理斯把这个办法在公司的上上下下推行。果真像艾维说的那样，公司业绩提高了一半多。这个方法实行了五年后，伯利恒成为美国最大的独立钢铁厂。

想要做出成效来，领导者和管理者必须要集中时间和精力，先做完最重要的事情，并且每次只做一件。要做到这一点，就应该仔细地分析自己的工作，确定各项任务的先后次序。很显然，这其中最难的一点，就是应该怎么分清：哪些事情应该优先，哪些事情可以拖延，哪些事情应该干脆地放弃。

关于这点，管理学家总结出以下两个原则。

对那些过去遗留下来的、对现在进行的工作完全没有积极意义的活动和任务，管理者不应该投入过多的精力和时间。

领导者和管理者应该定期对自己和同事过去的计划进行回顾、审查，先问自己：计划里那些没完成的事，现在还有没有必要做下去？除非答案是绝对的肯定，否则就应该放弃，或者把这个计划搁置起来，至少也不该再在这些已经没用或者过时的计划里投入人力物力。这些计划正在占用的资源，也应该赶紧抽调回来，投入到未来新的机遇里去。

领导者和管理者免不了要为过去收拾烂摊子，不管那是他的责任还是他前任的责任。人都有预见不到的事，局势也一直在发生变化，很多过去看来很高明的行动和决策，可能很快就适应不了新局势了，或者干脆被证明在当时就是错误的。在任何组织和机构中，管理者的责任都有这很重要的一项：根据新的工作和局势，调整和修补过去的计划和行动，以便把资源投入到未来最可能创造价值的地方。如果过去的计划成为现在的负担，那么就应该接受教训，彻底把它摆脱掉。

但是要做到这一点，其实也不容易。有些计划很适合当时的情况，并且取得了很大的成功，但是现在局势已经发生变化了；或者某些计划看上去是正确的，却一直没有取得很明显的成果——这些情况下，过去的计划往往都需要彻底地修改，如果原封不动拖下去一定会耗尽组织的心血，造成人才和资源不必要的浪费。但是有时候领导者和管理者在处理过去的计划和决策时，可以很果断地摆脱掉彻底失败的局面，却常常因为过去的成功而影响决断。

19世纪末，美国成立了州际商业委员会，主要职责是为美国公众提供运输服务。它最初的任务是规范铁路运输、防止公众利益被垄断集团侵犯，它也确实在这方面做出突出的成绩。20世纪初，美国政府接管了铁路管理权，虽然后来又归还给私人，但是铁路垄断实际上已经不存在了，而这个组织却一直到50年代，都没有转变思维。这段时间内，他们的工作自然没有任何成果。

及时删除那些已经没有价值、不产生效益的任务，管理者才能把精力集中在几件重要的工作上。只有"推陈"才能"出新"，一个组织只有及时摆脱过去的失败，才有时间和精力开创新局面——而在开始一项新工作前，如果不删除那些过时的任务，把人才和资源浪费在这上面，组织就不得不进行不必要的扩充。现在很多机构被抱怨结构"臃肿"、官僚主义，根源往往就在这里。

在确定优先次序时，要基于管理者自身的明确判断，而不应该根据环境压力。

在一个木桶里装满石块之后，可以再装下沙子，装满沙子之后还可以再倒上水。但是如果弄错了顺序，先装满沙子或者水，就不可能再装下石块了。在管理学上，"石块"代表最重要也是最优先的事，而沙子和水则代表可以延缓的事。确定优先次序最简单的道理就在这里。当然实际情况往往比这个比喻复杂得多——要判断什么事情最重要，需要综合考虑外界环境、组织的长远目标、可以预见的机遇、可能遇到的风险等很多因素。而环境压力却跟这些因素背道而驰：它迫使管理者优先处理组织内部的事，而忽视了外部环境；它让管理者很容易因为风险退缩，却忽视风险背后的机遇；它促使管理者急功近利，倾向于短期就能看到成效的工作，而忽视长远的利益；它让管理者更优先处理急迫的事，而忽视重要的事。很显然，很多情况下，管理者要有对环境压力说"不"的勇气。

为了能集中精力做最重要的一件事，有时候另一些事尽管也很重要，却必须得缓一缓。但是很多人都有这样的体会：一件事一旦被搁置了，就很难再重新拾起来。而且环境随时在变，时机稍纵即逝，就算后来再提上日程，也很难做好。因此管理者不敢轻易延缓任何工作，但是如果每个工作都做一点，这样固然可以让各方都很满意，却可能因为精力分散而一件也做不好。对于哪些事应该优先，哪些事可以延缓这个问题，最重要的不是分析，而是勇气。

有位管理学家提出四条确定优先次序的原则："1. 要看将来，不能只看过去；2. 要重视机会，不能只看到存在的问题；3. 要选择自己的方向，不能只赶浪头，人云亦云；4. 目标要高，要有新意，不能只求'安全'和方便。"很显然，要做到这四点，勇气也是很必要的。爱因斯坦曾经有一个很著名的"钻孔论"：有些人在薄木板上钻很多孔，但是真正的科学家却应该"在厚木板上钻深孔"——想要取得卓越的成就，就应该勇敢地挑战开创性的、有难度的课题，而不是只着眼于最容易取得成功的领域。

这个道理放在其他领域里也行得通。创新和改革都有风险，而且任务艰巨，都需要勇气和魄力才能完成。但是真正成功的企业都是敢于创新的企业，卓越的政府也都敢于"摸着石头过河"、勇敢地改革弊端。面对新的机遇，很多人都会心里没底，但是如果能够抓住机会，能取得的成就必然也是巨大的。所以管理者在确定优先次序时，必须要同时有远见和勇气。一旦决定了次序，管理者就应该集中全部精力，先把最重要的工作完成，然后再选定下一项最优先的工作。

当然优先和延缓的次序也不是一成不变的，还要考虑到实际情况的变化，与时俱进，及时对这种次序进行修正。但是最基本的原则就是"优先做完最重要的事"。

总之，领导者和管理者想要提高工作效率，应该先做重要的工作，并且集中精力，一次完成一件。而要集中精力，就必须随时删掉已经过时的、不会再有进展的任务，并且要有足够的勇气，根据自己的分析判断来安排工作的优先次序。

### 湘军战例：攻陷南京之战（下）

湘军进一步缩小包围圈，南京的局势岌岌可危。

1863年9月，曾国荃部攻占南京城东南的上方桥和城西南的江东桥。11月上旬，又连续攻占了城东南的中和桥、双桥门、七桥瓮，以及秣陵关、高桥门等。这样，南京城的"东南八隘"全部被湘军攻破。

不久，湘军又相继攻占了淳化、解溪、龙都，以及东南重镇东坝、高淳等地。至此，南京城东南百里之内基本肃清。

11月25日，曾国荃部进驻城东孝陵卫。这时，湘军已攻陷天京外围的所有城镇要点，南京城只有太平门、神策门还能与外界相通。

此时，南京俨然已经变成湘军包围下的一座孤城。

此次进攻南京，湘军主要采用军事进攻和政治瓦解兼施的方法。军事进攻就是趁夜偷偷翻墙进城，或者开挖地道用炸药轰城。当时的南京城周长大概有500米，而曾国荃的围城部队大约5万人，虽然绝对数量不少，但是一旦分散攻城，就显得稀稀疏疏，攻击力明显减弱。还有处硬伤，就是南京城是太平天国的首府，其城墙的坚固程度肯定不同于一般的城墙。南京城的城墙不仅墙体坚固，而且墙垛高峻，最低处也有三四米高，这无疑给湘军翻墙硬攻制造了困难。

当然，如果只是城墙筑得好，那还好办，最大的问题是守城者也不是吃素的，在关乎太平天国生死存亡的时刻，谁都豁出去了，决定和入侵者死拼到底。12月20日，李秀成也奉命回到南京，专门负责守城。虽然他一直表现得不那么重视南京，但关键时刻还是被洪秀全紧急召回。由于他经验丰富，恪尽职守，广大太平军在他的率领下，克服粮食弹药供应不足的艰难条件，粉碎了曾国荃一次又一次的进攻。

再说一下政治瓦解的方法，其实就是派间谍打入敌营，进行诱降活动。曾国荃在军事进攻的同时，还利用各种关系打入南京城内，策动政治立场不坚定的人叛变，企图从内部瓦解太平军。湘军经常将劝降书一类的反动宣传品，用箭射入城内，希望有人捡到后，主动跟他们联系。不过，太平军对此也相应地采取了一些措施。比如，洪秀全通令全城，凡是得到敌军文书者，不许私拆，必须上报，违者严惩。当时，南京的太平军将士政治立场坚定，一致齐心对外，使得湘军的诱降计划一次又一次落空。一次，湘军终于和城内太平军中的叛徒联系上了，并约定夜间杀死城上哨兵，接应湘军爬墙进城。结果关键时刻，被哨兵发现，当然没有成功了。后来，湘军又搞了几次类似的阴谋，但都以失败告终。

曾国藩看到军事强攻和政治瓦解都不行，再次召集幕僚开会探讨对策。可是，实在讨论不出什么可行的好办法，只好寄希望于南京军民粮尽自灭了。看来，这次南京之战除了持久战之外，确实没有其他更好的办法了。

1864年2月底，曾国荃湘军攻陷天堡城，进驻太平门、神策门外。到此，南京完全合围。但是，战争的僵持形势仍然没有得到改变。

合围之后，湘军水陆两军严密封锁，不让粮食入城。南京水陆交通完全被截断，城内米粮日缺，饥民日增。洪秀全号召全城百姓吃"甘露"，说这种东西可以养生。甘露也就是甜露，在基督教中，是上帝从天上降下来的食物。可是，一个伪基督教徒去哪里得来这种食物呢？据说，当时洪秀全将他宫中地上长出来的百草，制成一团，送出宫去，要阖朝遵行备食。洪秀全倒是很有头脑的，既然不能达到物质上的温饱，那就靠精神来勉强支撑吧，精神控制才是统治的最高境界。

到五六月份，南京内外的攻守双方都已经筋疲力尽，太平军被逼到了极限，湘军也成了强弩之末。这个时候，南京城内的太平军急盼陈得才的回援。如果陈得才能率领远征西北的太平军及时来援，南京之战可能会持续更久，曾国藩兄弟也更加窘迫，也许南京解围还有一线生机。只可惜陈得才部到了湖北、安徽境内，终因缺乏粮食和受到敌人阻截，没能进抵南京城下。

湘军在把太平军逼上绝路的同时，自身也遇到了前所未有的困难。如粮饷短缺、士气低落、疾病流行、集团内部矛盾……一系列的问题都来了。

粮饷短缺是当时最主要的问题之一。由于战争的破坏和自然灾害，江、皖一带米价大涨，饥民成群，生产遭到很大破坏。因此，湘军不但筹不到军饷，连自己拿钱买米也困难重重。到后来，曾国荃一军都只能发饷百分之四十，口粮也供应不上，士兵们只能靠每天喝稀粥勉强充饥。

为解燃眉之急，曾国荃写信向李鸿章借粮，这个借粮的小故事不得不说。当时，李鸿章赞助的粮米很快便运送到曾国荃的大营了，曾国荃大悦，没想到李兄如此急人之困，对我军鼎力相助。他命部下赶紧将米粮运至厨房，给士兵们做营养餐。这时，部下又汇报说，李送过来的是发霉的陈米，不能食用。曾国荃一听，气不打一处来，对李的态度马上来个一百八十度大转弯，干脆命人立即将米退回去。后来，在部下的建议下，先把米低价卖给饥民，卖了钱再到别处买新米。这样，才没有因此事与李鸿章闹翻。

粮饷的困难不仅触发了湘军的内部矛盾，也影响了湘军的军队建设。因为久屯坚城之下，湘军斗志不仅日渐松懈，而且更加没有纪律了。那时，湘军士兵经常四处抢掠，奸掠妇女，简直成了赤裸裸的土匪。很多官员都对曾国荃提出责问，但又因为粮饷等种种原因，对曾国荃部干脆放任自流了。见到这种情况，曾国藩也是忧心忡忡。

苏州、杭州等城陆续被湘军攻陷后，几乎所有官员都急切地盼望曾国藩速攻南京。从开始进围南京到现在，已经差不多两年了，南京周边战场连连取胜，基本已经肃清，而曾国荃部围城这么久，怎么还是没有攻下来？外界的指责让曾国藩兄弟俩的处境更为窘迫。因为压力太大，曾国荃得了肝病，心情不好，动不动就发火。而曾国藩也忧郁成疾，心生恐惧，他担心这次围城失败会大祸降临……

其实，导致曾国荃久围不攻的另一个重要原因，就是他想独占头功。从出兵安庆时起，曾国荃就有了这种贪婪的念头，因此，不愿有任何人插手围攻天京一事。多隆阿率部远征陕西就是这个原因，还有后来鲍超、杨载福等部都曾参与过围城，但终于又都先后离去，也是这个原因。其间还有几起部队奉命前来助攻，也都被曾国荃婉言拒绝。可是，仅以曾国荃一军之力攻城，未免有点兵力单薄。在这种情况下，为保证战争顺利取胜，肯定需要更多时间，做战前准备工作。这就造成围城部队久围不攻的结果。

李鸿章拿下苏州诸城后，屡次接到会攻南京的谕旨。但是不知道曾氏兄弟的态度，不敢轻举妄动。于是，他写信给曾国藩进行试探。曾国藩其实很想让自己这个心高气傲的弟弟独占攻陷南京这一头等大功，那样的话，不仅他能受到皇上的重赏，曾家脸上也有光彩。可是南京已围了一年多了，仍不见丝毫进展，曾国藩心里也很着急。他又担心弟弟一人兵力单薄，围城会有什么闪失，如果反被太平军反攻成功，那自己十几年的心血岂不白费？功亏一篑是自己最不能承受的。而如果这次攻城侥幸成功，他又怕功名太盛，招人嫉妒。所以当他知道李鸿章欲来增援的意思后，便写信跟曾国荃商量，想劝导他接受援助。

然而，曾国荃拒绝一切劝告，执意包揽南京之战，独吞南京这块肥肉。功名倒不是他最看重的，与功名相比，他更想要的是南京的财产。早就听说南京城内金银堆积如山，天王府都是用金子造的，而且，艰苦围城这么久，怎么能让李鸿章突然插手相助，分一杯羹去？他由于在攻破安庆时尝到了甜头，这次就是硬着头皮，也要独占攻陷天京的头功和巨富。他在给兄长的回信中说，李鸿章来助攻是可以的，但必须满足他一个条件，即湘、淮两军平均发饷。当时，淮军饷源充足，发放及时，大大优于湘军。曾国荃料定，李鸿章肯定无法接受两军平均发饷的要求，才故意提出这一条件。

而李鸿章对曾国荃口头表示欢迎，实则拒绝赴援的意思，也心领神会。于是，上奏清廷，说曾国荃部两年久违不攻，不是兵力不足的原因，而是粮饷的问题。并以天热、士卒疲劳为由，推延赴援时间。

为了煽动起士兵攻城的积极性，曾国荃立即将淮军要来助攻天京这一消息，转告给手下的将士们。他厉声问其部下，有人要来抢功了，你们答应吗？曾国荃手下的那帮将士围城这么久，都围得麻木了，一听到有人要来跟他们抢财富，马上振作起来，恨不得下一秒就攻进南京城内，将金银财宝等洗劫一空。

……

可见在围攻南京的这段日子里，城内的太平军过得很不好，而围攻的湘军同样耗得很辛苦。可是，谁来打破这种苦闷的局面？在当时的情况下，只怕只有湘军才能做到。当然，湘军的等待也不是消极的，消极等待只是做给太平军看的假象，湘军暗地里还是在积极地为攻城做准备工作。而太平军也决心和湘军斗争到底，绝不轻易服输。这种状态一直持续到6月份。

6月，天王洪秀全病逝（一说自杀），幼主洪天贵福即位，由李秀成代为掌管一切军政事务。天王的离世对南京臣民的打击很大，在这艰困卓绝的日子里，能让他们鼓起勇气和湘军战斗到底的，其实更多的是精神，也就是天王洪秀全宣称的所谓基督教义。然而，现在天王离开，人心愈加不稳。

7月3日，湘军攻占地堡城，为接下来的攻城铺平了道路。地堡城是太平军在太平门和天堡城之间的一段山峦——龙脖子山上，建造的一座大碉堡。湘军夺取了天堡城后，虽然已对南京完全合围，但仍无法靠近城墙根。因为天堡城的地势高于城墙，装有多门重炮，俯视南京城内外，以至于湘军只能远远扎营，无法对太平门实行封锁，导致这几个月多次开挖地道都没有成功。而地堡城的地形，对作战极为有利，凭此可以居高临下地监视南京城内的动静，对以后的攻城战局来说，地堡城的攻占是非常重要的一环。如今，这个制胜点已被湘军占去，并作为其攻城的主要出击阵地，太平天国的灭亡已经只是时间问题了。

湘军依附地堡城的有利地形，在龙脖子山脚修筑了十多座炮台，层层排列，日夜不停地对城内猛轰，压制太平军的炮火。在炮火的掩护下，攻城的准备工作也在同时进行。湘军在龙脖子山脚与城墙之间的地上，填上芦苇、蒿草，再在上面覆上沙土，所填之地和城墙一样高，为攻城铺平道路。另外，还在距离南京城十多丈的地方，日夜挖掘地道，为轰城作准备。

半个月后，湘军攻城的准备工作基本就绪。李秀成见湘军攻城在即，便特意挑选出士兵一千名左右，令他们伪装成湘军，趁着夜深，猛然冲出城去，企图破坏太平门附近的地道。不料，伪装的士兵一出城，便被湘军识破，只好悻悻退回城内。

7月19日早晨，担任攻城任务的湘军部队，在太平门外紧急集合，战斗序列定下之后，便进入紧急备战阶段。此时，曾国荃摆出破釜沉舟的架势，亲自在天堡城坐镇指挥，只等地道爆破的成功。

中午，地雷齐响，震耳欲聋，几个月的僵持状态终于被打破。一时间，城墙轰然倒塌，湘军乘势蜂拥而入。太平军见状，马上以枪炮抗击，并力守城。只可惜南京城内断粮已久，战士早已饥肠辘辘，体力不支，即便尽了全力，其杀伤力还是不够，始终没能堵住城墙缺口。

湘军冲入城内，兵分四路，向纵深推进——中路由总兵朱洪章等率领，直攻天王府；右路直捣神策门，与从神策门缘梯而入的朱南桂部会合后，再冲向狮子山，夺取仪凤门；中左路直插通济门；左路分途夺取朝阳门、洪武门。

当时，朝阳等门相继失守，驻守西南各门的太平军眼见大势不妙，军心开始动摇。各路湘军乘势发起攻击，有的从聚宝门攻入，有的从通济门攻入……西南各门陆续失守。此时，湘军水军各营也夺攻中关，乘胜猛攻滨江敌垒，并夺取了水西、旱西两门。到那天傍晚，南京全城各门统统都已被湘军所攻占。随后，湘军各营蜂拥而入，开始了疯狂的烧杀淫掠。

几万将士一进城就到处放火，湘军攻到哪里，大火就烧到哪里，很快，全城已然一片火海，城内建筑物全部被焚毁。湘军攻入城中之后，遭到太平军的坚决抵抗，展开巷战，一开始争夺街巷，随后展开逐院逐屋的争夺。当太平军身陷重围，感到防守无力、突围无望时，便纷纷放火自焚，以保持革命的节操。自始至终，10多万太平军无一投降，宁死不屈。

李秀成在太平门败退后，急回天王府。他独带幼主，由数千名文武将臣护送，向旱西门奔去，企图突围出城。结果被进攻此门的湘军阻截，只好转道上清凉山，等天黑之后，再折回太平门。第二天，天还没亮，李秀成便伪装成湘军，从缺口处冲出，突围而去。不久，突围出城的李秀成与幼主失散，出逃人员便干脆分道而逃，分散湘军的注意力。

曾国荃听到有部分太平军逃出城的消息，立刻派出700名马队分道追捕。两天后，在淳化镇俘获列王李万材，在湖熟镇一带追杀章王林绍璋等。第二天，李秀成也在方山一带被俘。

曾国藩接到捷报，马上赶来南京，逼李秀成写完供词后，随即命人将他杀害。

湘军在这场攻城战中，表现得非常残忍。他们一冲进城去，就开始了大屠杀。当时，除了那些坚决抵抗的太平军将士必杀无疑外，就连已经入土的太平天国革命领袖洪秀全的遗体，也被挖掘出来，加以侮辱，以发泄反革命仇恨。

对于南京的财物，湘军的抢夺更可谓如狼似虎。这两年来，忍受着缺乏粮饷的煎熬，拒绝外援，坚持围城，还不就是图攻进城那一天，能够大抢一通，大发横财？所以，湘军一旦占领城池，迫不及待地开始了肆无忌惮的抢劫。他们抢王府，挖地窖，甚至逐户搜抢居民财物。为了抢掠财物，居然残杀大批老人和儿童。后来抢红了眼，竟然互相厮杀。

当时不仅攻城部队横行无忌，连留守城外的老弱士兵也空营而出，入城抢劫。甚至负责警卫曾国荃司令部的士兵和厮役等非作战人员也都进城搜刮财物，肩挑手提，成群结队，满路都是抢劫而归的士兵，和匪贼没什么两样。

除了财产劫掠，湘军还肆意糟蹋妇女。他们随意闯入民宅，奸淫妇女，甚至公然在大街上，强抢民女，哀号之声不忍卒听。显然，湘军烧杀虏掠的对象是不问政治面貌的，不管是拥护太平天国的人，还是拥护湘军的人，不论男女，不论老幼，只要在南京城内被发现了，就难逃湘军魔掌。这样的湘军的简直成了混世魔王部落。

而对于南京浩劫，主帅曾国荃睁一只眼闭一只眼，任凭部下胡作非为，甚至还大加鼓励，封李臣典等贪婪无耻的部下为功臣，并授予爵位。其实，自从安庆之战后，这样的烧杀掳掠已经成了曾国荃部攻城后的常态，也成了曾国荃激发士兵战斗力的秘密武器。他不肯认真禁止部下的野蛮行为，其实也是为了坐地分赃，多多益善：他虽然没有亲自去抢，可是，那些参与抢劫的士兵为了保证自己抢回来的东西牢靠，都会将最好的夺获物送给自己的头领。于是，士兵向哨官献礼，哨官向营官进贡，一层一层往上送，反正到最后，最好的珍稀物品自然都到了曾国荃手里，他比谁得到的赃物都多。由于得到了大量财宝，才有曾国荃回家后，大量抢购民田、树木、广起豪宅，导致民怨沸腾，舆论大哗之事。

经过一个多月的烧杀掳掠，参与攻城的每一个湘军官兵都发了大财。他们不仅将城内的金银衣物洗劫一空，连建筑物上的木料也都拆下来了，转船运回家中。在他们的疯狂抢掠下，这座繁华的古都几乎变成了一片废墟，到处都是残墙断壁，遍地都是碎砖破瓦，甚至到了连一棵树木都很难找到的悲惨境地。面对这种情景，曾国藩不得不承认这是一场空前的浩劫。可是这样的悲惨事件正是在他的纵容下发生的，作为湘军最高统帅，他对这场南京浩劫也是难辞其咎的。

南京的陷落，标志着轰轰烈烈的太平天国运动的失败。

第十二章 胡林翼 HU LIN YI 战 守

# 第十三章 治 心

**原文精选**

治心治身，理不必太多，知不可太杂。不过一两句，所谓守约也。

兄昔年自负本领甚大，可屈可伸，可行可藏，又每见人家不是，自从丁巳、戊午大悔大悟之后，乃知自己全无本领，凡事都见得人家有几分是处，故自戊午至今九载，与四十岁以前，迥不相同。大约以能立能达为体，以不怨不尤为用。立者，发奋自强，站得住也；达者，办事圆融，行得通也。

不为圣贤，便为禽兽。莫问收获，但问耕耘。

"天行健，君子以自强不息；地势坤，君子以厚德载物。""颐，君子以慎言语，节饮食"；"鼎，君子以正位凝命"。颐以养身养德，鼎以养心养肾，尤为切要。

圣贤教人修身，千言万语，而要以不忮不求为重。忮者，嫉贤害能，妒功争宠，所谓"忌者不能修，忌者畏人修"之类也。求者，贪利贪名，怀土怀惠，所谓"未得患得，既得患失"之类也。

一曰慎独则心安。自修之道，莫难于养心。养心莫善于寡欲。二曰主敬则身强。内而专静纯一，外而整齐严肃，敬之功夫也。三曰求仁则心悦。四曰习劳则神钦。

### 按语：蒋介石失败新说

本章是蒋介石加的，恰好可以看到他失败的一个原因。

曾国藩开了对军队进行思想教育的先河。蒋介石在黄埔军校也对学员展开思想教育，乃至退到台湾，仍然保留这套办法。他"治心"的内容，是儒家的那一套忠君爱国思想，本章所选文句清楚地体现了这一点。而当时的中国，清王朝已被推翻，二十年军阀混战更让人民失望。这个时候，马列主义传入中国，为中国人民自救、自立、自强带来希望。马列主义思想的灵魂，其实就是让中国人民自己拯救自己，而不是靠君王将相。中国共产党把下层人民发动起来，进行了一场中国历史上从未有过的自下而上的彻底的人民革命，是在民主与科学的国际大背景下发展起来的革命思想。中国人民已经看清楚了，忠君爱国那套东西不能救中国，帝王将相已不复存在，必须靠人民自己打天下。

蒋介石果断追随孙中山干革命，后来又使用美式机械化武器装备军队，在行动上他与时俱进。他自己仿佛并没有察觉到，他在思想上却站错了队伍。曾国藩那套忠君爱国思想，固然可以培养起从黄埔军校出来的国民党高级将领对他的忠诚，而广大士兵和下级军官却得不到他"蒋校长"的悉心关照。一句话，忠君爱国那套东西已经过时，现代民主思想才是人心所向。所以我们看到，大量进步学生积极奔赴延安，土改以后的农民也真心拥护共产党——他们是中国的主体居民。

曾国藩以理学家的思想严格要求自己，是清朝难得的一位廉政楷模，在"治心"方面确实有值得后世学习的地方。但也不能过分拔高他个人的道德影响力。道德自律固然要大力提倡，而治国的根本，还是在于现代化的民主思想和法制道路。

### 湘军人物故事：曾国藩的修身术

中国古代读书人都有一个共同的理想："为天地立心、为生民立命、为往圣继绝学、为万世开太平"，曾国藩在青年时代就怀着强烈的救世愿望。他原名子城，字居武,中进士后,"某师病其鄙俗,始为改之"。在此之前,曾国藩已改号涤生,按照他的解释,"涤"即"涤其旧染之污","生"即"从前种种譬如昨日死,从后种种譬如今日生"。把两件事联系起来看,无疑是表示要洗除旧习,焕发新生,做国家藩篱之臣。他在给亲友的信中也说:"君子之立志也,有民胞物与之量,有内圣外王之业,而后不忝于父母所生,不愧为天地之完人。"他把"不为圣贤,便为禽兽,莫问收获,但问耕耘"作为自己的座右铭。可见他的人生理想就是要做一番大事业,成为一个完人,一代圣贤。

他信仰理学家"诚意正心修身,齐家治国平天下"的理念,认为要成就大事需要从修养自身做起,因此他非常重视个人品德的修养。自从他追随唐鉴、倭仁学习理学以来,从未放弃过修身养性的功夫。他一生坚持记日记,在日记中时常反省自己的行为,内容涉及个人品行、心性的方方面面。可见曾国藩对自己要求之严格。咸丰八年出山之后,他自称"大悔大悟",对自己为官处事上的要求更加严格,在政治和思想上也越发成熟、老练。晚年他身居高位,一举一动都谨慎严格,最终做到功成身退、"善其末路"。可以说曾国藩的一生都严格按照理学家的标准要求自己,他死后清政府赐予他"文正"的谥号,还是名副其实的。

林则徐说:"苟利国家生死以,岂以祸福避趋之。"又说:"知难而退,此虽保家保身之善谋,然非人臣事君救世之道!"林则徐宏愿未遂即病死于平息太平军叛乱的前线,曾国藩则是他这一思想的继承者。曾国藩非常重视主观意志的作用,认为"志之所至,金石为开"。他以"坚忍"二字应对各种困难,绝不"知难而退"。他说:"李申夫尝谓余怄气从不说出,一味忍耐,徐图自强。因引谚曰:'好汉打脱牙和血吞。'此二语,是余生平咬牙立志之诀。余庚戌辛亥间,为京师权贵所唾骂;癸丑甲寅,为长沙所唾骂;乙卯丙辰为江西所唾骂;以及岳州之败、靖港之败、湖口之败,盖打脱牙之时多矣,无一次不和血吞之。"他凭借坚忍的意志,在众人反对和退缩时,依旧坚持创建水师、攻打安庆、围困南京,最终都取得了胜利。他认为"困心横虑,正是磨炼英雄,玉汝于成",做任何事都会经历波折和阻碍,但是"天下事果能坚忍不懈,总可有志竟成"。

程朱理学认为"诚者,圣人之本",曾国藩在为官治政方面,也处处坚守一个"诚"字。咸丰三年,他在《与湖南各州县公正绅耆书》中表示:"国藩奉命以来,日夜悚惕,自度才能浅薄,不足谋事,惟有'不要钱,不怕死'六字时时自矢,以质鬼神，以对君父，即借以号召吾乡之豪杰。"他建立湘军，选拔将领、招揽幕僚，都以"忠义血性"为标准。他对书生的"血诚"尤其推重。咸丰十年，太平军进攻苏州、常州，两江总督何桂清带头，苏、常二州地方官一逃而空，当地的读书人和富绅就自己组织起来，抵抗太平军，一直到常州城破也没放弃。曾国藩听后很高兴，认为常州城一向崇尚节义，士人大多"好读书稽古，研究事理"，一定是因为有"贤智之士"带头倡导。这些都是人才，应该加以培养，留待"他日之用"，因此曾国藩立即上奏，保举了周腾虎、赵烈文、华蘅芳等人。

曾国藩非常重视表率的作用，他认为"风俗之厚薄……自乎一二人之心之所向"；所谓"气节者，亦一二贤臣倡之，渐乃成为风气"；咸丰十年，他还曾说："粤捻内扰，英俄外伺，非得忍辱负重之器数十人，恐难挽回时局也"：要改变社会风气，树立忠义的气节，挽回政治上的败局，都要靠几个贤臣、忠士来倡导、带头。所以他一方面表彰那些"忠诚君子"，另一方面也很注意网罗、培养人才，留下好"种子"。他幕府里出了大批文武人才，这些人大都得到过他的指点和提拔，后来也都在清政府当了大官。这些人里他最重视的大概就是李鸿章。到了晚年，他虽然对清政府的前途开始失望，但也还是认为，虽然他这一辈子没能改变当时的社会，但是留下了不少"好种子"。

可见曾国藩对理学思想的贯彻，是相当彻底的。

严于律己

在自我修养方面，曾国藩可能是对自己要求最严格的人之一，简直近于苛求。左宗棠曾经怀疑他不过是说说而已，未必去做，因而极具虚伪性，但是接触交往多了，左公就改变了自己的看法，认为他言行一致。

曾国藩在33岁以前吸水烟成癖，每天早上都吸一袋烟。1841年9月开始戒烟后，时停时吸，他在日记中自责道："不能立地放下屠刀，则终不能自拔耳。""客去后，念每日昏愦，乃因多吸烟，因立毁折烟袋，誓永不再吃烟。"戒烟是很困难的，"戒烟以来，心神彷徨，几若无主，遏欲之难，类如此矣！"曾国藩终于"携破釜沉舟之志"，以坚忍的毅力戒绝了烟瘾。

对于朋友的忠告，曾国藩强迫自己虚心接受，力求改过。邵蕙西曾当面责他"交友不能久而敬"，"看诗文多执己见"，"对人作几副面孔"。曾国藩视之为直友，并决心对自己的过失"重起炉灶，痛与血战一番"。一个月后，邵蕙西就对他刮目相看了。

戒烟和闻言改过，这两件事本来很难，但曾国藩却能做到，可见他自律甚严，绝不是说说而已。曾国藩不仅自律甚严，而且对自己的要求涉及方方面面。道光二十二年十二月二十日（1842年1月）与诸弟书中，他写下了自己的"自立课程"，一则供诸弟效仿，二则让诸弟敦促自己。"课程"内容包括修身、养生、读书等方面：

主敬——整齐严肃，无时不惧。无事时心在腔子里，应事时专一不杂。

静坐——每日不拘何时，静坐一会。体验静极生阳，来复之仁心。正坐凝神，如鼎之稳。

早起——黎明即起，醒后勿沾恋床笫。

读书不二——一书未点完，断不看他书。东翻西阅，终无益处。

读史——二十三史每日点十页，虽有事不间断。

写日记——须端楷。凡日间过恶：身过、口过、心过，皆记出。终身不间断。

日知其所亡——每日写"茶馀偶谈"一则。分德行门、学问门、经济门、艺术门。

月无忘所能——每月作诗文数首。以验积累之多寡，养气之盛否。

谨言——刻刻留心。

养气——无不可对人言之事。气藏丹田。

保身——谨遵大人手谕，节欲、节劳、节饮食。

作字——早饭后作字。凡笔墨应酬，当作自己的功课。

夜不出门——旷功疲神，切戒切戒。

以上"课程"，曾国藩力行终身，很少有间断。比如"写日记"一项，他的日记，一直写到临终前一天。现存的《曾文正公日记》三卷，是他一生的记录。

曾国藩在日记中将"身过、口过、心过"皆记出，是为了知错就改。他尊奉先哲"君子日三省吾身"的教导，随时反省自己的过失，让自己的行为合乎规范。

### 1. 时时自省，知错必改

咸丰七年，曾国藩在家守制期间，由于"心殊忧郁"，曾国藩常因细微小事怒斥弟媳，谩骂诸弟。他在家一年之中，和曾国荃、曾国华、曾国葆都闹过别扭，而且几乎都是曾国藩挑起的。他性情粗暴，语言卑陋，好像一下子变成另外一个人。这从侧面反映出曾国藩当时的心情。由于曾国藩居家期间，战场形势发生了有利于湘军的转变，原来的同僚或下级大多升官，胡林翼等人皆"大有长进，几于一日千里，独余素有微抱，此次殊乏长进"。这使曾国藩心情忧郁烦躁，坐立不安，在家中闹出许多别扭。

曾国藩复出之后，对这一阶段的自我进行了深刻的反省，尤其在曾国华败死于三河之战后，反省更为深刻。咸丰八年十二月三十日与纪泽书中说："今年家中因温甫叙之变，气象较之往年迥不相同。余因去年在家，争辩细事，与乡里鄙人无异，至今深抱悔憾，故虽在外，亦恻然寡欢。"同月初三与澄沅季三弟书中说："吾去年在家，以小事争竞，所言皆锱铢细故，至今思之，不值一笑。负我温弟，即愧对我祖我父，悔恨何极。当竭力作文数首，以赎余愆，求沅弟与石刻碑。"字里行间，既有对死者的缅怀，又有对自己"为小事争竞"的反省。

为了更有效地反省，时时修正自己的错误，曾国藩还注意收集社会舆论。如他在咸丰八年五月三十日与沅弟书中说："外间讥议之辞弟应得闻十一，便中可密告也。"收集这些讥议当然不是为了整人，消灭异己，而是以此为镜，改进自己的工作。

他对自己的一生，有"三耻"、"三畏"、"四大堑"之说。

咸丰八年八月二十日，曾国藩在与纪泽书中说："余生平有三耻：学问各途，皆略涉其涯矣，独天文算学，毫无所知，虽恒星五纬了不识认，一耻也；每作一事，治一业，辄有始无终，二耻也；少时作字，不能临摹一家之体，遂致屡变而无所成，迟钝而不适于用，近岁在军，因作字太钝，废搁殊多，三耻也。"

同治二年四月十六日与沅弟书中说："吾辈所最宜畏惧敬慎者，第一则以方寸为严师，其次则左右近习之人，如巡捕、戈什哈、幕府文案及部下营哨官之属，又其次乃畏清议。"这里讲的"三畏"，即第一畏方寸，即自己的良心；第二畏左右之人；第三畏清议，即社会舆论。

同治六年三月十二日与沅弟书中谈到一生中四大挫折时说："余生平吃数大堑：第一，戊辰年发佾生，学台悬牌，责其文理之浅；第二，庚戌年上日讲疏，内画一图甚陋，九卿中无人不冷笑而薄之；第三，甲寅年岳州靖港败后，栖于高峰寺，为通省官绅所鄙夷；第四，乙卯年九江败后，赧颜走入江西，又参抚臬，丙辰被困南昌，官绅人人目笑存之。吃此四堑，无地自容，故近虽忝窃大名，而不敢自诩为有本领，不敢自以为是。"曾国藩一生的成功，正是靠一"悔硬"字诀，坚韧不拔，屡败屡战而得。而这些，又无不基于他对自己的深刻解剖和反省。

曾国藩晚年，病魔缠身，精神衰惫，他十分愧疚。同治十年三月十七日与沅弟书中说:"目疾日剧,右目久盲,左目亦极昏蒙,看文写字,深以为苦,除家信外,他处无一字亲笔。精神亦极衰惫,会客坐谈,即已瞌睡成寐,核稿时亦或睡去,实属有玷此官。"

2. 为官廉洁,生活俭朴

道光十八年,曾国藩中进士,入翰林院。他十二月回家,贺客盈门。当时,祖父对他父亲说:"宽一虽点了翰林,我家仍靠种田为业,不可靠他吃饭。"有教他不贪之意。后来,曾国藩兄弟均已封爵开府,曾国藩想起这一庭训,深情地对弟弟说:"此语最有道理,今当守此二语为命脉。"他发誓说:"予自三十岁以来,即以做官发财为可耻,以宦囊积金遗子孙为可羞可恨。故私心立誓,总不靠做官发财以遗后人。"

在廉俭方面,曾国藩的思想有许多值得人学习和领会的地方。曾国藩家书中,有不少言论可以体现他的廉俭思想。

(1) 不占人便宜,"施情于我者,皆钓饵也"

道光二十七年六月二十七日与澄沅季弟书中说:"将来万一作外官,或督抚,或学政,从前施情于我者,或数百,或数千,皆钓饵也。他若到任上来,不应则失之刻薄,应之则施一报十,尚不足以满其欲。故兄自庚子年到京以来,于今八年,不肯轻受人惠,情愿人占我的便宜,断不肯我占人的便宜。"

(2) 只按常规寄钱回家,决不多寄

咸丰八年九十月间,与澄季二弟书中说:"去年我在家中,嫌用度太广,今年我既出,务求澄弟减省用之。若难于裁减,则我与澄弟共食而分用,或者可以略少。我在军中,决不肯多寄银回家,改向来之样子。一则因父母在时我未多寄,二则因百姓穷困异常,我不忍独丰也。"咸丰十一年四月二十四日与丹阁十叔书中又说:"故年来不敢多寄银回家,且不敢分润宗族乡党者,一则目击军士穷窘异常,不忍彼苦而我独甘。一则上念高曾以来屡代寒素,国藩虽食旧德,不欲享受太过。"

不多寄银钱回家也利于子弟成长,同治三年正月十四日与澄弟书中说:"吾不欲多寄银物至家,总恐老辈失之奢,后辈失之骄,未有钱多而子弟不骄者也。吾兄弟欲为先人留遗泽,为后人惜余福,除却勤俭二字,别无他法。"

(3) 决不要钱,不苟取以示下

咸丰六年十一月二十九日与澄弟书中说:"盖凡带勇之人,皆不免稍肥私囊,余不能禁人之不苟取,但求我身不苟取,以此风示僚属,即以此仰答圣主。今年江西艰困异常，省中官员有穷窘而不能自存者，即抚藩各衙门亦不能寄银赡家，余何敢妄取丝毫。"咸丰八年五月五日与沅弟书说："余在外未付银至家，实因初出之时，默立此誓，又于发州县信中，以'不要钱不怕死'自明，不欲自欺其志，而令老父在家受尽窘迫，百计经营，至今余以为深痛。弟之取与，与塔、罗、杨、彭、二李诸公相仿，有其不及，无或过也。尽可如此办理，不必多疑。"

（4）不买田起屋

咸丰五年十二月一日与诸弟书中说："闻长夫多次言及，我家去年在衡阳五马冲买田一所，系国藩私分等语，并云系澄侯弟玉成其事。国藩出仕二十年，官至二品，封妻荫子，且督师于外，薄有时名。今父亲叔父尚未分析，两世兄弟怡怡一堂，国藩无自私田之理。"并认为此风一开，诸弟必将效尤，加速家族的分裂。咸丰十年十月四日与澄弟书中又谈到买田及起屋一事："家事有弟照料，甚可放心，但恐黄金堂买田起屋，以重余之罪戾，则寸心大为不安，不特生前做人不安，即死后做鬼也是不安。特此预告贤弟，切莫玉成黄金堂买田起屋。弟若听我，我便感激你；弟若不听我，我便恨你。"

（5）不忘卖菜篮，拖碑车情景

同治六年正月初四与澄弟书中说："吾家现虽鼎盛，不可忘寒士家风味。子弟力戒傲惰，戒傲以不大声骂仆从为首，戒惰以早起为首。吾则不忘蒋市街卖菜篮情景，弟则不忘竹山坳拖碑车情景。昔日苦况，安知异日不再尝之？自知谨慎矣。"

（6）若罢官归家，衣服均分，书籍公存

道光二十九年三月二十一日与诸弟书中说："我仕宦十余年，现在京寓所有，唯衣服、书籍二者。衣服则当差者必不可少，书籍则我生平嗜好在此，是以二物略多。将来我罢官归家，我夫妇所有之衣服，则与五兄弟拈阄均分。我所办之书籍，则存贮利见斋中，兄弟与后辈皆不得私取一本。除此二者，余断不别存一物以为宦囊，一丝一粟不以自私，此又我待兄弟素志也。"

在廉俭方面，曾国藩是这样说，这样想，也是这样做的。这方面的事例不少。曾国藩终身过着清淡的生活，他早起晚睡，布衣粗食，死守寒素家风。吃饭，每餐仅一荤，非客至，不增一荤。他30岁生日时，缝了一件青缎马褂，平时舍不得穿，只逢喜庆或新年时才穿，这件衣服到他死的时候，还跟新的一样。赵烈文在日记中曾记载了曾国藩关于"食单"的一段对话：

"材官持一纸示师,师颔之。顾余曰:'此何物?足下猜之。'余说不知。师曰:'此吾之食单也。每餐二肴,一大碗,一小碗,三簌,凡五品,不为丰,然必定之隔宿。'余称佩佑德,因曰:'在师署中久,未见常馔中有鸡鹜(即鸭),亦食火腿否?'师曰:'无之。往时人送皆不受,今成风气,久不见人馈送矣。即绍兴酒亦每斤零沽。'余曰:'大清二百年,不可无此总督衙门。'师曰:'君他日撰吾墓铭,皆作料也。'相笑而罢。"

五位兄弟成家之后,人口增多,弟弟们新建了不少房子,曾国藩很不高兴。后来在外带兵的国荃弟更是在家乡修建了华丽的"新大夫第",他阻止无效,就发誓此生此世,决不踏入"新大夫第"半步。后来他果真没有踏入新屋一步,卒于任所。

同治年间,曾国藩已位列三公。有一天,部下李翥汉说,他依照李希帅的样式打了一把银壶,可以用来炖人参,煮燕窝,花了八两白银。曾听后愧疚不已,认为"小民皆食草根,官员亦多穷困,而吾居高位,骄奢若此,且盗廉俭之虚名,惭愧何地"!

任两江总督时,曾国藩曾巡视扬州一带,扬州盐商因总督至,特备盛宴,山珍海味,罗列满桌。曾国藩仅就面前所设数菜,稍食而已。事后对人说:"一食千金,吾不忍食,且不忍睹。"在南京城里,现在仍遗留一种"风俗",老人们早餐时仅吃开水泡饭一碗,不得多吃。问之,则说这是曾国藩之遗规。

曾国藩晚年,移居到经过翻修的总督衙署。一天,他到衙署西边的花园游览,见花园正在翻修之中,工人们忙个不停。游览之后,他在当天的日记中写道:"偶一观玩,深愧居处太崇,享用太过。"这是他逝世前两个月的最后一次游览。如此廉俭的总督,天下能有几人?

曾国藩崇尚廉俭,但也重人情味,也有受人礼物的时候。但据他女儿崇德老人说,曾国藩无论官做得多大,"署中没有敢以苞苴进者",他的夫人"无珍玩之饰"。崇德老人回忆说,曾家只有一次收受别人的礼,是提督黄翼升的夫人进献的。

黄翼升是长沙人,少年时是孤儿,初以"材官"隶属于曾国藩部下。曾国藩建立水师时,黄立了大功,是曾的四大心腹之一。组建淮扬水师时,黄翼升任统带,成为李鸿章的得力助手。后来,曾国藩想调黄部离开苏南,回归曾国藩旗下,十三次与李鸿章往来信函商议此事,李都一口拒绝。由于黄"性素宽和",受将士拥戴,曾国藩一定要把这位爱将调回。李鸿章也说黄"厚道热肠,为武人中第一流,为平吴第一功臣,为沪军第一苦人",所以坚决不给,一时间曾李关系十分紧张。

这时出现的"夫人"外交，给曾李解了围。

当时曾李黄三方都处于尴尬的境地，于是黄的夫人出来调和，一定要奉曾国藩的夫人为义母。一天，正好是曾夫人生辰，黄夫人带着翡翠钏一双，明珠一粒，纺绸帐一面来贺寿，当堂拜曾夫人为义母。大庭广众之下，曾夫人不好不给面子，也就答应将黄夫人收为干女儿。

寿宴结束后，曾夫人向曾国藩述其原委，曾起初很生气，但一想能收服将心，调和曾李矛盾，也就不再说什么。这个纺绸帐，在后来曾纪芬（即崇德老人）出嫁时，作了嫁妆，直到曾纪芬晚年，仍"用之未坏也"。

在曾国藩的影响下，夫人欧阳也全无官太太习气。欧阳夫人早年跟从国藩，颇多劳苦，后来曾国藩做了两江总督，欧阳夫人仍以"虽贵而家非甚丰，雇佣婢妪无多"，所穿鞋袜等仍由女儿们做。1863年，欧阳夫人自老家东下，前往金陵与丈夫相会，"仅携村妪一人，月给工资八百文"。当时两房儿媳没有婢女服侍，"房中粗事亦取办于母亲房中村妪"。后来船至安庆，儿媳们用十余钱买了个小婢女，欧阳夫人竟将这个婢女转送给了他人。

湘军中廉洁俭朴的人还有很多。左宗棠也非常讲求廉俭，可与曾国藩相媲美。据说现在用的袖套，就是他的发明。左公多年亲自书写奏疏信件，就是用布袖套保护衣袖的。他的幕僚王孝凤的衣袖也经常坏，见到左的袖套后，很受启发，也仿效起来，并写信给左公说："昨天营中见我师治军书，着护袖，归而仿为之，因号'宫保袖'。拟赋一诗，比之夫子袄、诸葛巾、李西平绣帽，以彰勤俭之美德，为后世法，且藉以解嘲焉。"随信附上《宫保袖歌》一首。左公也很幽默，回信中说："奉读大作《宫保袖歌》一首，吾之袖套大增身价，读之不禁为之起舞。乃一舞而袖长，屡舞而肘见，不如先生之祛良矣，其将敛手以退乎？"

左公历任一二品官达二十余年，不说那些零零碎碎的补贴，如办公费、例规之类，单是养廉银每年就有两三万两银子。他每年只留二三百两作家用，如果将余钱积存起来，至少也有四五十万两。但他从不积钱，只是随手散去，用于救济灾民、帮助清贫的知识分子以及公益事业：如修兰州城墙，办兰州书局、书院，资助西征军粮饷，购买羊种扶贫，将南方菜种、桑秧等移种西北，还按时救济贫苦族人和外家（周太夫人娘家）子弟，但只限于救济危困，既不多给银钱，也不为他们谋一官半职。

### 3. 严谨治家

曾国藩说过："观《汉书》霍光传，知大家所以速败之故。"他对历史上正反两方面的经验教训研究得较多，因此非常重视治家。他曾有"三畏"之说，即前文已述之一畏方寸，二畏左右，三畏清议。既然左右近习之人都唯恐约束不好，更何况是自己的家人！治家不好，也会引起清议，即不利的社会舆论。曾国藩认识到，治家好坏否不仅关系到家运盛衰，也关系到自己能否善收晚场，妥帖登岸。

（1）公私分明，恳请家人莫管公事

道光二十五年五月二十九日与父母书中说："我家既为乡绅，万不可入署说公事，致为官长所鄙薄。即本家有事，情愿吃亏，万不可与人构讼，令官长疑为倚势凌人。"次年正月初三的信中又一再请父亲莫管闲事，并分析了其中原因："此门一开，则求者踵至，必将日不暇给，不如一切谢绝，杜门谢客。"担心帮人说公事之先例一开，则难以收场。曾国藩父亲竹亭公也十分理解儿子的一片苦心。咸丰元年三月二十五日他在家信中对儿子说："余已五年未到城市。"

曾国藩叔舅较多，其中不乏仗势欺人者。如道光二十八年八月七日澄弟来信中就提到丹阁叔冒父名，帮人打官司一事，曾国潢为"丹阁叔近来全不讲品行"而"大可虑"，竹亭公也深责丹阁叔，"呼之来，自知愧，颇认错"。

早在道光二十五年十月初一，曾国藩在给楚善叔的信中，劝叔叔们"莫进县城，莫管公事"。他说："为蒋市街曾家说坟山事，长寿庵和尚说命案事，此虽积德之举，然亦是干预公事。"他还分析了地方官的心理："凡乡绅管公事，地方官无不衔恨。无论有理无理，苟非己事，皆不宜与闻。地方官外面应酬，心实鄙薄（说公事者）。"总之以"总不到县，不管事，虽纳税正供，使人至县"为妥。

澄弟国潢一直在湘乡老家主持家务。同治年间，曾国藩兄弟权势已达顶峰，正是在这种时期，曾国藩更担心弟弟做出不妥之事。同治元年九月四日与澄弟书中谈到对本县父母官宜不亲不疏的处世原则，他说："吾家于本县父母官，不必力赞其贤，不可力诋其非。与之相处，宜在若远若近、不亲不疏之间。渠有庆吊，吾家必到；渠有公事，须绅士助力者，吾家不出头，亦不躲避；渠于前后任之交代，上司衙门之请托，则吾家丝毫不可与闻。"同治三年四月二十四日与澄弟书中也强调："弟此后若到长沙、衡州、湘乡等处，总以不干预公事为第一义，此阿兄阅历极深之言。"

(2) 不与骄奢、官宦人家联姻，认为崇俭方可持久

道光二十四年五月十二日与父母书中说："常南陔之世兄，闻其宦家习气太重，孙男孙女尚幼，不必急于联姻。且男之意，儿女联姻，但求勤俭孝友之家，不愿与宦家结契联姻，以不使子弟长奢惰之习。"同年十二月十八日与诸弟书中又对此事进一步说明："常家欲与我结婚，我所以不愿者，因闻常世兄最好恃父势作威福，衣服鲜明，仆从赫，恐其家女子有宦家骄奢习气，乱我家规，诱我子弟好佚耳。"

咸丰十一年八月二十四日与纪泽书中说："大女儿择于十二月初三日发嫁，袁家已送期来否？余向定妆奁之资二百金，兹先寄百金回家制备衣物，余百金俟下次再寄。其自家至袁家途费，暨六十侄女出嫁奁仪，均俟下次再寄。"从这里可看到曾国藩嫁女嫁妆开支的情况。接着他又说："居家之道，惟崇俭可以长久，处乱世尤以戒奢侈为要义。衣服不宜多制，尤不宜大镶大缘，过于绚烂。尔教导诸妹敬听父训，自有可久之理。"

曾国藩在家书中说："余在京四十年，从未得人二百金之赠，余亦未尝以此数赠人。"不知是否与此有关，界限规定的嫁女压箱银也为二百两。嫁大女儿时如此，嫁至第四女时，仍沿用这个规定。曾国荃听到此事，觉得奇怪，说："乌有是事？"打开箱子一看，果然如此。于是"再三嗟叹，以为实难敷用，因此赠四百金"。

曾国藩以俭治家的故事还有很多。据曾国藩满女（小女儿）曾纪芬回忆：在两江督署时，李鸿章请曾夫人和小姐吃饭，姐妹二人，家中只有一条绸裤，两人争得哭起来。曾国藩听说后安慰纪芬道："明年若继续任总督，必为你添置一条绸裤。"时纪芬年幼，一闻此言，便破涕为笑。

同治二年十二月十四日给纪瑞侄儿的信中，他用前辈的勤俭，不厌其烦地教育这些后辈，他说："吾家累世以来，孝悌勤俭。辅臣公以上吾不及见，竟希公、星冈公皆未明即起，竟日无片刻暇逸。竟希公少时在陈氏宗祠读书，正月上学，辅臣公给一百，为零用之需，五月归时，仅用去二文，尚馀九十八文还其父，其俭如此。星冈公（即曾竟希）当孙入翰林之后，犹亲自种菜收粪。吾父竹亭公之勤俭，则尔等所及见也。"接着他又教导后辈们如何做到勤俭，他说："今家中境地虽渐宽裕，侄与诸昆弟切不可忘却先世之艰难。有福不可享尽，有势不可使尽。勤字工夫，第一贵早起，第二贵有恒。俭字工夫，第一莫着华丽衣服，第二莫多用仆婢雇工。"

同治六年，曾国藩为家人在修理旧屋，花钱至7000串而不安。二月十三日与纪

泽书中说："即新造一屋，亦不应费钱许多。余生平以大官之家买田起居为可愧之事，不料我家竟尔行之。澄叔诸事皆能体我之心，独用财太奢与我意大不相合。凡居官不可有清名，若名清而实不清，尤为造物所怒。"他还要求家中用钱应有计划，他说："至于家中用度，断不可不分。凡吃药、染布及在省、县托买货物，若不分开，则彼此以多为贵，以奢为尚，漫无节制，此败家之气象也。千万求澄弟分别用度，力求节省。"

在崇尚节俭上，左宗棠与曾国藩很相似。同治年间，左宗棠驻扎西北时，他的儿子将司马桥旧宅加建了后房，又改建了庭院，多花了六百多两银子。左宗棠认为新疆之乱未平，军饷将竭之时，擅自兴办这种事，太"不顾事理"，于是狠狠地批评了其子一番。又有一次，左宗棠的儿子携妻去浙江外家为岳父祝寿，左宗棠认为祝寿无关紧要，不必夫妇同行，几千里路程，用费较大，也不安全，事先又不禀告老父，于礼不合，也将其批评了一番。

(3) 以"八八三三"教子弟

所谓"八八三三"，指八本、八字、三致祥、三不信。"八本"内容是"读古书以训诂为本、作诗文以声调为本、养亲以得欢心为本、养生以少恼怒为本、立身以不妄语为本、治家以不晏起为本、居官以不要钱为本、行军以不扰民为本。""八字"内容是"考、宝、早、扫、书、蔬、鱼、猪"。"考"指祭祀祖先，敬奉显考；"宝"指善待亲邻，问疾济急，此字取自星冈公常说的"人待人无价之宝"一语；"早"指起得早；"扫"指扫除房屋；"书"指读书；"蔬"指种植菜蔬；"鱼"指养鱼；"猪"指喂猪。"三致祥"是孝致祥，勤致祥，恕致祥。"三不信"是不信僧巫，不信地仙，不信医药。以上四点反映了曾国藩教育子弟的基本思想。

(4) 告诫子弟，唯耕读可靠，做君子可靠，做官不可靠

做京官时，曾国藩就认为"做官只一代，耕读可传家"，"升官未必是贤子肖孙"。以后这一思想进一步成熟。咸丰六年九月二十九日与纪鸿书中说："凡人多望子孙为大官，余不愿为大官，但愿为读书明理之君子。勤俭自持，习劳习苦，可以处约，可以处乐，此君子也。"接着谈到："凡仕宦之家，由俭入奢易，由奢返俭难，切不可贪爱奢华，不可惯习懒惰。"最后曾国藩指出"学作圣贤全由自己作主"，他说："凡富贵功名，皆有命定，半由人力，半由天事。唯学作圣贤，全由自己作主，不与天命相涉。"

为了让孩子们多读书，曾国藩反对早婚，同治二年九月四日与澄弟书中说："弟好劝人早婚，好处固多，然亦有差处，谚云'床上添双脚，诗书挂高阁'，亦至言也。"

同治五年，曾国藩兄弟均已封爵开府，门庭极盛。此时的曾国藩头脑十分冷静，认为这"非可常恃之道"，还是"作田可靠"。六月初五他给澄弟的信中说："记得己亥正月星冈公训竹亭公曰：'宽一虽点翰林，我家仍靠作田为业，不可靠他吃饭。'此语最有道理，公亦当守此二语为命脉。望吾弟专在作田上用些工夫，而辅之以书蔬鱼猪早扫考宝八字，任凭家中如何贵盛，切莫全改道光初年之规模。"最后他总结道："凡家道所以可久者，不恃一时之官爵，而恃长远之家规；不恃一二人之骤发，而恃大众之维持。"

(5) 教导子弟须戒骄，勿轻慢四邻

曾国藩一贯认为，做官不过一时之事，终究不可靠，故有"有福不可享尽，有势不可使尽"之说。他认为："福不多享，故总以俭字为主，少用仆婢，少花银钱，自然惜福矣。势不多使，则少管闲事，少断是非，无感者亦无怕者，自然悠久矣。"这是曾国藩对待权势的基本思想。

咸丰年间曾国藩题词勉沅弟，词曰："位不其骄，禄不其侈。凡贵家之子弟，其矜骄流于不自觉；凡富家之子弟，其奢侈流于不自觉，势为之也。欲求家运绵长，子弟无傲慢之容，房室无暴殄之物，则庶几矣。"这段警世之语，足可以作为治家方面的座右铭。

咸丰六年十一月初五与纪泽书中说："世家子弟，最易犯一奢字傲字。不必锦衣玉食、动手打人而后谓之奢也，但使皮袍呢褂俯拾皆是，车马仆从习惯为常，此即日趋于奢矣。京师子弟之坏，未有不由于奢傲二字者。"

咸丰十年十月初四与沅季弟书，曾国藩对后辈的成长表示了几分的忧虑："余家后辈之弟，全未见过艰苦模样，眼孔大，口气大，呼奴喝婢，习惯自然，骄傲之气入于膏肓而不自觉，吾深以为虑。"要戒除骄傲之气，同样要从小处下手。同治五年十一月二十八日与纪泽书中谈到"勿轻慢四邻"，他说："李申夫之母尝有二语云：'有钱有酒款远亲，火烧盗抢喊四邻。'戒富贵之家不可敬远亲而慢近邻也。我家初移富，不可轻慢近邻，酒饭宜松，礼貌宜恭。建四爷如不在我家，可另请一人款待宾客亦可。除不管闲事不帮官司外，有可行方便之处，亦无吝也。"

(6) 教导子弟，不仗父势，保寒士本色

曾国藩教导子弟虽不乏大道理，但都从小处下手，如不误挂帅旗、不送条子、挂匾不写相府字样、不坐四人轿等，均细微小事。曾国藩日理万机，百忙之余竟能想到这些，展示了他伟大的人格。

同治二年八月十二日与纪鸿书中说："尔于十九日自家起行，想九月初可自长沙挂帆东行矣。船上有大帅字旗，余未在船，不可误挂。经过府县各城，可避者略为避开，不可惊动官长，不受礼物酒席，烦人应酬也。"

同治三年，纪鸿到达长沙参加考试，曾国藩当即要他住在旅馆内，不要轻易外出，因为省城繁华，也很复杂，怕他学坏。七月九日与纪鸿书中嘱"不要送条子"，开后门，"场前不可与州县来往，不可送条子。进身之始，务知自重。"临末，还加了一句"酷热尤须保养身体"。爱子之情，跃然于纸上。

同治五年，曾国藩湖南老家的富新居落成，曾国藩力嘱门外挂匾"不写'侯府'、'相府'字样"，因为"天下多难，此等均未必可靠"，只"挂宫太保第一匾而已"。

曾国藩还是一位对家人坐轿都要管的总督。同治二年十月十四日与澄弟书中说："家中各事规模，总嫌过于奢华。即如四轿一事，家中坐者太多，闻纪泽亦坐四轿，此断不可，弟何不严加教责？即弟亦可偶一坐之，常坐则不可。篾结轿而远行，四抬则不可；呢轿而四抬，则不可入县城，衡城省城则尤不可。"

对于不听管教的后辈，曾国藩十分痛恨。他的大女婿袁允吉，行事乖张，曾纪泽评论他"局量狭窄，又甚愚昧不谙事，常与其胞叔晓屏龃龉"。同治五年，袁婿借曾之威望，挪用公款，令曾国藩大为恼火。三月十九日与二子弟书中，曾国藩决心断绝与袁婿的一切往来，他说："袁秉桢（注意：曾国藩在此直呼其名，不再称袁婿了）在徐州粮台扯空银六百两，行事日益荒唐。顷令巡捕传谕，以后不许他入我之公馆、见我之面。他未婚而先娶妾，在金陵不住内署，不入拜年，不认妻子，不认岳家，吾亦永远绝之可也。"

## 领导与管理：组织成长的灵魂——正确的事业理论

### 正确的事业理论

今天，那些取得长期成功的大组织，都遇到相似的问题：昨天还是行业明星，今天却停滞不前。这样的问题小组织中也广泛存在。他们被同一个问题所困扰：如何继续发展，如何保持增长？

危机的根源几乎都不在技能方面，甚至也不是因为做了错事。在绝大多数情况下，他们做了正确却无效的工作。今天，他们面对的主要问题是"做什么"，而不是"怎么做"。

怎样解释这种明显的矛盾？原因在于，当初建立和运行组织的假设，今天已经失去现实性。正是那些假设塑造了组织的行为，指导组织有所为和有所不为。它们包括如何看待大众需要，如何鉴别客户和竞争者，对技术及其发展的态度，对组织的优势和弱点的认识……那些假设指出组织为什么能做出成果。我们把那些假设称为一个组织的"事业理论"。

组织要持续发展，必须有正确的事业理论，并能根据现实的变化及时做出修正。

一般观点认为，组织发展的早期，事业理论更多是出自个人的意见和判断；随着组织的发展壮大，由于种种缘由，集体领导将取代个人智慧。事实是这样吗？未必。本书中的大量事实将会证明，不论时代和信息如何变化，真理总是掌握在少数人手中。如果大多数人都知道那是真理，那意味着——事业理论又开始过时了。

事业理论的力量

每一个组织，无论其是否为商业性，都会形成自己的事业理论。应该说，一个具有清晰、一致和目标集中的事业理论，能够产生巨大的能量。

1809年，德国政治家、学者洪堡，凭借一套关于大学的激进理论，创立了柏林大学。在此后长达100年的时间里，直至希特勒上台，他的理论一直决定着德国大学的面貌，特别是在学术和自然科学研究领域。

1870年，德意志银行的创始人和首任总裁、第一位全能银行家乔治·西门子，成功推广了一个同样清楚的理论：在工业化进程中，用企业家融资的方式，将停留在农业社会中的四分五裂的德国统一起来。经过20年的苦心经营，德意志银行终于成为欧洲最大的金融机构。它将这一优势地位成功地保持至今，其间经历了两次世界大战、通货膨胀和希特勒的破坏，始终未有动摇。

事业理论既可以解释像通用汽车和IBM那样的、在20世纪后半叶里统治了美国经济的企业的成功，也可以解释它们今天所面临的挑战。事实上，在全球范围内众多大型成功的组织中所出现的困难，其症结几乎都在于他们的事业理论过时了。

每当大型组织，特别是那些取得多年成功的组织陷入困境时，人们总会将其归罪于组织官员的懒惰、骄傲自大、臃肿的官僚体制。这些解释有道理吗？回答当然是肯定的。但实际上，它们都是一些似是而非的说法，很少切中问题要害。

事业理论的三大内容

事业理论由三个部分构成。

第一，有关组织外部环境的假设：社会及其结构，市场，客户或服务对象，技术。

这一点，即使对于政治和军事组织，也是极其重要的。这里以军事上的一个典型故事来说明。

第二次世界大战时，希特勒在欧洲战场节节胜利，为什么却在1941年日本挑起珍珠港事件之后，向美国宣战？他为什么要激怒大洋那边的狮子？

除了战略目的外，还有一个重要理由——根据当时的生产技术，培养光学仪器技工（现代兵器工业不可缺少的技术）需要5年以上的时间，而在1941年前，美国几乎没有光学仪器技工。希特勒由此深信，美国要在欧洲组建一支有效的陆、海、空军队，怎么也得5年的时间。

希特勒的判断错了吗？没有。20世纪初期的军工制造业，技术和手艺都是保密的，师傅对徒弟一个一个传授，并控制入行人数。学徒期一般是5—7年，而且只招收组织成员的亲属，因为他们的工资很高。对手艺和技巧的神秘感一直保存到希特勒时代。基于这一点，希特勒从骨子里相信，美国不可能快到哪里去。到1941年上半年，美国在光学技工这一块，几乎还是空白，全依赖法国，而法国已在希特勒的控制之下。

但是，希特勒忽略了一个小东西：一项不惹人注意的管理变化，正在美国的个别企业里悄悄发生。

泰罗，现代科学管理方法的倡导者，在考察翻砂工人的动作程序时发现，把一个动作分解成一系列不需要技术的连贯操作，工人只从事极简单的某个动作，熟练就行，不需要其他条件。像这样"更聪明地工作"，工作效率得到极大的提高，工作也更简易，更容易控制和管理。

不知名的英雄出现了，泰罗的方法被迅速采用，仅仅几个月后，美国就培养出一大批光学仪器技工，他们制造的高级光学仪器，甚至比法国的都先进。

希特勒遭到突如其来的失败。

同样，在商业组织的经营中，忽视科学技术的进步，也会使经营陷入困境：技术变化，或者是消费行为和消费需求变化，都将导致事业理论中关于企业外部环境的假设变得过时。

第二，有关组织特殊使命的假设，即在哪方面、能为社会作出什么样的贡献。

AT&T（美国电话电报公司）也是在第一次世界大战结束之后的几年中明确了自己的使命：让每一个美国家庭，每一家美国企业都能装上电话。美国通用汽车的事业理论似乎要谦虚一些——"成为地区性机动运输工具业"的领导者。

第三，关于组织核心竞争力假设。

例如，创立于1802年的西点军校认为，自己的核心竞争力在于培养值得信赖的领导人。AT&T在20世纪20年代则认为，自己的核心竞争力是技术方面的领导地位，因此能够在不断提高服务水平的同时，稳定地降低费率。

外部环境的假设决定了组织直接效益的来源。

就一个组织来说，特殊使命的假设则决定了哪些结果是有意义的，即从组织自身的角度看，应该为经济和社会作出什么样的贡献。

核心竞争力的假设说明组织必须具备的特长，以确保效益的持续获得和行业的地位。

听起来，这一切简单得让人可疑。事实却是，设计一套清晰、有效的事业理论，可能意味着多年的艰苦工作、反复思考和探索实践。任何组织要想取得成功，都必须拥有一套自己的事业理论。

怎样的事业理论才有效？

有效的事业理论应该具备哪些特点呢？以下四项就是最起码的要求：

1. 外部环境、企业使命和核心竞争力的假设都必须是符合现实的。

2. 三个方面的假设必须相互协调。

在通用汽车公司几十年长盛不衰的岁月里，这一条起了至关重要的作用。当时，通用汽车公司关于市场的假设，与它的最优化生产流程就协调得非常好。在20世纪20年代中期，通用汽车公司还决心引入新的闻所未闻的核心竞争力：制造流程的财务控制和资本配置理论。由此出发，通用汽车公司发明了现代成本会计和第一套合理的资本配置程序。

3. 事业理论必须为整个组织内的成员所理解，重要的一条是，充分照顾到执行者的能力。

这一要求在组织的创建阶段比较容易实现。此后，随着组织日渐成功，它越来越倾向于将自己的理论视为当然，而对这一理论本身的反思却越来越少。整个组织养成了得过且过的风气，凡事只求能够走捷径。考虑问题只从是否有利于自己出发，而不再以事实是非为依据。这个组织开始停止思考，停止向自己提出问题。它记住了答案却忘记了问题。事业理论变成了"文化"。"文化"是不能代替规则的，而事业理论恰恰就是一种规则。

由于特别的原因，一家美国大型化工企业发现，自己在非洲西部两个国家中存有的大笔资金无法汇出。为了有效利用这笔资金，管理层决定在当地投资办企业，条件是：①有利于当地经济；②不依赖外国进口；③企业经营成功后，可以顺利出售给当地的投资人，因为只要重新允许外汇出境，公司就无意保留这两家企业。为此，公司研究出一种简单的化学加工方法，用于热带水果保鲜技术——那两个国家盛产热带水果，是国家的大宗作物。在此之前，那种水果在出口西方市场时因腐烂变质而遭受严重损失。他们的决策有关事业理论的三大假设，已经表述得非常清楚，而且相当有效：3个条件、管理方法、技术。

新建的企业在两个国家里都取得了成功。不过，在其中的一个国家里，一线经理在企业的管理中强调高技术水平和熟练的工作技巧，而这类人才在当地并不好找。而在另一个国家里，一线经理却充分考虑到西非本地员工的工作能力，因为企业最终是要靠他们来经营的。因此，他努力简化生产程序和复杂的操作，从一开始就全部招聘和培训本地员工，直至最高层的经理人选。

几年后，两国都恢复了外汇政策。最终的成败显露出来。在第一个国家里，尽管企业的生意很好，却找不到肯出价的买主，因为在当地找不到懂行的投资人，最后只得以亏损价出售。而在第二个国家里，当地的企业家对收购表现出极大的热情，公司将企业顺利出手，且获利丰厚。

制定的事业理论是一样的，三大假设——外部环境（社会、市场、顾客或者服务对象、技术）、组织的使命、核心竞争力——都相差无几，表现在具体的经营上，就是化学加工方法和公司业务在上述两地是完全一样的。但在第一个国家里，管理层没有考虑下述问题："执行决策的是些什么样的人员？他们的能力如何？"责任也可以再往上推：制定事业理论的决策层没有充分重视原定的第三个条件——"企业经营成功后，可以顺利出售给当地的投资人，因为只要重新允许外汇出境，公司就无意保留这两家企业"——在执行过程中的注意事项。倒是第二个国家的企业的管理层弥补了事业理论的小缺陷，否则，最后两个企业都可能遭到挫败。

从这里，我们也能感受到正确的事业理论的强大作用。

4. 事业理论必须不断经受检验和挑战，以增强自身的免疫力。

最终，事业理论只是一个假说，是一个试图解释持续变化的事物——社会、市场、顾客和技术——的假说。因此，任何一个事业理论必须具有自我革新的能力。

事业理论能万世长存吗？

不能！

有的事业理论极为成功，多年来一直指导着组织的活动。从今天的情况来看，几乎没有哪个理论能够长期有效。最终，每一个理论都会过时而不再有效。只要看看今天那些曾在20世纪20年代盛极一时的大企业，就可以真切地了解这一点。通用汽车公司和AT&T如此，IBM也不例外。

在事业理论过时的情况下，第一反应几乎都是保护性的。最常见的做法是像鸵鸟一样，把头埋在沙堆里，假装什么事也没有发生。第二个反应则是修修补补。修修补补从来都只能是权宜之计。

相反，当你的事业理论第一次出现这些迹象时，就应该开始重新思考，究竟哪一种假设——关于外部环境、组织的使命和核心竞争力——最准确地反映了现实，同时也应该清醒地意识到，历史上传承而来的曾伴随你成长的假说，可能已经不适应今天的形势了。

怎么办？立即着手开发具有防护作用的保健手段——在组织内设立一种对事业理论进行系统监测的机制。最重要的是，对于已经陷入停滞状态的理论，必须立刻采取行动，对三大假设重新定义。

保健方案

只有两个方案可供选择。但只要能够协调一致，它们就足以保持组织的警惕性，足以实现理论和组织本身的迅速转变。

第一个方案可称为主动放弃。每隔三年，就要对本行业内的每一种产品、每一项服务、每一项政策，进行一次彻底的论证。如果我们在某些方面还没有做到，我们是否已经开始做准备？在此过程中，重思自己的理论，不断检验三大假设，及时提出问题：

五年前看来非常有效的理论，为什么到了今天就开始失效了呢？

是因为我们犯了错误，还是因为举措不当？

或者错不在我们，仅仅是由于理论已经过时？

不主动放弃，组织就会陷入事务性工作，耗费资源，尤其是浪费大批有才干的员工的时间——本应该用于开发新的事业机会的。换句话说，当组织的事业理论变得过时后，它将无法对新的市场机遇作出创造性的反应。

第二种方法是研究组织外部环境的变化，特别是研究组织还没有掌握的市场。

近几年来，管理者下到第一线颇为时髦，这当然很有必要。然而，尽可能多地了解市场，也是同样重要的——信息技术在这方面的贡献最大。值得注意的是，转折点的早期信号，几乎总是发生在组织以外的顾客那里，他们在人数上总是多于现有顾客。即使是当今零售业的巨人沃尔玛，也只占美国消费品市场的14％，这意味着还有86％的客户落在它的市场之外。这一方面最典型的案例，就是美国的百货业。

1980年以前，百货公司正处于鼎盛时期，它们占有美国30％的非食品零售市场。它们不断地对自己的客户进行研究和追踪调查。然而，对于代表着70％市场份额的公司之外的客户，它们却完全忽视了。它们简单地认为没有必要在非顾客消费者的身上下工夫。它们的事业理论假设，只要顾客买得起，就一定会到百货公司购物。当时这一理论是符合现实的。

但是，1980年以后，当婴儿潮的一代（指与美国总统克林顿一个时代的人，出生在第二次世界大战以后）成长起来之后，情况已经变得完全不同了。对婴儿潮一代中的主要购买成员——受过教育的双收入家庭的主妇——来说，价格已经不再是唯一的决定因素。时间成了最优先的考虑因素，因为这一代妇女没有时间去百货公司购物。大型超市和购物中心成了她们的首选目标。百货公司只把眼光紧盯着自己的顾客，直到几年前，它们才意识到这一转变。商机转瞬即逝，想要再挽回婴儿潮一代妇女的青睐，已是难而又难了。百货公司陷入困境，超市和购物中心崛起。

只知道顾客的要求，这当然重要，但还远远不够，必须了解整个市场的走向。

早期诊断

要想尽早发现问题，必须留意各种警告信号。

第一个警告信号是，事业理论总是在达成其早期目标之后，才变得过时的。目标达成了，当然值得庆祝，但更重要的则是开始新的思考。

AT&T在20世纪50年代完成了自己的使命——让每个美国家庭和公司装上电话。此时，有人提出，应该重新审视公司的事业理论，采取更积极的措施，以面对未来。例如，将本地电话业务——其目标已经达成——从仍在发展中的未来业务中分离出来，开始介入长话业务，直至发展全球通信业务。

这应该是新的事业理论的开始。可惜，提议没受到重视，最后不了了之。短短几年之后，AT&T开始滑坡，倒是反托拉斯法的行动挽救了它的命运，迫使公司做了它本该做却不愿意做的事情（为了避免像微软今天面对的解体威胁，AT&T灵活运用职工配股的形式，聪明地避开了反托拉斯法的制裁，公司也从中获得了新的力量）。

快速增长，则是事业理论出现危机的另一个可靠信号。

任何一个组织，如果在很短的时间里扩张了2倍和3倍，那就可以肯定，它已经超越了自己的事业理论。连硅谷的企业也知道，当企业的规模扩大到需要佩戴职员名签才能叫出名字的程度时，原先那种痛饮啤酒的交际方式在公司里已经行不通了。如此迅猛的发展，必然会深深地动摇公司的基本假设、政策和习以为常的做法。要想保持持续健康地经营，甚至更上一层楼，企业就必须再次审视自己对外部环境、组织使命和核心竞争力的假设。

还有两个更清晰的信号，一旦出现，同样也标志着事业理论出了问题，或者是不再有效。一个是意料之外的成功——不论是自己的还是竞争对手的；另一个则是莫名其妙的失败——同样，不论是自己的还是竞争对手的。

日本SONY在早期开发录音机时，被录音机的新奇功能强烈地吸引了。他们相信，生产这东西一定有人要。经过千辛万苦（技术完全靠独立开发），1950年，他们终于生产出50台录音机，却没人要。莫名其妙的失败，像恶兽一样，再一次袭击了盛田昭夫（SONY的创始人）。痛定思痛，盛田昭夫开始检讨原因。我们不妨用事业理论的三大假设来分析。

是外部环境的假设不对吗？外部环境包括社会及其结构、市场、顾客、技术四部分。

1. 1950年，第二次世界大战已经结束5年，社会各方面基本稳定，人们向往新的生活是无疑的趋势。

2. 录音机有新颖奇特的功能，一定能吸引消费者，市场不仅存在，而且潜在市场非常广大，这也是确定无疑的。

3. 技术上虽不够完善，但生产出的产品还是蛮惹人喜欢的，即是说，技术上没有大问题，绝不至于造成没人要的结果。

4. 那么，问题是出在顾客身上了。

由于技术的原因，录音机笨重又昂贵，一般消费者还承担不了。带着这个问题，盛田昭夫去了商店。偶然的，在古董区，他看见一位顾客不惜重金买了一只旧花瓶，价格远远超出了录音机。盛田昭夫考问自己：他为什么不惜重金？因为他懂得旧花瓶的价值。盛田昭夫立刻明白了，要找到真正能理解录音机用途和功能的人，才能卖掉那新玩意儿！在外部环境的假设上，顾客这个环节完全被忽略了！

略一思考，他就去了法院，因为那里需要大量的速记员，用上录音机，记录工作不是大大减轻了吗？而且更准确。一下子，盛田昭夫卖出了20台。高校的宣传机构成为下一个销售目标。盛田昭夫用卡车装上录音机，一路走，一路卖，一路宣传，名声大振，战果显著。此后，在对机关团体的推销上，SONY一直做得很好。回过头来，再审视事业理论的三大假设。最初的失败还有一个原因，在关于核心竞争力的假设上，盛田昭夫只看到了特别的生产技术，而忽视了市场的培育和开拓。由此出发，盛田昭夫成了日本非常著名的技术开发专家兼推销员，这一点，在闯荡美国市场时，更是立下大功。

失败是新的成功的起点，这句俗语是对警告信号的通俗化的说明。

治疗

习惯上，我们总是倾向于努力寻找天才人物，他们具有魔幻般的力量，既能够创建辉煌，又能够挽救濒临绝境的组织，就像诸葛亮在蜀汉或者丘吉尔在英国所做的贡献那样。实际上，并非只有像成吉思汗或达·芬奇那样的天才人物，才能建立、保持和恢复正确的事业理论。

真正需要的，不是天才，而是艰苦的工作；不是精明的头脑，而是负责任的敬业精神。这本来就是组织管理者的分内之事。事实上，能够领导组织走出困境的普通管理者为数甚多，有多少家大型组织，就有多少这样的人才！

他们同上述天才人物一样能胜任其工作。我们不能指望为数寥寥的天才人物来帮助、重建过时了的事业理论，正如不能指望他们解决所有其他严重问题一样。

当问及他们成功的原因时，即使是这些天才人物自己，也会断然否认诸如远景召唤或摩顶奇迹这样的玄妙之谈或神秘兆示。他们无一不是从诊断和分析开始的。

他们认为，快速成功的前提，是对事业理论的认真审视，而不是什么运气。他们也不否认，出乎意料的失败可能是纯粹的偶然，但还是会仔细研究它，而不是好了伤疤忘了痛。同样，在他们那里，意料之外的成功不会被当做理所当然，而是将它看成对原先假设的挑战。

过时的理论，不仅会导致衰退，甚至还会威胁到生存。因此，他们也有外科医生的勇气，也就是那古老的原则：拖延无济于事，当断则断。

许多组织管理者成功地完成了事业理论的革新工作。默克公司的总裁通过收购一家大型的非专利非处方药经销企业而使公司的事业理论发生了巨大的变化。他将公司的业务集中在专利性、高利润和突破性产品的开发和研制上，从而将默克公司发展为世界上最成功的制药企业。他的这项改革并非为危机所迫，当时默克公司的经营状况可以说相当好。与此相似，几年前日本索尼公司——世界上最著名的消费电器制造商——的总裁也对公司的事业理论进行了改造。他收购了一家好莱坞电影制片厂，通过这项收购业务，他将组织的注意力中心从硬件制造转向软件方面，试图以软件生产商的身份为自己的硬件产品创造市场需求。

你有雄心发展壮大，一定要理性地思考你的事业理论，每三年要进行考察和反思，确保你的组织健康成长。

更加简单的成功之道

上面的理论有些复杂，你不能照做的话，这里还有一个办法，特点是单纯而简单。但要做到它，并非易事。

狐狸很聪明，也很狡猾，刺猬是笨拙而愚蠢的。狐狸懂得很多，每天也要做很多事，刺猬只晓得一件事。聪明的狐狸会设计很多方案来攻击刺猬。它不仅狡猾，而且皮毛光滑，行动迅速。刺猬显然没有什么优点，像杂交失败后的弃物，整天摇摇摆摆游荡着，只想着怎么找到一口粮食。

蠢笨的小家伙又走进了狐狸的伏击地。"哈，这会定要抓住你！"狐狸暗自欢喜，闪电般扑将出来。小刺猬意识到危险，立刻把自己缩成一团，全身布满坚刺。狡猾的狐狸在刺猬的防御工事面前徘徊一阵，只好撤退。狐狸的攻击手段千百种，刺猬的防御手段只有一种，谁的胜利多呢？

这个寓言故事的道理在于，你应该集中精力在你最擅长的事情上，或者说你最优秀的工作上。如果你能把那一点做到行业中的最好，就该像刺猬那样，倾全力做好那一件事，那将是最容易成功的做法。也常常在那个基础上，你的小组织就做成了大组织。很多大组织听起来很风光，实际上工作成效并不理想，也许还不如你呢！

困难在于如何辨别你的特长是行业中最好的。好比一个高中生，他的微积分、代数、几何常常可以得满分。显然，大家都相信他有数学长才。那意味着他就应该成为数学家吗？未必。他如大家所愿，进了清华大学数学系，而且继续得到满分。但是，他遇到了对手，一个或几个天生对数学有灵感的人。他发现，他要花3个小时才能完成的期末考试，有的人30分钟就完成了；在数学面前，那些人的脑子就是不一样。他犹豫了，尽管他相信自己能够成为数学家，但是，却不能成为世界上最杰出的数学家。他可能要面对亲友的压力，要他继续攻读数学："你还是很不错啊！"

很多人都掉进那样的陷阱，在某方面有才华，但永远达不到大师级水平，因此在那个领域里做不出卓越的贡献。事实上，要找到那个领域，需要艰苦的劳动与刺猬般笨拙的巧妙思维。不仅要发掘你的组织的潜力，看在哪方面能够成为最优秀，而且还要持之以恒地奋斗。你擅长，但并不能做到最好，或者是贸然杀入别的领域，几乎可以肯定，你没有希望成为最优秀的企业了。

刺猬理论看似简单，有多少企业做得到呢？那就是问题的关键了。

创业时提倡的"不熟不做"，在这里就生出了新问题，熟悉的和擅长的事情可以让人成功，但不能使你成为最优秀的。盲目地扩张组织是费力不讨好的事，而应该在"在最有潜力的业务上，如何比他们都做得更好"方面努力。

结论

不管是系统复杂的事业理论，还是简单的刺猬道理，准确地发现它，并坚持不懈地努力直到成功，都需要长时间的艰苦劳动和与众不同的洞察力，要以至少7年以上的管理经验为基础。昙花一现的组织算不上卓越。

## 湘军战例：湘淮军剿灭捻军之战

攻克天京以后，曾国藩位列甲侯，又手握重兵，一时间权倾朝野。功高震主，这自然使得清廷寝食难安，在对曾氏集团大行厚赏的同时，又对其进行百般的提防，不断挑拨集团内部的矛盾。此时的曾国藩宦海沉浮几十年，对于清廷的意图心中如明镜一般。他不是没有想过再上演一次"黄袍加身",但仔细分析了当时的局势后,他觉得各方面的条件都不成熟。他深知高处不胜寒的道理,自己已成了满清朝廷的心腹大患,再这样下去,清政府的猜疑只会越来越严重。与其等着清廷对自己下手,不如自剪羽翼,以打消上面的疑虑。于是曾国藩在占领天京不到一个月的时间,就将自己的嫡系部队裁去了一半,接着又陈请曾国荃因病离职,回家调养身体去了。这些举动,大大消解了清政府的猜忌。此时的曾国藩,已经54岁了,功成名就,位极人臣,再没了十年前对功名的渴望了,他想要的,只是安安稳稳地过几天日子。

但就是这样一个看似普通的愿望,对曾国藩来讲也只能是种奢望。没过多久,1865年5月26日到5月31日,短短的五天之内,清廷连发五道谕旨,任曾国藩为钦差大臣,率领所部各军,星夜出发前往前线督战。曾国藩皇命难违,只好受命。到底是出了什么大事,让清廷放下对曾国藩的猜忌提防,并重新委以重任?又到底是什么十万火急的事情,让清廷放下一贯的矜持,催命般地连下五道谕旨呢?

一切都还得从一个人的死说起。这个离世后能让清廷如此惊慌失措的人,正是满清八旗军最后的主心骨——僧格林沁。僧格林沁与曾国藩同岁,作战勇猛,权势炙手可热,是清廷压制湘淮军的王牌,怎么会突然死了呢?

这场政治地震的起因,又要追溯到捻军的暴乱。这支让大清悍将僧格林沁殒命的军队,原本只是在华北一带秘密活动的民间反清团体。"捻"为淮北方言,意即"一股"、"一伙"。老百姓的方言里,称这种人为"捻子"。捻子又有大小之分,大捻子一二百人不等,小捻子则只有数十人,甚至只有几个人。但就是这帮小团体,日后将半个清王朝搅得鸡犬不宁。太平天国运动爆发以后,他们大受鼓舞,纷纷组织军队,发动起义,并在名义上接受太平天国的领导。

太平军皖北根据地沦陷后,捻军也遭到了沉重的打击,主要根据地雉河集失守,主要首领张洛行被俘死难。不久,僧格林沁纠集大军南下,捻军接连大败,一时间军心动摇,濒于瓦解的状态。僧格林沁乘胜进攻,捻军的主力部队被歼,余部分为两支,一支退到陕西南部,一支在赖文光的领导下转战湖北、河南等地,继续坚持斗争。

赖文光何许人也?这个人可谓是太平天国的元老了,也正是他,使得不可一世的僧格林沁一命呜呼。洪秀全金田起义时,就有他的身影。但刚开始时,他只是一个文官,等到天京事变之后,太平军前期的内部斗争导致后备将领严重不足,他便弃文从武,开始带兵打仗,隶属于陈玉成部下。后来在太平军围魏救赵的计划落空后,他逐渐成为西征太平军和捻军的最高领导人。赖文光文武兼备,在极端困难的条件下,很快将以张宗禹、任化邦、牛宏升为代表的蒙城、亳州群众团结在自己的周围,并吸收了一部分兵败后的太平军将领,组织了新的领导集团,结盟发誓,为恢复太平天国而战。

过去捻军虽然隶属于太平天国,经常配合太平军活动,但仍然保持着很大的独立性。捻军大多各自为政,真应了自己的名字。他们平时和一般百姓无二,等到作战时才再拿起武器,几乎和土匪没什么区别,很不正规。太平天国已经自身难保,捻军没了依靠,而清军却正从四面八方压来。在这种极端险恶的形势下,赖文光总结了捻军和太平军各自的优缺点,彻底抛弃了半军半农的传统,重新整编了一支纪律严明的军队。许多被清军打散的太平军战士,也闻讯纷纷来归。

赖文光根据当时军力对比强弱悬殊的情况,采取了两项措施,使得这支军队得以脱胎换骨,发生了根本性的转变。一是大力扩充骑兵,建立起一支精锐的骑兵部队。后来一部分步兵也配备了马匹,有的骑兵甚至不止有一匹马。这样既能保证部队可以长时间、远距离的奔驰,又能在临战时,迅速行动,发起凶猛的冲锋。二是采取新的战略战术。建都天京后,太平军主要从事阵地战,以及形式不同、实则一致的城市攻守战。有时候也打运动战,其目的是为了争夺城市和地盘。但现在捻军实力薄弱,又无根据地可守,再加上中国土地辽阔,清军自然不能处处设防。正是根据这一情况,赖文光决计抛弃过去的战略战术,开始一心一意地从事运动战。经过赖文光的经营,捻军连骑逾万,急如狂飙,组织严密,作战灵活,对清政府的统治构成了严重的威胁。

为了消灭这支劲旅,清政府派僧格林沁率部前去围剿。僧格林沁带着蒙古贵族的虚骄之气,根本不把这支农民组成的军队放在眼里,以为很快就可将捻军消灭,于是采取穷追不舍的战术。但他还没有意识到这支军队实力已经不可小觑了,捻军利用他急于求成的心理,故意避而不战,只是每天行军一二百里,拖着他兜圈子。僧格林沁失去了军人应有的冷静,只一心想与捻军作战,早日将其消灭掉,于是日夜行军,一月之间,奔驰不下三四千里路。捻军因为行动迅速,所以走走停停,故意挑逗清军。僧格林沁大怒,日夜追击,疲惫不堪。刚开始还能精神抖擞,后来就累得连马缰绳也举不起来了,只得在脖子上挂条布带子,把手臂吊起来,以便驭马。有时僧格林沁连饭都来不及吃,饿了就喝几口随身带的酒,继续追赶。僧格林沁尚且如此,其他将士们就可想而知了,步兵的处境就更加艰难,他们用两条腿跟在马匹后面跑,有时几天都吃不上一顿饭,不少人被拖死、累死了。

就这样,赖文光充分发挥自己的长处,逐渐消磨掉了清军的斗志,将他们胖的拖瘦,瘦的拖死。最后,僧格林沁步兵掉队,骑兵离散,他自己则率领少数精锐骑兵脱离大部队,死死追踪。捻军抓住时机,布下天罗地网,僧格林沁闯入捻军的包围圈,一直激战至深夜。清军被歼一万多人,其中大清国正规军的最大一张王牌——蒙古铁骑,六千余人几乎全军覆灭。僧格林沁趁乱突围,天色昏黑看不清道路,坐骑摔倒后被捻军杀死。一代枭雄,就这样为自己的冲动付出了生命的代价。

或许僧格林沁自己也不会想到,自己的死会如此深刻地影响到晚清的政治格局,并在某种程度上影响到了中国历史的走向。在咸丰十年对外战争中,僧格林沁虽然遇到严重的挫折而声望大减,但经过几年的努力,又有了显著的回升。其所拥有的蒙古铁骑作战骁勇,成功镇压了张洛行的捻军、苗沛霖军、山东的教军和陈得才的太平军,从而再次成为满洲贵族在政治军事上与湘军集团抗衡的王牌。这支维系着清廷最后希望的军队的顷刻覆亡,对满洲贵族来讲,无疑是晴天霹雳。这不仅让清廷在政治上讲话再没有十足的底气,在军事上更是面临燃眉之急。那个时候,黄河两岸虽然驻扎有大量的清军,但是能拿出手的,还得数僧格林沁的军队。他的覆亡,使得河南、山东,甚至京师也陷入岌岌可危的险境之中。此情此景,让清廷不得不放下面子向湘淮军求援。于是在僧格林沁全军覆没的五天后,接连下旨命令曾国藩连夜出动。到了四月二十九日,清廷命令曾国藩以钦差大臣的身份,即刻带领亲军小队,轻装上阵,火速北上;两江总督的职位,由李鸿章予以代理;令淮军刘铭传部迅速北渡,以加强直隶的防务。

1865年6月18日,曾国藩怀着忐忑不安的心情,拖着老病之躯由南京登舟,率裁军之后剩余的六营湘军和李鸿章的淮军两万多人北上,于9月23日抵达徐州前线。针对清廷这样急切的心情,曾国藩向清廷指出,捻军虽然风头正劲,但是此时正值黄河水势大涨,水流湍急,是不太可能渡过黄河的。同时,李鸿章已经派潘鼎新的十个营,乘轮船疾驰前往援助直隶,京师的防务十分稳固。所以清廷大可以把心放到肚子里面,但是最重要的是,要深刻认识到,捻军的实力,尤其是骑兵的实力已经不容小视,清军必须迅速扩充骑兵,否则根本拿他们没有办法。与此相应的,剿捻的战略也应该随之进行全新的调整，不应操之过急，也大可不必因此而惊慌失措。

曾国藩吸取了僧格林沁穷追不舍导致覆亡的教训，他针对捻军以骑兵为主，长于流动作战和游击战，行动迅速的特点，提出了"重镇设防"、"布置河防"，并结合"查圩"的政策。"重镇设防"，就是以重兵把守安徽临淮、山东济宁、河南周家口、江苏徐州四个重镇，并在捻军经常出没的蒙城、亳州等地驻扎少量兵力对其进行阻击。这样，捻军每到一处，各镇驻兵就可以迎头击之。清军以逸待劳，打捻军个措手不及。"布置河防"，就是东以运河为防线，西以沙河、贾鲁河为防线，由曾国藩派水师与淮军会防。在曾国藩看来，这两项措施就能阻止捻军进入山东、河南西部，并可以在运河与沙河之间的地区将捻军一举消灭。

但由于捻军东奔西至、飘忽不定，在与捻军的交锋中，曾国藩发现自己只将兵力驻在几处截击很难奏效，于是又出新招：只留一部分作战能力不强的军队驻守各镇，其他战斗力强的军队大多数也变身为"游击队"，对捻军进行拦截和追击。这样，曾国藩就将重镇防守和拦截追击结合了起来，使得捻军很难再有从容歇脚之地。与此同时，曾国藩又下狠手："查圩"，即以清查户口的方式来切断捻军同老百姓的联系，肃清潜在的革命力量，使之不能在老百姓中立足，从老百姓那里得到补给。对捻军来讲，这招最是致命，基本上是把捻军连根拔起，置于了孤立无援的境地。这是曾国藩搬用他在湖南办团练时的老方法，他规定，老百姓见到捻军到来，必须坚壁清野，断绝供应给他们粮食，而在湘军、淮军到来时，则要源源不断地把粮食等物品供应上来。对于那些参加捻军或与捻军有联系的，注入"莠民册"。情节严重的不仅要杀头，还要连坐，即一人犯罪，还要牵连好几家，罪名就是知情不报。对于那些从来没有和捻军有过联系的，则注入"良民册"。用这种办法，曾国藩严令各地"查圩"的人以"通贼"的罪名，多抓人，多杀人，多多益善。典型的"宁可错杀一千，不可错过一人"，捻军还没有开始战斗，就断绝了后援，这招果然毒辣。

此时的曾国藩，扮演的完全是大清"救火员"的角色。等到五月下旬时，局势稍稍有了缓和，曾国藩就将总督印信移交给李鸿章，亲自率军北上，并调李鹤章总理营务处。此时捻军已由山东南下皖北，力图恢复在雉河集一带的原有根据地。或许这支军队大部分是由贫苦农民组成的吧，对原有的土地有着莫名的情愫。安徽方面深谙这一点，料到捻军迟早会再回来的，于是在周围筑起城堡，并驻以重兵。果然，捻军不久就将该城围住了，布政使英翰留下大部分军队守城，自己率领轻骑兵突围救援。曾国藩闻讯后，将自己的指挥部也迁到了附近的临淮，并急调黄翼升水师，易开俊、刘松山等部湘军，以及淮军周盛波、刘铭传部，豫军宋庆和皖军等进援。捻军围攻四十余日，硬是没啃下这块硬骨头，这时候清军的援军纷纷到达，于是分兵两路向西撤入了河南境内。捻军张宗禹部辗转南阳、邓县等一带，并一度攻占了南阳；赖文光部经许州、舞阳后，向东折向上蔡、汝阳、周家口，最后又再次进入山东。曾国藩见战局的中心又发生了转移，又将指挥大营迁往了徐州。

相比于曾国藩的运筹帷幄来讲，清廷则表现得相当差劲，完全被吓破了胆。由于捻军一度西进，清廷就要曾国藩移军许州，以防止捻军进入山西、陕西。此举表明清廷完全没有全局的战略眼光，依然是头痛医头，脚痛医脚，吓得没有了一点章法。这让曾国藩感到无语，摊上这样低能的领导，只能忍了。于是他再次上书，又耐心地把自己的全盘考虑陈述了一遍。但曾国藩显然高估了清廷的领悟能力，对此，他只能表示无奈。

九月至十二月，赖文光、任柱等几路在徐州、济宁、丰县等地，与张树珊、李昭庆、潘鼎新等军打了几仗，结果运气不佳，被接连挫败。于是捻军各部合军后，又折回了河南，不料又遭到屯集在周家口、归德等地的刘铭传、周盛波部的拦击。与此同时，捻军张宗禹一部的行动也遭遇到了重大的挫折，先是南阳丢了以后再也没能收复，南下新野、枣阳也都失利，于是转而进攻洛阳，也遭到了强力的阻击。无奈，张宗禹只好与赖文光会师，之后又分兵新野、光州、信阳，威逼湖北。

湘军内部却在这个时候出了乱子，成大吉一部索要军饷不成，结果军队发生哗变。赖文光趁机进入湖北，湘军纷纷反叛加入，军势大壮。捻军先克黄陂，然后又全歼驻扎在黄冈的梁洪胜一部。张宗禹则四处周旋，吸引了大批湘淮军的注意，以配合赖文光的进攻。曾国藩见局势不妙，就又大力加强了机动兵力，把刘铭传一部也改成了游击部队。刘部紧紧咬住赖文光，捻军随即撤走，北返河南后，接着转战河南和安徽边界。

清政府一看这架势，立马坐不住了，于是下令曾国荃任湖北巡抚。曾国荃在老家也待烦了，这下英雄终于有了用武之地。他刚一上任，就风风火火地对部队进行了大换血：一面裁汰战斗力低下的部队，一面令彭毓橘等先后招募湘军一万三千多人。曾国藩对自己的老弟向来十分照顾，这次又调来威名远扬的鲍超军两千人到湖北，另外又招募了十二营的骑兵，以加强西南兵力。

此时的捻军,则主要聚集在河南、山东等地,预谋强渡大运河向东。曾国藩决心加固大运河一带的防线,在这一问题上着实费了不少心思。他命令山东巡抚阎敬铭沿河巡查,疏通河道,增堤置栅,并在险要地方布置重兵,派水师进行巡防。六月,曾国藩又在朱仙镇至正阳关、沙河、贾鲁河筑起了一道防线。其中朱仙镇以北至黄河南岸,没有河流险要可守,湘军就在地上挖了很长的壕沟。至此,东以运河,西以沙河,南以淮河,北以黄河的四道防线最终形成。这其中,济宁、徐州、临淮、周家口和开封等重点设防城市,成为四道防线的重要支撑点。

从理论上讲,曾国藩的这个计划可谓是天衣无缝,一张严密的大网,正在向孤立无援的捻军撒来。计划是好计划,但是正如大部分时候一样,执行起来却是另外一回事。最让曾国藩不安的,就是这个看似严密的计划,实际上有一个巨大的漏洞:防线北面既有黄河天险,又有直隶总督刘长佑的水陆军在北岸驻防;南面西部有曾国荃的湘军,东部有淮河天险和皖军;东面既有曾国藩自带的湘淮军,又有沙河、大运河两道天然防线。问题就出在西面,使得整张"网"破了一个大窟窿!

满清王朝到了后期,如一间摇摇欲坠的房子一样,已经是千疮百孔了。这边捻军还没有消停,陕北又开始乱了。驻扎在山西的湘军正在吃力地镇压当地起义,根本没有力量再在捻军的问题上插一脚。四面防线少了一面,自然威力就减少了不少。

另外一个让曾国藩烦恼的事情,就是他跟各地督抚的矛盾越来越大。要是一个人跟你关系不好,可能是他的毛病。但现在大家都跟你关系不好,那自己就要好好反省一下了。但曾国藩是谁啊,人家现在大权在握,朝廷还得小心供着呢,其他人自然不放在眼里。一句话,顺我者昌,逆我者亡。先前他跟山东巡抚阎敬铭、河南巡抚吴昌寿有矛盾,曾国藩眼里容不得沙子,一个报告打上去,这两位就乖乖地回家抱孩子去了。曾国藩感觉是爽了,但是后来继任者也因此对他有了戒心,再不想跟他实打实的干了,比如新任的河南巡抚李鹤年在修筑沙河、贾鲁河防线时,就干得马马虎虎,能糊弄的都糊弄过去了。曾国藩的脾气并没有因此有所收敛,不久就跟湖广总督官文吵起来了。要说这官文来头也不小,也称得上是满洲贵族内举足轻重的人物。但现在镇压叛军事紧,清政府只好偏袒曾国藩,让官文也走人了。这件事情表面上看又是曾国藩胜利了,但是清廷对曾的不满也就此越积越多。

对于清政府的怨气,曾国藩不可能没有察觉。他只知道清政府之所以对自己这么客气,完全是因为自己对他们还有很大的用处。只要自己把活给干好了,清廷不会把他怎么样的。但正因为这样,他才更加苦恼不已,原因很简单:人手不够,特别是骑兵。没人怎么打仗?但说真的,名义上归曾国藩管的人并不少。除湘淮军约八万人外,再加上豫皖等省军,总兵力已经达到十多万人。但曾国藩之所以还抱怨兵力不够,也实在不是故意喊穷。实际上,为了备战而新招的新军,到最后只成军数营,根本不济事。其他军队零散地驻扎在几个省里,大都听从各自的巡抚指挥,并不好使。淮军这方面也不靠谱,李鸿章把淮军当成了自己的私有军队,曾国藩也很难指挥得动。唯一能靠得住的曾国荃军,现在也远在千里之外,远水解不了近渴,曾国藩纵使有通天的能耐,也只能干叹气了。

曾国藩这边苦恼不已,但清廷却并没有体谅他的意思,他们只想早点胜利,典型的鼠目寸光。曾国藩工作上一旦有什么不顺利的地方,清廷不但没有任何安慰,清廷和有些大臣还变得相当不宽容。所以曾国藩虽然看起来威风八面,无人敢惹,实际上日子也并不好过。

二至五月间,捻军的日子也相当难过。东面的运河被曾国藩搞得跟铜墙铁壁似的,根本过不去。中间虽然一度进至亳州、怀远等老根据地,但因为先前的大批同情支持者都被杀了,民众不敢再与之来往,捻军一下子失去了支持。这就迫使捻军不得不于六七月间,再次返回豫西南。曾国藩一看捻军西去,就也跑去了周家口。八月,张宗禹、赖文光等合军,趁朱仙镇以北的湘军工事还没有修好,由中牟东进,在开封附近冲破了豫军的防线,进入山东,直扑运河防线。但清军修筑的运河防线实在是太强大了,捻军反复攻打始终没能突破,不得已退回河南中部,并在许州分兵成两大支。赖文光、任柱为东支,仍以豫、鲁、苏、皖为活动地区;张宗禹、邱远才等为西支,则往山西、甘肃联络回民起义军,力图开辟新的战场。

山雨欲来风满楼,由于捻军两次冲破沙河、贾鲁河防线,曾国藩最担心的事情终于发生了。朝廷的那帮御史可不是吃素的,巴不得别人出事,然后狠狠地参上一本。果不其然,看曾国藩这样狼狈,御史朱镇、阿陵阿等人,纷纷以"办理不善"、"督师日久"、"骄妄"等名义来参劾他。清廷把这些参折交给了曾国藩,这比直接批他一顿还让人难受。不久,在八月底,清廷又命李鸿章火速赶往徐州,负责湘淮军的防务,并嘱咐他不必瞻前顾后。清廷的态度已经很明显了,摆明了对曾国藩很不满。到了十月,一听说捻军进入了陕西,清政府又再次发飙,质问曾国藩有何面目跟朝廷交代。曾国藩的日子,比在地狱里还难受。不久,清廷就派李鸿章接任钦差大臣,让曾国藩走人了。

曾国藩一把年纪了，没想到最后阴沟里翻了船，大有晚节不保的意味。自己一手提拔上来的学生接替了自己，心里的滋味可想而知。这些还不算，自己的同僚也都是些落井下石的家伙。河南的士人还写了副对联："弃馆就官，官无食；去僧来曾。曾丢人"。前半部分讽刺河南官员钻营为官，结果反而得不偿失；后半部分则挖苦曾国藩剿捻不力，简直是丢人现眼。就在众人的一片非议声中，曾国藩黯然离任了。

东部捻军于十一月到达了湖北，曾国荃督军应战，双方在麻城、黄陂、德安、应城、京山、云梦等地兜圈子。到了十二月上旬，赖文光看尾随的湘军整体已经十分疲惫，于是心生一计，命令郭松林率六千人将湘军包围。此次战役相当惨烈，双方一直战到深夜，郭军大部分被歼，郭松林也身受重伤。幸亏其他捻军奋力救援，才免于全军覆没。不久，捻军又出奇兵，在杨家河斩杀淮军数百人，并当阵斩杀张树珊。这两次大胜后，捻军士气大振，乘胜抢渡汉水，图谋进入川陕一带，与张宗禹等西部捻军会合。但没想到却遭到了湘军水师的阻击，没办法，只好退回臼口、樊城。

湘淮军一看这是个机会，于是马上就将捻军来了个大包围，欲一举将捻军围歼。第二年正月十五，捻军拼死一搏，将刘铭传一部杀得是落花流水，眼看刘军就要完蛋的时候，鲍超率一万六千兵力奋力来救，捻军措手不及，反而被杀得个稀里哗啦，由大胜转为大败，损失惨重。赖文光见抢渡汉水屡次失败，又遭大败，部队元气大伤，于是就放弃了进军川陕的意图，于五月进入河南。不久，捻军闪电般地冲破了湘淮军防线，直插山东。李鸿章坚持曾国藩的原定战略，不仅加强了运河防线，又兴筑了胶莱河和六塘河两道防线，并加强机动兵力，加紧尾追拦截。东捻军虽然突破了胶莱河防线，但是已经是强弩之末，锐气大减，不久被淮军几乎歼灭殆尽。赖文光率领残兵向南败逃，马上就全军覆没，赖文光被俘，坚决拒绝清军的劝降，在监牢里奋笔疾书，叙述了太平军和捻军的光辉业绩，表达了自己对太平天国事业的赤胆忠心，最后斩钉截铁地说，"惟一死以报国家，以全臣节"，不久在扬州城外老虎山从容就义。捻军的灵魂人物，就这样走完了自己短暂的一生。

再看西捻军这一块，自十月进入陕西之后，革命形势可谓一片大好。此时正值陕甘一带的回民起义高涨，而清军内部则多次发生兵变，对该地区的控制能力直线下降，回民起义军趁机扩展，日益强大。在这种内外加逼的情况下，清军统领杨载福一筹莫展，向清廷检讨办事不力，自己疾病缠身，要求辞职。清廷也觉得该换人了，于是在八月命左宗棠为钦差大臣,接任陕甘总督,但左却迟迟不能到任。不仅如此,奉命尾随捻军的鲍超也多方拖延,拒不西行。曾国藩只好命刘松山军西援,但刘松山也是拖拖拉拉,到了年底才赶到。陕甘地区的防务就是这样松松垮垮,只剩下刘蓉的一万四千人可供差使。但这么大一片地方,一万多人简直是杯水车薪,根本不顶事。而此时的甘肃回民运动却搞得风生水起,刘蓉顾头不顾尾,迟迟不能对西捻军发动像样的进攻。

西捻军一看这架势,觉得自己壮大的机会到了。于是开始想着渡过渭水北上会师,但是不巧的是,自己所扎的木筏被山西水师给得烧精光,只好并排肖德杨部东行。见一计不成,张宗禹又生一计,意图相机攻打刘蓉军。十九日两军到底是干上了,肖德杨军力本来就很吃紧,那禁得住捻军有预谋地大规模袭击,于是被歼近千人。双方相持十多天后,捻军突然大举向西安进攻,肖德杨奉命追赶捻军,结果反被捻军牵着鼻子走。在追击了近一个月后,肖德杨部人困马乏,再加上巡抚拖欠军饷,部队都饿着肚子在玩命,所以军心更加涣散。张宗禹看时机已经成熟,于是在西安附近设置了埋伏圈。十二月十八日,经过一天的激战,湘军大败,三千人全数被歼,一个没留。

这次大捷后,西捻军稍稍做了些休整。不久就跟当地的回民力量取得了联系。清政府眼看局势越来越不利于自己,急命左宗棠早日采取行动。六月,左宗棠亲自率领北路军,由潼关进入陕西。不久后,刘典的中路军、高连升的南路军也先后赶到,全军约一万七千人。在湘军的强大压力之下,西捻军被迫向陕北转移,并于十月连下绥德、安塞、延川等地。但是这些地区均为贫瘠的山区,且东临黄河,北接草原,西为回民军实力范围,几乎没有战略回旋的余地。再加上东部捻军几乎要全军覆灭的消息不断传来,张宗禹决计东走山西。但左宗棠早就料到捻军会东渡黄河,如果那样的话,北京岌岌可危,自己的乌纱帽也难保了。所以早早地就命山西按察使陈湜加紧河防,并令刘松山、郭宝昌等率军阻截捻军东渡。但刘松山的运气实在太差,自己的后路遇到了回民军,被彻底消灭。刘松山不得不回援,张宗禹趁乱东渡黄河,直插河南怀庆,再折而向北,一度打到北京的房山。

面对着突如天降的捻军,北京城里乱成了一锅粥,清廷已经不管什么战术了,把能调来的兵全给调来了。左宗棠、李鸿章和山东、河南、安徽巡抚纷纷带兵来援,再加上满族重臣崇厚统领的由洋人管带的洋枪队千余人,仿佛一瞬间,就结集了十多万的军队。此时的东部捻军已经彻底覆灭了，西捻军只剩下了数万的疲惫之师，并且陷入了西阻运河，北阻减河，南阻黄河，东临大海的重重包围之中，无法发挥纵横驰骋，流动作战的优势。就像逃不出佛掌心的孙悟空一样，不管如何左冲右突，始终无法冲出重围。在奋战半年后，捻军的兵力越来越少，到了第二年的六月，捻军残部被湘军合围，恰逢连天大雨，捻军的骑兵力量受到很大的限制，最终全部被围歼在山东的茌平，首领张宗禹也不知所终。

　　东西两部捻军，都最终倒在了曾国藩提出、李鸿章坚持的河防战略之中。轰轰烈烈的捻军起义，就这样永久地退出了历史舞台。

# 附　录

## 蔡锷序

辛亥之春，余应合肥李公之召，谬参戎职。时片马问题纠葛方殷，瓜分之谣诼忽起，风鹤频惊，海内骚然。

吾侪武夫，惟厉兵秣马，赴机待死耳，复何暇从事文墨，以自溺丧？乃者统制钟公有嘱编精神讲话之命，余不得不有以应。

窃意论今不如述古；然古代渺矣，述之或不适于今。曾、胡两公，中兴名臣、中锋佼者也。其人其事，距今仅半世纪，遗型不远，口碑犹存。景仰想象，尚属匪难。其所论列，多洞中窾要，深切时弊。爰就其治兵言论，分类凑辑，附以按语，以代精神讲话。

我同袍列校，果能细加演绎，身体力行，则懿行嘉言，皆足为我师资，丰功伟烈，宁独让之先贤？

宣统三年季夏，邵阳蔡锷识于昆明。

## 梁启超序

松坡既死于国事，越一年，国人刊其遗著《曾胡治兵语录》行于世。世知松坡之事功，读此书，可以知其事功所由来矣。

自古圣贤豪杰，初未尝求见事功于当世也。惟其精神积于中，著于外，世人见之，以为事功耳。阅世以后，事功或已磨灭，而精神不敝。传之后世，遭际时会，此精神复现为事功焉。

松坡论曾、胡二公之事，谓其为良心血性二者所驱使，则松坡之事功，亦为此良心血性所驱使而已。

曾、胡二公，一生兢兢于存诚去伪，松坡于此，尤阐发不遗余力。精神所至，金石为开，二公屡言之，松坡亦屡述之。二公之言，不啻诏示松坡，使其出生死，冒危难，掬一诚以救天下之伪。则虽谓松坡之事功，皆二公之事功可也。

松坡自谓身膺军职，非大发志愿，以救国为目的，以死为归属，不足渡同胞于苦海，置国家于坦途。

今松坡得所归矣，而救国志愿，曾未达其万一。护国军之起，仅使民国生死肉骨，如大病方苏，元气已伤，将养扶持，所需于事功者，正复无限。

来者不可见，惟恃此耿耿精神，常留存于吾国民隐微之间，可以使曾、胡复生，使松坡不死，以解除日后之千灾百难，超苦海而入坦途。

而此语录十余章，实揭吾国民之伟大精神以昭兹来许者也。

民国六年四月新会梁启超序

## 蒋介石序

太平天国之战争，为十九世纪东方第一之大战。太平天国之历史，为十九世纪东方第一光荣之历史，而其政治组织，与经济设施，则尤足称焉。余自幼习闻乡里父老所谈，已心向往之。吾党总理又常为予讲授太平天国之战略、战术，及其名将李秀成、陈玉成、石达开等治兵安民之方略，乃益识其典章制席之可仪。因欲将当时之军事、政治、经济、社会，各种记录，搜罗研钻，编纂太平天国战史，庶几使当时革命之故实，诸杰之经济，得垂永久，而不为前清史臣一笔所抹杀。

余既发愿为此，十余年来，留心于太平天国有关系之中外著作，不遗余力，独惜材料缺乏，事实不详，而不能得一系统之书，以资参考，乃不能不于反太平天国诸书，如当时所谓满清中兴诸臣曾、胡、左、李诸信中，反测其对象。辛亥以前，曾阅《曾文正全集》一书，然其记载，仅及当时鄂、赣、苏、皖中一部分之战事。其他如浙，如闽，如川、贵、两广与夫北方诸省之战史，皆非所及。且其所述者，皆偏重清军一方之胜利，而于太平天国之史料，则十不得一二，因是战史之编纂，无从着手。洎乎民国二年失败以后，再将曾氏之书与胡左诸集，悉心讨究，不禁而叹胡润之之才略识见，与左季高之志气节操，高出一世，实不愧为当时之名将，由是益知其事业成败，必有所本也。

夫满清之所以中兴，太平天国之所以成败者，盖非人才消长之故，而实德业隆替之徵也，彼洪、杨、石、李、陈、韦之才略，岂不能比拟于曾、胡、左、李之清臣，然而曾氏标榜道德，力体躬行，以为一世德倡，其结果竟能变易风俗，挽回颓靡，吾姑不问其当时应变之手段，思想之新旧，成败之过程如何，而其苦心毅力，自立立人、自达达人之道，盖已足为吾人之师资矣。

　　余读曾胡诸集既毕，正欲先摘其言行，可以为后世圭臬者，成为一书，以饷同志，而留纂太平天国战史于将来，不意松坡先得吾心，纂集此《治兵语录》一书，顾其间尚有数条，为余心之所欲补集者，虽非治兵之语，治心即为治兵之本，吾故择曾、胡治心之语之切要者，另列一目，兼采左季高之言，可为后世法者，附录于其后，非敢擅改昔贤之遗集，聊以增补格言之不足耳。

　　噫！曾、胡、左氏之言，皆经世阅历之言，且皆余所欲言而未能言者也，其意切，其言简，不惟治兵者之至宝，实为治心治国者之良规。愿本校同志，人各一编，则将来治军治国，均有所本矣。他日者，太平天国战史告成，吾党同志更能继承其革命之业，以竟吾党之全功，乃无愧为吾党后起之秀矣。吾同志其勉旃！

　　蒋中正序于广东黄埔陆军军官学校，中华民国十三年十月。

## 第一章　将材

1. 带兵之人，第一要才堪治民；第二要不怕死；第三要不汲汲名利；第四要耐受辛苦。治兵之才，不外公、明、勤：不公不明，则兵不悦服；不勤，则营务巨细，皆废弛不治。故第一要务在此。不怕死，则临阵当先，士卒乃可效命。故次之。为名利而出者，保举稍迟则怨，稍不如意则怨；与同辈争薪水，与士卒争毫厘。故又次之。身体羸弱者，过劳则病；精神短乏者，久用则散。故又次之。四者似过于求备，而苟缺其一，则万不可带兵。故吾谓带兵之人，须智深勇沉、文经武纬之才。数月以来，梦想以求之，焚香以祷之，盖无须臾或忘诸怀。大抵有忠义血性，则四者相从以俱至；无忠义血性，则貌似四者。终不可恃。

2. 带兵之道，勤、恕、廉、明，缺一不可。

（以上曾语）

3. 求将之道，在有良心，有血性，有勇气，有智略。

4. 天下强兵在将。上将之道，严明果断，以浩气举事，一片肫诚。其次者，刚而无虚，朴而不欺，好勇而能知大义。要未可误于矜骄虚浮之辈，使得以巧饰取容。真意不存，则成败利钝之间，顾忌太多，而趋避逾熟，必至败乃公事。

5. 将材难得。上驷之选，未易猝求，但得朴勇之士，相与讲明大义，不为虚骄之气、夸大之词所中伤，而缓急即云可恃。

6. 兵易募而将难求。求勇敢之将易，而求廉正之将难。盖勇敢倡先，是将帅之本分；而廉隅正直，则粮饷不欺，赏罚不滥，乃可固结士心，历久常胜。

7. 将以气为主，以志为帅。专尚驯谨之人，则久而必惰；专求悍鸷之士，则久而必骄。兵事毕竟归于豪杰一流，气不盛者，遇事而气先慑，而目先逃，而心先摇。平时一一禀承，奉命惟谨，临大难而心中无主，其识力既钝，其胆力必减，固可忧之大矣。

（以上胡语）

8. 古来名将，得士卒之心，盖有在于钱财之外者。后世将弁，专恃粮饷重优，为牢笼兵心之具，其本为已浅矣。是以金多则奋勇蚁附，利尽则冷落兽散。

9. 军中须得好统领、营官，统领、营官须得好真心实肠，是第一义。算路程之远近，算粮仗之缺乏，算彼己之强弱，是第二义。二者微有把握。此外，良法虽多，调度虽善，有效有不效，尽人事以听天而已。

10. 璞山之志，久不乐为吾用。且观其过自矜许，亦似宜于剿土匪，而不宜于当大敌。

11. 拣选将材，必求智略深远之人，又须号令严明，能耐辛苦。三者兼全，乃为上选。

（以上曾语）

12. 李忠武公续宾，统兵巨万，号令严肃，秋毫无犯。湖南、湖北、安徽、江西、浙江等省官民，无不争思倚重。其临阵安闲肃穆，厚重强固。凡遇事之难为而他人所畏怯者，无不毅然引为己任。其驻营处所，百姓欢忭，耕种不辍，万幕无哗，一尘不惊。非其法令之足以禁制诸军，实其明足以察情伪。一本至诚，勇冠三军，屡救弁兵于危难。处事接人，平和正直，不矜不伐。

13. 乌将军兰泰，遇兵甚厚。雨不张盖，谓众兵均无盖也。囊无余钱，得饷尽以赏兵。

14. 兵事不外奇正二字，而将材不外智勇二字。有正无奇，遇险而覆；有奇无正，势极即阻。智多勇少，实力难言；勇多智少，大事难成。而其要，以得人为主。得人者昌，失人者亡。设五百人之营，无一谋略之士，英达之材，必不成军。千人之营，无六七英达谋略之士，亦不成军。

15. 统将须坐定能勇敢不算本领外，必须智勇足以知兵，器识足以服众，乃可胜任。总须智勇二字相兼。有智无勇，能说而不能行；有勇无智，则兵弱而败，兵强亦败。不明方略，不知布置，不能审势，不能审机，即千万人终必败也。

16. 贪功者，决非大器。

17. 为小将须立功以争胜，为大将戒贪小功而误大局。

（以上胡语）

18. 打仗不慌不忙，先求稳当，次求变化；办事无声无臭，既要精到，又要简捷。

19. 俭以养廉，直而能忍。

20. 为政之道，得人治事，二者并重。得人不外四事，曰广收、慎用、勤教、严绳。治事不外四端，曰经分、论合、详思、约守。

（以上曾语）

蔡按：古人论将有五德，曰：智、信、仁、勇、严。取义至精，责望至严。西人之论将，辄曰"天才"。析而言之，则曰天所特赋之智与勇。而曾、胡公之所同唱者，则以为将之道，以奥心血性为前提，尤为扼要探本之论，亦即现身之说法。咸、同之际，粤寇蹂躏十余省，东南半壁，沦陷殆尽。两公均一介书生，出身词林，一清宦，一僚吏，其于兵事一端，素未梦见。所供之役，所事之事，莫不与兵事背道而驰。乃为良心、血性二者所驱使，遂使其"可能性"发展于绝顶，武功灿然，泽被海内。按其事功言论，足与古今中外名将相颉颃而毫无逊色，得非精诚所感，金石为开者欤？苟曾、胡之良心血性而无异于常人也，充其所至，不过为一显宦，否则亦不过薄有时誉之著书家，随风尘以殄瘁已耳！复何能崛起行间，削平大难，建不世之伟绩也哉！

## 第二章 用人

1. 今日所当讲求，尤在用人一端。人材有转移之道，有培养之力，有考察之法。

2. 人材以陶冶而成，不可眼孔太高，动谓无人可用。

3. 窃疑古人论将，神明变幻不可方物，几于百长并集，一短难容，恐亦史册追崇之词，初非预定之品。要以衡材不拘一格，论事不求苛细。无因寸朽而弃连抱，无施数罟以失巨鳞。斯先哲之恒言，虽愚蒙而可勉。

4. 求人之道，须如白圭之治生，如鹰隼之击物，不得不休。又如蚨之有母，雉之有媒，以类相求，以气相引，庶几得一而可及其余。大抵人才约有两种，一种官气较多，一种乡气较多。官气多者，好讲资格，好问样子，办事无惊世骇俗之象，言语无此妨彼碍之弊。其失也，奄奄无气，凡遇一事，但凭书办家人之口说出，凭文书写出，不能身到、心到、口到、眼到，尤不能苦下身段去事上体察一番。乡气多者，好逞才能，好出新样，行事则知己不知人，言语则顾前不顾后。其失也，一事未成，物议先腾。两者之失，厥咎惟均。人非大贤，亦断难出此两失之外。吾欲以劳、苦、忍、辱四字教人，故且戒官气，而姑用乡气之人。必取遇事体察，身到、心到、口到、眼到者。赵广汉好用新进少年，刘晏好用士人理财，窃愿师之。

（以上曾语）

5. 一将岂能独理，则协理之文员、武弁在所必需。虽然，软熟者不可用，谄谀者不可用，胸无实际、大言欺人者不可用。营官不得人，一营皆成废物；哨官不得人，一哨皆成废物；什长不得人，十人皆成废物。滥取充数，有兵如无兵也。

6. 选哨官、什长，须至勇至廉。不十分勇，不足以倡众人之气；不十分廉，不足以服众人之心。

7. 近人贪利冒功。今日求乞差使争先恐后，即异日首先溃散之人。屈指计之，用人不易。

8. 人才因求才者之智识而生，亦由用才者之分量而出。用人如用马，得千里马而不识，识矣而不能胜其力，则且乐驽骀之便安，而斥骐骥之伟骏矣。

9. 古之治兵，先求将而后选兵。今之言兵者，先招兵而并不择将。譬之振衣者，不提其领而挈其纲，是棼之也，将自毙矣。

（以上胡语）

10. 无兵不足深忧，无饷不足痛哭，独举目斯世，求一攘利不先，赴义恐后，忠愤耿耿者，不可亟得，此其可为浩叹也。

11. 专从危难之际，默察朴拙之人，则几矣。

12. 人才非困阨则不能激，非危心深虑则不能达。

（以上曾语）

13. 非知人不能善其任，非善任不能详之知人；非开诚心布道，不能尽人之心；非奖其长、护其短，不能尽人之力；非用人之朝气，不能尽人之才；非令其优劣得所，不能尽人之用。

（以上左语）

蔡按：曾谓人才以陶冶而成，胡亦曰人才由用才者之分量而出。可知用人不必拘定一格，而熏陶裁成之术，尤在用人者运之以精心，使人人各得显其所长，去其所短而已。窃谓人才随风气为转移，居上位者，有转移风气之责（所指范围甚广，非仅谓居高位之一二人言。如官长居目兵之上位，中级官居次级官之上位也），因势而利导，对病而下药，风气虽败劣，自有挽回之一日。今日吾国社会风气败坏极矣，因而感染至于军队。以故人才消乏，不能举练兵之实绩。颓波浩浩，不知所届。惟在多数同心同德之君子，相与提挈维系，激荡挑拨，障狂澜使西倒，俾善者日趋于善，不善者亦潜移默化，则人皆可用矣。

# 第三章　尚志

1. 凡人才高下，视其志趣。卑者安流俗庸陋之规，而日趋污下；高者慕往哲隆盛之轨，而日即高明。贤否智愚，所由区矣。

2. 无兵不足深忧，无饷不足痛哭。独举目斯世，求一攘利不先，赴义恐后、忠愤耿耿者；不可亟得。或仅得之，而又屈居卑下，往往抑郁不伸，以挫，以去，以死。而贪饕退缩者，果骧首而上腾，而富贵，而名誉，而老健不死。此其可为浩叹者也。

3. 今日百废莫举，千疮并溃，无可收拾。独赖此耿耿精忠之寸衷，与斯民相对于骨岳血渊之中，冀其塞绝横流之人欲，以挽回厌乱之天心，庶几万一有补。不然，但就时局而论之，则滔滔者吾不知其所底也。

4. 胸怀广大，须从平淡二字用功。凡人我之际，须看得平。功名之际，须看得淡，庶几胸怀日阔。

5. 做好人，做好官，做名将，俱要好师、好友、好榜样。

6. 喜誉恶毁之心，即鄙夫患得患失之心也。于此关打不破，则一切学问，才智，实足以欺世盗名。

7. 方今天下大乱，人怀苟且之心。出范围之外，无过而问焉者。吾辈当立准绳，自为守之，并约同志共守之，无使吾心之贼，破吾心之墙子。

8. 君子有高世独立之志，而不与人以易窥；有藐万乘、却三军之气，而未尝轻于一发。

9. 君子欲有所树立，必自不妄求人知始。

10. 古人患难忧虞之际，正是德业长进之时。其功在于胸怀坦夷，其效在于身体康健。圣贤之所以为圣贤，佛家之所以成佛，所争皆在大难磨折之日，将此心放得实，养得灵。有活泼泼之胸襟，有坦荡荡之意境。则身体虽有外感，必不至于内伤。

（以上曾语）

11. 军中取材，专尚朴勇，尚须由有气概中讲求。特恐讲求不真，则浮气、客气夹杂其中，非真气耳。

12. 人才由磨炼而成，总须志气胜乃有长进。成败原难逆睹，不足以定人才。

13. 兵事以人才为根本，人才以志气为根本；兵可挫而气不可挫，气可偶挫而志不可挫。

14. 方今天下之乱，不在强敌，而在人心。不患愚民之难治，而在士大夫之好利忘义而莫之惩。

15. 吾人任事，与正人同死，死亦附于正气之列，是为正命。附非其人，而得不死，亦为千古之玷，况又不能无死耶！处世无远虑，必有危机。一朝失足，则将以薰莸为同臭。而无解于正人之讥评。

（以上胡语）

16. 士人第一要有志，第二要有识，第三要有恒。有志则不甘为下流；有识则知学问无尽，不敢以一得自足；有恒则继无不成之事。三者缺一不可。诸弟此时，惟有识不可骤几，有志有恒，则诸弟勉之而已。

17. 凡人心之发，必一鼓作气，尽吾力之所能为，稍有转念，则疑心生，私心亦生。余死生早已置之度外，但求临死之际，寸心无可悔憾，斯为大幸。舍命报国，侧身修行。古称"金丹换骨"，余谓立志即丹也。

（以上曾语）

18. 天下纷纷，吾曹适丁其厄，武乡侯不云乎："成败利钝，非所逆睹。"则其殚其心力，尽其职守，静以待之而已。

（以上左语）

蔡按：右列各节，语多沉痛。悲人心之陷溺，而志节之不振也。今日时局之危殆，祸机之剧烈，殆十倍于咸、同之世。吾侪身膺军职，非大发志愿，以救国为目的，以死为归宿，不足渡同胞于苦海，置国家于坦途。须以耿耿精忠之寸衷，献之骨岳血渊之间，毫不反顾，始能有济。果能拿定主见，百折不磨，则千灾万难，不难迎刃而解。若吾辈军人，将校但以跻高位、享厚禄、安富尊荣为志，目兵则以希虚誉、得饷糈为志，曾、胡两公必痛哭于九原矣。

## 第四章　诚实

1. 天地之所以不息，国之所以立，圣贤之德业所以可大可久，皆诚为之也。故曰：诚者，物之终始，不诚无物。

2. 人必虚中不著一物，而后能真实无妄。盖实者不欺之谓也。人之所以欺人者，必心中别著一物。心中别有私心，不敢告人，而后造伪言以欺人。若心中了不着私物，又何必欺人哉！其所以欺人者，亦以心中别著私物也。所知在好德，而所私在好色。不能去好色之私，则不能欺其好德之知矣。是故诚者，不欺者也。不欺者，心无私著也；无私著者，至虚者也。是故天下之至诚，天下之至虚者也。

3. 知己之过失，即自为承认之地，改去毫无吝惜之心，此最难之事，豪杰之所以为豪杰，圣贤之所以为圣贤，便是此等磊落过人。能透过此一关，寸心便异常安乐，省得多少纠葛，省得多少遮掩装饰丑态。

4. 盗虚名者，有不测之祸；负隐匿者，有不测之祸；怀忮心者，有不测之祸。

5. 天下惟忘机可以消众机，惟懵懂可以祓不祥。

6. 用兵久则骄惰自生，骄惰则未有不败者。勤字所以医惰，慎字所以医骄。二字之先，须有一诚字以为之本。立意要将此事知得透，辨得穿。精诚所至，金石亦开，鬼神亦避，此在己之诚也。人之生也直，与武员之交接，尤贵乎直。文员之心，多曲多歪，多不坦白，往往与武员不相水乳。必尽去歪曲私衷，事事推心置腹，使武人粗人，坦然无疑，此接物之诚也。以诚为之本，以勤字、慎字为之用，庶几免于大戾，免于大败。

7. 楚军水、陆师之好处，全在无官气而有血性。若官气增一分，血性必减一分。

8. 军营宜多用朴实少心窍之人，则风气易于纯正。今大难之起，无一兵足供一割之用，实以官气太重，心窍太多，漓朴散醇，真意荡然。湘军之兴，凡官气重、心窍多者，在所必斥。历岁稍久，亦未免沾染习气，应切戒之。

9. 观人之道，以朴实廉介为质。有其质而傅以他长，斯为可贵。无其质而长处亦不足恃。甘受和，白受采，古人所谓无本不立，义或在此。

10. 将领之浮滑者，一遇危险之际，其神情之飞越，足以摇惑军心；其言语之圆滑，足以淆乱是非。故楚军历不喜用善说话之将。

11. 今日所说之话，明日勿因小利害而变。

12. 军事是极质之事，二十三史，除班马而外，皆文人以意为之。不知甲仗为何物、战阵为何事。浮词伪语，随意编造，断不可信。

13. 凡正话实话，多说几句，久之人自能共亮其心。即直话亦不妨多说，但不可以讦为直，尤不可背后攻人之短。驭将之道，最贵推诚，不贵权术。

14. 吾辈总以诚心求之，虚心处之。心诚则志专而气足，千磨百折，而不改其常度，终有顺理成章之一日。心虚则不客气，不挟私见，终可为人共谅。

15. 楚军之所以耐久者，亦由于办事结实，敦朴之气，未尽浇散。若奏报虚伪，不特畏遐迩之指摘，亦恐坏桑梓之风气；

16. 自古驭外国，或称恩信，或称威信，总不出一信字。非必显违条约，轻弃前诺，而后为失信也。即纤悉之事，謦笑之间，亦须有真意载之以出。心中待他只有七分,外面不必假装十分。既已通和讲好,凡事公平照拂,不使远人吃亏,此恩信也。至于邻人畏敬,全在自立自强,不在装模作样。临难有不屈挠之节,临财有不沾染之廉,此威信也。周易立家之道,尚以有孚之威,归诸反身,况立威于外域,求孚于异族,而可不反求诸己哉!斯二者,似迂远而不切于事情,实则质直而消患于无形。

(以上曾语)

17. 破天下之至巧者以拙,驭天下之至纷者以静。

18. 众无大小,推诚相与。咨之以谋,而观其识;告之以祸,而观其勇;临之以利,而观其廉;期之以事,而观其信;知人任人,不外是矣。近日人心,逆亿万端,亦难穷究其所往。惟诚之至,可救欺诈之穷。欺一事不能欺诸事,欺一时不能欺之后时。不可不防其欺,不可因欺而灰心所办之事,所谓贞固足以干事也。

19. 吾辈不必世故太深,天下惟世故深误国事耳。一部《水浒》,教坏天下强有力而思不逞之民;一部《红楼》,教坏天下堂官、掌印司官、督抚、司道、首府及一切红人。专意揣摩迎合,吃醋捣鬼,当痛除此习,独行其志。阴阳怕懵懂,不必计及一切。

20. 人贵专一。精神所至,金石为开。

21. 军旅之事,胜败无常,总贵确实而戒虚捏。确实则准备周妥,虚饰则有误调度,此治兵之最要关键也。粤逆倡乱以来,其得以肆志猖獗者,实由广西文武欺饰捏报,冒功幸赏,以致蔓延数省。流毒至今,莫能收拾。

22. 事上以诚意感之,实心待之,乃真事上之道。若阿附随声,非敬也。

23. 挟智术以用世,殊不知世间并无愚人。

24. 以权术凌人,可驭不肖之将,而亦仅可取快于一时。本性忠良之人,则并不烦督责而自奋也。

(以上胡语)

25. 君子之道,莫大乎以忠诚为天下倡。世之乱也,上下纵于亡等之欲,奸伪相吞,变诈相角,自图其安而予人以至危。畏难避害,曾不肯捐丝粟之力以拯天下,得忠诚者起而矫之,克己而爱人,去伪而崇拙,躬履诸难,而不责人以同患,浩然捐生,如远游之还乡,而无所顾悸。由是众人效其所为,亦皆以苟活为羞,以避事为耻。呜呼!吾乡数君子所以鼓舞群伦,历九载而戡大乱,非拙且诚者之效欤?

26. 凡说话不中事理,不担斤两者,其下必不服。

(以上曾语)

蔡按：吾国人心，断送于"伪"之一字。吾国人心之伪，足以断送国家及其种族而有余。上以伪驱下，下以伪事上，同辈以伪交，驯至习惯于伪。只知伪之利，不知伪之害矣。人性本善，何乐于伪？惟以非伪不足以自存，不得不趋于伪之一途。伪者人固莫耻其为伪，诚者群亦莫知其为诚，且转相疑骇，于是由伪生疑，由疑生嫉。嫉心既起，则无数恶德从之俱生，举所谓伦常道德皆可蹴去不顾。呜呼！伪之为害烈矣。军队之为用，全恃万众一心，同袍无间，不容有丝毫芥蒂，此尤在有一诚字为之贯串，为之维系。否则，如一盘散沙，必将不戢自焚。社会以伪相尚，其祸伏而缓；军队以伪相尚，其祸彰而速且烈。吾辈既充军人，则将伪之一字排斥之不遗余力，将此种性根拔除净尽，不使稍留萌蘖，乃可以言治兵，乃可以为将，乃可以当兵。惟诚可以破天下之伪，惟实可以破天下之虚。李广疑石为虎，射之没羽；荆轲赴秦，长虹贯日，精诚之所致也。

## 第五章　勇毅

1. 大抵任事之人，断不能有毁而无誉，有恩而无怨。自修者但求大闲不逾，不可因讥议而馁沈毅之气。衡人者，但求一长而取，不可因微瑕而弃有用之材。苟于峣峣者过事苛求，则庸庸者反得幸全。

2. 事会相薄，变化乘除，吾当举功业之成败，名誉之优劣，文章之工拙，概以付之运气一囊之中，久而弥自信其说不可易也。然吾辈自信之道，则当与彼赌乾坤于俄顷，较殿最于锱铢，终不令囊独胜而吾独败。

3. 国藩昔在江西、湖南，几于通国不能相容。六七年间，浩然不欲复闻世事。惟以造端过大，本以不顾生死自命，宁当更问毁誉。

4. 遇棘手之际，须从耐烦二字痛下工夫。

5. 我辈办事，成败听之于天，毁誉听之于人。惟在己之规模气象，则我有可以自立者，亦曰不随众人之喜惧为喜惧耳。

6. 军事棘手之际，物议指摘之时，惟有数事最宜把持得定：一曰待民不可骚扰；二曰禀报不可讳饰；三曰调度不可散乱。譬如舟行，遇大风暴发，只要把舵者心明力定，则成败虽未可知，要胜于他舟之慌乱者数倍。

7. 若从流俗毁誉上讨消息，必致站脚不牢。

（以上曾语）

8. 不怕死三字，言之易，行之实难，非真有胆有良心者不可。仅以客气为之，一败即挫矣。

9. 天下事只在人力作为，到水尽山穷之时自有路走，只要切实去办。

10. 冒险二字，势不能免。小心之过，则近于葸。语不云乎："不入虎穴，焉得虎子！"

11. 国家委用我辈，既欲稍稍补救于斯民，岂可再避嫌怨。须知祸福有定命，显晦有定时，去留有定数，避嫌怨者未必得，不避嫌怨未必失也。古人忧谗畏讥，非惟求一己之福也。盖身当其事，义无可辞，恐谗谤之飞腾，陷吾君以不明之故。故悄悄之忧心，致其忠爱之忱耳。至于一身祸福进退，何足动其毫末哉？

12. 胆量人人皆小，只须分别平日胆小、临时胆大耳。今人则平日胆大，临时胆小，可痛也已。

13. 讨寇之志，不可一眚而自挠。而灭寇之功，必须万全而自立。

14. 两军交馁，不能不有所损。固不可因一眚而挠其心，亦不可因大胜而有自骄轻敌之心。纵常打胜仗，亦只算家常便饭，并非奇事。惟心念国家艰难，生民涂炭，勉竭其愚，以求有万一之补救。成败利钝，实关天命，吾尽吾心而已。

15. 侥幸以图难成之功，不如坚忍而规远大之策。

16. 兵事无万全。求万全者，无一全。处处谨慎，处处不能谨慎。历观古今战事，如刘季、光武、唐太宗、魏武帝，均日濒于危。其济，天也。

17. 不当怕而怕，必有当怕而不怕者矣。

18. 战事之要，不战则已，战则须挟全力；不动则已，动则须操胜算。如有把握，则坚守一月、二月、三月，自有良方。今日之人，见敌即心动，不能自主，可戒也。

19. 古今战阵之事，其成事皆天也，其败事皆人也。兵事怕不得许多，算到五六分，便须放胆放手，本无万全之策也。

（以上胡语）

20. 贤达之起，其初类有非常之撼顿，颠蹶战兢，仅而得全。疢疾生其德术，荼蘖坚其筋骨，是故安而思危，乐而不荒。

21. 道微俗薄，举世方尚中庸之说，闻激烈之行，则訾过不中，或以罔济尼之，其果不济，则大快奸者之口。夫忠臣孝子，岂必一一求有济哉？势穷计迫，义不反顾，效死而已矣！其济，天也；不济，于吾心无憾焉耳。

22. 时事愈坚，则挽回之道，自须先之以戒惧惕厉，傲兀郁积之气，足以肩任艰巨，然视事太易，亦是一弊。

（以上曾语）

23. 人心思乱，不自今日始，亦不自今日止。除日日练兵，人人讲武，则无补救之方；练一日得一日之力，练一人得一人之力。

24. 时艰事急，当各尽其心力所能，不必才之果异于人，事之果期于成也。遇事每谋每断，不谋不断，变终必亡；与其坐亡，不如谋之。

25. 不苦撑，不咬牙，终无安枕之日。

26. 近事非从吏治人心痛下功夫，不涤肠荡胃，必难挽回。

（以上胡语）

27. 大局日坏，吾辈不可不竭力支持，做一分，算一分；在一日，撑一日。

28. 强毅之气，决不可无，然强毅与刚愎有别。古语云：自胜谓之强，曰强制，曰强恕，曰强为善，皆自胜之义也。如不惯早期，而旨之未明即起；不惯庄敬，而强之坐尸立斋；不惯劳苦，而强之与士卒同甘苦，强之勤劳不倦，是即强也。不惯有恒，而强之有恒，即毅也。舍此而求以客气胜人，则刚愎而已矣。二者相似，而其流相去霄壤，不可不察，不可不谨。

29. 日慎一日，以求事之济，一怀焦愤之念，则恐无成。千万忍耐，千万忍耐。"久而敬之"四字，不特处朋友为然，即凡事亦莫不然。

30. 袁了凡所谓"从前种种譬如昨日死，以后种种譬如今日生"，另起炉灶，重开世界，安知此两番之大败，非天之磨炼英雄，使予大有长进乎？谚云：吃一堑，长一智。吾生平长进全在受挫受辱之时。务须咬牙励志，蓄其气而长其智，切不可荼然自馁也。

31. 予当此百端拂逆之时，亦只有逆来顺受之法，仍不外"悔"字诀、"硬"字诀而已。

32. 百种弊病，皆从懒生。懒则弛缓，弛缓则治人不严，而趣功不敏，一处迟则百处懈矣。

（以上曾语）

蔡按：勇有狭义的、广义的及急遽的、持续的之别。暴虎冯河，死而无悔，临难不苟，义无反顾，此狭义的、急遽的勇者也。成败利钝，非所逆睹，鞠躬尽瘁，死而后已，此广义的、持续的勇者也。前者孟子所谓小勇，后者所谓大勇、所谓浩然之气者也。右章所列，多指大勇而言，所谓勇而毅也。军人之居高位者，除能勇不算外，尤须于毅之一字痛下工夫。挟一往无前之志，具百折不回之气，毁誉、荣辱、死生皆可不必计较，惟求吾良知之所安。以吾之大勇，表率无数之小勇，则其为力也厚，为效也广。至于级居下僚（将校以至目兵），则应以勇为惟一天性，以各尽其所职。不独勇于战阵也，即平日一切职务，不宜稍示怯弱，以贻军人之羞。世所谓无名之英雄者，吾辈是也。

## 第六章 严明

1. 古人用兵，先明功罪赏罚。

2. 救浮华者莫如质。积玩之后，振之以猛。医者之治瘠痈，甚者必剜其腐肉，而生其新肉。今日之劣弁羸兵，盖亦当为简汰，以剜其腐肉者；痛加训练，以生其新者。不循此二道，则武备之弛，殆不知所底止。

3. 太史公所谓循吏者，法立令行，能识大体而已。后世专尚慈惠，或以煦煦为仁者当之，失循吏之义矣。为将之道，亦法立令行、整齐严肃为先，不贵煦妪也。

4. 立法不难，行法为难。凡立一法，总须实实行之，且常常行之。

5. 九弟临别，深言御下宜严，治事宜速。余亦深知驭军驭吏，皆莫先于严，特恐明不傍烛，则严不中礼耳。

6. 吕蒙诛取铠之人，魏绛戮乱行之仆。古人处此，岂以为名，非是无以警众耳。

7. 近年驭将失之宽厚，又与诸将相距过远，危险之际，弊端百出，然后知古人所云作事威克厥爱，虽少必济，反是乃败道耳。

（以上曾语）

8. 自来带兵之将，未有不专杀立威者。如魏绛戮仆，穰苴斩庄贾，孙武致法于美人，彭越之诛后至者，皆是也。

9. 世变日移，人心日趋于伪，优容实以酿祸，姑息非以明恩。居今日而为政，非用霹雳手段不能显菩萨心肠。害马既去，伏龙不惊，则法立知恩。吾辈任事，只尽吾义分之所能为，以求衷诸理之至。是不必故拂乎人情，而任劳任怨，究无容其瞻顾之思。

10. 号令未出，不准勇者独进；号令既出，不准怯者独止。如此则功罪明而心志一矣。

11. 兵，阴事也，以收敛固啬为主。战，勇气也，以节宣提倡为主。故治军贵执法谨严，能训能练，禁烟禁赌，戒逸乐，戒懒散。

12. 治将乱之国，用重典；治久乱之地，宜予以生路。

13. 行军之际，务须纪律严明，队伍整齐，方为节制之师。如查有骚扰百姓，立即按以军法。吕蒙行师，不能以一笠宽其乡人，严明之谓也。绛侯治兵，不能以先驱犯其垒壁，整齐之谓也。

14. 立法宜严，用法宜宽，显以示之纪律，隐以激其忠良。庶几畏威怀德，可成节制之师。若先宽后严，窃恐始习疲玩，终生怨尤，军政必难整饬。

（以上胡语）

蔡按：治军之要，尤在赏罚严明。煦煦为仁，足以堕军纪而误国事，此尽人所皆知者。近年军队风气纪纲太弛，赏罚之宽严每不中程，或姑息以图见好，或故为苛罚以示威，以爱憎为喜怒，凭喜怒以决赏罚。于是赏不知感，罚不知畏。此中消息，由于人心之浇薄者居其半，而由于措施之乖方者亦居其半。当此沓泄成风、委顿疲玩之余，非振之以猛，不足以挽回颓风。与其失之宽，不如失之严。法立然后知恩，威立然后知感。以菩萨心肠，行霹雷手段，此其时矣。是望诸勇健者毅然行之，而无稍馁，则军事其有豸乎。

## 第七章　公明

1. 大君以生杀予夺之权授之将帅，犹东家之银钱货物授之店中众伙。若保举太滥，视大君之名器不甚爱惜，犹之贱售浪费，视东家之货财不甚爱惜也。介之推曰："窃人之财犹谓之盗，况贪天之功以为己功乎？"余则略改之曰："窃人之财犹谓之盗，况假大君之名器，以市一己之私恩乎？"余忝居高位，惟此事不能力挽颓风，深为愧惭。

2. 窃观古今大乱之世，必先变乱是非，而后政治颠倒，灾害从之。屈原之所以愤激沉身而不悔者，亦以当日是非淆乱为至痛。放曰：兰芷变而不芳，荃蕙化而为茅。又曰：固时俗之从流，又孰能无变化。伤是非之日移日淆，而几不能自主也。后世如汉、晋、唐、宋之末造，亦由朝廷之是非先紊，而后小人得志，君子有皇皇无依之象。推而至于一省之中，一军之内，亦必其是非不揆于正，而后其政绩少有可观。赏罚之任视乎权位，有得行，有不得行。至于维持是非之公，则吾辈皆有不可辞之责。顾亭林先生所谓匹夫与有责焉者也。

3. 大抵莅事以明字为第一要义。明有二：曰高明，曰精明。同一境，而登山者独见其远，乘城者独觉其旷，此高明之说也。同一物，而臆度者不如权衡之审，目巧者不如尺度之精，此精明之说也。凡高明者，欲降心抑志以遽趋于平实，颇不易易。若能事事求精，轻重长短一丝不差，则渐实矣；能实，则渐平矣。

4. 凡利之所在，当与人共分之；名之所在，当与人共享之。居高位，以知人、晓事二者为职。知人诚不易学，晓事则可以阅历黾勉得之。晓事则无论同己、异己，均可徐徐开悟，以冀和衷。不晓事，则挟私固谬，秉公亦谬；小人固谬，君子亦谬；乡愿固谬，狂狷亦谬。重以不知人，则终古相背而驰，决非和协之理。故恒言皆以分别君子、小人为要，而鄙论则谓天下无一成不变之君子，亦无一成不变之小人。今日能知人、能晓事，则为君子；明日不知人、不晓事，则为小人。寅刻公正光明，则为君子；卯刻偏私晻暧，则为小人。故群毁群誉之所在，下走常穆然深念，不能附和。

5. 营哨官之权过轻，则不得各行其志。危险之际，爱而从之者或有一二，畏而从之者则无其事也。此中消息，应默察之而默挽之，总揽则不无偏蔽，分寄则多所维系。

（以上曾语）

6. 举人不能不破格，破格则须循名核实。否则，人即无言，而我心先愧矣。

7. 世事无真是非，特有假好恶。然世之循私以任事者，试返而自问，异日又岂能获私利之报于所徇利之人哉！盍亦返其本矣。

8. 天下惟左右习近不可不慎。左右习近无正人，即良友直言亦不能进。

9. 朝廷爵赏，非我所敢专，尤非我所敢吝，然必积劳乃可得赏。稍有滥予，不仅不能激励人才，实足以败坏风俗。荐贤不受赏，隐德必及子孙。

10. 国家名器，不可滥予。慎重出之，而后军心思奋，可与图后效而速成功。

11. 天下惟不明白人多疑人，明白人不疑人也。

12. 是非不明，节义不讲，此天下所以乱也。

（以上胡语）

13. 知天之长，而吾所历者短，则遇忧患横逆之来，当少忍以待其定。知地之大，而吾所居者小，则遇荣利争夺之境，当退让以守其雌。知学问之多，而吾所见者寡，则不能以一得自喜，而当思择善而约守之。知事变之多，而吾所办者少，则不敢以功名自矜，而当思举贤而共图之。夫如是，则自私自满之见，可渐渐蠲除矣。

（以上曾语）

蔡按：文正公谓居高位以知人、晓事为职，且以能为知人、晓事与否，判别其为君子为小人。虽属有感而发，持论至为正当，并非愤激之谈。用人之当否，视乎知人之明昧；办事之才不才，视乎晓事之透不透。不知人，则不能用人；不晓事，何能办事？君子、小人之别，以能否利人济物为断。苟所用之人不能称职，所办之事措置乖方，以致贻误大局，纵曰其心无他，究难为之宽恕者也。

昔贤于用人一端，内举不避亲，外举不避仇。其宅心之正大，足以矜式百世。曾公之荐左宗棠，而劾李次青，不以恩怨而废举动，名臣胸襟，自足千古。

近世名器名位之滥极矣。幸进之途，纷歧杂出。昔之用人讲资格，固足以屈抑人才；今之不讲资格，尤未足以激扬清浊。赏不必功，惠不必劳，举不必才，劾不必劣。或今贤而昨劣，或今辱而昨荣。扬之则举之九天之上，抑之则置之九渊之下。得之者不为喜，失之者不为歉。所称为操纵人才、策励士气之具，其效力竟以全失。欲图挽回补救，其权操之自上，非吾侪所得与闻。惟吾人职居将校，在一小部分内，于用人一端亦非绝无几希之权力。既有此权，则应于用人惟贤、循名核实之义，特加之意。能于一小部分有所裨补，亦为心安理得。

## 第八章　仁爱

1. 带兵之道，用恩莫如用仁，用威莫如用礼。仁者，所谓欲立立人、欲达达人是也。待弁兵如待子弟之心，常望其发达，望其成立，则人知恩矣。礼者，所谓无众寡、无小大、无敢慢泰而不骄也。正其衣冠，尊其瞻视，俨然人望而畏之，威而不猛也。持之以敬，临之以庄，无形无声之际，常有凛然难犯之象，则人知威矣。守斯二者，虽蛮貊之邦行矣，何兵之不可治哉！

2. 吾辈带兵，如父兄之带子弟一般。无银钱，无保举，尚是小事。切不可使之因扰民而坏品行，因嫖赌、洋烟而坏身体。个个学好，人人成材，则兵勇感恩，兵勇之父母亦感恩矣。

3. 爱民为治兵第一要义。须日日三令五申，视为性命根本之事，毋视为要结粉饰之文。

（以上曾语）

4. 大将以救大局为主，并以救他人为主。须有嘉善而矜不能之气度，乃可包容一切，觉得胜仗无可骄人，败仗无可尤人。即他人不肯救我，而我必当救人。

5. 必须谆嘱将弁，约束兵丁，爱惜百姓，并随时访查，随时董戒，使营团皆行所无事，不扰不惊，戢暴安良，斯为美备。

6. 爱人当以大德，不以私惠。

7. 军行之处，必须秋毫无犯，固结民心。

8. 长官之于属僚，须扬善公庭，规过私室。

9. 圣贤、仙佛、英雄、豪杰，无不以济人济物为本，无不以损己利人为正道。

10. 爱人之道，以严为主。宽则心驰而气浮。

11. 自来义士忠臣，于曾经受恩之人，必终身奉事惟谨。韩信为王，而不忘漂母一饭之恩；张苍作相，而退朝即奉事王陵及王陵之妻如父母，终身不改。此其存心正大仁厚，可师可法。

（以上胡语）

12. 不慌不忙，盈科后进，向后必有一番同甘滋味出来。

（以上曾语）

蔡按：带兵如父兄之带子弟一语，最为慈仁贴切。能以此存心，则古今带兵格言，千言万语，皆可付之一炬。父兄之待子弟，虑其愚蒙无知也，则教之诲之；虑其饥寒苦痛也，则爱之护之；虑其放荡无行也，则惩戒之；虑其不克发达也，则培养之。无论为宽为严，为爱为憎，为好为恶，为赏为罚，均出之以至诚无伪，行之以至公无私。如此则弁兵爱戴长上，亦必如子弟之爱其父兄矣。

军人以军营为第二家庭，此言殊亲切有味。然实而按之，此第二家庭较之固有之家庭，其关系之密切，殆将过之。何以故？长上之教育部下也，如师友，其约束督责爱护之也，如父兄。部下之对长上也，其恪恭将事，与子弟之对于师友父兄，殆无以异耳。及其同征战役也，同患难，共死生，休戚无不相关，利害靡不与共。且一经从戎，由常备而续备，由续备而后备，其间年月正长，不能脱军籍之关系。一有战事，即须荷戈以出，为国宣劳。此以情言之耳。国为家之集合体，卫国亦所以卫家，军人为卫国团体之中坚,则应视此第二家庭为重。此以义言之耳。

古今名将用兵,莫不以安民、爱民为本。盖用兵原为安民,若扰之害之,是悖用兵之本旨也。兵者民之所出,饷亦出之自民。索本探源,何忍加以扰害?行师地方,仰给于民者岂止一端;休养军队,采办粮秣,征发夫役,探访敌情,带引道路,何一非借重民力!若修怨于民而招其反抗,是自困也。

至于兴师外国,亦不可以无端之祸乱,加之无辜之民,致上干天和,下招怨怼,仁师义旅,决不出此。此海陆战条约所以严掳掠之禁也。

## 第九章 勤劳

1. 练兵之道,必须官弁昼夜从事,乃可渐几于熟。如鸡伏卵,如炉炼丹,未可须臾稍离。

2. 天下事,未由不由艰苦中得来,而可大可久者也。

3. 百种弊端,皆由懒生。懒则弛缓,弛缓则治人不严,而趋功不敏。一处弛,则百处懒矣。

4. 治军之道,以勤字为先。身勤则强,逸则病。家勤则兴,懒则衰。国勤则治,怠则乱。军勤则胜,惰则败。惰者,暮气也,当常常提其朝气。

5. 治军以勤字为先,由阅历而知其不可易。未有平日不早起,而临敌忽能早起者;未有平日不习劳,而临敌忽能习劳者;未有平日不能忍饥耐寒,而临敌忽能忍饥耐寒者。

6. 每日应办之事积搁过多,当于清早单开本日应了之件,日内了之,如农家早起,分派本日之事,无本日不了者,庶几积压较少。

7. 养生之道,莫大于惩忿窒欲,多动少食。

(以上曾语)

8. 军旅之事,非以身先之劳之,事必无补。古今名将,不仅才略异众,亦且精力过人。

9. 将不理事,则无不骄纵者;骄纵之兵,无不怯弱者。

10. 凡兵之气,不见仗则弱,常见仗则强。久逸则终无用处,异日则必不可临敌。

11. 兵事如学生功课,不进则退,不战则并不能守。敬姜之言曰:劳则思,逸则淫。设以数万人屯兵境上，无论古今无此办法，且久逸则筋脉皆弛，心胆亦怯，不仅难战，亦必难守。

12. 淫佚酒色，取败之媒；征逐嬉娱，治兵所戒。金陵围师之溃，皆由将骄兵惰，终日酣嬉，不以贼匪为念。或乐桑中之嬉，或恋室家之私，或群与纵酒酣歌，或日在赌场烟馆，淫心荡志，乐极忘疲，以致兵气不扬，御侮无备，全军覆没，皆自宣淫纵欲中来也。夫兵犹火也，不战则焚；兵犹水也，不流则腐。治军之道，必以苦其心志、劳其筋骨为典法。

（以上胡语）

13. 耐冷耐苦，耐劳耐闲。

14. 立法不难，行法为难，以后总求实实行之，且常常行之。应事接物时，常从人情物理中之极粗极浅处着眼，莫从深处细处看。

15. 身体虽弱，却不宜过于爱惜。精神愈用则愈出，阳气愈提而愈盛。每日做事愈多，则夜间临睡愈快活。若存爱惜精神的意思，将前将却，奄奄无气，决难成事。

16. 总须脚踏实地，克勤小物，乃可日起而有功。

17. 精神愈用则愈出，不可因身体素弱，过于保惜。智慧愈苦而愈明，不可因境遇偶拂，遽尔摧沮。

18. 不轻进，不轻退。

19. 习劳为办事之本。引用一班能耐劳苦之正人，日久自有大效。

20. 欲去骄字，总以不轻非笑人为第一义。欲去惰字，总以不晏起为第一义。

21. 每日临睡之时，默数本日劳心者几件，劳力者几件，则知宣勤国事之处无多，更宜竭诚以图之。

22. 自古圣贤豪杰，文人才士，其志事不同，而其豁达光明之胸，大略相同。吾辈既办军务，系处功利场中，宜刻刻勤劳，如农之力穑，如贾之趋利，如稿工之下滩，早作夜思，以求勤劳而以恬淡出之，最有意味。

23. 用兵最戒骄气惰气，作人之道，亦惟"骄"、"惰"二字误之最甚，扶危救难之英雄，以心力劳苦为第一义。

（以上曾语）

蔡按：战争之事，或跋涉冰天雪窟之间，或驰驱酷暑恶瘴之乡，或趁雨雪露营，或昼夜趱程行军；寒不得衣，饥不得食，渴不得水。枪林弹雨之中，血肉横飞，极人世所不见之惨，受恒人所不经之苦。其精神、其体力，非于平时养之有素，练之有恒，岂能堪此？练兵之主旨，以能效命于疆场为归宿。欲其效命于疆场，尤宜于平时竭尽手段以修养其精神，锻炼其体魄，娴熟其技艺，临事之际，乃能有恃以不恐。故习劳忍苦，为治军之第一要义。而驭兵之道，亦以使之劳苦为不二法门。盖人性似猴，喜动不喜静，宜劳不宜逸。劳则思，逸则淫。闲居无所事事，则为不善。此常人恒态。聚数百千血气方刚之少年于一团，苟无所以范其心志、劳其体肤，其不逾闲荡检、溃出堤外者，乌可得耶？

## 第十章　和辑

1. 祸机之发，莫烈于猜忌，此古今之通病。败国、亡家、丧身皆猜忌之所致。《诗》称："不忮不求，何用不臧？"忮、求二端，盖妾妇穿窬兼而有之者也。

2. 凡两军相处，统将有一分龃龉，则营哨必有三分，兵夫必有六七分。故欲求和衷共济，自统将先办一副平恕之心始。人之好名，谁不如我？同打仗不可讥人之退缩，同行路不可疑人之骚扰，处处严于治己。而薄于责人，则唇舌自省矣。

3. 敬以持躬，恕以待人。敬则小心翼翼，事无巨细，皆不敢忽。恕则凡事留余地以处人，功不独居，过不推诿。常常记此二字，则长履大任，福祚无量。

4. 湘军之所以无敌者，全赖彼此相顾，彼此相救。虽平日积怨深仇，临阵仍彼此照顾；虽上午口角参商，下午仍彼此救援。

（以上曾语）

5. 军旅之事，以一而成，以二三败。唐代九节度之师，溃于相州。其时名将如郭子仪、李光弼，亦不能免。盖谋议可资于众人，而决断须归于一将。

6. 古来将帅不和，事权不一，以众致败者，不止九节度使相州一役。

7. 为大将之道，以肯救人、固大局为主，不宜炫耀己之长处，尤不宜指摘人之短处。

8. 兵无论多寡，总以能听号令为上。不奉一将之令，兵多必败；能奉一将之令，兵少必强。

（以上胡语）

9. 沅弟谓雪声色俱厉。凡目能见千里而不能自见其睫。声音笑貌之拒人，每苦于不自见，苦于不自知。雪之厉，雪不自知。沅之志色，恐亦未始不厉，特不自知耳。（雪为彭雪琴即彭玉麟也，沅为曾元甫即曾国荃也。）

（以上曾语）

蔡按：古人相处，有愤争公庭，而言欢私室；有交哄于平昔，而救助于疆场。盖不以公废私，复不以私而害公也。人心之不同如其面，万难强之使同，驱之相合，则睚眦之怨，芥蒂之隙，自所难免。惟于公私之界分得清，认得明，使之划然两途，不相混扰，则善矣。发捻之役，中日之役，中法之役，列将因争意气而致败绩者，不一而足。故老相传，言之凿凿。从前握兵符者，多起自行间，罔知大体，动以意气行事，无怪其然。今后一有战役，用兵必在数十万以上，三十余镇之师。情谊夙不相孚，言语亦多隔阂，统驭调度之难盖可想见。苟非共矢忠诚，无猜无贰，或难免不蹈既往之覆辙。欲求和衷共济，则惟有恪遵先哲遗言，自统将先办一副平恕之心始。功不独居，过不推诿，乃可以言破敌。

## 第十一章　兵机

1. 前此为赴鄂救援之行，不妨仓卒成军。近日为东下讨贼之计，必须简练慎出。若不教之卒，窳败之械，则何地无之？而必远求之湖南？等于辽东自诩之豕，仍同灞上儿戏之军，故此行不可不精选，不可不久练。

2. 兵者阴事也，哀戚之意，如临亲丧，肃敬之心，如承大祭。故军中不宜有欢欣之象，有欢欣之象者，无论或为和悦，或为骄盈，终归于败而已矣。

田单之在即墨，将军有必死之心，士卒无生还之气，此其所以破燕也。及其攻狄也，黄金横带，有生之乐，无死之心，鲁仲连策其必不胜，兵事之宜惨戚，不宜欢欣，亦明矣。

3. 此次由楚省招兵东下，必须选百炼之卒，备精坚之械，舟师则船炮并富，陆路则将卒并愤，作三年不归之想。为百战艰难之行，岂可儿戏成军，仓卒成行？人尽乌合，器多苦窳，船不满二百，炮不满五百，如大海簸豆，黑子著面，纵能速达皖省，究竟于事何补？是以鄙见总须战舰二百号，又补以民船载七八百，大小炮千余位，水军四千，陆军六千，夹江而下，明年成行，始略成气候。否则名为大兴义旅，实等矮人观场，不值方家一哂。

4. 夫战，勇气也，再而衰，三而竭。国藩于此数语，常常体念。大约用兵无他妙巧，当存有余不尽之气而已。孙仲谋之攻合肥，受创于张辽，诸葛武侯之攻陈仓，受创于郝昭，皆初气过锐，渐就衰竭之故。惟荀之破偪阳，气已竭而后振，陆抗之拔西陵，预料城之不遽下，而蓄养锐气，先备外援，以待内之自毙，此善于用气者也。

5. 日中则昃，月盈则亏，故古诗花未全开月未圆之句，君子以为知道。故余治兵以来，每介疑胜疑败之际，战兢恐惧，上下悚惧者，其后常得大胜。

当志得意满之候，各路云集，狃于屡胜，将卒矜慢，其后常有意外之失。

6. 国家之强，以得人为强，所谓无竞惟人也。若不得其人，则羽毛未丰，亦似难以高飞。昔在宣宗皇帝，亦尝切齿发愤，屡悔和议，而主战守，卒以无良将帅，不获大雪国耻。今欲罢和主战，亦必得三数引重致远、折冲御侮之人以拟之。若仅区区楚材，目下知名之数人，则干将莫邪，恐未必不终刓折。且聚数太少，亦不足以分布海隅。

用兵之道，最忌势穷力弱四字。力则指将士之精力言之，势则指大局大计及粮饷之接续、人才之继否言之。

能战，虽失算亦胜；不能战，虽胜算亦败。

7. 悬军深入而无后继，是用兵大忌。

8. 危急之际，尤以全军保全士气为主。孤军无助，粮饷不继，奔走疲惫，皆散乱必败之道。

（以上曾语）

9. 有不可战之将，无不可战之兵；有可胜不可败之将，无必胜必不胜之兵。

10. 古人行师，先审己之强弱，不问敌之强弱。

11. 兵事决于临机，而地势审于平日，非寻常张皇幽渺可比。

12. 军事有先一着而胜者，如险要之地，先发一军据之，此必胜之道也。有最后一着而胜者，待敌有变，乃起而应之，此必胜之道也。至于探报路径，则须先期妥实办理。

兵事之妙，古今以来，莫妙于拊其背，冲其腰，抄其尾，惟须审明地势敌情。

13. 先安排以待敌之求战，就后起而应之，乃必胜之道。盖敌求战而我以静制动，以逸待劳，以整御散，必胜之道也。此意不可拘执，未必全无可采。

14. 临阵之际，须以万人并力，有前有后，有防抄袭之兵，有按纳不动以应变之兵，乃是胜着。如派某人守候，不应期而进，便是违令；应期而不进，便是怯战。此则必须号令严明者也。徇他人之意，以前为美，以后为非，必不妥矣。

15. 夹击原是上策，但可密计而不可宣露，须并力而不宜单弱，须谋定后战、相机而行，而不可或先或后。

16. 不轻敌而慎思，不怯战而稳打。

17. 兵分则力单，穷进则气散，大胜则变成大挫，非知兵者也，不可不慎。

敬则胜，整则胜，和则胜，三胜之机，决于是矣。

18. 我军出战，须层层布置，列阵纵横，以整攻散，以锐蹈瑕，以后劲而防抄袭。临阵切戒散队，得胜尤忌贪财。

19. 熟审地势敌情，妥谋分击之举，或伺敌之缺点，蹈瑕而入；或趋敌之重处，并力而前，皆在相机斟酌。惟临阵，切忌散队，切戒贪财，得胜之进，尤宜整饬队伍，勿求痛杀。

20. 军务只应以一处合围以致敌，其余尽作战兵援兵兜剿之兵。若处处合围，则兵力皆为坚城所牵缀，顿兵坚城之下，则情见势绌。

21. 用兵之道，全军为上策，得土地次之；破敌为上策，得城池次之。古人必四路无敌，然后围城，兵法所谓十则围之之义也。

22. 兵事有须先一着者，如险要之地，以兵据之，先发制人，此为扼吭之计，必胜之道也。有须后一着者，愈持久愈神妙，愈老到愈坚定，待敌变计，乃起而乘之，此可为奇兵而捌其背，必胜之道也。

23. 一年不得一城，只要大局无碍，并不为过；一月而得数城，敌来转不能战，则不可为功。

24. 军队分起行走，相隔二日，每起二千人。若前队遇敌先战，非必胜之道也。应于近敌之处，饬前茅，后劲，中权，会齐并力，乃可大胜。

25. 临阵分枝，不嫌其散；先期合力，必求其厚。

26. 荀悦之论兵也，曰权不可预设，变不可先图，与时迁移，随物变化，诚为用兵之至要。

27. 战阵之事，恃强者是散机，敬戒者是胜机。

28. 军旅之事，谨慎为先；战阵之事，讲习为上。盖兵机至精，非虚心求教，不能领会，矧可是己而非人？兵权至活，非随时谨密，不能防人，矧可粗心而大意？

29. 侦探须确，须勤，须速，博方以资众论，沉思以审敌情。敌如不分枝，我军必从其入境之处，并力迎剿；敌如分枝，则我军必于敌多之处专剿。

（以上胡语）

30. 凡善弈者，每于棋危劫急之时，一面自救，一面破敌，往往因病成妍，转败为功。善用兵者亦然。

（以上曾语）

31. 平日千言万语，千算万计，而得失仍只争临阵须臾之顷。凡奇谋至计，总在平实处，如布帛菽粟之类，愈近浅易，愈广大而精微也。

32. 凡事过于求好，转多不妥之处。

（以上胡语）

33. 凡危急之时，只有在己者靠得住，其在人者皆不可靠。恃之以守，恐其临危而先乱；恃之以战，恐其猛进而骤退。

34. 凡用兵须蓄不竭之气，留有余之力。

（以上曾语）

蔡按：曾胡之论兵，极主主客之说。谓守者为主，攻者为客，主逸而客劳，主胜而客败，尤戒攻坚围城。其说与普法战争前法国兵学家所主张者殆同（其时俄土两国亦盛行此说）。其论出师前之准备，宜十分周到，谓一械不精不可轻出，势力不厚不可成行，与近今之动员准备，用意相合。其以全军破敌为上，不以得土地城池为意，所见尤为精到卓越，与东西各国兵学家所唱道者，如出一辙，临阵分枝宜散，先期合力宜厚二语，尤足以赅括战术战略之精妙处。临阵分枝者，即分主攻助攻之军，及散兵援队预备队之配置等是也。先期合力者，即战略上之聚中展开，及战术上之开进等是也。所论诸端，皆从实行后经验中得来，与近世各国兵家所论，若合符节。吾思先贤，不能不馨香崇拜之矣。

## 第十二章　战守

1. 凡出队有宜速者，有宜迟者。宜速者，我去寻敌，先发制人者也。宜迟者，敌来寻我，以主待客者也。主气常静，客气常动，客气先盛而后衰，主气先微而后壮。故善用兵者，每喜为主，不喜作客。休祁诸军，但知先发制人一层，不知以主待客一层，加之探报不实，地势不察，敌情不明，徒能先发而不能制人。应研究此两层，或我寻敌，先发制人，或敌寻我，以主待客，总须审定乃行，切不可于两层一无所见，贸然出队。

2. 师行所至之处，必须多问多思。思之于己，问之于人，皆好谋之实迹也。

昔璞山带兵，有名将风，每与敌遇，将接仗之前一夕，传各营官齐集，与之畅论敌情地势，袖中出地图十余张，每人分给一张，令诸将各抒己见，如何进兵，如何分支，某营埋伏，某营并不接仗，待事毕后，专派追剿。诸将一一说毕，璞山乃将自己主意说出，每人发一传单，即议定主意也。次日战罢，有与初议不符者，虽有功亦必加罚。其平日无事，每三日必传各营官熟论战守之法。

3. 一曰：扎营宜深沟高垒。虽仅一宿，亦须为坚不可拔之计，但使能守我营垒，安如泰山，纵不能进攻，亦无损于大局。一曰哨探严明。离敌既近，时时作敌来扑营之想，敌来之路，应敌之路，埋伏之路，胜仗追击之路，一一探明，切勿孟浪。一曰痛除客气。未经战阵之兵，每好言战，带兵者亦然。

若稍有阅历，但觉我军处处瑕隙，无一可恃，不轻言战矣。

4. 用兵以渡水为最难，不特渡长江大河为难，即偶渡渐车之水，丈二之沟，亦须再三审慎，恐其半渡而击，背水无归，败兵争舟，人马践溺，种种皆兵家所忌。

5. 隘路打胜仗，全在头敌，若头敌站脚不住，后面虽有好手，亦被挤退。

（以上曾语）

6. 战守机宜，不可纷心，心纷则气不专，神不一。

7. 交战宜持重，进兵宜迅速，稳扎猛打，合力分枝，足以括用兵之要。

8. 军旅之事，守于境内，不如战于境外。

9. 军事之要，必有所忍，乃能有所济；必有所舍，乃能有所全。若处处设备，即十万兵亦无尺寸之效。

10. 防边之要，不可处处设防。若处处设防，兵力必分，不能战亦不能守，惟择其紧要必争之地，厚集兵力以守之，便是稳固。

11. 碉卡之设，原所以省兵力，予地方官以据险慎守之方。有守土而无守之之人，虽天堑不能恃其险；有守人而无守具，虽贲、获无所展其长。

12. 有进战之营，必须留营作守。假如以十营作前茅，为战兵，即须留五营作后劲，为守兵。其留后之兵，尤须劲旅，其成功一也，不可争目前之微功而误大局。

13. 有围城之兵，须先另筹打仗之兵；有临阵打仗之兵，必须安排劲旅，或预杜抄后之敌，或备策应之举。

14. 扼要立营，加高加深，固是要着。惟须约束兵丁，不得滋扰，又须不时操练，使步法整齐，技艺精熟，庶战守皆能有备。

（以上胡语）

蔡按：右揭战守之法，意括而言赅。曰攻战，曰守战，曰遭遇战，曰局地战，以及防边之策，攻城之术，无不独具卓识，得其要诀，虽以近世战术之日新月异，而大旨亦不外是。其论夜间宿营，亦须深沟高垒，为坚不可拔之计，则防御之紧严，立意之稳健，尤为近世兵家所不及道者也。（按：咸、同时战争两方，多为不规则之混战，来去飙倏，不可端倪，故扎营务求坚固以防侵袭。）

曾、胡论兵，极重主客之见，只知守则为主之利，不知守反为客之害，盖因其时所对之敌，并非节制之师、精练之卒，且其人数常倍于我，其兵器未有今日之发达，又无骑炮两兵之编制，耳目不灵，攻击力复甚薄弱，故每拘泥于地形地物，攻击精神未由奋兴，故战术偏重于攻击防御，盖亦因时制宜之法。

近自普法、日俄两大战役以后，环球之耳目一新，攻击之利，昭然若揭。各国兵学家，举凡战略战术，皆极端的主张攻击，苟非兵力较弱，或地势敌情，有特别之关系，无复有以防守为计者矣。然战略战术，须因时以制宜，审势以求当，未可稍事拘滞。若不揣其本。徒思仿效于人，势将如跛者之竞走，鲜不蹶矣。兵略之取势，固也。必须兵力雄厚，士马精炼，军资（军需器械）完善，交通利便，四者均有可恃，乃足以操胜算。四者之中，偶缺其一，贸然以取攻势，是曾公所谓徒先发而不能制人者也。普法战役，法人国境之师，动员颇为迅速，而以兵力未能悉集，军资亦虞缺乏，遂致着着落后，陷于防守之地位。日俄之役，俄军以交通线仅恃一单轨铁道，运输不继，遂屡为优势之日军所制，虽迭经试取攻势，终归无效。以吾国军队现势论，其数则有二十余镇之多，然续备后备之制尚未实行，每镇临战，至多不过得战兵五千，须有兵力三镇以上，方足与他一镇之兵力相抗衡。且一有伤亡，无从补充。

是兵力一层，决难如邻邦之雄厚也。今日吾国军队，能否说到精炼二字，此稍知军事者自能辨之，他日与强邻一相角逐，能否效一割之用，似又难作侥幸万一之想。至于军资交通两端，更瞠乎人后。如此而曰吾将取战略战术上最有利益之攻势，乌可得耶？鄙意我国数年之内，若与他邦以兵戎相见，与其为孤注一掷之举，不如采用波亚战术，据险以守，节节为防，以全军而老敌师为主，俟其深入无继，乃一举而歼除之。昔俄人之蹶拿破仑于境外，使之一蹶不振，可借鉴也。

## 第十三章　治心

1. 治心治身，理不必太多，知不可太杂，切身日夕用得着的，有过一两句，所谓守约也。

2. 凡沉疴在身，而人力可以自为主持者，约有二端：一曰以志帅气，一曰以静制动。人之疲惫不振，由于气弱。而志之强者，气亦为之稍变。如贪早睡，则强起以兴之；无聊赖，则端坐以凝之。此以志帅气之说也。久病虚怯，则时时有一畏死之见憧扰于胸中，即梦魂亦不甚安恬，须将生前之名，身后之事，与一切妄念，扫除净尽，自然有一种恬淡意味，而寂定之余，真阳自生。此以静制动之法也。

3. 外境之迕，未可滞滤，置而遗之，终履夷涂。

4. 心欲其定，气欲其定，神欲其定，体欲其定。

5. 古之成大事者，规模远大与综理密微，二者缺一不可。

6. 兄自问近年得力，惟有悔字诀。兄昔年自负本领甚大，可屈可伸，可行可藏，又每见人家不是，自从丁巳戊午大悔大悟之后，乃知自己全无本领，凡事都见得人家有几分是处，故自戊午至今九载，与四十岁以前，迥不相同。

大约以能立能达为体，以不怨不尤为用。立者发奋自强，站得住也；达者办事圆融，行得通也。

7. 不为圣贤，便为禽兽。莫问收获，但问耕耘。

8. 古人办事，掣肘之处，拂逆之端，世世有之，人人不免。恶其拂逆，而必欲顺从，设法以诛锄异己者，权奸之行径也。听其拂逆，而动心忍性，委曲求全，且以无敌国外患而亡为虑者，圣贤之用心也。借人之拂逆，以磨砺我之德性，其庶几乎！

9. 与胡中丞商江南军事，胡言凡事皆须精神贯注，心有二用则必不能有成。

余亦言军事不日进则日退，二人互许为知言。

10. 研几工夫最要紧。颜子之有不善，未尝不知，是研几也。周子曰：几善恶。中庸曰：潜虽伏矣，亦孔之昭。刘念台曰：卜动念以知几。皆谓此也。

失此不察，则心放而难收矣。

11. 诵《养气章》，似有所会，愿终身私淑孟子，虽造次颠沛，皆有孟夫子在前，须臾不离，或到死之日，可以仰希万一。

12. 神明则如日之升，身体则如鼎之镇，此二语可守者也。惟心到静极时，所谓未发之中，寂然不动之体，毕竟未体验出真境意来者，只是闭藏之极，逗出一点生意来。如冬至一阳初动，贞之固也，乃所以为元也；蛰之坏也，乃所以为启也；谷之坚实也，乃所以为始播之种子也。然则不可以为种子者，不可谓之坚实之谷也。此中无满腔生意，若万物皆资始于我心者，不可谓之至静之境也。然则静极生阳，盖一点生物之仁心也，息息静极，仁心之不息，其参天两地之至诚乎。颜子三月不违，亦可谓洗心退藏、极静中之真乐者矣。

13. 我辈求静，欲异乎禅氏入定，冥然罔觉之旨，其必验之此心，有所谓一阳初动，万物资始者，庶可谓之静极，可谓未发之中寂然不动之体也。不然，深闭固拒，心如死灰，自以为静，而生理或几乎息矣，况乎其不能静也？有或扰之，不且憧憧往来乎？深观道体，盖阴先于阳信矣，然非实由体验得来，终掠影之谈也。

14. 自戒惧而约之，以至于至静之中，虽少偏倚，而其守不失，则极其中而天地位，此绵绵者，由动以之静也。自谨独而精之，以至于应物之处，无少差谬，而无适不然，则极其和而万物育，此穆穆者，由静以之动也。

15. 天行健，君子以自强不息；地势坤，君子以厚德载福。颐，君子以慎言语，节饮食；损，君子以惩忿窒欲；益，君子以见善则迁，有过则改；鼎，君子以正位凝命。此六卦之大象，最切于人。颐以养身养德，鼎以养心养肾，尤为切要。

16. 读书之道，朝闻道而夕死，殊不易易。闻道者必真知而笃信之，吾辈自己不能自信，心中已无把握，焉能闻道。

17. 余生平略述先儒之书，见圣贤教人修身，千言万语，而要以不忮不求为重。忮者，嫉贤害能，妒功争宠，所谓怠者不能修，忌者畏人修之类也。求者，贪利贪名，怀土怀惠，所谓未得患得，既得患失之类也。忮不常见，每发露于名业相侔势位相埒之人；求不常见，每发露于货财相接，仕进相妨之际。

18. 将欲求造福，先去忮心，所谓人能充无欲害人之心，而仁不可胜用也。将欲立品，先去求心，所谓人能充无穿窬之心，而义不可胜用也。忮不去，满怀皆是荆棘；求不去，满腔日即卑污。余于此二者，常加克治，恨尚未能扫除净尽。尔等欲心地干净，宜于此二者，痛下工夫，并愿子孙世世戒之。

19. 附作忮求诗二首录左：

善莫大于恕，德莫凶于妒。妒者妾妇行，琐琐奚比数！己拙忌人能，己塞忌人遇；己若无事功，忌人得成务；己若无党援，忌人得多助。势位苟相敌，畏逼又相恶。己无好闻望，忌人文名著；己无贤子孙，忌人后嗣裕。争名日夜奔，争利东西骛。但期一身荣，不惜他人污。闻灾或欣幸，闻祸或悦豫，问渠何其然？不自知其故！尔室神来格，高明鬼所顾。天道常好还，嫉人还自误。幽明丛诟忌，乖气相倚伏，重者裁汝躬，轻说减汝祚。我今告后生，悚然大觉悟。终身让人道，曾不失寸步。终身祝人善，曾不损尺布。消除嫉妒心，普天零甘露，家家获吉祥，我亦无恐怖。（右不忮）

知足天地宽，贪得宇宙隘。岂无过人姿，多欲为患害。在约每思丰，居困常求泰，富求千乘车，贵求亏钉带。未得求速赏，既得求勿坏。芬馨比椒兰，磐固方泰岱。求荣不知厌，志亢神愈忲。岁燠有时寒，日明有时晦。时来多善缘，运去生灾怪。诸福不可期，百殃纷来会。片言动招尤，举足便有碍。戚戚抱殷尤，精爽日凋瘵。矫首望八荒，乾坤一何大。安荣无遽欣，患维无遽憝。君看十人中，八九无倚赖。人穷多过我，我穷犹可耐。而况处夷涂，奚事生嗟气？于世少所求，俯仰有余快。俟命堪终古，曾不愿乎外。（右不求）

20. 日课四条：

一曰慎独则心安。自修之道，莫难于养心。心既知有善，知有恶，而不能实用其力，以为善去恶，则谓之自欺。方寸之自欺与否，盖他人所不及知，而己独知之。故《大学》之诚意章，两言慎独。果能好善如好好色，恶恶如恶恶臭，力去人欲以存天理，则《大学》之所谓自慊，《中庸》之所谓戒慎恐惧，皆能切实行之。即曾子之所谓自反而缩，孟子之所谓仰不愧、俯不怍，所谓养心莫善于寡欲，皆不外乎是。故能慎独，则内省不疚，可以对天地，质鬼神，断无行有不慊于心则馁之时。人无一内愧之事，则天君泰然，此心常快足宽平，是人生第一自强之道，第一寻乐之方，守身之先务也。

二曰主敬则身强。敬之一字，孔孟持以教人，春秋士大夫亦常言之。至程、朱则千言万语，不离此旨。内而专静纯一，外而整齐严肃，敬之工夫也。

出门如见大宾，使民如承大祭，敬之气象也。修己以安百姓，笃恭而天下平，敬之效验也。程子谓上下一于恭敬，则天地自位，万物自育，气无不和，四灵毕至，聪明睿智，皆由此出，以此事天飨帝，盖谓敬则无美不备也。吾谓敬字切近之效，尤在能固人饥肤之会，筋骸之束。庄敬日强，安肆日偷，皆自然之征应。虽有衰年病躯，一遇坛庙祭献之时，战阵危急之际，亦不觉神为之悚，气为之振，斯足知敬能使人身强矣。若人无众寡，事无大小，一一恭敬，不敢懈慢，则身体之强健，又何疑乎？

三曰求仁则人悦。凡人之生，皆得天地之理以成性，得天地之气以成形。

我与民物，尤大本同出一源，若但知私己，而不知仁民爱物，是于大本一源之道，已悖而失之矣。至于尊官厚禄，高居人上，则有拯民溺救民饥之责。

读书学古，粗知大义，即有觉后知觉后觉之责。若但知自了，而不知教养庶汇，是于天之所以厚我者辜负甚大矣。孔门教人，莫大于求仁，而其最切者，莫要于欲立立人、欲达达人数语。立者自立不惧，如富人百物有余，不假外求；达者四达不悖，如贵人登高一呼，群山四应。人孰不欲己立己达，若能推以立人达人，则与物同春矣。后世论求仁者，莫精于张子之《西铭》。彼其视民胞物与，宏济群伦，皆事天者性分当然之事，必如此，乃可谓之人，不如此，则曰悖德，曰贼。诚如其说，则虽尽立天下之人，尽达天下之人，而曾无善劳之足言，人有不悦而归之者乎？

四曰习劳则神钦。凡人之情，莫不好逸而恶劳，无论贵贱智愚老少，皆贪逸而惮于劳，古今之所同也。人一日所著之衣，所进之食，与一日所行之事，所用之力相称，则旁人赵之，鬼神许之，以为彼自食其力也。若农夫织妇，终岁勤动，以成数石之粟，数尺之布；而富贵之家，终岁逸乐，不营一业，而食必珍馐，衣必锦绣，酣豢高眠，一呼百诺。此天下最不平之事，鬼神所不许也。其能久乎？古之圣君贤相，若汤之昧旦丕显，文王日昃不遑，周公夜以继日、坐以待旦，盖无时不以勤劳自励。《无逸》一篇，推之于勤则寿考，逸则夭亡，历历不爽。为一身计，则必操习技艺，磨炼筋骨，困知勉行，操心危虑，而后可以增智慧而长才识。为天下计，则必己饥己溺，一夫不获，引为余辜。大禹之周乘四载，过门不入、墨子之摩顶放踵，以利天下，皆极俭以奉身，而极勤以救民。故荀子好称大禹、墨翟之行，以其勤劳也。军兴以来，每见人有一材一技，能耐艰苦者，无不见用于人，见称于时；其绝无材技，不惯作劳者，皆唾弃于时，饥冻就毙。故勤则寿，逸则夭；勤则有材而见用，逸则无能而见弃；勤则博济斯民，而神祇钦仰，逸则无补于人，而神鬼不歆。是以君子欲为人神所凭依，莫大于习劳也。

（以上曾语）

江忠源